협상의 이해

심준섭 허 식
이한영 손병권

傳 英 社

머리말

우리는 매일 다양한 협상과 흥정 상황을 경험한다. 가족들과 언제, 어디로 여행을 갈까? 어떻게 동생과 피자를 나누어 먹을까? 노점상에게서 지갑의 값을 얼마나 깎을까? 새로 지원한 회사에 얼마의 연봉을 요구할까? 협상을 체계적으로 배운 경험은 없지만, 이러한 모든 상황에서 이미 우리는 협상가가 되어 협상을 진행하고 있는 것이다. 이뿐만 아니라 기업의 노사협상, 남·북간의 금강산 관광협상, 한·미간의 FTA 협상, 북한 핵문제와 관련된 6자 회담 등에 이르기까지 협상의 주체 · 의제 · 범위 · 전개 과정 · 결과 등은 너무도 다양하다.

이처럼 협상은 우리 생활의 일부이며, 또한 자연스러운 현상이다. 그럼에도 불구하고 지금까지 협상에 대해 체계적으로 학습하거나 연구하려는 노력들은 상당히 미흡한 수준에 머물고 있다. 많은 사람들은 체계적으로 협상을 배우지 않고도 몇 번의 경험만으로도 쉽게 협상 전문가가 될 수 있다고 믿으며, 또 어떤 사람들은 훌륭한 협상가는 타고나는 것이지 학습을 통해서 만들어지는 것이 아니라고 믿기도 한다. 또 다른 사람들은 협상은 무조건 승자와 패자를 가르는 제로섬의 게임이며, 결국에는 고집센 사람이 승리하게 마련이라고 단정적으로 말한다. 이러한 잘못된 믿음들 속에서 많은 사람들이 효과적인 협상가의 모습을 보여 주지 못하고 있다.

지금까지 국내에 소개된 협상관련 서적만도 줄잡아 100권이 넘는다. 나름대로 협상의 보편타당한 원칙이나 방법들을 제시하고 있는 규범적 또는 처방적인 접근 하에서 쓰인 책들이 대부분이다. 이들 책들은 협상의 다양한 원칙과 방법들을 제시하며, 어떻게 협상을 해야 협상에서 승리할 수 있는지 충고하고 있다. 그러나 모든 협상은 당사자 · 의제 · 상대방 · 구조 · 시간적 제약 등 다양한 측면에서 커다란 차이를 보이기 때문에 심지어 어떤 범주에 따라 협상을 분류하는 일조차 쉽지 않다. 이러한 상황에서 무조건적으로 정형화된 원칙들을 지키는 일이 성공적인 협상을 얼마나 보장해 줄지 상당한 의문이 든다.

또한 협상의 다양한 접근방법 · 이론 · 기법 등을 체계적으로 학습하는 데 도움이 될 만한 책들을 발견하기는 쉽지 않다.

협상은 예술(art)적 속성을 지니지만 동시에 하나의 과학(science)이다. 단순한 시행착오의 경험만으로 훌륭한 협상가가 될 수는 없으며, 또한 어떤 원칙들만을 지킨다고 해서 성공적인 협상이 반드시 보장되는 것은 아니다. 무엇보다 체계적인 학습을 통해 협상을 배우는 일이 훌륭한 협상가가 되는 지름길이다. 이 책은 협상을 처음 배우는 사람들에게 도움이 되는 협상의 이론적 · 실제적 기초를 제공하는 데 초점을 맞추고 있다. 이를 위해 협상이 무엇인가를 이해하는 데서부터 시작하여 국제통상 협상에 이르기까지 협상의 다양한 이론 · 접근방법 · 기법 등을 제시하고 설명하였다. 따라서 이 책은 협상에 대한 기초 지식을 습득하고자 하는 대학생뿐만 아니라 협상이나 정책 실무를 담당하고 있는 공무원들에게도 실질적으로 도움이 되도록 집필되었다. 이 책은 여섯 개의 장으로 구성되어 있으며, 각 장의 구체적인 내용은 다음과 같다.

제 1 장은 협상을 이해하는 데 필요한 기초 지식을 제공하고 있다. 이를 위해 협상의 정의와 구성 요소들을 살펴보고, 협상의 주요 고려사항들과 성공적인 협상의 기본 명제들을 정리하였다. 또한 협상과 갈등의 관계를 설명하였으며, 지금까지 협상 연구가 어떤 흐름 속에서 진행되어 왔는지 기술하였다. 장의 마지막에는 과제를 통해 협상의 요소들을 분석하도록 하였다.

제 2 장은 게임이론적 시각에서 협상을 다루고 있다. 협상과 게임이론의 관계에 대한 설명으로부터 시작하여 게임의 종류, 게임이론과 협력 및 협상의 전개, 국제정치에서 협력과 협상의 사례 등을 설명하였다. 장의 마지막에는 모의협상 과제를 첨부하여 게임이론적 시각에서 협상을 분석하도록 하였다.

제 3 장은 심리학적 측면에서 협상을 다루고 있다. 이를 위해 협상가의 협상 동기, 협상가의 전략, 협상가의 판단과 의사결정, 협상의 사회심리학적 측면, 문화적 차이와 협상 등을 상세하게 설명하였다.

제 4 장은 개인간 협상을 분석하고 있다. 개인간 협상을 의제의 수에 따라 단일의제 협상과 다중의제 협상으로 구분하여 설명하였다. 또한 협상을 분배적 협상과 통합적 협상으로 구분하여 설명하고, 통합적 합의의 과정과 전략을

제시하였다. 장의 마지막에는 모의협상 과제를 첨부하여 실제로 역할 연기를 통한 협상 실습이 가능하도록 하였다.

제5장은 노사간 협상을 다루고 있다. 노사관계에 대한 기본적 이해를 시작으로 이론적 측면에서 노사협상에 대해 설명하였다. 나아가 협력적 노사관계에 대해 설명하고, 노사협력의 사례를 제시하여 노사협상에 대한 이해의 폭을 넓히고자 하였다. 장의 마지막에는 모의협상 과제를 첨부하여 실제로 역할 연기를 통한 노사협상 실습이 가능하도록 하였다.

제6장은 국제통상 협상을 다루고 있다. 통상협상의 추진 동기와 성격, 유형 및 유형별 특징, 추진단계, 주요 점검사항, 접근 방식, 준비를 위한 주의 사항, 협상 테이블 참석을 위한 기초 상식 등 국제통상 협상의 실제를 이해하는 데 필요한 다양한 사항들을 소개하였다. 장의 마지막에는 모의협상 과제를 첨부하여 통상협상을 분석하도록 하였다.

이 책의 네 명의 저자들은 각자 자신의 전공 분야에 따라 장별로 역할을 분담하여 저술에 참여하였다. 심준섭 교수는 제1장, 제3장, 제4장을, 허 식 교수는 제5장을, 손병권 교수는 제2장을, 이한영 교수는 제6장을 맡아 집필에 참여하였다.

이처럼 이 책은 서로 다른 학문적 배경을 지닌 네 저자들의 공동 노력의 결실이다. 따라서 저자들의 헌신적인 노력에도 불구하고 여전히 잘못된 내용이나 미흡한 부분들이 남아 있을 것으로 생각된다. 이 책에 대한 독자들의 다양한 비판과 지적은 보다 좋은 책을 만드는 밑거름이 될 것이라 확신하며, 이 책에 대한 어떠한 질책과 조언도 겸허히 받아들이고자 한다. 또한 한번에 만족할 만한 책을 쓴다는 것이 너무도 어려움을 다시금 깨달았기에 부족한 부분들은 다음 개정 작업 때 반드시 보완할 예정이다.

끝으로, 이 책이 나오기까지 많은 도움을 주신 분들께 지면을 빌어 감사의 마음을 전하고자 한다. 중앙대학교 행정학과, 경제학과, 국제관계학과 동료 교수님들에게 깊은 감사를 드린다. 또한 이 책이 독자들에게 소개될 수 있도록 기회를 주신 박영사 안종만 회장님과 편집 과정에서 좋은 책이 될 수 있도록 다듬어 주신 이일성 편집위원님께도 깊은 감사를 드린다. 아울러 이 책의 초고를 읽고 교정에 큰 도움을 준 대학원 행정학과 박사과정 박상원, 석사

과정 신호섭 · 허성영 군들에게도 감사를 드린다. 마지막으로 행정학과 석사과정 최상민 · 이은규 · 이학연 군의 색인 작업에 고마움을 함께 전한다.

2008년 8월 10일

흑석동 연구실에서

공저자 일동

차 례

제 1 장 협상의 기초

Ⅰ. 협상의 개념적 이해 ··· 2
1. 협상의 개념 2
2. 협상의 핵심 요소 4

Ⅱ. 성공적인 협상을 위한 명제들 ··· 20

Ⅲ. 갈등과 협상 ··· 32
1. 갈등의 개념 32
2. 갈등의 본질 34
3. 갈등의 구조 35
4. 갈등의 해결 38

Ⅳ. 협상 연구의 패러다임 ··· 39
1. 협상 연구의 역사 39
2. 협상 연구의 주요 패러다임 41
3. 협상의 분석방법 45

협상분석 과제 ··· 50

제 2 장 게임이론접근방식

Ⅰ. 협상과 게임이론 ··· 54
1. 협상 · 협력, 그리고 게임이론 54
2. 게임의 정의와 개관 55

Ⅱ. 게임의 종류 ··· 59

Ⅲ. 교착게임 ··· 64
1. 교착게임의 개념 64
2. 교착게임의 예 65

Ⅳ. 치킨게임 ··· 67

1. 치킨게임의 개념 67
2. 치킨게임의 예 68

Ⅴ. 게임이론과 협력 및 협상의 전개 : 미래의 그림자와 양면게임 70

Ⅵ. 양면게임 73
1. 양면게임의 개념 73
2. 양면게임의 예 74
3. 양면게임의 시사점 75

Ⅶ. 국제정치에 있어서 협력과 협상의 사례 77
1. 무한반복의 경우에 나타나는 협력 1 : 자유무역질서의 등장과 유지 77
2. 상호 무한반복의 경우에 나타나는 협력 2 : 전략무기 감축협상 78
3. 양면게임적 상황에서 협력의 난관봉착 : 2005년 한·일 외교분쟁 81

모의협력 · 협상과제 84

제 3 장 협상의 심리학

Ⅰ. 협상의 동기 90
1. 협상가의 동기적 성향 90
2. 이중관심모형 92

Ⅱ. 협상가의 전략 95
1. 양 보 95
2. 대 결 100
3. 문제해결 104
4. 전략의 결과와 결합 107

Ⅲ. 협상가의 판단과 의사결정 110
1. 협상가의 합리성 110
2. 휴리스틱스와 바이어스 113
3. 인지적 도식에 의한 정보처리 119

Ⅳ. 협상의 사회심리학적 측면 ············ 122
1. 협상의 사회적 맥락 122
2. 당사자의 영향력 행사전략 124
Ⅴ. 문화적 차이와 협상 ············ 129
1. 협상행태의 문화적 차이 130
2. 문화간 협상 133

제 4 장 개인간 협상분석

Ⅰ. 단일의제 협상 ············ 136
1. 목표치와 유보치 137
2. 합의가능영역 139
3. 협상잉여 141
4. 협상의 결과 142
5. 단일의제 협상의 중요한 이슈들 144
6. 성공적인 협상이란 무엇인가? 151
Ⅱ. 다중의제 협상 ············ 154
1. 사회적 판단이론과 협상분석 155
2. 협상전략의 결정요인 158
3. 협상과정 및 결과 163
4. 다중의제 협상의 주요 이슈들 167
Ⅲ. 분배적 협상과 통합적 협상 ············ 174
1. 분배적 협상 175
2. 통합적 협상 176
3. 혼합동기 협상 180
Ⅳ. 통합적 합의의 과정과 전략 ············ 181
1. 협상준비 단계 182
2. 가치주장 단계 185
3. 가치창조 단계 187
모의협상 과제 ············ 192

제 5 장 노사간 협상

Ⅰ. 노사관계의 이해 ··· 196
1. 노사관계란? 196
2. 노사관계의 이중성 196
3. 노사갈등의 이슈 197

Ⅱ. 단체교섭과 교섭력 ··· 199
1. 단체교섭이란? 199
2. 단체교섭의 대상 200
3. 교섭력이란? 201

Ⅲ. 노사협상에 대한 이론적 접근 : 단체교섭모형 ··· 203
1. 파업모형 203
2. 계약영역모형 205

Ⅳ. 협력적 노사관계로의 패러다임전환 ··· 207
1. 경제적 여건변화 207
2. 대립구도와 협력구도에 대한 이론적 접근 208
3. 협력적 노사관계로의 패러다임변화 : 미국의 경험 212

Ⅴ. 노사협력의 사례 ··· 213

모의협상 과제 ··· 220

제 6 장 국제통상협상

Ⅰ. 통상협상의 추진동기 및 성격 ··· 224
1. 상향식 통상협상 224
2. 하향식 통상협상 225
3. 통상협상의 이중성 : 내부협상 vs. 외부협상 227

Ⅱ. 통상협상의 사안별 유형 ··· 228
1. 전반적 무역장벽에 관한 포괄협상 228
2. 특정적 무역제한조치에 관한 양자협상 231

Ⅲ. 통상협상의 일반적 추진단계 ··· 232
1. 정보수집단계 232

2. 포지티브섬 협상단계 233
3. 제로섬 협상단계 233
4. 분쟁해결단계 234

Ⅳ. 통상협상 유형별 특징 ······ 234
1. 현안해결을 위한 양자협상 234
2. 무역장벽의 상호감축을 위한 양자협상 236
3. 무역규범에 관한 다자협상 237

Ⅴ. 통상협상의 주요 점검사항 ······ 240
1. 이해당사자 240
2. 협상권한 242
3. 의사소통 문제 243
4. 이해당사자들의 관심사확인 245
5. 현안정리 및 홍보 249

Ⅵ. 통상현안에 대한 접근방식 ······ 251
1. 통상현안 분석방법 251
2. 통상협상 추진의 당위성 253
3. 통상협상 목표의 설정 및 공유 254

Ⅶ. 통상협상 타결해법에 대한 접근 ······ 257
1. 복수의 해법을 개발하라 257
2. 아국과 상대국의 BATNA를 확인하라 257
3. 객관적 기준을 확인하라 258

Ⅷ. 통상협상의 추진절차 ······ 259
1. 협상추진의 의향 성명 262
2. 최초 EA보고서 262
3. EA보고서초안 262
4. EA보고서최종안 263

Ⅸ. 통상협상 준비를 위한 주의사항 ······ 263
1. 정보의 양과 질은 곧 협상력이다 263
2. 협상대응을 위한 관계자 풀을 유지하라 264
3. 협상대표와 대표단 구성원의 역할을 분명히 하라 264
4. 협상은 온라인 접촉에서 이미 시작된다 264

5. 협상회의장 준비상황도 준비하라 265
Ⅹ. 협상테이블 참석을 위한 기초상식 ········· 265
1. 인사 및 대표단 소개 265
2. 절차적 사항 점검 265
3. 모두발언 266
4. 상대발언의 세심한 청취 266
5. 회의내용의 철저한 기록 267
6. 질문의 양면성 268
7. 침묵의 전략적 유용성 268
8. 개별 문서에 기초한 협상의 유용성 269
9. 정회제안 270
10. 무례한 언행 및 최후통첩에 대한 대응 271
11. 협상대표(단)의 평판관리 273
모의협상 과제 ········· 276
참고문헌 ········· 279
색 인(인명 · 사항) ········· 289

제 1 장 : 협상의 기초

협상이라고 하면 흔히 커다란 테이블이 중앙에 놓여 있고, 이 테이블을 마주하고 서로 굳은 표정으로 머리에 구호가 적힌 띠를 두르고 앉아 언쟁하고 있는 양측의 사람들을 연상하게 되는 것이 보통이다. 양측의 이해관계는 서로 상충되고, 어느 한쪽의 이익은 상대방에게는 그만큼의 손실이 되기 때문에 양측이 서로를 적대시하는 그런 상황을 쉽게 상상할 수 있다.

그러나 이것이 협상의 전부는 아니다. 협상은 우리의 일상이며, 지극히 자연스런 현상이다. 우리가 미처 깨닫지 못하는 순간에도 우리는 협상을 경험한다. 물건값을 흥정하는 작은 일부터 어떤 TV 프로그램을 볼 것인가, 심부름의 대가를 얼마로 할 것인가, 가족들과 어디로 여름휴가를 떠날 것인가, 어떤 집으로 이사갈 것인가, 회사에 내년도 연봉을 얼마를 요구할 것인가 하는 것까지 우리가 직·간접적으로 참여하는 협상의 상황은 매우 다양하다.

그렇다면 협상이 무엇인가? 협상을 구성하는 공통적인 요소에는 어떤 것들이 있는가? 협상에서 고려해야 할 주요한 측면들에는 어떤 것들이 있는가? 갈등과 협상은 어떻게 다른가? 협상 연구의 큰 흐름들은 어떻게 구분될 수 있는가? 제 1 장은 이러한 질문들에 대한 대답을 통해 협상을 이해하는 데 필요한 기초 지식들을 전달하는 데 초점을 맞추고 있다. 개인이든 집단이든 협상에서 자신이 원하는 목표를 효과적으로 달성하기 위해서는 훌륭한 협상전략과 기술이 필요하다. 물론 협상 기술을 습득하는 최선의 방법은 체계적인 학습이다. 본 장에서는 협상의 체계적인 학습을 위해 반드시 필요한 협상의 정의와 구성 요소들, 협상의 주요 고려 사항, 협상의 기본 명제, 갈등과 협상의 관계,

협상연구의 흐름 등 협상의 기초적 측면들을 논의하겠다.

Ⅰ. 협상의 개념적 이해

1. 협상의 개념

협상(negotiation)이란 우리 일상에서 벌어지고 있는 갈등을 해결하는 여러 방법 가운데 하나다. 우리는 흔히 혼자서 해결하기 어려운 새로운 무언가를 만들려 하거나, 누군가와의 분쟁이나 갈등을 해결해야 할 경우 협상을 하게 된다. 우리는 스스로 느끼지 못하는 사이에 매일 협상을 경험한다. 시장에서 상인과 물건값을 흥정하는 일부터 시작해서 어떤 TV 프로그램을 볼 것인가 가족들과 상의하는 일, 애인과 어디로 놀러 갈 것인가 결정하는 일, 용돈의 액수를 놓고 부모와 자녀가 대화를 나누는 일, 과자를 놓고 다투는 동네 아이들 문제에 개입하는 상황에 이르기까지 우리는 다양한 협상에 직·간접적으로 참여한다.

그럼에도 불구하고 협상이라는 사회적 현상을 명확하고 간단하게 정의하는 것은 매우 어려운 일이다. 또한 어떠한 현상이나 활동이 협상인지 구체적으로 규정하기도 쉽지 않다. 심지어는 협상을 연구하는 학자들조차도 협상의 개념에 대한 합의를 보고 있지 못하며, 다양한 용어와 개념들을 사용하고 있는 실정이다.

협상에 대한 다양한 정의들을 살펴보면, 우선 협상은 둘 또는 그 이상의 주체들이 희소자원을 어떻게 분배할 것인가에 관해 동의를 이루어 가는 의사결정 과정으로 이해된다(Thompson, 1998). Bazerman & Neale(1983)은 협상을 복수의 당사자들이 갈등적인 이해관계를 해결하기 위해 공동의 의사결정을 하는 과정으로 정의하고 있다. 또한 협상은 자기가 원하는 것을 타인으로부터 얻기 위하여 상대방에게 호감을 얻어 내는 방법에 초점을 둔 지식이나 노력의 집합체로 정의되기도 한다(Cohen, 1982). Carnevale & Pruitt(1992)은 둘 또는 그 이상의 당사자들이 양립하기 어려운 것으로 인식되는 목표들을 해결하기 위해 노력하는 과정으로 정의하고 있다. Sebenius(1993)는 공동결정 행위를 통해 자신의 이해관계를 증진시키는 수단으로 정의한다. 한편 Fisher & Ury(1981)는 상대방으로부터 일방이 바라는 것을 얻어 내기 위한 기본 수단으로서 당사자들이 어떤 문제에 관하여 서로 상충하는 이해관계를 가질 경우, 합의에 도달하기 위하여 서로 의사를 주고받는 과정이라고 정의하고 있다. Schellenberg(1982)는 ① 두 당사자들이 혼합 동기(mixed-motive) 상황에서, ② 당사자들은 어떤 합의에 도달하지 못하는 경우에 비해 합의에 도달하는 상황이 더 큰 편익을 가져다 준다고 믿으며, 따라서 어떠한 합의가 가능하다고 판단하며, ③ 공동의 합의안을 모색하기 위해 제의와 역제의를 포함하여 토론의 과정에 들어가는 경우 흥정이 이루어진다고 보았다.

이러한 다양한 정의들을 기초로 협상을 개념화하는 데 필요한 공통적인 측면들을 추출한다면, 협상은 ① 둘 또는 그 이상의 당사자들이, ② 공통의 이익뿐만 아니라 이익의 갈등이 동시에 존재하는 상황에서, ③ 협상을 하지 않는 것보다는 협상을 하는 것이 서로에게 더 이익을 가져다 준다고 믿으며, ④ 의지의 경쟁이나 힘의 대결이 아니라 논리와 추론에 기초한 판단과 결정을 통해, ⑤ 분쟁을 해결하며 상호 이익을 위해 노력하는 과정으로 이해된다.

현실적으로 협상(negotiation)과 흥정(bargaining)은 교환적으로 사용되는 용어임에도 불구하고, 양자 간 구분의 필요성에 대해서는 학자들 간에 다소간의 이견이 존재한다. 많은 학자들은 협상과 흥정이 근본적으로 유사하며, 따라서 둘 간의 차이를 구분하고 있지 않다.[1)]

그러나 양자 간의 구분을 강조하는 학자들도 있다. 대표적으로 Baron(1994)은 흥정은 어떤 물건의 구입이나 판매를 위한 개인간의 상호작용을 의미하는 반면에, 협상은 회사나 국가와 같은 복잡한 사회적 단위들이 다양한 이슈와 관련하여 상호작용하는 상황으로 구분하고 있다. 비록 협상이 당사자 간의 협의(conferring) 과정에 더 초점을 맞추는 반면, 흥정은 내재적인 이해관계의 구조에 더 주목하고 있지만, 양자 간 구분이 커다란 실익이 없음은 분명하다.

---

1) 대표적으로 Schellenberg(1982), Kelley(1968), Rubin & Brown(1975) 등은 협상과 흥정을 구분하지 않고 유사한 개념으로 다루고 있다.

2. 협상의 핵심 요소

모든 협상은 서로 다른 모습을 띠며 정확하게 똑같은 협상이 다시 존재하기는 어렵다. 그럼에도 불구하고 모든 협상에는 공통적으로 존재하는 요소들이 있다. 〈그림 1-1〉은 협상상황에 관련된 중요한 요소들 간의 관계를 그림으로 나타낸 것이다. 협상가 자신과 상대방이 협상을 구성하는 가장 기초적인 요소이다. 이들은 하나 또는 그 이상의 의제를 놓고 협상을 한다. 그러나 협상을 진행하기에 앞서 협상에 대한 철저한 준비가 필요하다. 실제로 협상이 진행되면, 상황에 따라 당사자뿐만 아니라 중재자나 조정자와 같은 제3자, 숨겨진 당사자(hidden table), 대리인 등이 존재하게 된다.

또한 협상 당사자들은 의사소통을 통해 서로의 관계를 형성하며 협상을 진행한다. 협상이 진행되는 과정 또는 협상이 종료된 후에 환류가 이루어진다. 성공적인 협상을 위해서는 환류를 통해 분배적 기술(distributive skill)과

〈그림 1-1〉 협상의 큰 그림

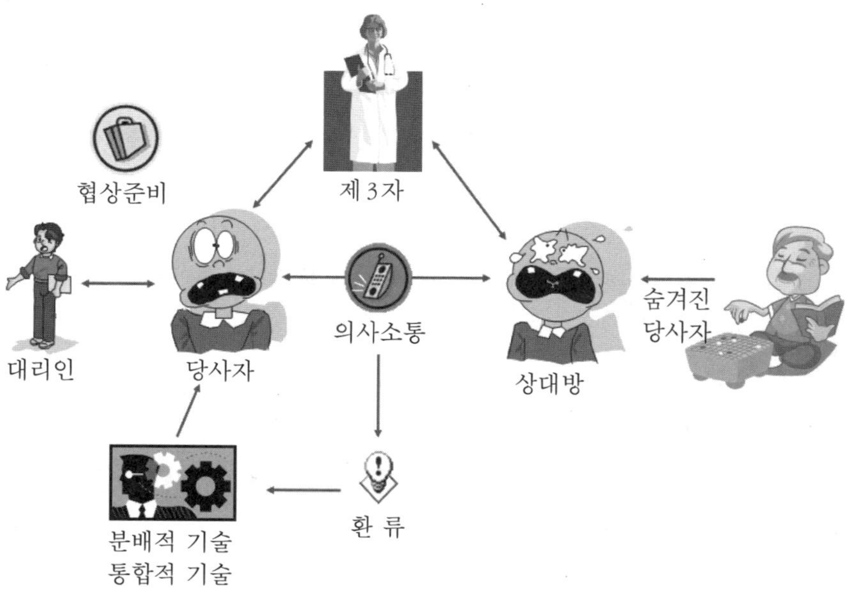

자료 : Thompson(1998)을 수정함.

통합적 기술(integrative skill)을 적절히 조화시키고 향상시켜야 한다.[2] 이러한 협상의 핵심 요소들 각각을 구체적으로 살펴보면 다음과 같다.

(1) 당 사 자

어떤 협상이든 누가 당사자인가를 확인하는 일이 가장 중요하다. 협상을 하는 사람은 흔히 당사자(party)로 불린다. 당사자는 한 사람 또는 이해가 같은 사람들의 집단이며, 자신의 선호에 따라 행동한다. 협상에서 당사자들이 존재하는 경우 쉽게 확인이 가능하지만, 가장 중요한 당사자들이 협상 테이블에 나타나지 않는 경우도 빈번하다. 이러한 당사자들을 숨겨진 당사자(hidden table)라 부른다(Friedman, 1992).

한편 이해당사자(party of interest)를 상대방(opponent)과 구분할 필요가 있다. Raiffa(1982)에 따르면, 이해당사자를 주 협상가(focal negotiator)라 하며, 상대방을 표적협상가(target negotiator)라 한다. 그러나 일반적으로 협상에서 상대방을 의미하는 공통된 표현은 존재하지 않는다. 완전히 경쟁적인 협상의 경우처럼 당사자들의 이해가 상반되는 경우 상대방이라는 표현이 자주 쓰인다. 협상당사자들의 이해가 상당히 협력적인 경우, 파트너(partner)라는 표현이 쓰이기도 한다(Thompson, 1998).

또한 집단간 협상은 흔히 대표(representative) 또는 대리인(agent)에 의해 진행되며, 이들은 집단의 이해를 대표한다. 규모가 큰 갈등의 경우 대표가 개인이 아닌 집단으로 구성되는 경우가 많다. 노사 협상에서 노측 협상단과 사측 협상단이 바로 그 대표적인 사례다. 그 밖에도 협상에는 집단의 구성원(constituents) · 제 3 자(third party) 등과 같은 행위자들이 존재한다. 따라서 협상에 앞서 누가 이러한 사람들이며, 협상에서 이들의 위치가 어떻게 되는가를 확인하는 일은 매우 중요하다. 2007년도 탈레반과의 인질 협상에서 초기 우리 정부는 협상의 상대방을 정확히 파악하지 못해 상당한 혼선을 겪기도 하였다.

협상에 참여하는 행위자의 수가 늘어날수록 협상의 복잡성이 증대된다. 즉 정보, 계산, 절차, 사회적 · 전략적 차원에서 복잡성이 증대되는 것이다

---

2) 분배적 기술과 통합적 기술에 대한 구체적인 설명은 제 4 장 "개인간 협상전략"에서 제시된다.

(Kramer, 1990). 새로운 행위자가 추가될수록 행위자들 간의 양자적 관계의 수는 기하급수적으로 늘어난다. 상이한 당사자들이 다양한 이해관계를 테이블로 끌어들이게 되고, 이러한 이해관계를 이해하고 이들을 통합하는 일은 엄청나게 복잡한 일이 된다. 다자협상 상황의 경우 다양한 잠재적 전략과 결과들로 인해 상황을 완전히 이해하는 것은 사실상 불가능하다.

(2) 의　제

의제(issues)는 사안 또는 쟁점으로도 불리며, 협상을 통해 분배되어야 하는 자원 또는 해결되어야 할 사항들을 의미한다. 성공적인 협상의 핵심적인 조건은 바로 의제들에 대한 정확한 파악이다. 예컨대 전자상가에서 MP3를 사려고 하는 경우 MP3의 가격이 가장 중요한 의제이며, 이 외에도 배터리 · 이어폰 등도 의제에 해당된다. 고용 협상의 경우, 임금 · 건강보험 · 휴가일수 등이 의제에 포함된다.

의제가 복잡하고 많은 경우에 비해 의제가 단순하고 그 숫자가 적은 협상이 모든 당사자들에게 더 바람직할 것으로 여겨지지만 실제로는 그 반대이다(Thompson, 1998). 의제의 수가 많아질수록 더 나은 협상 상황이 조성된다. 의제들이 많을수록 당사자에게 의제들 간의 득실을 계산하는 데 있어 더 많은 기회를 제공하게 된다. 예컨대 의제가 임금 한 가지로 고용주와 노동자 두 당사자가 서로 상충되는 선호를 가지고 있는 임금 협상의 경우를 가정해 보자. 고용주는 임금을 최소화하기를 원하는 반면, 노동자들은 더 많은 임금을 원한다. 이 경우 기껏해야 두 당사자들은 서로 부분적인 만족만을 통해 타협안에 도달할 수 있다. 그러나 동일한 협상 상황에서 임금뿐만 아니라 유급휴가일수 · 근로시간 · 직장보험 · 상여금 등이 의제에 포함되는 경우 당사자들은 의제들 간의 득실을 계산하여 협상하게 되고 의제간 교환이 가능해진다. 그 결과 자신에게 중요한 것으로 여겨지는 의제에 대해 서로 이익을 얻을 가능성이 커지게 된다.

(3) 대　안

협상에서 대안(alternatives)은 해결이 필요한 각 의제에 대해 당사자들이 취할 수 있는 선택들을 의미한다. 예컨대 고용협상의 경우 직장보험 의제의 대안들로는 가족에 대한 의료혜택의 범위, 의료기관의 선정 등에 이르기까지 다양하다. 또한 휴가의 경우, 연 5일부터 연 15일까지 기간에 따라 다양한 수준의 대안들이 존재할 수 있다. 당사자들은 의제들을 확인하는 것처럼 대안들을 확인하고 개발해야 한다. 대안들이 더 많아질수록 더 바람직하며, 협상이 성공적으로 진행될 가능성은 커진다.

(4) 이해관계와 입장

입장(positions)은 특정한 의제에 대해 협상 당사자에 의해 명시된 선호를 의미한다. 이해관계(interests)는 당사자가 생각하는 내면적 욕구(underlying needs)로서 당사자의 행동을 인도하는 근본적인 욕구이다. 입장은 이해관계로부터 나온다. 예컨대 고용협상의 경우 임금은 하나의 의제이다. 직원이 연봉 5,000만 원을 요구하는 경우, 이것은 입장에 해당된다. 이 경우 직원의 내면적 욕구는 대학 재학중인 아들의 등록금을 내거나 또는 10년 동안 은행 대출금을 변제해 나가는 것 등이 될 수 있다. 성공적인 협상의 핵심은 입장 협상(positional bargaining)에서 이해관계 협상으로 전환하는 데 있다. 이해관계는 떠들썩한 입장 뒤에 있는 소리 없는 행위자이다. 입장이 이미 결정된 어떤 것이라면, 이해관계는 그렇게 결정하도록 만든 동기에 해당된다(Fisher, Ury & Patton, 1991). 상반된 입장의 이면에는 상충된 이해관계뿐만 아니라 공유와 양립이 가능한 이해관계도 존재한다. Fisher, Ury, & Patton(1991)이 제시한 이해관계를 명확히 알 수 있는 방법들로는 ① "왜"라고 물으라, ② "왜 그러지 않을까" 하고 물으라. 즉 상대방의 선택에 관해 생각해 보라, ③ 양측은 복수의 이해관계를 가지고 있다는 사실을 깨달아라, ④ 가장 강력한 이해관계란 인간의 기본적 욕구의 충족이다, ⑤ 이해관계의 목록을 작성하라 등이 있다. 그러나 현실 속 협상에서 당사자의 입장 뒤에 숨겨진 이해관계를 확인하는 것이 어려운 경우가 보통이다.

(5) 배 트 나

배트나(BATNA)는 Fisher & Ury(1981)에 의해 창안된 개념으로서, "Best Alternative To a Negotiated Agreement"의 영문 머리글자 BATNA를 따서 만들어진 약자이다. 즉 협상에 의한 거래가 존재하지 않은 상태에서 한 당사자가 선택할 수 있는 여러 대안 중 가장 선호되는 것을 말한다. 쉽게 말해 현재 진행중인 협상이 실패하는 경우 당사자가 선택할 수 있는 최선의 대안을 의미한다. 협상을 하는 이유는 협상을 통해 협상이 없는 경우보다 더 나은 무언가를 얻기 위해서다. 협상 없이 얻을 수 있는 최선의 결과가 바로 배트나다. 예컨대 새로운 회사와의 연봉협상에 실패하는 경우 현재 직장에 그대로 근무하거나, 자영업을 시작하는 것 등이 BATNA가 될 수 있다. 시장에서 물건값을 흥정하는 상황에서 상인에게는 또 다른 손님이 BATNA가 되며, 고객에게는 또 다른 상점이 BATNA가 된다.

만일 현재의 협상이 BATNA보다 못한 가치만을 준다면, 더 이상 협상을 진행하기 어려워진다. 따라서 당사자는 BATNA보다 못한 대안을 받아들여서는 안 된다. 물론 자신의 BATNA를 정확히 알고 있지 못하면 어떤 제안을 수용할 것인지 결정하기는 쉽지 않다. Fisher & Ury(1981)는 BATNA야 말로 지나치게 불리한 합의안을 수용하거나 또는 수용하는 것이 이익이 되는 합의안을 잘못 거절하는 경우로부터 자신을 지켜 주는 유일한 기준이라고 강조하였다. 훌륭한 BATNA를 갖고 있는 경우 협상력은 증대되며, 따라서 협상에 앞서 당사자들은 자신의 BATNA를 확인하고 개선하려는 노력을 기울여야 한다. Fisher, Ury, & Patton(1991)은 BATNA를 개발하는 세 가지 단계를 제시하고 있는데, ① 합의에 이르지 못할 경우 취할 수 있는 행동 목록을 작성하고, ② 가능성 있는 아이디어를 개선해서 그것들을 실용적 대안으로 전환시키고, ③ 시험적으로 최고의 대안을 고르는 것이다.

(6) 목표치와 유보치

모든 협상에서 당사자들은 자신들이 성취하고자 하는 최상의 결과들이 있다. 이러한 최상의 결과를 목표점(target point) 또는 목표치(target value)라고 한다. 한 당사자의 협상범위(bargaining range)는 자신의 "목표치와 유보치" 사이의 영역이다. 목표치는 당사자에 의해 가장 선호되거나 이상적인 것으로 받아들여지는 해결 방법을 의미한다. 주의할 점은 목표치는 단순한 소망과는 다르다는 점이다. 소망은 실제 실현이 불확실한 환상이나 희망이지만, 목표는 치밀한 계획의 토대위에서 도달할 수 있는 최선의 상태이다. 목표치라고 말할 때 이것은 현실적인 가치를 반영해야 한다. 또한 구체적이고 명확한 수치로 측정가능도록 설정되는 것이 바람직하다. 목표가 구체적이지 않을수록 자신이 진정으로 무엇을 원하는지, 또한 협상 결과가 목표를 얼마나 충족시키는지를 판단하기 어렵다. 예컨대 "가능한 중고차를 싸게 사야 한다"는 것은 바람직한 목표가 아니다. 만일 이것이 진짜 목표라면 공짜로 중고차를 사야만 목표가 달성되는 터무니없는 결과가 된다.

목표치와 함께 당사자들은 유보점(reservation points) 또는 유보치(reservation value)를 지니고 있어야 한다. 유보점은 한쪽 당자사가 협상이 이루어지든, 아니면 협상 테이블을 박차고 나가든 상관이 없다고 생각하는 임계점으로 일종의 협상 마지노선이라고 할 수 있다. 이처럼 협상포기 한계선이라고도 할 수 있는 유보치는 당사자가 제안을 수용할 수 있는 최저 한계점을 말한다. 예컨대 노사 협상의 경우 노동 조합이 협상을 중단하고 파업을 결정하는 한계점을 나타낸다. 협상가는 협상준비 단계에서 미리 상대방이 더 이상의 양보를 거부하는 경우, 협상을 파기할 수 있는 임계치를 결정할 필요가 있다.

유보치는 보통 BATNA로부터 도출되지만 반드시 동일한 것은 아니다. 만일 어떤 거래에 다른 요인들은 개입되어 있지 않고 오로지 금전만 관련되어 있고 자신의 BATNA가 금전적 가치로 정확히 계산될 수 있다면, 유보치는 자신의 BATNA와 동일하다고 할 수 있다. 유보치가 분명하지 않은 협상가들은 흔히 유보치로 위장된 어떤 자의적 가격이나 기준에 협상의 준거를 맞추게 된다. 이러한 자의적 기준점이 관심점(focal point)이다(Thompson, 1998). 관심점은 타당한 것으로 보이는 숫자, 값 또는 가치 등이 될 수 있지만, 사실 어떤 기준도 없이 정해진 것들이다.

(7) 합의가능영역

합의가능영역(Zone Of Potential Agreement 또는 Zone Of Possibile Agreement : ZOPA)은 흥정영역(bargaining zone) 또는 타협영역(settlement zone)으로도 불리며, 협상이 타결이 가능한 범위를 말한다.[3] 합의가능영역은 두 당사자의 유보치 사이의 영역을 의미한다. 당사자 사이에 협상이 가능하기 위해서는 합의

3) Walton & McKersie(1965)는 합의가능영역을 최초로 개념화하였다.

가능영역이 존재해야만 한다. 예컨대 물건값을 흥정하는 경우 구매자가 지불하고자 하는 최고 가격과 판매자가 팔고자 하는 최저 가격 사이에 중첩되는 영역, 즉 긍정적 흥정영역(positive bargaining zone)이 존재해야만 협상이 가능해진다. 구매자에게는 최고 가격이 유보치며, 판매자에게는 최저 가격이 유보치로서, 이 두 유보치 사이의 영역이 협상가능영역이다. 만일 판매자가 구매자가 생각하는 최고 가격 이상으로 팔고자 하거나, 구매자가 판매자가 생각하는 최저 가격 이상으로 사고자 하는 경우 합의가능영역은 존재하지 않으며, 즉 부정적 흥정영역(negative bargaining zone)이 만들어지며, 협상은 이루어질 수 없게 된다.

〈그림 1-2〉 합의가능영역(ZOPA)

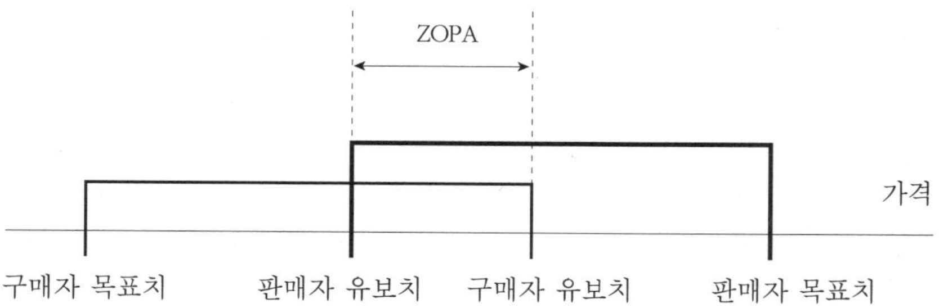

(8) 협상전략

협상전략(negotiation strategy)은 포괄적인 목표와 이들을 달성하기 위해 협상 당사자들이 취하는 일반적인 접근방법을 규정하는 협상의 행동 계획을 의미한다(Carnevale, 1994). 당사자들이 선택할 수 있는 다양한 협상전략이 존재하지만, 대표적으로 양보(concession) · 대결(contending) · 문제해결(problem solving) · 무반응(inaction) · 퇴거(withdrawal)의 다섯 가지로 구분이 가능하다(Carnevale & Pruitt, 1992).[4]

양보는 굴복(yielding)으로도 불리며, 상대방의 의견을 수용하기 위해 당사자가 자신의 요구나 기대치를 낮추는 것이다. 대결은 자신이 바라는 결과를 얻기 위해 상대방과 겨루는 것이다. 즉 상대방으로 하여금 자신의 이해를 포

4) 당사자가 취할 수 있는 협상전략의 구체적인 내용은 제 3 장 "협상의 심리학"에서 소개된다.

기하도록 만드는 것이다. 이러한 전략을 실현하는 구체적인 전술에는 위협, 고집스런 자세 등이 포함된다. 문제해결은 양측 당사자의 목표를 모두 만족시키는 대안을 찾으려고 노력하는 것이다. 문제해결 전략에는 적극적인 청취, 자신의 선호에 관한 정보의 제공, 해결 방안을 찾기 위한 브레인스토밍 등이 포함된다. 이러한 문제해결은 윈-윈 해결책의 개발을 위한 주요 전제이다. 무반응은 가능한 아무것도 하지 않는 것이다. 예컨대 협상 테이블에서 딴전을 피우는 행동을 하는 경우이다. 무반응은 시간을 낭비하게 만들고, 합의를 어렵게 만들며, 심지어 협상의 결렬을 초래하기도 한다.

(9) 협상과정

협상과정(negotiation process)은 협상이 시작된 이후 협상이 결렬되거나 합의안이 도출되기까지 과정에서 당사자들 사이에 발생되는 사건과 상호작용들을 의미한다. 협상과정은 당사자들 간의 모든 언어적 · 비언어적 상호작용, 협상전략의 사용, 당사자들 간의 상호작용에 영향을 미치는 외적 · 상황적 사건 모두를 포함한다. 따라서 협상과정은 각 당사자에 의한 양보의 정도와 수준, 위협, 약속, 당사자들 간의 의사소통의 매개체 등을 전반적으로 포함한다. 특히 협상진행 과정에서 당사자들 사이의 양보의 교환 과정에 초점을 맞추는 경우, 이를 협상춤(negotiation dance)이라 부른다(Raiffa, 1982). 마치 두 명의 댄서가 함께 춤을 추는 경우에 스텝의 연속적인 흐름을 보여 주고 있는 것 같다고 해서 붙여진 이름이다.

(10) 제의와 역제의

협상 과정에서 중요시되는 또 다른 개념이 첫제의(opening offer)와 역제의(counter offer)이다. 당사자는 협상에 앞서서 첫제의를 어떻게 제시할 것인지 전략을 세워야 한다. 상대방으로 하여금 먼저 첫제의를 하도록 하는 것이 유리한 경우도 있다. 그러나 물론 이 경우에도 이러한 전략은 사전에 계획된 것이어야 한다. 마찬가지로 상대방이 첫제의를 하는 경우 어떻게 역제의를 할 것인가는 협상을 이끌어 가는 데 있어 매우 중요한 사항이다. 또한 자신의 첫제의에 대해 상대방이 어떤 역제의를 해 올 것인가를 정확히 예측하는 일 역시 중요하다. 한쪽이 완전한 승리를 얻으려 하거나 모두 차지하려 하는 경우,

협상은 불가능해진다. 당사자들 간에는 제의와 역제의의 반복을 통해 양보가 이루어지고 합의에 도달하게 된다.

(11) 상호의존성

협상의 핵심 요소이며, 또한 협상이 성립되기 위한 기본 조건의 하나가 당사자 간의 상호의존성이다. 한쪽의 행동이 상대방의 행동이나 결과에 영향을 주는 경우, 상호의존적인 관계가 된다. 협상 당사자들은 서로의 결정과 행동에 의해 영향을 받는 상호의존적인 존재이다. 만일 한쪽이 상대방에 대해 완전한 지배적 권위를 갖게 되면 상대방의 행동에 의해 전혀 영향을 받지 않게 되며, 따라서 협상을 할 필요조차 없게 된다(Thompson, 1998). 예컨대 부모-자식의 상호작용은 사실 협상은 아니다. 부모가 최종적인 권한을 갖는 경우가 많기 때문이다.

그러나 이 말이 반드시 실제 협상에 있어 당사자들이 동등한 권력을 지니고 있어야만 협상이 가능하다는 말은 전혀 아니다(Thompson, 1998). 흔히 사람들은 자신보다 권력이 많거나 혹은 훨씬 적은 사람들과도 협상을 한다. 대표적으로 근로자들은 고용주에 비해 상대적으로 적은 권력을 갖고 있음에도 불구하고, 노조를 결성하여 집단적으로 행동함으로써 고용주와의 협상이 가능하다.

(12) 의사소통

의사소통을 할 수 없다면, 협상도 할 수 없을 것이다. 흔히 의사소통은 개인 대 개인의 대면적인 상호작용으로 여겨진다. 그러나 의사소통의 형태는 매우 다양해서 대면적인 접촉뿐만 아니라, 문서화된 메시지 · 전자메일 · 전화 · 리포트 등도 포함된다. 의사소통의 측면에서 보면 두 가지 형태의 흥정이 존재한다. 명시적 흥정(explicit bargaining)과 묵시적 흥정(tacit bargaining)이 그것이다(Schelling, 1960). 명시적 흥정에서는 당사자들 간의 분명한 의사소통을 확인할 수 있다. 그러나 묵시적 흥정에서는 당사자들이 직접적으로 의사소통을 할 수는 없으나, 중요한 협상 정보의 우회적인 유출과 같은 행동을 통해 협상 과정을 조절할 수 있다.

정보통신기술이 급속히 발전하면서 다양한 의사소통 기제들이 나타났다.

그러나 가장 보편적인 형태의 의사소통 방법은 여전히 대면적(face-to-face) 의사소통이다. 일반적으로 대면적 의사소통은 전화와 같은 비대면적 의사소통 방법에 비해 당사자들 간에 우호적인 관계와 협력을 증진시키는 데 기여한다. 또한 대면적 의사소통은 여타의 기재들에 비해 당사자들이 보다 성실하게 협상하도록 하는 데도 기여한다. 그 결과 대면적 협상은 전화나 편지에 비해 더 큰 공동 이익을 실현하는 데 유리하다. 어떤 상황에서는 대면적 의사소통보다 전화와 같은 음성 채널이 선호된다. 예컨대 협상가가 막중한 책임을 진 경우 대면적 의사소통은 상호간에 긴장을 유발하게 되며, 이는 협상에서 공동 이익을 증진시키는 데 저해 요인이 될 수도 있다. 최근 들어 전화 · 화상 전화기 · e-mail · 인터넷 등이 개발되면서 의사소통 방식이 협상에 어떤 영향을 미치는가 하는 점은 중요한 연구 주제가 되고 있다. 이러한 연구의 공통적인 결론은 협상에서 당사자간 의사소통 기제로 어떤 방법이 이용되느냐에 따라 협상의 과정과 결과에 중대한 영향을 미칠 수 있다는 것이다.

(13) 제 3 자 개입

당사자들이 협상이나 토론을 통하여 분쟁을 해결할 수 없는 때는 의사소통을 원활히 하고 해결점을 찾기 위하여 제 3 자의 도움을 요청해 해결하는 경우가 있다. 즉 당사자들이 협상이나 토론을 통해 직접적인 합의 도출에 실패하는 경우, 제 3 자 개입(third-party intervention)에 의한 분쟁 해결을 시도한다. 제 3 자에는 촉진자(facilitator) · 규칙 조종자(rule manipulator) · 조정자(mediator) · 중재자(arbitrator) 등 크게 4가지 형태가 존재한다.

촉진자는 당사자들 간의 협상이 가능하도록 단순히 보조하는 역할을 한다. 협상장을 마련하고, 정리하며, 당사자들의 제안을 정리하는 등의 역할을 한다. 규칙 조종자는 협상규칙을 마련하는 역할을 한다. 예컨대 작은 파이를 놓고 형제가 다투는 상황에서 어머니가 "형은 파이를 자르고, 동생은 먼저 한 조각을 선택해"라고 하는 경우이다. 한편 제 3 자가 당사자들 모두에 대해 구속력 있는 합의안을 제시할 수 있는 경우가 중재다. 반면 조정은 당사자들 간의 자발적인 갈등해결을 돕는 데 초점을 맞추며, 따라서 구속력은 없으나 조력자로서의 역할을 하는 경우이다. 즉 조정자는 당사자간 갈등 상황에 개입하지만 구속력 있는 결정을 내릴 수 있는 권한을 지니지 못하는 반면, 중재자는 구속력 있는 결정을 내리게 된다. 중재와 조정 모두에서 중요한 점은 당사자들로부터 제 3 자 개입에 대한 동의를 얻어야 한다는 점이다.

제 3 자 개입을 통한 분쟁해결이 성공적인가를 판단하는 기준으로는 ① 만일 긍정적 협상영역이 존재한다면 당사자들이 합의에 도달할 가능성을 증대시키고, ② 파레토 능률의 협상결과(Pareto efficient outcome)를 촉진하며, ③ 당사자들이 공정하다고 인식하는 결과를 촉진하며, ④ 당사자들의 관계를 개선하는 경우이다(Thompson, 1998).

협상은 대안적 분쟁해결(alternative dispute resolution : ADR)의 한 형태이다. ADR은 쟁송 절차에 따른 사법적 판단 이외의 갈등해결 과정과 기법들을 포함한다. ADR은 일반적으로 세 가지로 분류되는데, 협상(negotiation), 조정(mediation) 및 중재(arbitration)로 나뉜다. 따라서 ADR은 기소(litigation)의 대안으로 받아들여진다.

(14) 협상결과

협상결과(negotiation outcome)는 협상의 산물 또는 귀결로서, 일반적으로 ① 한쪽 당사자의 일방적 승리, ② 타협안의 도출, ③ 윈-윈 합의(win-win agreement), 합의 도달 실패의 네 가지로 구분할 수 있다(Carnevale, 1994). 당사자들이 합의 도달에 실패하는 경우를 파국(impasse)이라 하는데, 이는 당사자들이 타협(compromise)을 이루지 못하는 경우이다. 이러한 상황은 답보(stalemates)나 교착(deadlocks)으로도 불린다. 이 경우 제 3 자를 선정하여 개입하게 하거나 또는 협상 자체가 결렬된다. 양자협상의 경우 협상이 이루어지기 위해서는 당사자들이 협상결과에 동의해야만 한다. 따라서 당사자 각각은 상황을 거부할 수 있는 거부권을 갖는다. 실제로 '그만두고 가버리기(walk-away)' 방법은 협상에서 당사자가 행사할 수 있는 협상력(negotiation power)의 가장 기본적 형태이다.

(15) 협상의 주요 고려사항

협상 당사자는 자신이 처해 있는 협상의 구조와 상황을 이해함으로써 협상 전 단계에서의 전략의 준비나 실제 협상의 진행에 커다란 도움을 얻을 수 있다.

〈그림 1-3〉 협상의 구분

		당사자의 수	
		양자(2명)	다자(3명 이상)
의제의 수	단일 의제	Ⅰ	Ⅱ
	다중 의제	Ⅲ	Ⅳ

자료 : Thompson(1998)을 수정함.

기본적으로는 당사자의 수와 의제의 수에 따라 협상의 구조를 〈그림 1-3〉과 같이 구분할 수 있다.

그러나 이러한 2×2 구분은 보다 복잡한 협상 의제나 당사자의 특성, 협상의 상황과 구조적 변수 등을 고려하지 못하는 한계가 있다. Raiffa(1982)는 협상 상황을 평가하는 13가지 구체적인 기준들을 제시하고 있다.[5] 물론 일부 기준들이 중첩되는 측면도 있지만 다양한 측면에서 협상 상황을 이해하고, 그 특성을 파악하는 데 커다란 도움이 된다.

첫째, 둘 이상의 당사자가 존재하는가? 협상에서 당사자의 수는 협상의 복잡성을 증대시키는 중요한 요인이다. 두 명의 당사자가 있는 양자적 갈등(dyadic conflict)과 세 명 이상의 당사자가 존재하는 다자적 갈등(multi-party conflict) 사이에는 커다란 차이점이 존재하는데, 특히 후자의 경우는 연합형성(coalition building)이 가능하다는 점이다(Bazerman *et al*., 2000). 연합(coalition)은 당사자간에 공동의 목적을 달성하거나 공동 활동을 수행하기 위한 일시적인 동맹(alliance) 또는 파트너화(partnering)(Yarn, 1991)이며, 연합을 구성하는 것을 연합형성이라 한다. 유사한 가치 · 이해 · 목적 등을 지닌 서로 다른 당사자간의 연합형성은 각자가 지닌 자원을 결집시킬 수 있어 단독으로 행동하는 경우에 비해 훨씬 강력한 협상력을 지니게 된다.

두 명의 당사자가 협상을 하는 경우 가장 중요한 이슈는 당사자들 간에 합의에 도달할 수 있는가 하는 점이다. 그러나 일단 셋 또는 그 이상의 당사자

5) H. Raiffa, *The Art and Science of Negotiation*(Cambridge, Mass. : Belknap Press of Harvard University Press, 1982).

들이 관련되는 상황에서 이루어지는 합의에 반드시 모든 당사자들이 포함될 필요는 없다. 오히려 당사자들 중 일부집단(subset) 간에 합의가 이루어지는 경우가 보통이다. 따라서 다자협상에서 중요한 점은 당사자들이 합의에 도달할 수 있는가 뿐만 아니라, 얼마나 많은 당사자들이 합의에 참여하는가 이다. 보통 약자들끼리 일단 연합을 형성하여 자신들의 힘을 키운 후 강력한 상대를 물리치고 나서 자신들끼리 사후에 협상을 하는 형태의 전략적 제휴가 이루어지는 경우가 빈번하다. 따라서 연합을 구성할 수 있는 능력은 당사자들이 자신들의 이해를 방어하고, 상대방에게 영향력을 행사하는 중요한 원천이 된다.

둘째, 당사자가 일심동체(monolithic entity)인가, 협상을 하나의 게임으로 생각한다면, 게임이 어떻게 구조화되는가에 따라 최선의 전략은 달라지게 마련이다. 즉 하나의 단일한 주체(uniform entity)와 협상을 하고 있는가, 아니면 다양한 구성원 · 성향 · 목표 등을 지닌 이질적 집단(diverse group)과 협상하고 있는가를 검토해야 한다. 일심동체(monolithic)인 주체는 한 사람일 수도 있고, 또는 유사한 목표와 전략을 지닌 소규모의 친밀한 사람들의 집단일수도 있다. 다만, 개인이든 집단이든 어느 것도 완벽하게 일심동체적이지는 않으며, 심지어 상대방이 한 명인 경우에도 상대방의 생각은 바뀌게 마련이다.

갈등의 당사자가 개인이 아니라 집단이나 조직인 경우가 빈번하다. 예컨대 노사협상의 경우 노동조합과 회사측은 각각 단일한 개인이 아니라 집단으로서 협상 주체가 된다. 이 경우 집단 구성원 모두가 협상에 당사자로 참여하기보다는 대표 또는 대리인이 협상을 주도하게 된다. 집단이 협상 당사자가 되는 경우, 집단간 합의뿐만 아니라 집단 내 이질적인 구성원들 간의 갈등이나 합의의 어려움은 협상을 복잡하게 만드는 중요한 이슈이다.

셋째, 협상이 반복적인가? 협상의 전략은 협상이 일회적인가, 아니면 반복적인가에 따라 크게 달라진다. 흔히 상인과 손님이 재래시장에서 물건 가격을 놓고 옥신각신할 때 서로 자신의 입장만을 고집하려는 근시안적 시각을 갖기 쉽다. 이러한 배경에는 협상 상대를 다시 만날 필요가 없다는 인식이 자리하고 있기 때문이다. 이와는 반대로 미래에도 함께 협상을 해야 하는 경우에는 이전의 협상 분위기나 결과가 다음 협상에도 영향을 미친다. 특히 협상이 반복적인 경우 당사자는 자신의 평판(reputation)을 고려해야만 하며, 따라서 현재의 협상을 통해 상대방에게 좋은 이미지를 줄 수 있어야 한다. 예컨대 현재 협상에서 많은 것을 양보하는 경우, 다음 협상에 영향을 미치게 마련이다. 정직하지 못한 전략이나 방법들이 단기적인 이익을 확보하는 데 도움을 줄 수 있으나, 장기적으로 자신의 평판을 손상시키는 심각한 요인이 된다. 이처럼 반복적인 협상에서는 당사자간의 상호 신뢰(mutual trust)가 중요한 문제가 되며, 따라서 일회성 협상보다 더 협력적으로 협상이 진행되는 경우가 빈번하다.

넷째, 협상간 연계효과가 존재하는가? 흔히 어떤 협상이 또 다른 협상들과 연계되어 있는 경우, 협상의 어려움을 증대시키는 중요한 요인이 된다. 이 경우 당사자가 어떤 입장을 취하는가가 관련된 모든 협상들에 영향을 미친다. 예컨대 한미 FTA협상 결과는 이후 캐나다, EU 등과의 FTA협상에 영향을 미칠 수밖에 없다. 특히 쇠고기 수입 문제의 경우 캐나다는 미국과 동등한 대우를 요구하고 있다.

다섯째, 두 개 이상의 의제가 존재하는가? 단순 갈등의 경우 하나의 의제가 갈등을 유발하는 요인이 된다. 예컨대 가격 · 임금 등이 대표적인 경우이다. 이러한 단일의제 갈등의 경우 당사자 양측은 첨예하게 대립되는 경우가 빈번하며, 협상상황을 제로섬(zero-sum)의 분배적 게임으로 인식하기 쉽다. 그러나 대부분의 갈등 상황 속에는 한 개의 의제가 아닌 여러 개의 상호 연관된 의제들이 존재한다. 협상 의제가 하나인 경우에 비해 여럿인 경우가 통합적 합의에 도달하기 쉽다. 여러 개의 의제들을 협상하는 경우, 합의를 위해 의제들간의 이해득실(tradeoffs)을 계산하는 것이 중요하다. 그러나 협상을 통해 결정되어야 할 여러 의제가 있을 때, 양측 당사자들은 각기 원하는 만큼 파이를 나누기 전에 더 큰 파이를 선택할 기회가 있는가 진지하게 고민하고 분석할 필요가 있다(Raiffa, 1982).

여섯째, 합의가 반드시 필요한가? 반드시 합의를 이루어야 하는 협상과 그렇지 않은 협상 간에는 커다란 차이가 존재한다. 일반적으로 합의는 의무적이기보다는 선택적이다. 만약 합의가 의무가 아니라면 각 당사자는 협상이 결렬되었을 때 무슨 일이 일어나게 될지에 대해 심사숙고해야만 한다. 합의가 의무적인 요소가 아니라면, 더 나은 BATNA를 많이 가진 당사자일수록 협상에서 유리한 상황을 차지할 것은 분명하다.

일곱째, 승인이 필수적인가? 협상 테이블에 앉은 주체가 실제 협상의 당사자가 아니라 협상의 대리인일 수 있다. 예컨대 노조 위원장이 경영자측 대표단과 합의를 하고, 그것이 조합원들에게 효력을 발생하기 전에 반드시 조합원-전체의 승인(ratification)을 얻어야 하는 경우가 있다. 승인은 승인을 필요로 하는 측의 협상력을 강화시키는 요인이 되기도 한다. 예컨대 "나는 이 합의안을 수용할 수 있지만, 우리 CEO가 승인을 해야만 한다"처럼 협상가는 인위적으로 승인 조건을 만들기도 한다(Raiffa, 1982).

여덟째, 위협이 가능한가? 위협은 협상의 결과에 영향을 미치는 중요한 요인 중 하나다. 군사력·폭력과 같은 물리적 위협에서부터 문신, 욕설, 붉은 유니폼, 협상장에서 박차고 나가버리기와 같은 심리적 위협에 이르기까지 그 형태와 방법은 다양하다. 위협은 위협에 따른 처벌이 클수록, 또 처벌이 분명할수록 상대방으로 하여금 양보를 하도록 만드는 데 효과적이다. 그러나 위협은 잘못 사용되는 경우 오히려 협상을 어렵게 만든다.[6]

아홉째, 시간적 압박 또는 시간에 관계된 비용이 존재하는가? 흔히 협상에서 시간의 가치와 비용은 당사자들마다 다르게 계산된다. 일반적으로 시간적 여유가 있는 당사자가 협상에서 유리한 위치를 차지하기 쉽다. 시간에 밀려 협상을 서두르는 당사자는 지나칠 정도로 양보를 하거나, 자신에게 불리한 제안을 수용함으로써 불리한 결과를 초래하게 된다. 한쪽 당사자가 시간 제약을 겪고 있다면, 이는 상대방에게는 유리한 조건으로 이용되기 쉽고 심지어는 악용되기도 한다. 일부 협상가들은 시간이 촉박한 상대를 대상으로 협상을 무조건 질질 끄는 전략을 사용하기도 한다.

열 번째, 합의가 구속력이 있는가? 많은 협상에서 당사자간 합의는 문서의 형태로 서명이 이뤄지고, 그에 따라 공식적인 구속력을 지니게 된다. 합의의 구속력이 중요한 이유는 합의안이 구속력이 있는 경우와 그렇지 않은 경우, 당사자의 합의 후 행동이 달라질 수 있기 때문이다. 구속력이 없는 합의안의 경우 합의 자체를 무효화하는 상황이 쉽게 발생되기도 한다. 북핵문제 해결을 위한 6자 회담에서 미국, 일본 등이 가장 신경을 쓰는 문제가 바로 구속력 있는 합의를 이끌어 내는 것이었다.

6) 위협에 대한 구체적인 설명은 제 3 장 "협상의 심리학" 대결 부분에서 제시된다.

열한 번째, 협상을 공개할 것인가, 아니면 비밀리에 할 것인가? 적어도 공공 분야에서 비밀을 유지하기란 쉽지 않다. 많은 의제가 관련되는 협상에서의 일반적인 전략은 보상적 절충안을 찾는 것이다. 즉 특정 의제에 대해 양보하는 대가로 상대방 역시 다른 의제를 양보하는 경우이다. 그런데 이러한 사실을 대중에게 공개하기 어려운 경우가 존재한다. 흔히 언론에 알리는 따위의 공공 성명(public announcement) 전략은 협상 과정에서 약속의 신뢰성을 강화하기 위해 의도적으로 사용되기도 한다. 일방의 성명 발표는 상대방의 내부 협상에 영향을 미치기 쉽다. 협상 당사자의 단독 결정이 불가능하거나 또는 집단 내부의 승인이 필요한 경우 비밀스런 협상을 진행하기는 더욱 어렵다. 탈레반과의 인질석방 협상에서 우리 정부는 인질들의 안전을 고려하여 철저히 비밀리에 협상을 진행하고자 하였다.

열두 번째, 협상상황을 지배하는 **집단규범**(group norms)은 무엇인가? 집단규범과 **협상전통**(negotiating conventions)은 협상에 영향을 미치기 마련이다. 당사자들은 협상을 어떻게 시작할 것인지 결정해야 한다. 협상을 하는 경우 몇 차례나 서로가 제안을 교환하는 것이 바람직한지도 고민해야 한다. 협상을 어디서, 언제 할 것인지도 고민해야 한다. 국가간 협상이라면 어떤 언어를 사용할 것인가도 정해야 한다. 이러한 모든 의제들이 협상상황을 지배하는 집단규범과 관련된다.

열세 번째, 제 3 자의 개입이 가능한가? 앞에서도 설명한 것처럼 당사자 간에 합의를 이루지 못하는 경우, 제 3 자가 개입하는 경우가 흔히 있다. 제 3 자는 당사자들을 불러 모으고, 협상 분위기를 조성하며, 정보를 교환하고, 당사자들로 하여금 가치를 분명하게 하도록 돕고, 적절한 유보치를 제안하고, 터무니없는 제안들을 정리하고, 특정한 입장에 대한 집착을 완화시키며, 공동의 이익을 모색하고, 합의의 근거를 마련하는 데 있어 중요한 역할을 한다. 제 3 자의 개입은 협상에서 합의 도출을 위한 중요한 요소지만, 동시에 협상의 복잡성을 증대시키는 중요한 요인이 되기도 한다(Kramer, 1991).

빙산이론이란?

'협상불가' 상대와 협상 어떻게 하나

범죄 집단과의 협상, '빙산 이론'을 염두에 둬라=대화의 상대가 합법성이 결여된 범죄 집단이라는 사실은 협상을 어렵게 만드는 첫번째 요인이다. 납치 사건이 빈번한 콜롬비아의 경우 아예 납치범과의 협상에 나서는 것 자체가 법으로 금지돼 있다.

이 때문에 보통 정부나 기업이 협상에 나서더라도 개입 여부나 과정, 협상 조건은 철저히 비밀에 부친다. 포르 교수는 "대부분의 협상은 드러나는 것이 '빙산의 일각'일 정도로 비밀스럽게 진행된다"고 지적했다.

대표적인 사례가 2000년 말레이시아의 한 리조트에서 유럽인 21명이 이슬람 극단주의 단체 '아부 사이야프 그룹'에 납치된 사건. 유럽 각국은 몸값으로 1인당 1,000만-2,500만 달러를 건넨 것으로 알려졌으나 어느 나라도 이에 대해 입을 열지 않았다.

〔동아일보 2007년 8월 7일(일부)〕

Ⅱ. 성공적인 협상을 위한 명제들

많은 사람들이 어떻게 하면 훌륭한 협상가가 될 수 있는가에 관해 나름대로의 논리나 경험을 가지고 다양한 협상 방법과 기술들을 주장하고 있다. 그러나 현실 속의 협상은 그렇게 단순하지가 않다. 가치를 창조하는 일과 자신의 몫을 주장하는 일이 뒤섞인 경우가 대부분이다. 또한 협상가들은 불확실성과 모호성 하에서 협상을 진행해야 한다. 이러한 상황 하에서 실제로 당사자들이 효과적인 협상가의 모습을 보여 주기는 정말 어렵다. 이하에서는 복잡한 현실 세계에서 협상을 성공적으로 이끄는 데 도움이 되는 명제들을 살펴보고

자 한다.[7)]

〈명제 1〉 협상이 승자-패자의 게임인 경우는 매우 드물다. 마찬가지로 승자-승자의 게임인 경우 역시 드물다. 숙련된 협상가는 공동의 가치(value)를 창조하고, 이견을 줄일 수 있는 창의적 대안들을 도출하면서 협상의 전개 양상에 자신들의 전략을 맞추어 나간다.

우리는 흔히 협상이란 경쟁적인 것이기 때문에 오직 한쪽의 승자만이 존재하고, 반드시 누군가는 패자가 되어야 한다고 믿는다. 마치 협상을 한 조각의 빵을 어떻게 나누어 먹을 것인가의 문제와 같다고 생각한다. 조금이라도 더 먹을 수 있게 되면 무조건 협상에서 이기는 것이고, 반대로 조금이라도 덜 먹게 되면 무조건 지는 것으로 생각한다. 협상 테이블에 앉은 상대방을 협상의 대상이 아니라 반드시 이겨야 하는 적(enemy)으로 간주한다. 그 결과 모든 협상은 승자와 패자를 이분법적으로 구분하는 전쟁처럼 비춰진다.

물론 이것은 완전히 잘못된 생각이다. 협상은 완전히 분배적이고, 제로섬(zero-sum)적인 게임으로부터 완전히 통합적이며 협력적인 문제 해결에 이르기까지의 연속선상에서 다양한 형태로 존재한다. 한쪽의 극단에서 보면, 협상이란 승자-패자의 게임으로서 한쪽의 이익은 필연적으로 그만큼의 상대방의 손실을 의미한다. 예컨대 주택매매 협상의 경우 단지 가격만이 협상 의제라면, 이는 완전히 분배적인 속성을 지니게 된다. 매매자의 이익의 크기는 구매자의 손실의 크기와 일치한다. 반대쪽 극단에서 보면 협상은 순전히 통합적이거나 또는 승자-승자의 속성을 지닌다. 이 경우 당사자들의 이해가 공유될 수 있거나 또는 당사자들이 완전히 상호 보완적인 욕구와 자원들을 지니고 있기 때문에 상호 이익이 되는 교환이 가능하다. 그 결과 당사자들은 가치를 창조

〈그림 1-4〉 협상의 구분

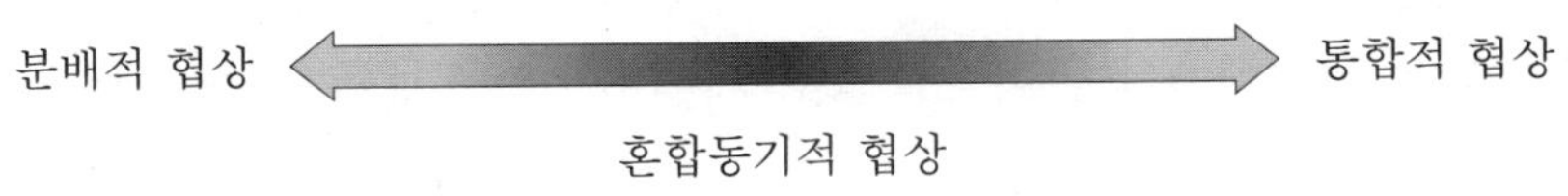

7) 본 명제들은 다음 글을 중심으로 수정 · 보완한 것이다 : M. Watkins, "Negotiating in a Complex World," *Negotiation Journal* 15(3), 1999, pp. 245-270.

하는 협력적인 문제해결이 가능하다.

그런데 현실 속의 대부분 협상은 분배적 특성과 통합적 특성을 동시에 지닌 **혼합동기적**(mixed-motive) 속성을 지니고 있다. 즉 공동의 이익과 이해의 갈등 문제가 동시에 존재하는데, 공동의 이익이 없다면 무엇을 위해 협상할 것인가가 불분명해지며, 이해의 갈등이 없다면 이 역시 무엇을 협상할 것인가가 불분명해진다. 따라서 협상가는 공동의 가치를 창조하기 위해 상대방과 협력해야 하면서 동시에 자신의 가치를 주장하기 위해 상대방과 경쟁해야 한다.

각각의 협상은 상이한 상황에서 상이하게 구조화되며, 따라서 모든 상황에 적용 가능한 보편타당한 협상 원칙이나 전략은 존재하지 않는다. 협상이 어떤 특성을 지니고 있는가에 따라 바람직한 전략이 달라질 뿐이다. 협상이 완전 분배적인 경우, 협상가가 자신의 내면적 이해관계를 드러낸다면 협상을 성공적으로 이끌어 가기는 어려워지며, 따라서 자신의 입장을 적절히 유지하는 것이 성공의 관건이 된다. 반대로 협상이 완전히 통합적인 경우, 특정한 입장에 집착하기보다는 당사자들 간에 정보를 공유하고 창의적인 대안들을 탐색하는 것이 필요하다.

어떤 협상이 이러한 연속선상에서 어디에 위치하는가는 상당 부분 당사자들이 협상을 어떻게 개념화하고 인식하는가에 달려 있다. 당사자들의 인식과 기대는 자신들의 협상 행태에 커다란 영향을 끼친다. 실제로 협상이 통합적인 속성을 지니고 있음에도 불구하고 당사자들이 제로섬의 시각에서 협상을 개념화하는 경우 통합적 가치가 창조되기는 매우 어렵다.[8)]

단순히 분배적 협상으로 여겨지는 주택매매 협상의 경우에도 협상가들이 가격의 지불방법, 수리, 양도시기 등에 관해 상호 이익이 되는 거래를 함으로써 가치를 창조하는 일이 가능하다. 예컨대 구매자가 판매자에 비해 적은 비용으로 집을 수리할 수 있다면, 주택의 구매 가격을 낮추는 대신 구매자가 수리의 책임을 지는 방식으로 가치를 창조할 수 있다. 이러한 통합적 속성과 함께 여전히 주택매매의 근본적인 속성은 배분으로 구매자와 판매자는 각자 자신의 가치를 어떻게 주장할 것인가도 고민해야만 한다.

---

8) 협상 당사자의 인식과 관련된 내용은 제 3 장 "협상의 심리학적 접근"에서 상세하게 논의된다.

협상가의 딜레마

협상이 혼합동기적 속성을 지니는 경우, 당사자들은 "협상가의 딜레마(negotiator's dilemma)"에 빠지기 쉽다. 본질적으로 협상 속에는 당사자들 사이에 협력하려는 욕구와 자신의 목적을 달성하기 위해 경쟁하려는 욕구 간에 긴장이 존재한다. 합의에 도달하기 위해서는 이러한 협력과 경쟁 모두 부분적으로 필요하다. 이러한 협력과 경쟁 간의 긴장 관계를 협상가의 딜레마라 한다.

당사자들은 서로의 이해관계를 정확히 알지 못하고는 공동의 이익을 증대시킬 수 없다. 거꾸로 공동의 이익을 위해 정보를 교환하는 일은 상대방에게 협상의 주도권을 넘겨 주는 상황을 초래하기 쉽다(Lax & Sebenius, 1986).

〈명제 2〉 불확실하고 모호한 것이 협상의 현실이다. 숙련된 협상가는 협상 테이블과 협상 테이블 밖에서 끊임없이 학습하며 조화된 행동을 통해 이해관계, 입장, 의제 등에 대한 인식(perception)을 형성해 나간다.

숙련된 협상가들은 상대방의 인식에 영향을 미칠 수 있어야 하며, 나아가 적극적으로 상대방의 인식을 형성할 수도 있어야 한다. 특히 의제가 복잡하고 다수의 행위자가 관련되는 경우, 협상가는 자신의 대안, 이익, 의제들 간의 이해득실 등을 분석하기 위해 끊임없이 노력해야 한다. 그럼에도 불구하고 현실 속의 협상은 매우 모호하고 복잡하여 협상가로 하여금 자신의 이해관계와 대안에 대한 정확한 인식을 어렵게 만들며, 심지어 이러한 인식이 상대방에 의해 형성되도록 내버려 두기도 한다. 한 마디로 내가 무엇을 원하고 있는가를 이해하는 데 오히려 상대방이 도움을 주는 경우이다.

상대방의 인식을 형성할 능력은 협상에서 중요한 권력 원천이 된다. 이러한 능력은 유형의 자원, 예컨대 협상상대 국가에 대해 실질적인 위협을 가할 수 있는 군사력을 지니고 있는 경우뿐만 아니라, 우수한 정보나 협상의 순서를 통제할 능력과 같은 무형의 자원으로부터도 만들어진다. 실제로 훌륭한 협상가는 이러한 자원을 지니고 있지 못한 상황에서도 상대방에게 실질적인 영향력을 행사할 수 있어야 한다. 반대로 자신들이 지닌 상당한 자원을 협상에서의 우위로 연결시키지 못하는 경우도 빈번하다.

능숙한 협상가들은 협상장과 협상장 밖에서 특정한 행동을 통해 상대방의 인식을 형성할 수 있다. 협상 테이블에서 제안을 하고, 정보를 교환하거나 감추고, 위협을 하고, 형평성을 주장하고, 선택적으로 사실을 언급하고, 기타 전통적인 설득 전략을 행사함으로써 상대방의 이익과 대안에 대한 인식에 영향을 미치려고 노력한다. 또한 협상 테이블 밖에서는 자신의 BATNA를 개선하기 위해 지속적으로 노력한다.

불확실성과 모호성 하에서 성공적으로 협상하기 위해서는 또한 지속적인 학습(learning)이 반드시 필요하다. 숙련된 협상가들은 협상을 준비하고, 협상 상황을 진단하며, 과거 협상의 맥락과 구조에 친숙해지며, 상대방의 배경과 명성을 파악하는 모든 단계에서 학습을 한다. 훌륭한 협상가는 협상 테이블과 협상 테이블 밖에서 얻어지는 지식과 정보들을 적절히 결합하여 협상에 활용한다.

〈명제 3〉 대부분의 협상은 당면한 또는 잠재적인 갈등 요인들을 포함하고 있는데, 이러한 갈등 요인들은 상호 이익이 되는 합의도달 노력을 방해한다. 따라서 훌륭한 협상가는 동시에 뛰어난 갈등 관리자여야 한다.

갈등과 협상은 밀접하게 연계되어 있다. 협상에서 자신의 이해를 실현시키기 위한 노력은 항상 갈등을 관리하기 위한 노력과 병행해서 진행되어야 한다. 흔히 협상이 진행되면서 당사자들은 종종 적대적인 관계로 악화되고, 심지어 과거의 갈등 경험은 상대에 대한 인식을 심각하게 왜곡시킨다. 당사자들이 적대적인 관계에 있지 않은 경우에도 협상에서 갈등이 증폭되거나 분출될 가능성은 항상 존재한다. 예컨대 주택매매 협상의 경우 구매자 가족 간에 갈등이 분출되고, 이는 매매 협상에 악영향을 미칠 수 있다. 물론 이러한 갈등은 구매자로 하여금 협상을 결렬시키도록 만드는 요인이 되기도 한다.

따라서 훌륭한 협상가는 합의를 저해하는 현재의 또는 미래에 발생될 장벽들을 적절히 진단하는 능력을 지니고 있어야 한다. 구조적 · 전략적 · 심리적 · 문화적 장벽들을 진단하는 능력과 함께 의제를 재구성하고, 생산적인 관계를 형성하고, 신뢰를 형성하고, 문화적 이해를 달성함으로써 이러한 장벽을 극복할 수 있어야 한다. 이처럼 훌륭한 협상가는 자신들이 직면한 갈등을 스스로 조정할 수 있어야 한다.

〈명제 4〉 협상 당사자 간의 상호 작용은 본질적으로 혼란스럽기 마련이다. 그러나 혼란 속에도 어느 정도 질서는 존재한다. 능숙한 협상가는 협상이라는 안개 속에서도 기회를 발견한다.

거시적으로 보면 협상은 단계별 구분이 가능하다. 협상 준비, 협상 진행, 결과의 단계가 그것이다. 그러나 자세히 들여다 보면 협상은 당사자간의 연속적인 상호 작용, 전략과 상황 등에 따라 다르게 전개되는 역동적이고 복잡한 사회적 과정이다. 첫시작단계에서부터 합의나 결렬에 이르기까지 당사자간에 끊임없이 상호 작용이 이루어진다. 이러한 상호 작용은 본질적으로 혼란스러우며, 따라서 예측이 쉽지 않으며, 공통된 특성을 추출해 내기도 어렵고, 따라서 단지 부분적으로만 통제 가능하다. 그러나 혼란스럽기만 한 것처럼 보이는 협상 과정 속에도 어느 정도 질서가 존재한다.

첫째, 협상이 어떻게 시작되느냐가 그 후 일어나는 협상 전반에 영향을 미친다. 협상 초기 상대방과의 우호적인 관계의 형성은 자신이 바라는 결과를 달성할 가능성을 높여 준다. 반대로 처음의 관계가 잘못되는 경우 협상과정 전반에 걸쳐 악영향을 미치게 된다. 따라서 조심스럽게 협상을 시작하는 것이 필요하다. 다른 문화권의 상대와 협상을 하는 경우, 상대방의 문화적 · 사회적 규범을 벗어나지 않도록 주의해야 한다.

둘째, 일단 협상이 시작되면 어떤 것도 되돌리기는 쉽지 않다. 협상은 마치 일단 닫히면 잠겨 버리는 문을 나서는 것과 비슷하다. 갈등이 증폭되기 시작하면 모든 관련자들의 인식과 태도를 되돌려놓기는 어려워진다. 마찬가지로 어떤 양보를 하고 이를 다시 물리려 하는 경우 협상과정을 관리하기는 어려워지며, 자신의 평판에도 나쁜 영향을 미치게 된다. 따라서 훌륭한 협상가는 합의를 저해하는 장벽들을 만드는 행동들을 피해야 한다. 동시에 상대방으로 하여금 협상에 전념하도록 만들어야 한다.

셋째, 협상에서 어떤 임계치(threshold) 또는 접점(tipping point)에 도달하게 되면, 극히 작은 움직임만으로도 협상 상황의 중대한 변화를 초래할 수 있다. 갈등이 증폭되는 상황에서는 상대방을 약간만 화나게 하는 행동도 극단적인 반감으로 이어질 수 있다. 반대로 분위기가 좋은 상황에서는 조금만 양보를 해도 상대방으로부터 더 큰 양보를 얻어 낼 수 있다. 따라서 협상가는 협상 과정에서 어느 순간이 임계치인가를 깨닫고 적절히 관리하는 능력을 지녀야 한다.

넷째, 당사자간에 상호 작용의 패턴이 어느 정도 정착되면, 이 패턴은 자기강화적인 특성을 보인다. 즉 선순환 구조(virtuous circle)가 만들어지느냐, 아니면 악순환 구조(vicious circle)가 만들어지느냐에 따라 협상이 바람직한 결과를 생산하거나 또는 반대로 파국으로 치닫게 된다. 예컨대 만일 한쪽 협상가가 자신이 상대보다 취약하거나 준비가 덜 되었다고 느끼는 경우, 상대에 대한 의심을 키우는 방어적인 전략들을 택하기 쉽다. 반대로 당사자간 생산적인 관계의 확립은 협상의 파국을 막는 데 크게 기여한다.

〈명제 5〉 다양한 맥락에서 발생하는 협상들이 매우 다른 것으로 보이지만, 어떤 유사한 내재적 구조를 발견할 수 있다. 구조가 협상 전략을 결정하지만, 능숙한 협상가들은 적극적으로 구조를 형성하기 위해 노력한다.

협상은 매우 다양한 맥락에서 발생한다. 예컨대 여름 휴가장소의 결정에서부터 어떤 중요한 법안에 대한 지지를 얻기 위해 노력하는 일, 침략국에 대항하여 동맹국을 확보하는 일까지 너무나 다양하다. 그러나 자세히 들여다보면 어떤 공통된 구조와 틀을 발견할 수 있다.

제일 먼저 셋 이상의 당사자들이 결부되는 다자간 협상의 경우, 당사자들은 자신들의 이익을 실현하기 위해 연합(coalition)을 형성해야만 한다. 다자간 협상에서 연합을 형성할 필요성은 당사자의 전략에도 영향을 미친다. 따라서 누구의 지지가 반드시 필요하며, 또 누가 상대방에게 영향력을 행사할 수 있는가를 확인하는 일이 중요하다.

이러한 당사자 구조 외에도 협상의 구조를 결정하는 주요 차원들에는 의

제구조, 정보구조, 사건구조, 과정구조, 연계구조 등이 포함된다. 의제의 수와 의제들 간의 관계는 협상이 분배와 통합 가운데 어느 쪽 특성이 더 큰가에 영향을 미치며, 따라서 가치의 창조 전략과 가치주장 전략에 영향을 미치게 된다. 분배적 구조라면 가치 주장에 집중하고, 통합적 구조라면 가치창조 전략이 요구된다. 행위자들 간의 정보의 배분 구조는 당사자들의 인식형성과 학습 욕구에 영향을 미친다. 한편 중대한 사건은 협상가의 전략에 영향을 미친다. 또한 현재의 협상이 또 다른 협상들과 과거, 현재, 미래에 걸쳐 어떤 연계를 지니는가는 협상에 중요한 영향을 미친다.

〈명제 6〉 대부분 협상은 과거 · 현재, 그리고 미래의 다른 협상들과 연계되어 있다. 능숙한 협상가는 이러한 연계를 적절히 활용하고, 또 때로는 차단함으로써 자신의 이해를 실현시킨다.

아주 단순한 협상도 다른 협상들과 연계되는 경우가 보통이다. 예컨대 중고 자전거를 팔려고 하는 상황에서 한 명의 구매자 혼자 관심을 보이는 경우와 여러 명이 동시에 관심을 보이는 경우, 협상이 진행되는 양상은 전혀 달라진다. 협상의 맥락을 진단함에 있어 현재 눈앞에서 진행되고 있는 협상뿐만 아니라 현재 협상이 포함된 보다 큰 맥락을 볼 수 있어야 한다.

하나의 협상은 이후에 진행될 협상들과 연계되어 있거나, 또는 동시에 다른 장소에서 진행되는 협상과 연계되기도 한다. 따라서 훌륭한 협상가는 협상들 간의 적절한 연계를 만들어 내거나 또는 무력화시킴으로써 자신의 이해를 실현시킬 수 있어야 한다. 또한 협상들이 연계된 경우, 이를 어떻게 순차적으로 풀어 나가야 하는가를 분석할 수 있어야 한다. 예컨대 이사갈 아파트구입을 생각하고 있는 경우 가족들과 일차적으로 협상을 하고, 은행과 대출협상을 벌여야 하며, 집을 팔려는 사람과도 협상을 벌여야 한다. 마찬가지로 집을 팔려는 사람은 여러 구매자들과 협상을 하는 과정에서 한 구매자의 제안가를 활용하여 다른 구매자들과의 협상을 유리하게 이끌어 갈 수 있다.

이처럼 능숙한 협상가는 협상간의 연계 구조를 이해하고, 예측하고, 만들어 내는 능력을 지니고 있어야 한다. 협상 연계를 만들어 냄으로써 협상가는 자신에게 유리한 방향으로 협상의 구조를 형성하고, 전략을 개발할 수 있다.

〈명제 7〉 대부분의 중요한 협상은 집단의 대표들 간에 이루어진다. 따라서 훌륭한 협상가는 집단 내·외부의 협상을 적절히 관리하는 능력과 리더십을 지녀야 한다.

집단간에 협상이 진행되는 경우, 집단 구성원들에 의한 내부적 결정은 집단간 합의를 촉진하거나 또는 반대로 저해하는 요인이 된다. 그 결과 집단의 대표는 내부적으로 자신의 권한을 적절히 형성하고, 구성원들에게 합의안에 대한 동의를 구하는 중요한 역할을 해야 한다. 또한 동시에 외부적으로는 자신이 대표하는 집단에 유리하도록 협상을 이끌어 가야 한다.

집단이 내부적으로 분열되어 있는 경우, 집단 대표에게는 커다란 제약이 된다. 이 경우 집단 내부의 합의가 상대방과의 협상보다 어려운 상황이 발생된다. 때로는 상대방과의 원활한 협상 진행이 오히려 집단 구성원들에게 부정적인 영향을 미치기도 한다. 즉 지나치게 상대방의 입장을 고려해 주는 것이 아니냐는 비판에 직면하게 된다. 거꾸로 구성원들의 의견을 존중하여 집단의 이해만을 주장하는 경우, 상대방과 합의를 이루기는 어려워진다. 이러한 딜레마는 집단을 대표하는 협상가에게 항상 부담이 된다.

집단의 대표는 집단 구성원들의 주장을 단지 상대방에게 전달하는 전달자가 아니다. 훌륭한 대표는 집단내부 협상과 집단간의 외부 협상을 동시에 관리하는 능력이 필요하다. 대표에게는 단순히 상황판단 능력을 넘어서 신뢰와 권위에 기반한 리더십이 요구되는 것이다. 협상이 시작되는 시점에서 집단 구성원들의 이해가 분명한 경우는 드물며, 대표들 간의 협상이 진행되면서 집단의 이해와 입장이 보다 분명해지는 경우가 많다. 따라서 대표는 때로는 선생님 역할을 자임해야 한다. 협상 과정에서 집단 구성원들의 기대를 적절히 조절하면서 또한 협상의 현실을 교육시키는 역할을 수행해야 한다. 집단이 분열되어 있는 경우에는 집단 내부의 이견과 갈등을 관리하는 조정자 역할도 해야 한다.

〈명제 8〉 협상 기술은 학습될 수 있으며, 교육이 가능하다. 훌륭한 협상가는 상황의 인식, 정보 처리, 협상 과정의 관리, 결과의 환류 등에 있어서 능숙함을 보이며, 이러한 기술들은 체계적인 경험을 통해 학습되고 개선될 수 있다.

훌륭한 협상가는 뛰어난 통찰력과 재능이라는 타고난 기질을 지니고 있어야 하는 것처럼 보인다. 타고난 재능을 발휘함으로써 협상 테이블에서 쉽게 상대방을 압도하고 설득하는 능력을 지니고 있어야만 하는 것으로 생각된다. 물론 이러한 생각이 전혀 틀린 것은 아니며, 실제로 일부 협상가들은 타고난 능력을 보이는 경우도 있다.

그러나 훌륭한 협상가는 타고난다는 믿음은 잘못된 것이다. 비록 소수의 협상가들이 선천적으로 뛰어난 재능을 지닌 경우도 있지만, 대부분의 훌륭한 협상가들은 후천적인 노력의 결과이다. 협상가의 자질론을 신봉하는 경우, 협상 상황에 대한 체계적 분석과 전략개발의 중요성을 과소평가하기 쉽다. 실제로 많은 국가에서 외교관들의 협상 기술을 향상하기 위해 막대한 자원을 투입하고 있다. 이러한 배경에는 타고난 능력에 관계 없이 모든 사람은 학습을 통해 보다 나은 협상가가 될 수 있다는 중요한 사실이 내재되어 있다. 물론 협상 기술은 다른 기술들과는 달리 부단한 연습과 학습을 필요로 한다.

또 한 가지 중요한 점은 훌륭한 협상가는 직관에만 의존하지 않는다는 점이다. 사전에 계획한 대로 움직이며, 직관보다는 전략에 의존한다. 또한 상황에 따라 적절한 원칙과 기술들을 적용할 줄 안다. 그 결과 변덕스런 협상 상황의 희생양이 되지 않는다(Thompson, 1998).

이처럼 중요한 문제는 훌륭한 협상가가 과연 타고나는가가 아니라, 어떻게 하면 협상 기술을 효과적으로 학습하고 개발할 수 있는가이다. 협상에서의 전문성은 협상 과정의 관리, 정보처리, 상황판단 능력 등에 의해 결정된다. 이러한 능력들을 요약하면 협상에서의 이중능력(dual competency), 즉 협상의 내용(substance)과 과정(process)을 동시에 관리하는 능력이 중요하다. 훌륭한 협상가는 협상의 실질적 내용을 적절히 관리하며, 동시에 협상의 전개 과정을 주도해 나가야 한다.

협상 역량을 증진시키는 가장 강력한 방법은 체계적으로 구조화된 협상 훈련과 협상 지식을 학습하는 것이다. 물론 실제 협상 경험들이 훌륭한 스승이 될 수는 있으나 각각의 협상은 고유한 특성을 지니고 있으며, 그 구조나 상

정치인의 협상

이미경 의원의 협상노하우

정치인의 역할 중 하나가 다양한 이해관계를 조정(협상)해 합의를 도출하는 것이다. 요즘처럼 이해관계를 달리하는 집단간의 갈등이 심각한 사회 문제로 대두하고 있는 현실에서 그 역할은 더욱 중요하다. 이미경 의원은 최근의 교육행정정보시스템(NEIS) 문제처리 · 전교조 합법화 등의 과정에서 숨은 중재자 역할을 했다. 그녀에게서 중재와 협상의 노하우를 들어 봤다.

1. 양측의 주장을 정확히 파악하라

진짜 주장하는 바가 무엇인가? 이해관계가 상충하는 문제일수록 양측의 입장이나 주장을 정확히 파악해야 한다. 비공식적인 입장까지. 그러기 위해서는 핵심적인 위치에 있는 기획 담당자나 총괄 책임자와 충분히 의사소통을 해야 한다. 나아가 이해관계를 조정하기 위한 아이디어나 중재 방안에 대한 다양한 검토가 필요하다. 특히 국회 차원에서는 행정상의 추진 가능성 · 예산확보 가능성도 검토해야 한다. 행정쪽에서 간과하기 쉬운 장기적인 과제에 대해서도 놓치지 말아야 한다.

일례로 남녀고용평등법에 성희롱예방 의무를 포함할 때 여성계 · 노동계의 책임자 및 당사자 처벌요구 등에 대해 도입 초기 단계에서의 한계를 설득하는 한편, 이에 반대하는 행정부에 대해 제도도입 자체만으로 우리 사회의 직장문화를 어떻게 바꿀 수 있을지, 세계적인 흐름에 역행할 것인지 스스로 묻게 만들었다. 이런 과정을 거쳐 성희롱예방교육 의무화, 피해자에 대한 불이익금지 조치를 우선 도입하고, 이후 제도를 보완하는 것으로 조정했다.

2. 자기 확신이 가장 강력한 무기

과연 발전을 위한 것인가, 공익을 위한 길인가에 대한 신념이 필요하다. 호주제폐지 법안을 낼 때 많은 사람들이 지역구 출마에 대한 부담을 지적했다. 시민사회단체와의 간담회에서 한 국회의원이 17대 국회로 미루어야 한다는 주장을 하기도 했다. 지구당과 회관쪽 보좌진 간에도 의견이 엇갈렸다. 나는 호주제 하에서는 심각한 위기에 처한 가정을 구할 수 없고, 이대로 두면 재혼가정 등의 고통을 방치하는 것이라 믿었다. 무엇보다 가부장적인 가족 문화가 우리 가정의 건강성을 해칠 수 있다고 확신했다. 결국 법안을 제출했다.

3. 궁극적인 목표를 놓치지 말라

눈 앞의 이익에 얽매이지 않고 길게 보는 안목이 필요하다. NIES 문제와 관련한 협상에 참여한 것은 "정보화와 인권"의 문제가 뒷전으로 밀리고 조직간의 갈등으로 확산되는 것이 안타까웠기 때문이다. 정보화가 급속히 진행되고 있는 상황에서 교육계가 이 문제를 짚고 넘어가지 않는다면 더 큰 문제가 발생할 것이라 믿었다. 나는 이런 과정이 "정보화와 인권"문제의 공론화에 기여했고, 전자정부 등의 추진에도 긍정적인 영향을 미친다고 확신한다.

4. 투명하고, 민주적인 절차를 밟으라

결과가 좋다고 하더라도 밀실에서 조직원들의 의사를 배제한 채 협상을 하는 것은 옳지 않다. 모든 정책은 그 내용을 집행하는 당사자들의 의사가 민주적인 과정을 거쳐 투입될 때 힘 있게 추진될 수 있다. 그럴 때 조직원의 자발성과 창조성이 발휘될 수 있다.

5. 기꺼이 '노'라고 말하라

중재나 협상의 내용이 지향하는 목표와 맞지 않을 땐 과감하게 '노'라고 말해야 한다. 그러지 않고 적당히 미봉책으로 상황을 마무리하면 오래지 않아 또 다른 문제가 생긴다. 그 결과 미봉책이 오히려 발목을 잡을 수 있다. 새만금 간척사업 · 대북 현금송금 등도 애초에 분명한 틀과 방향을 정하지 못하고 떠밀려 왔기 때문에 난관에 부닥쳤다고 본다. 원칙을 지키라.

〔중앙일보 인터넷 포럼 2003년 7월 19일〕

황에 있어 매우 다양하므로 일반화된 법칙을 도출하기는 어렵다. 협상 지식의 학습은 협상 상황을 이해하고 분석하는 능력을 증진시키며, 또한 상황에 맞춰 협상을 이끌어 가는 능력을 길러 준다.

협상 지식의 습득과 관련하여 또 한 가지 기억해야 할 점은 숙련된 협상가는 협상을 준비하는 단계에서부터 학습을 한다는 점이다. 자신이 직면한 협상 상황의 핵심 구조를 진단하고, 과거 협상의 기록, 맥락 등을 검토하고, 상대방의 배경이나 평판을 분석함으로써 학습이 시작되는 것이다. 협상이 시작되면 협상 테이블에서 상대방을 분석함으로써 직접적인 학습이 이루어진다. 또한 협상장과 협상장 밖에서 얻어진 지식들을 적절히 결합하고 활용한다. 협상이 끝나면 환류를 통해 다시 한번 학습이 이루어진다.

Ⅲ. 갈등과 협상

협상의 핵심 요소인 상호 의존적인 관계는 갈등을 유발하는 요인이기도 하다. 갈등을 해결하는 다양한 수단 중 하나가 협상이며, 협상을 하는 대부분의 기회는 갈등 상황에서 만들어진다. 따라서 갈등의 개념 · 구조 · 해결 등에 대해 이해하는 것이 중요하다.

1. 갈등의 개념

갈등(conflict)은 인간사회의 보편적인 현상이며, 개인 · 집단 · 지역 · 국가 등 다양한 행위자간에 발생한다. 싸움 · 폭력 · 적대적 관계 등은 갈등 관계를 표현하기 위해 일반적으로 이용되는 용어들이다. 그러나 갈등은 협상처럼 속성 자체가 다차원적이고 동태적인 것이기 때문에 한 마디로 명확한 정의를 내리기는 쉽지 않다. 더욱이 사회가 점점 더 복잡해지고 다양화되면서 갈등의 양상과 형태도 과거에 비해 역동적이고 다양해지고 있다.

지금까지 많은 학자들이 갈등에 대한 개념 정의를 하였다. Coser(1967)는 갈등이란 가치나 지위와 같은 희소자원에 대한 수요간 경쟁을 하는 상태라고 정의하였고, Deutch(1973)는 갈등이란 여러 당사자들의 주관적 또는 객관적

목표가 양립불가능한 상태에서 발생한다고 전제하였다. Schmidt & Kochan(1972)은 목표의 양립불가능성(incompatibility), 상대방의 목표 추구를 방해하는 행동, 자원의 공유 또는 독립성, 활동의 상호 의존성 등을 기준으로 갈등과 경쟁의 개념을 비교하면서 갈등을 정의하였다. 즉 갈등과 경쟁은 목표가 양립불가능하며 자원을 공유하고 있다는 점에서는 같지만, 경쟁에 비해 갈등은 상대방이 목표를 추구하는 행위를 의도적으로 방해하거나 차단하며, 활동의 상호 의존성이 보다 크다는 점에서 그 차이가 있다. Stephen(1990)은 갈등이 성립되기 위해서는 복수의 갈등 당사자의 존재, 자원의 제약, 갈등 당사자의 양립불가능한 목표 인식, 반대나 방해 등의 행위의 네 가지 요소가 존재해야 한다고 주장한다. Pruitt & Rubin(1986)에 따르면 사람들은 자신들의 이해관계에 따라 행동하며, 자신들의 이해관계를 목표 지향적 행동으로 전환시킨다. 이러한 행동은 타인의 행동과 종종 충돌을 일으키며, 충돌을 다루기 위해서는 갈등관리 전략이 채택되는데, 갈등관리 전략은 상대방의 결과에 대한 관심의 수준과 바라는 결과를 달성할 가능성에 대한 인식에 따라 달라진다. Mack & Snyder(1959)는 갈등의 주요 특성들을 제시하였다.

1) 둘 또는 그 이상의 당사자가 존재한다.
2) 자원이나 지위의 희소성으로 인해 당사자들 사이에 어떤 상호 작용이 이루어진다.
3) 이들은 서로에 반대되는 행동을 한다.
4) 상대방에 대해 손상, 손해, 제거 등의 외도된 행동을 한다.
5) 이러한 상호 작용은 공공연하며 분명하여 외부에서 관찰되고 평가될 수 있다.

일반적으로 갈등은 바람직하지 못하며, 따라서 즉각적으로 제거되어야 할 대상으로 인식된다. 그러나 갈등 그 자체로는 좋은 것도 나쁜 것도 아닌 가치 중립적 현상이다. 갈등은 단지 이해관계의 인식적 차이를 드러내는 것이다(Thompson, 1998). 또한 이해의 갈등에 따른 협상이 반드시 비생산적이고 불쾌한 일만은 아니다. 실제로 이해의 차이는 관련 당사자들의 복지를 증진시키고, 서로간의 관계를 개선시키며, 기타 관련된 개인들과 조직들의 복지를 증진시키는 기능을 수행하기도 한다(Pruitt & Rubin, 1986).

2. 갈등의 본질

갈등의 개념 정의가 어려운 것처럼 갈등의 본질을 파악하는 일도 매우 어렵다. 갈등은 어떻게 바라다보느냐에 따라 다르게 이해되기 마련이다. 가장 기본적으로는 행위자, 즉 당사자에 초점을 맞추는 행태주의적 접근법과 갈등이 발생되는 구조에 초점을 맞추는 구조적 접근법으로의 구분이 가능하다. 그러나 다음과 같이 갈등을 이해하는 다양한 시각들이 존재하고 있다(Bercovitch, 1984).

좁은 의미에서 보면 갈등은 협동(cooperation)의 반대 개념이다. 갈등은 견해 차이뿐만 아니라 당사자들에 의해 이용되는 가시적인 강제적 수단들을 의미한다. 반면 광의의 접근은 사회체제와 사회갈등의 관계에 초점을 맞추고, 상호 양립할 수 없는 이해관계나 가치들을 불러 오는 구조나 상황을 연구하는 경우이다. 예컨대 당사자들의 권력과 권위에 차이가 존재하는 경우에 갈등이 발생된다는 주장도 이러한 시각에 속한다. 이러한 접근법은 양립 불가능한 목표들을 지닌 당사자들이 출현하는 사회적 구조와 조건들에 논의의 초점을 맞춘다. 따라서 자원의 특성과 자원의 배분구조를 연구하는 데 초점을 맞춘다.

주관적 접근은 갈등을 개인의 가치에 관한 문제, 즉 인식의 문제로 바라보는 접근법이다. 따라서 갈등은 주관적이며, 갈등 하에서의 가치에 대한 당사자들의 인식이 주요 분석 대상이다. 당사자들의 인식 차이는 특정 상황을 갈등 상황으로 전환시킬 수 있으며, 반대로 폭력 또는 위협의 갈등 상황을 호혜적인 결과로 전환시킬 수도 있다. 이러한 시각에서 보면, 어떤 상황이 갈등 상황으로 규정되기 위해서는 당사자 스스로가 갈등 상황에 놓여 있다고 인식해야만 한다.

주관적 접근법이 동기적이고 행태적인 요인들을 강조한 반면, 객관적인 접근법은 구조적인 요소들을 강조한다. 주관적인 접근법에서 보면 갈등의 해결은 곧 인식의 변화를 의미하는 반면, 객관적 접근법에서 보면 갈등의 해결은 사회적 상황의 근본적인 재구성을 의미한다. 이러한 시각에서 보면 노사관계처럼 행위자들이 스스로 양립할 수 없는 목표들을 설정하는 상황에 놓여 있음을 발견하는 경우 객관적인 갈등이 존재한다. 여기에 어떠한 갈등 행태나 적대적 태도가 수반될 필요는 없다. 단지 상충되는 목표들의 존재는 어떤 상황을 갈등 상황으로 규정짓는 충분조건이다.

3. 갈등의 구조

협상은 갈등을 관리하는 하나의 대안이다. 갈등이 주로 사람들 간의 견해의 차이에 대한 인식을 의미하는 것과는 달리, 협상은 둘 또는 그 이상의 사람들이 희소자원을 어떻게 분배할 것인가에 관해 합의를 이루어가는 의사결정과정이다(Thompson, 1998). 따라서 협상은 인식된 이해의 갈등을 해결하기 위해 이용되는 여러 수단 중의 하나이다. Thompson(1998)이 제시한 '갈등 나무(conflict tree)' 모형은 갈등과 협상의 관계를 잘 설명해 준다.

갈등은 크게 개인적(intrapersonal), 개인간(interpersonal), 또는 집단간(intergroup) 수준에서 발생된다. 우선 개인적 갈등은 개인의 내면에서 발생하는 갈등으로 생각 · 감정 · 가치 · 욕구 등이 충돌하는 경우이다. 개인적 갈등은 흔히 우리가 일상에서 쉽게 경험하게 되는 세 가지 유형으로 나뉜다.

첫째, 접근-접근 갈등(approach-approach conflict)은 두 가지 또는 그 이

〈그림 1-5〉 갈등나무 모형

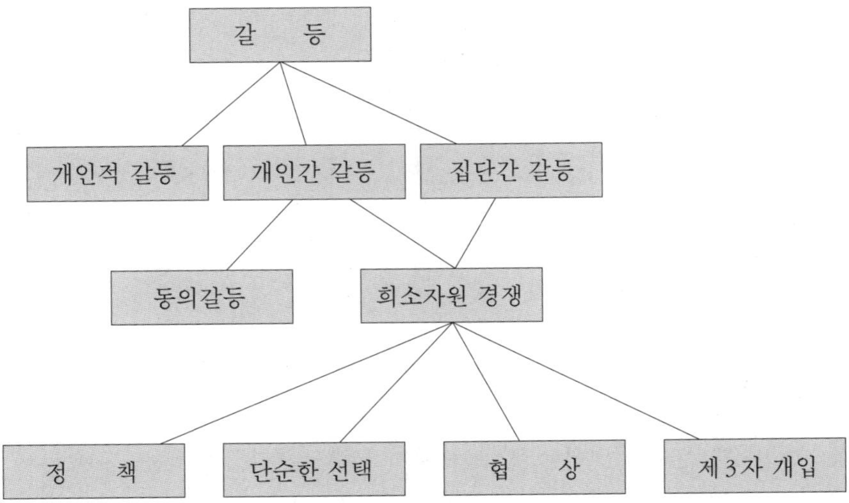

자료 : Thompson(1998).

상의 선택상황에서 한 가지를 선택해야 하지만, 모든 대안들에 끌리는 경우이다. 예컨대 정말 마음에 드는 A와 B 두 명의 이성을 놓고 누구를 사귈까 고민하는 경우이다.

둘째, 회피-회피 갈등(avoidance-avoidance conflict)은 두 가지 또는 그 이상의 선택 상황에서 한 가지를 선택해야 하지만, 모든 대안들이 마음에 들지 않은 경우이다. 예컨대 게으른 사람이 방안을 청소하는 일과 거실을 청소하는 일 중에 선택을 해야 하는 경우이다.

셋째, 마지막으로 접근-회피 갈등(approach-avoidance conflict)은 어떤 한 가지 선택을 고려하고 있지만, 그 선택이 좋은 면과 나쁜 면을 동시에 지니고 있는 경우이다. 예컨대 대도시로 이사를 가려는데, 대도시의 편리한 대중교통은 마음에 들지만 심각한 공해가 싫은 경우이다.

개인간 갈등은 둘 또는 그 이상의 사람들 사이에서 발생하는 갈등이다. 두 사람 간의 갈등은 양자적 갈등(dyadic conflict)으로 부부간 · 형제간 · 친구간 · 상인과 손님 간 갈등이 여기에 해당된다. 한편 셋 또는 그 이상의 사람들 간 갈등을 다자적 갈등(multi-party conflict)이라 한다. 예컨대 세 명의 친구들이 팀 과제를 수행하는 과정에서 각자의 역할을 두고 언쟁하는 경우이다.

집단간 갈등은 개인적으로 소속된 사회적 · 문화적 또는 정치적 범주들을 대표하는 상이한 집단간의 갈등이다. 예컨대 정치적 파벌 · 노조와 회사 간 · 회사 부서간 · 정부 부처간 갈등이 집단간 갈등의 범주에 해당된다. 집단간 갈등은 집단 내 갈등과 결합되는 경우 매우 복잡한 양상을 보이기 쉽다.

갈등은 크게 두 가지 유형으로 나뉜다. 동의갈등(consensus conflict)과 희소자원 경쟁(scarce resource competition)이 그것이다(Druckham & Zechmeister, 1973). 동의갈등은 어떤 사람의 의견, 신념, 생각 등이 다른 사람의 그것들과 상충되는 경우에 발생되며, 이 경우 두 사람은 동의형성을 위해 노력하게 된다. 예컨대 헌법재판소 재판관들이 어떤 사안에 대해 판결을 달리하는 경우가 그것이다. 또 다른 예로 두 명의 인사 담당자가 특정 지원자를 합격시킬 것인가에 관해 의견을 달리하는 경우가 여기에 해당된다.

희소자원경쟁은 상대방이 자신과 동일한 희소자원을 획득하기를 원하고 있다고 인식하는 경우에 발생된다. 이것을 흔히 희소자원의 갈등 또는 이해의

〈표 1-1〉 해결이 쉬운 갈등과 해결이 어려운 갈등의 구분

갈등의 차원	해결이 어려운 갈등	해결이 쉬운 갈등
문제의 쟁점	'원칙'의 문제 : 중요한 의제의 가치, 윤리 또는 선례	작은 부분이나 단위로 쪼갤 수 있는 의제
이해관계의 크기	크고 중대한 결과	작고 사소한 결과
당사자간 상호 의존성	제로섬상황 : 한쪽이 승리하면 상대방은 패배	윈-윈 상황 : 이익의 단순한 배분보다 더 나은 결과를 얻을 수 있다는 인식
상호 작용의 연속성	단 한번의 거래관계	장기적 관계 : 미래의 상호작용이 기대됨
협상팀의 구성	비조직적 : 결속력이 낮고 리더십이 약함	조직적 : 결속력이 높고 리더십이 강함
제 3자 개입	중립적인 제 3자의 부재	신뢰받고, 강력하며, 권위 있는 제 3자가 있음
갈등상황의 지속성에 대한 인식	불균형적 : 한쪽이 더 큰 손해를 보았다고 여겨 복수를 원하는 반면, 상대방은 통제력을 유지하려고 함	균형적 : 당사자 모두 이익과 손해를 보는 것으로 인식함

자료 : Lewiki *et al*.(2004).

갈등(conflict of interest)이라고 한다. 이해의 갈등은 다양한 선택과 대안들에 대한 선호와 관련된다. 예컨대 갈등 상황에 있는 두 명의 회사 동료가 팀 프로젝트의 책임자 자리를 놓고 충돌하는 경우, 기숙사 룸메이트간에 전화요금 고지서를 놓고 갈등하는 경우 등이 이에 해당한다. 이 모든 경우에 있어서 당사자들은 자원의 할당 · 이용 · 통제를 놓고 충돌하게 된다. 여기서 자원은 책임 · 통제권 · 시간 · 서비스 등 무형의 자원들도 포함된다.

한편 갈등은 〈표 1-1〉처럼 여러 기준에 따라 해결하기 어려운 갈등과 해결하기 쉬운 갈등으로 구분할 수 있다.

4. 갈등의 해결

갈등나무의 맨 마지막 단계는 사람들이 이해의 갈등을 해결하는 방안들을 보여 준다. 이해의 갈등은 특별한 정책이나 규칙의 변경, 욕구, 평등, 형평성에 기초한 자원의 분배, 다양한 사회적 정의 기제를 통해서 해결된다. 이해의 갈등은 또한 단순하거나 또는 전략적인 행위의 선택을 통해서 해결되기도 한다. 이해의 갈등은 협상을 통해서 해결되기도 한다. 갈등을 생산적인 방향으로 관리하는 대표적인 전략이 협상이다. Deutsch(1995)는 갈등 당사자가 협상할 자세를 갖추게 만드는 두 가지 조건을 제시하였다.

첫째, 현재의 교착상태가 더 이상 갈등 당사자 자신의 이해에 도움이 되지 않는다는 사실을 인지한다.

둘째, 갈등을 공동의 문제로 재구조화하고, 협력적으로 갈등을 해결하는 경우 자신들에게 이익이 될 것이라고 기대한다. Pruitt & Rubin(1986)은 갈등 상황 하에서 협상의 가능성을 증진시키기 위한 다섯 가지 실제적인 행동들을 제시하였다.

〈그림 1-6〉 갈등관리의 유형

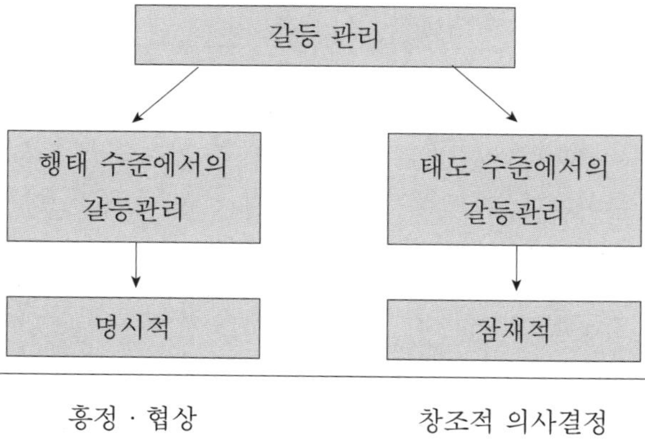

	명시적	잠재적
내생적	흥정 · 협상	창조적 의사결정
외생적	조정 · 중재	제3자 문제해결

자료 : Bercovitch(1984).

1) 당사자들이 체면의 손상 없이 양보를 할 수 있도록 만든다.
2) 당사자들 간에 또는 당사자와 제 3 자 간에 어느 정도 신뢰를 조성한다.
3) 관계를 악화시키지 않는 선에서 비합리적인 느낌의 표현을 허락한다.
4) 공통의 이해와 해결의 가능성을 강조한다.
5) 문제를 해결함에 있어 당사자들의 자율의 욕구를 존중한다.

셋째, 조정(mediation)이나 중재(arbitration) 같은 제 3 자 개입에 의해서 갈등이 관리되기도 한다. Bercovitch(1984)는 갈등관리 유형을 당사자 사이의 내생적 갈등관리와 제 3 자가 개입하는 외생적 갈등관리로 구분하고 있다. 흥정과 협상은 내생적 갈등관리 방식이며, 조정과 중재는 외생적 갈등관리 방식에 해당된다.

Ⅳ. 협상 연구의 패러다임

1. 협상 연구의 역사

협상 연구의 출발점은 von Neuman & Morgenstern(1944)의 저서「게임과 경제적 행태 이론(*Theory of Games and Economic Behavior*)」이다. 이들은 최초로 다양한 종류의 게임을 제시하고, 그 응용 가능성에 대해 논의하면서 게임이론이 시작되었다.

이후 1960년대까지의 협상 연구들은 처방적 측면에서 게임이론에 기반을 둔 합리적 협상가(rational negotiator)에 대한 수학적 분석에 초점을 맞추었다. 특히 게임이론들은 처방적인 시각에서 두 의사결정 주체들 간의 역동적인 상호 작용에 초점을 맞추었다. 1960년에 접어들면서 협상에 대한 연구가 급속히 확대되기 시작하였다. 특히 1960년 Schelling이 2005년 노벨경제학상을 수상하는 데 결정적 기여를 한 저서인「갈등의 전략(*The Strategy of Conflict*)」을[9] 저술하면서 협상 연구는 부흥기로 접어들었다. 1960년대 이후 사회심리학을 비롯한 심리학자들은 게임이론에서 발전된 협상의 다양한 연구 주제들을

9) 이 책에서 Scehlling은 게임이론의 개념과 방법론을 정치 · 외교 · 사회 현상에 적용하여 설명하고, 정책방향을 제시하는 데 공헌하였다.

실제로 실험을 통해 검증함으로써 경험적인 연구를 주도하였다.[10] 또한 협상의 상황적 · 구조적 변수들에 관한 연구에도 초점을 맞추었다.

1970년대 행태주의에 영향을 받은 심리학에서의 인지과학(cognitive science) 패러다임의 지배는 협상에 대한 종래의 처방적 연구를 행태적 의사결정 연구로 전환시키는 계기가 되었다. 행태적 의사결정 연구들은 게임이론에서와 같은 합리적 협상가를 가정하기보다는 실제 협상가의 판단과 의사결정 과정을 분석하는 데 연구의 초점을 맞추었다. 협상가는 더 이상 합리적 의사결정자가 아니었다. 이들은 처방적 조언들을 따르는 협상가의 능력을 방해하는 다양한 인지적 제약이나 한계점들을 제시하였다. 이러한 판단상의 제약들은 협상가가 처방적인 전략들을 실행하는 데 있어 심각한 방해요인으로 작용하였다.

특히 Tversky & Kahneman 등을 중심으로 휴리스틱스에 기반을 둔 협상가의 판단과 의사결정 연구는 게임이론이 가정하는 협상가의 합리성을 부정하는 결정적인 계기가 이루어졌다. 1982년 Raiffa의 저서「협상의 기예와 과학(*The Art and Science of Negotiation*)」이 출판되면서부터 행태적 의사결정 연구의 패러다임 속에서 기술적 연구와 규범적 연구 간의 교류가 활발하게 이루어지기 시작하였다(Bazerman & Neale, 1992).[11] 이후 1980-1990년에는 행태적 의사결정 패러다임 하에서 수많은 협상연구들이 진행되었다.

2000년대 이후 사회과학의 많은 분야에서 협상연구가 활발하게 진행되고 있으며, 협상연구는 하나의 학문 분야로 굳건하게 자리를 잡아가고 있다. 실제 전세계의 유명한 경영대학원에서 가장 인기 있는 과목들 중의 하나가 협상

10) 협상 연구에서 어떠한 협상 상황에도 적용가능한 공통적인 요소들을 탐색하는 일반론적 접근(generic approach)은 Walton & McKersie(1965)가「*A Behavioral Theory of Labor Negotiation*」을 출판하면서 부터이다. 이후 협상의 일반 이론화를 모색하는 본격적인 연구가 시작되었다.

11) 1982년에 발간된 Raiffa(1982)의 저서「협상의 예술과 과학(*The Art and Science of Negotiation*)」은 협상연구에 중대한 전환점을 제공하였다. 그는 협상가에게 최선의 조언을 하는 데 초점을 맞추었는데, 처방적 시각에서 보면 Raiffa는 협상의 상대방이 완전 합리적이라고 가정하는 대신 상대방에 대한 정확한 기술(description)이 중요함을 보여 주었다. 또한 그는 협상가가 완전 합리적인 협상전략을 따르고 있지 않음을 가정하고 있다. 그러나 무엇보다 중요한 점은 Raiffa가 처방적 접근과 서술적 접근 간의 접목을 위한 토대를 마련하였다는 점이다. 즉 협상가가 실제로 어떻게 의사결정을 하고 있는가를 서술적으로 분석함으로써 협상 당사자들에게 파이를 키울 수 있도록 도움을 주는 전략을 처방한 최초의 시도라 하겠다. Raiffa(1982)의 이러한 접근법에서 협상분석(negotiation analysis)을 개념화하였다.

이나 갈등관리에 관련된 수업들이다. 이처럼 협상연구가 활발하게 진행되는 이유는 크게 다섯 가지로 요약될 수 있는데, ① 적응적인 수요와 공급, ② 독립변수와 종속변수의 분명한 구분, ③ 현실의 협상가들의 미흡한 성과, ④ 최고의 협상 기술에 대한 욕구, 및 ⑤ 협상연구 공동체의 배타적이기보다는 수용적인 문화 등을 들 수 있다(Thompson, 2006).

2. 협상 연구의 주요 패러다임

지금까지의 협상연구 흐름들을 정리하면 크게 네 가지 패러다임들이 존재하고 있음을 확인할 수 있다. 구체적으로 ① 협상의 원칙을 제시함으로써 협상가에게 조언을 하려는 연구들, ② 경제학자들과 게임 이론가들에 의한 합리적 협상의 모형을 개발하려는 연구들, ③ 협상가의 실제 행태를 분석하려는 연구들, ④ 협상의 구조적 · 상황적 변수를 분석하려는 연구 패러다임으로 구분이 가능하다.

이들 네 가지 협상 연구의 패러다임들 사이에는 협상 현상을 이해하는 방식에 근본적인 차이가 존재한다. 따라서 연구에 적용되는 접근방법, 이론적 정향, 방법론 역시 큰 차이를 보인다. 각 패러다임 속에 투영된 현실, 지식, 가치에 대한 가정들은 협상 연구자들 각자의 연구 방법론을 설정하고 안내하는 역할을 한다.

첫째, 협상가들에 대한 조언을 위해 주로 협상의 원칙들을 제시하는 처방적 연구들이 협상연구의 한 분야이다. 협상에 대한 과학적 연구의 상당 부분은 효과적인 협상가가 되기 위한 일반 원칙들을 제시하는 데 집중되었다. 따라서 협상가가 자신의 효용을 극대화하기 위해서는 어떻게 행동해야 하는가를 분석하는 데 초점이 맞추어졌다. 이들은 일정한 원칙들을 따라 협상을 진행하면, 협상가의 성과가 증대된다는 것이 핵심적인 내용이었다.

사실 이 분야의 연구는 이미 수세기 전부터 진행되어 왔다. 초기의 연구들은 국가나 기업을 위한 협상 원칙들을 제시하는 데 초점이 맞추어진 반면, 최근의 연구들은 협상 원칙의 적용 대상을 보다 일반화하여 조직의 관리자뿐만 아니라 일반 협상가를 위한 협상 원칙들을 제시하고 있다. 대표적인 연구로서 Fisher & Ury(1981)의 저서 「Yes를 이끌어 내는 협상법(*Getting to Yes*)」이

〈그림 1-7〉 협상연구의 흐름

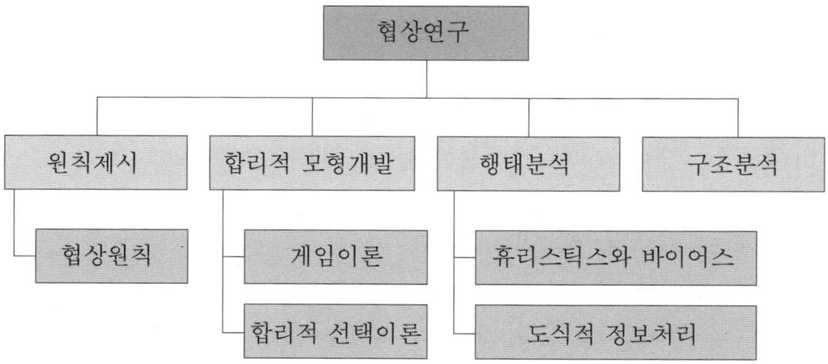

대표적이다. 이들은 ① 사람과 문제를 분리시켜라, ② 입장이 아닌 이해관계에 초점을 맞추어라, ③ 상호 이익이 되는 옵션을 개발하라, ④ 객관적인 기준의 사용을 주장하라 등 네 가지 주요한 협상 원칙들을 제시하였다. 이들은 이러한 원칙들을 지키는 협상, 즉 원칙화된 협상(principled negotiation)의 중요성을 강조하였다. 협상의 원칙을 제시한 또 다른 대표적인 연구로는 Shapiro, Jankowsk, & Dale(1998)의 "The Power of Nice : How to Negotiate So Everyone Wins-Especially You"와 Cohen(1982)의 "어떤 것이든 협상할 수 있다(You Can Negotiate Anything)" 등을 들 수 있다.

두 번째 연구의 흐름은 경제학자들과 게임 이론가들을 중심으로 합리적인 협상과 조정(mediation)을 위한 수학적 모형을 개발 · 제시하려는 연구들이다. 특히 1970년대 이전의 협상에 대한 연구는 주로 게임이론적 시각에서 협상 전략의 수학적 분석 등에 초점이 맞추어졌다. Nash(1950), Roth(1985) 등의 연구가 여기에 속한다.

원래 게임 이론은 전략적 상황 하에서의 행위자들의 행태, 특히 개인의 선택이 상대방의 선택에 의존하는 상황을 수학적으로 분석하는 데 초점을 맞추고 있다. 최초 한 개인이 상대방의 손실을 통해 이익을 얻게 되는 제로섬 게임의 경쟁 상황을 분석하기 위해 게임 이론이 개발되었다. 이후 보다 다양한 상호 작용 상황들에 대한 분석으로 확대되었다. 현재 게임 이론은 한 가지 개념으로 정의되기보다는 다양하고 포괄적인 의미들을 내포하고 있다.

게임 상황은 순수협동 · 순수경쟁, 그리고 혼합동기의 세 가지로 구분되는데, 이 가운데 특히 협상은 혼합동기 게임 상황에 적용되었다. 게임 이론에서는 협상가를 완전 합리적인 존재로 가정하였으며, 합리적 행위자들 각각의 독립적인 선택이 상호 작용함으로써 어떻게 각자에 대해 상이한 득실(payoff)을 가져다 주는가를 연구하였다. 규범적인 시각을 지닌 연구자들은 주로 수학적인 모델을 통해 합리적인 협상 모델을 제시하고자 하였다. 따라서 합리적인 협상가는 문제를 구조화하고 명확히 하며, 의사결정 기준을 정하고, 가능한 모든 대안들을 탐색하며, 각 대안의 선택이 가져올 가능한 결과들을 예측하며, 이를 토대로 대안의 우선순위를 정하는 합리적인 문제 해결자로 여겨졌다. 경제학자들 중심의 연구를 반영하듯 이 분야에서 제시된 협상 모델들은 상당히 제한된 가정 하에서 소수의 독립변수들만을 다루고 있다.

좀더 구체적으로 살펴보면, 행위자(player)로 불리는 개별 의사결정자들은 수학적 모형으로 제시되는 일정한 선택들 가운데 하나의 선택(즉 전략)을 하도록 제한되고, 각 행위자들의 득실은 모든 행위자들에 의해 만드는 선택의 총합에 따라 달라진다는 것이 게임 이론의 핵심이다. 각 행위자들은 선택을 해야 하지만, 때때로 상대방의 선택을 알지 못한다. 따라서 각 행위자는 상대방이 어떻게 행동할 것인지 생각해야만 한다. 게임 이론적 접근법 핵심은 비록 개별적인 의사결정 주체가 상호 독립적으로 자신들의 선호에 따라 선택을 하지만, 자신들이 받는 득실은 게임에 참여한 모든 행위자들의 선택의 함수라는 것이다. 결국 행위자들은 전략적 상호 작용의 복잡한 관계 속에서 자신들이 받는 득실의 단지 일부분에 대해서만 통제력을 지닌다.

세 번째 연구의 흐름은 부분적으로 두 번째의 수학적 모형에 이론적 토대를 두고 있으나, 동시에 심리학의 토대 위에서 협상가의 행태를 기술적으로 분석하는 데 초점을 맞추고 있다. 1960년대 초기에 노동 협상가의 행태에 대한 연구를 시작으로 1970년대 사회과학의 행태주의 패러다임 하에서 협상에 대한 행태적 연구가 폭발적으로 늘어나기 시작하였다. 이 분야의 연구는 실험 상황과 현장 연구 모두를 포함하였으며, 처방보다는 기술(설명과 예측을 포함한)에 초점을 맞추었다. 따라서 게임 이론에서와 같은 규범적인 해결보다는 실제 행동과 이러한 행동에 영향을 미치는 요인들에 대한 경험적인 연구에 초점이 맞추어졌다.

Tversky, Kahneman, Bazerman 등 행태적 의사결정 접근법을 지향하는 연구자들은 협상가의 실제 의사결정이 어떻게 이루어지며, 또 현실 속의 의사결정이 합리적 의사결정 모형으로부터 어떻게 위배되는가를 설명하고자 하였다. 이들은 협상가의 인지적 체계의 다양한 문제점들을 찾아 내는 기술적 연구에 초점을 맞추었다. 이들이 바라보는 협상가는 더 이상 게임 이론에서 가정하는 것처럼 완전 합리적인 존재가 아니었다. 직관적이고, 감정적이며, 일관성이 결여된 판단과 결정을 하는 비합리적 존재였다. 이러한 가정 하에서 이들은 왜 협상가들이 관련 없는 정보에 근거하여 비일관적이고 비합리적인 의사결정을 하는지 설명하고자 하였다. 이들의 연구 결과에 따르면 인간은 의사결정을 함에 있어 합리성이 부족하며(Simon, 1957), 직관에 의존한 단순화 전략(simplifying strategy) 또는 인지적 휴리스틱스(cognitive heuristics)에[12] 의존하여 결정을 한다. 마찬가지로 협상 당사자는 합리적으로 행동하고자 하지만, 제한된 지각(bounded awareness)으로 인해 완전 합리성을 실현하지 못하는 존재다(Bazerman & Chugh, 2006). 휴리스틱스에 의존하는 협상가의 판단과 결정은 오차 또는 편향성(bias)을 유발하게 마련이라는 것이다.[13]

네 번째 연구의 흐름은 1960-1970년대 사회심리학자들에 의해 주도된 협상의 상황적 · 구조적 변수들에 관한 연구이다. 협상의 구조와 맥락을 결정하는 변수들로는 법적 · 제도적 근거, 구성원(constituencies)의 존재, 당사자의 인센티브와 보상, 지위 권력(positional power), 협상 기한, 당사자가 집단인 경우 구성원의 수, 제 3 자의 존재 등이 포함된다. 또한 상호 작용이나 관계가 협상에 미치는 효과에 대한 연구도 이루어졌다. 이러한 상황적 변수들에 대한 연구가 협상에 대한 이해의 폭을 넓히는 데는 크게 기여하였으나, 상황 변수들 자체가 협상가의 통제 범위 밖의 변수들이라는 커다란 한계를 드러냈다. 즉 협상 환경이 협상의 결과를 결정하는 독립변수들로 취급되었다. 최근의 연

12) 휴리스틱스(heuristics)는 '추단법' · '주먹구구식 방법' 등으로 번역되고 있으나, 이 모두 휴리스틱스의 의미를 완전히 내포하지 못하는 한계가 있다. Tversky & Kahneman(1974)은 휴리스틱스를 "사람들이 불확실성 하에서 확률이론에 따라 판단을 하는 대신 매우 단순한 판단과정으로 환원시키는 소수의 한정된 원리"라고 정의하였다.

13) 보다 구체적인 설명은 제 3 장 "협상의 심리학"에서 제시된다.

구는 이러한 한계를 인식하여 구조적 변수들을 단순히 주어진 것으로만 취급하기보다는 협상가가 능동적으로 협상의 구조를 어떻게 인식하고 구성하는가에 초점을 맞추고 있다. 그 결과 협상가를 더 이상 단순히 구조나 상황에 의해 영향을 받는 종속변수로만 인식하고 있지 않다. 이러한 접근법의 대표적인 설명 논리는 협상상황 변수들이 당사자의 심리 상태에 영향을 주고, 이 심리 상태가 당사자가 사용하는 협상 전략에 영향을 미치며, 그 결과 궁극적으로 협상결과에 영향을 미친다는 것이다.

3. 협상의 분석방법

이상에서는 거시적인 차원에서 협상 연구의 네 가지 주요 패러다임들을 설명하였다. 그러나 보다 미시적인 수준에서 협상은 그 분석방법에 따라 구조분석, 전략분석, 과정분석, 통합분석, 행태분석으로 구분될 수 있다.

첫째, **구조분석**(structural analysis)은 협상 당사자들의 상대적 지위 또는 자신들의 선택을 우월하게 만들 수 있는 상대적 능력으로 규정되는 권력 요소들의 배분에 기초한다. 각 당사자들이 권력을 이끌어 낼 수 있는 모든 요소들이 구조를 형성한다. 권력에는 무기와 같은 물질적 속성을 지닌 단단한 권력(hard power)부터 규칙, 계약, 선례와 같은 부드러운 권력(soft power)에 이르기까지 다양하다. 이러한 권력의 도구적 요소들이 당사자의 상대적 지위나 자신들이 선택을 우월하게 만들 수 있는 상대적인 능력을 결정한다.

구조분석은 전통적인 권력의 현실주의(realist)로부터 탈피하여 권력을 소유의 대상으로 볼 뿐만 아니라 하나의 관계로도 인식한다. 권력은 더 이상 지위나 소유가 아니라, 실제 결과를 이끌어 내는 능력의 차원에서 이해된다. 따라서 의제교환(trade off)을 하거나 신뢰 분위기를 조성함으로써 자신에 유리한 결과를 이끌어 낼 수 있다면 이 역시 권력이라 할 수 있다. 구조분석은 대등하고 강력한 당사자들 간의 권력균형 상태를 분석하거나, 또는 한쪽이 다른 쪽에 비해 월등히 강한 상황에서의 권력불균형 상태를 분석한다. 구조분석에 따르면 권력의 최강자가 협상에서 승리하게 마련이다. 〈표 1-2〉는 권력이 만들어 내는 다양한 요인들을 정리한 것이다.

그러나 권력이 큰 사람이 협상에서 반드시 승리한다는 결정론적 언명은

〈표 1-2〉 권력의 다섯 가지 기반

권력 기반	정 의
보 상	권력 소유자가 대상에게 제공하는 보상에 근거한 영향력
강 제	순응하지 않는 경우 대상에게 가해지는 처벌이나 위협에 기초한 영향력
정 당 성	권력 소유자가 어떤 행동을 요구함에 있어 정당한 권리를 가지고 있다고 대상이 믿는 데 근거한 영향력
준 거	권력 소유자에 대한 대상의 동일시, 매력 또는 존중에 기초한 영향력
전 문 성	권력소유자가 자신보다 우세한 기술과 능력을 가지고 있다는 확신에 따른 영향력

자료 : French & Raven(1959).

비판의 대상이 되는데, 특히 상대적으로 권력이 약한 당사자가 자신이 원하는 협상 결과를 성취하는 상황을 설명하지 못하는 약점이 있다. 이는 협상의 당사자들이 상호 의존적 관계에 놓여 있음을 간과한 것이다. 협상에서 한쪽 당사자의 선택은 상대방의 선택에 영향을 준다. 협상 당사자들이 반드시 동등한 권력을 갖고 있는 것은 아니다. 흔히 사람들은 자신보다 권력이 많거나 혹은 그 반대인 상대와도 협상을 한다. 예컨대 노동자들은 고용주에 비해 상대적으로 적은 권력을 갖고 있는 것이 보통이다. 그럼에도 불구하고 노동자들은 사직이나 시위 등의 방법으로 고용주의 복지에 영향을 미칠 수 있는 행동들을 할 수 있기 때문에 이러한 권력의 불균형적 상황에서도 협상이 가능하다. 상대적인 약자는 협상에서 더 나은 결과를 얻기 위해 전략을 사용한다. 약자는 전략을 사용하여 상대방과의 권력적 불균형을 극복하고 협상에서 균형을 이룰 수 있다(Deutsch, 1973).

구조분석에서는 당사자들의 상대적인 권력적 위치에 대한 분석뿐만 아니라 협상의제의 구조, 협상 당사자들 간의 관계, 이들이 지닌 상위 및 하위 목표들 간의 관계 등도 협상결과를 설명하는 데 이용된다(이달곤, 2002).

둘째, 전략분석(strategic analysis)에 따르면 협상 결과는 합리적인 선택의

〈그림 1-8〉 수인의 딜레마

협력 · 협력	협력 · 거부
거부 · 협력	거부 · 거부

조건 하에서 상호 의존적인 당사자들이 선택하는 전략이 가져다 주는 효용의 크기에 의해 결정된다. 이러한 접근법은 게임 이론에서 가장 잘 설명되며, 수인의 딜레마(prisoner's dilemma), 치킨 게임(chicken game) 등이 여기에 포함된다.

〈그림 1-8〉처럼 두 명의 죄수가 존재하는 수인의 딜레마에서, 전략분석은 두 당사자들이 협력뿐만 아니라 거부권(veto)을 지니고 있다는 가정에서 출발한다. 따라서 협상 당사자는 협력적이거나 또는 거부적이다. 전략분석은 협상의 가능한 결과들 각각에 대해 가치를 부여한다. 일반적으로 양 당사자가 모두 협력적인 경우 최선의 결과가 얻어진다. 그러나 기본적인 전제는 둘 다 동시에 결정을 해야 하며, 또한 한쪽이 양보해도 상대방이 양보한다는 보장이 없기 때문에 협상 당사자는 상대방이 협력할 것인지를 확신할 수 없다는 점이다. 따라서 당사자들은 협력하거나 배신하려는 상충된 동기를 지니게 된다. 만일 한쪽 당사자가 협력하거나 양보를 하지만, 상대방이 그렇지 않은 경우 배신한 쪽이 더 많은 것을 얻게 된다.

전략분석에서는 엄격한 분석적 접근과 분명한 결정론적 논리가 지배하기 때문에 구조분석에서와 같이 협상가가 권력을 사용하는 상황을 가정하지 않는다. 특정 전략을 선택하는 경우 당사자들에게 돌아가는 효용이나 가치는 주어진 것이며, 단지 어떤 전략을 선택하면 어떤 결과가 발생되는가만 보여 준다. 따라서 〈그림 1-8〉과 같은 행렬 내에서의 각 전략의 가치들을 변경하는 것은 불가능하다. 전략 분석의 한계는 협상 과정에서의 당사자의 역동적인 움직임(movement)을 행렬상에서 나타내기 어렵다는 점이다. 다만, 움직임을 유발하는 조건들(결과에 대한 상이한 평가)을 행렬상에서 나타낼 수는 있을 뿐이다. 그러나 전략분석의 보다 근본적인 한계는 그 이론적 엄격성보다는 분석 범위의 제약과 관련된다. 예컨대 어떻게 당사자들을 공통의 해결로 나아가게 할 수 있는가는 전략분석의 범위를 벗어난다.

셋째, 과정분석(process analysis)은 협상 테이블에서 당사자간에 이루어지는 일련의 상호 작용을 통해 협상결과를 설명한다. 따라서 과정분석은 협상진행 과정의 역동성을 분석하는 데 초점을 맞추며, 양보 행태(concession behavior)로 설명되는 협상춤(negotiation dance)이 주된 분석대상이다. 전략분석의 경우처럼 양 당사자들은 거부권(팔거나 또는 말거나)을 지닌다. 또한 과정분석은 한쪽 당사자가 약하거나 강하다는(예컨대 팔려고 더 열의를 보이거나, 일정한 값에 팔려고 하지 않거나) 식의 구조적 가정도 포함한다. 과정분석에 따르면 당사자들은 최초 두 지점에서 출발하여 일련의 양보를 통해 합의에 도달하게 된다. 서로 최초의 제안을 나눈 후부터 당사자들은 자신과 상대방에게 돌아가는 이익과 손실의 상대적 비교에 근거하여 양보를 하게 된다. 따라서 최종 합의에 도달하기까지 어느 당사자가 얼마나 양보할 것인가에 대한 예측도 이루어진다. 특히 양보의 비율(concession rate)에 관한 연구에 따르면,[14] 당사자들의 움직임은 상대방의 양보의 수준에 대한 반응에 기초한다. 그러나 당사자들의 양보 행태는 항상 균형적인 것만은 아니다. 상대방이 양보하는 경우에도 자신은 양보하지 않는 불균형도 빈번하다.

넷째, 이상의 분석방법과는 달리 행태분석(behavioral analysis)은 협상가 그 자체를 분석의 대상으로 삼아 협상결과에 대한 설명을 시도한다. 행태분석은 협상가의 개인적 특성(personalities)을 분석 대상으로 하며, 이러한 특성에는 생물학적인 욕구로부터 사회적으로 영향력 있는 태도에 이르기까지 다양한 요소들이 포함된다. 행태분석에 따르면 모든 협상의 결과는 협상가의 특성에 달려 있다는 것이다. 이러한 행태분석의 시초는 1930년대 말 Nicolson(1939)이 협상가를 상점지기(shopkeeper)와 전사(warrior)로 구분하면서부터다. 이후 다양한 형태의 온건파(softliner)와 강경파(hardliner)의 구분이 있어 왔다(Snyder & Diesing, 1977). 강경파 전사(hardline warrior)는 협상 상황을 수인의 딜레마 게임으로 바라보며, 부드러움을 누르기 위한 강함을 강조한다. 반면 온건파 상점지기(softliner shopkeeper)는 협상 상황을 치킨 게임으로 바라

14) 대표적인 연구로는 H. A. Michener, J. J. Vaske, S. L. Schleifer, J. G. Plazewski, & L. J. Chapman, "Factors Affecting Concession Rate and Threat Usage in Bilateral Conflict," *Sociometry*, Vol. 38(1), 1975, pp. 62-80.

보며, 강함을 누르기 위한 강함 또는 온건함을 누르기 위한 온건함을 강조한다. 행태분석은 개인간 성향(interpersonal orientation)에 대한 연구로까지 확대되었는데, 특히 자신에 대한 관심도와 상대방에 대한 관심도를 결합하여 이중관심모형(dual concern model)이[15] 그 대표적인 연구이다.

다섯째, 통합분석(integrative analysis)은 과정분석과 마찬가지로 협상을 과정의 관점에서 다루지만, 협상결과를 각각의 단계에서의 행위자들의 성과로 (Zartman & Berman, 1982) 설명하는 측면에서 큰 차이를 보인다. 이처럼 통합분석은 협상진행 단계라는 특정한 단계에 대해 논의하기보다는 협상 과정 전체를 일련의 연속적인 단계로 구분한다. 특히 협상을 협상 이전 단계 · 협상 단계 · 타결의 단계 등으로 구분함으로써 협상과정의 개념을 협상 이전 단계(pre-negotiation)까지 확대시킨 점이 큰 특징이다. 통합분석은 협상 이전 단계의 중요성을 강조하면서 협상준비 단계에서 협상 문제를 개념화함에 있어 상호 만족스러운 포지티브 섬의 상황으로 다룰 것을 주장한다. 〈그림 1-9〉는 협상의 과정을 협상준비 단계 · 협상진행 단계 및 협상결과 단계의 3단계로 단순화한 것이다.

〈그림 1-9〉 협상의 과정

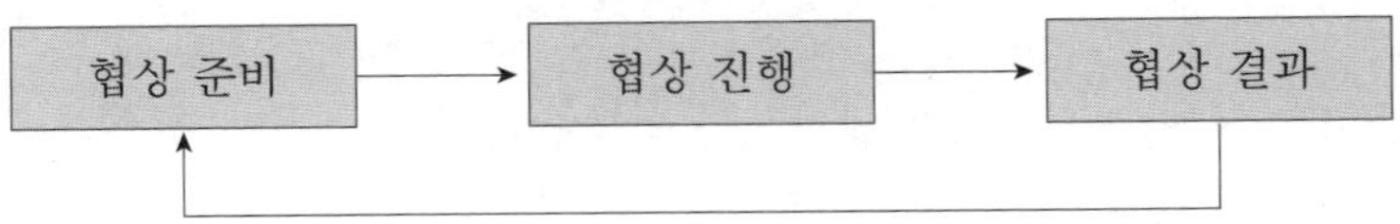

15) 이중관심모형의 구체적인 내용은 제 3 장 "협상의 심리학"에서 다루어진다.

협상분석 과제

* 다음은 주택매매와 관련된 육봉달 씨와 이맹구 씨의 협상과정을 설명한 것이다.

육봉달 씨는 가족들과 함께 외국으로 이민을 가기 위해 살고 있던 강남의 아파트를 처분하려고 한다. 가까운 이웃 고주몽 씨는 그에게 시세를 높이려면 40,000만 원에 내놓아야 한다고 권유하였고, 육봉달 씨는 일주일 동안 고민을 하면서 같은 동의 아파트 가격과 주변의 상권, 학군 등 기타 여러 가지 정보를 탐색하였다. 그리고 38,000만 원이면 최대로 받을 수 있는 액수라고 판단하였고, 그 다음 주 "대박" 공인중개사에게 38,000만 원에 집을 내놓았다.

한 달이 지나도록 아파트에 관심을 보이는 사람이 없자 육봉달 씨는 그 집을 전세를 놓을까 아니면 집이 없는 동생에게 싼 값에 월세를 줄까도 고민을 하였다. 그러던 중 아들 맹돌이의 공부를 위해 서울로 이사를 하려고 하는 이맹구 씨가 "대박" 공인중개사의 소개로 육봉달 씨의 집에 대해 알게 되었다. 공인중개사로부터 연락을 받은 육봉달 씨는 매매 협상을 위해 이맹구 씨를 만나기로 하였다. 물론 이맹구 씨는 육봉달 씨를 만나기에 앞서 육봉달 씨가 매물로 내놓은 아파트의 시세를 알아보기 위해 인터넷을 비롯한 다양한 정보를 수집하였다. 그 결과 35,000만 원 이상으로는 절대 사지 않겠다는 생각을 굳혔다.

이맹구 씨는 육봉달 씨와의 첫만남에서 자신이 가장 바라고 있는 가격인 31,000만 원을 매수가로 제시하였고, 당황한 육봉달 씨는 일단 35,000만 원을 제시하고 며칠 동안 버티기로 하였다. 육봉달 씨의 버티기 작전에 한참을 고민한 이맹구 씨는 가진 돈 전부가 34,000만 원이라 그 이상은 지불할 수 없다고 하면서, 다른데서 보아두었던 단독주택을 계약할 수밖에 없다고 으름장을 놓았다. 잠시 고민한 육봉달 씨는 반 가르기를 제시하였고, 결국 34,500만 원에 둘 사이에 합의가 이루어지고 매매계약은 성사되었다. 매매계약이 끝난 후 육봉달 씨는 자신이 생각했던 최저가보다 15,00만 원 정도의 이득을 보았다고 흐뭇해하였으며, 이맹구 씨 역시 이익을 보았다고 만족해 했다.

(1) 육봉달 씨와 이맹구 씨의 목표치를 분석하라.
(2) 육봉달 씨와 이맹구 씨의 유보치를 분석하라.
(3) 사례에서 협상영역을 분석하라.
(4) 육봉달 씨와 이맹구 씨의 협상잉여를 분석하라.
(5) 육봉달 씨와 이맹구 씨의 BATNA를 분석하라.
(6) 사례에서 협상춤(negotiation dance)을 분석하라.

제 2 장 : 게임이론접근방식

제 1 장에서 설명한 것처럼 게임이론을 중심으로 하는 경제학자들의 접근법은 협상연구의 중요한 축을 구성하고 있다. 협상에 관한 게임이론적 접근방식은 이해 당사자간의 협상이나 협상과정 자체보다는 협상(negotiation) 혹은 흥정(bargaining)이라는 과정이 추구하는 갈등해소 및 합의라는 목적과, 이를 통해서 달성되는 협력(cooperation)에 보다 큰 관심을 두고 있다. 따라서 이 장에서는 먼저 협상과 협력이라는 상호연관되어 있으면서도 구별된 두 가지 개념을 먼저 차별화하고, 게임이론과의 연관성을 설명해 보기로 한다. 한편 가장 일반적으로 사용되는 간단한 게임이론을 소개할 이 장에서는 수인게임, 교착게임, 치킨게임 등이 누구나 이해하기 쉬운 매트릭스 형태를 빌어서 소개될 것이다. 그리고 이어서 이러한 게임의 해(solution)를 찾아가는 방식이 설명될 것이다. 다양한 게임을 소개해 가면서 이 장은 협력과 배신을 두 가지 주요한 전략으로 제시하고, 이러한 전략 중 균형전략을 찾아가는 방법을 서술적인 방법을 통해 설명하고자 한다. 이어서 이 장은 개인 · 국가 · 집단간 협력상황을 설명하기 위해서 자주 원용되는 '미래의 그림자'라는 개념을 중심으로 1회의 수인게임에서 일어날 수 없는 협력이 무한반복되는 상황에서 어떻게 가능한지를 설명한 후, 국가간 협력과 관련하여 민주주의 국가의 내정을 비유적으로 설정한 양면게임을 소개하고, 실제 양면게임적 상황이 상대방 국가에 대한 특정국가의 협력 여부에 어떠한 영향을 미치는지 설명해 보고자 한다. 마지막으로, 이 장에서는 이러한 게임이론적 상황이 실제로 자유무역질서의 등장과 유지, 전략무기 감축협상, 한일외교분쟁 등에서 발생했음을 예시하고, 이

러한 현상이 국가간 협력에 어떻게 관련되어 있는지를 살펴보게 될 것이다.

Ⅰ. 협상과 게임이론

1. 협상 · 협력, 그리고 게임이론

제1장에서도 설명했듯이 협상은 둘 이상의 행위자가 자원의 분배 등을 두고 갈등을 줄이면서 합의의 영역을 넓혀 가는 과정이다. 다시 말해서 협상은 둘 이상의 행위자가 상호적절한 목적을 성취하기 위해서 협의해 나가면서 대화하고 타협하고 의견을 나누는 과정이며, 이러한 과정이 성공할 경우 우리는 협상이 성공했다고 말하고, 그렇지 않은 경우 우리는 협상이 실패했거나 결렬되었다고 말한다. 이와 같이 갈등을 최소화하고 합의의 영역을 넓혀 가는 협상은 갈등이 존재함에도 불구하고 협상을 통해 갈등적 상황보다 더 나은 결과가 달성될 수도 있다는 믿음에 의해서 진행된다. 그러나 협상과정에서는 협상이 종결되기 이전에 더 나은 결과가 달성될지 예상하기 어려운 경우도 있다.

협상이 성공적으로 진행되어 이해당사자간에 일정한 영역에서 합의가 이루어질 경우, 우리는 양자 사이에 협력이 가능하게 되었다고 본다. 한편 협상을 통해서 합의를 도출하는 데 실패한 경우, 우리는 이해당사자간에 추후 협력의 가능성이 줄어들었다고 말한다. 장기간 지속되는 파업 끝에 협상이 결렬되는 경우에는 우리는 단기적으로 더 이상 노사간의 협력이 어렵다고 보며, 공권력의 개입을 요청하는 등 다른 조치를 취하게 되고, 반대로 협상이 성공하는 경우는 이러한 협상성공을 통해서 향후 협력을 통한 합의의 영역을 확대시킬 수 있게 되었다고 본다.

이렇게 볼 때 협상과 협력은 상호밀접한 관계를 지니고 있는 개념으로 보인다. 협상 자체는 협력을 전제로 하는 것은 아니지만, 협상이 원만히 진행될 경우 협력은 가능하게 된다. 그러나 이 두 개념 사이에는 의미상 차이가 있다는 점도 간과해서는 안 된다. 먼저 협상은 이해당사자간에 토론 · 조정 · 대화 · 타협 등을 포함하는 일련의 갈등의 조정 '과정'을 지칭하는 개념이라면, 협력은 과정이나 결과의 측면에서 협상이 '성공적으로' 진행되는 경우에 국한해 사용되는 개념이다.[1] 즉 협상은 특정한 과정과 절차를 지칭하는, 대체로 가치중립적인 개념이지만, 오늘날 협력은 이해당사자간의 성공적인 협상과정과 결과에 관련되어 좋은 의미의 개념으로 받아들여지고 있다. 갈등적인 상황에 처한 이해당사자들은 협상이라는 과정을 통해서 협력과 합의에 도달하는 것을 목적으로 하고 있으며, 협상이라는 절차는 협력이라는 구도를 만들어 갈 수 있는 방법과 관련되어 있다.

한편 게임이론은 두 명 이상의 이해당사자를 상정하고, 이들간의 관계가 어떠한 상태에서 서로 변화의 가능성이 없는 상태로 귀결되는가를 예측하는 이론이다. 그리고 이러한 변화의 가능성이 없는 상태를 균형상태(equilibrium)라고 부르고, 이러한 균형상태의 성격에 따라서 우리는 협력에 대한 다양한 처방을 내리게 된다. 예컨대 만일 두 명의 행위자가 처해 있는 균형상태가 더 나은 상태로 나아갈 수 있는 잠재력을 지녔지만, 균형상황 때문에 그렇게 되지 않는 딜레마적인 상황이라면 게임이론의 설명에 따라 이러한 상태로부터 벗어나 두 명의 행위자가 더 행복해질 수 있도록 협력의 통로를 고안할 수 있다. 따라서 게임이론은 현 상황을 균형상황이라고 보고, 여기에서 협력의 길로 나아갈 수 있는 방법을 제시해 주는 데 유용하다. 그리고 게임이론이 이와 같이 협력의 통로를 제시해 줄 수 있는 유용한 이론이라면, 우리는 게임이론이 처방하는 협력의 조건을 늘여 나가면서 협상이 협력이라는 바람직한 결과를 가져올 수 있는 방법을 모색해 볼 수도 있을 것이다. 이러한 각도에서 보면 협상과 협력, 그리고 게임이론은 상호밀접한 연관을 지니는 개념이라고 할 수 있다. 이하에서는 게임의 정의에 관해서 간단히 설명하고, 다양한 게임의 종류를 설명한 후 게임이론으로부터 협력이 유도되는 과정을 설명하고자 한다.

2. 게임의 정의와 개관

게임이론은 합리적 선택이론의 하나로서 두 명 이상의 합리적 행위자를 설정하고, 이러한 행위자들이 선택해야 하는 가장 적절한(optimal) 전략을 찾아

1) 물론 협상 '결과'와 관계 없이 협상 '과정'이 우호적이고 협조적인 분위기 속에서 진행되었다고 말할 수는 있을 것이다. 이러한 협상과정상의 협력은 협상당사자의 협상태도나 협상전략에 의해 결정된다고 보인다.

내는 이론이다.[2] 따라서 게임이론은 합리적 행위자(actor), 이들이 구사하는 전략(strategy), 그리고 이들이 선택한 전략의 결과로 나타나는 몫(payoff)으로 구성된다.[3] 게임이론은 2인 이상의 행위자가 상호작용을 할 경우에 모든 행위자가 다른 대안적 전략을 선택할 유인(incentive)이 없어서 어떤 특정한 전략을 선택하게 되는 경우를 균형상태(equilibrium)라고 정의한다. 게임이론은 또한 그러한 균형상태로 유도하는 개별 행위자의 적절한 균형전략을 찾아 내고자 하며, 이렇게 찾아 낸 전략을 우리는 그 게임의 해(solution)라고 부른다. 아래의 도표를 통해서 게임이론의 일반적 틀을 설명하고, 그 후 다양한 게임의 사례를 통해서 좀더 쉽게 설명하기로 한다.

〈표 2-1〉을 우리는 흔히 2×2 매트릭스(two by two matrix)라고 부른다. 그리고 위와 같이 매트릭스의 형태로 나타난 게임의 구도를 매트릭스 형태의 게임이라고 부른다.[4] 2×2 매트릭스 게임이 '2×2'로 불리는 이유는 행위자 A와 행위자 B가 각각 두 개의 전략(협력과 배신)을 구사하여 이들이 이용한 전략의

〈표 2-1〉 매트릭스 형태의 게임

		행위자 B	
		협 력	배 신
행위자 A	협 력	상황 1 : R(보상) · R(보상)	상황 3 : S(우둔함) · T(유혹)
	배 신	상황 2 : T(유혹) · S(우둔함)	상황 4 : P(처벌) · P(처벌)

2) 합리적 선택이론(rational choice theory)은 한 개인이 자신의 목적을 달성하기 위해서 전략이나 대안을 선택할 경우, 자신에게 가장 많은 이익을 주고 가장 적은 비용을 부담시키는 전략이나 대안을 선택한다는 이론이다. 합리적 선택이론 내에서 행위자는 손익계산을 하는 개인이며, 목적을 달성하기 위해서 가장 순이익이 큰 전략을 선택한다. 그런 의미에서 합리적 선택이론의 전제는 개인은 목적지향적 행태(goal-oriented behavior)를 보인다는 점이다. 합리적 선택이론에서 논의되는 합리성의 개념에 대한 좀더 상세한 소개를 알아보기 위해서는 Little(1991)의 Chapter 3 "Rational Choice Theory"와 Morrow(1994)의 Chapter 1 "Overview," Chapter 2 "Utility Theory"를 참조하기 바란다.

3) 몫(payoff)이란 복수의 행위자가 각각 전략을 선택할 경우, 전략의 조합에 따라서 개별 행위자에게 돌아가는 이익 혹은 효용(utility)을 말한다.

4) 게임의 구조를 그림의 형식으로 나타내는 방식으로는 본문에 사용한 매트릭스 형식과 가지 확산 형식(extensive form)이 있다. 후자는 매트릭스 형식과 같은 박스(box) 형식을 취하기보다는 각 행위자가 취할 수 있는 선택을 가지(branch)의 형식으로 만들어 놓은 것이다. 게임의 형태에 관해서는 Morrow(1994) Chapter 3 "Specifying a Game"을 참조하기 바란다.

합으로 나타나는 결과가 네 가지 종류('협력 : 협력', '협력 : 배신', '배신 : 협력', '배신 : 배신')로 나타나기 때문이다. 게임의 구도를 매트릭스 형태로 나타내는 것이 유용한 것은 일단 보기에 편할 뿐만 아니라, 말로 풀어서 설명하기에 앞서서 게임의 구도를 일반론으로 설명할 수 있기 때문이다.[5)]

두 명의 행위자가 각각 두 개의 전략을 가지고 네 가지 결과를 만들어 내는 위와 같은 형태의 게임에서, 각 행위자의 몫을 나타내는 용어($T \cdot R \cdot P \cdot S$)는 두 행위자의 전략이 하나의 조합을 만들어 내는 상황에서 각 행위자에게 돌아가는 몫(payoff)에 따른 효용(utility)을 의미한다. 통상 두 개의 몫 가운데 먼저 나오는 몫이 좌측에 명기된 행위자(행위자 A)의 몫이며, 나중에 나오는 몫이 상단에 명기된 행위자(행위자 B)의 몫이다. 이 몫을 지칭하는 $T \cdot R \cdot P \cdot S$는 각각 유혹(Temptation) · 보상(Reward) · 처벌(Punishment) · 우둔함(Sucker)의 영어약자이다. 유혹은 한 행위자가 협력과 배신의 두 가지 전략 가운데 배신을 선택하고 다른 행위자가 협력을 선택할 경우, 배신을 선택한 행위자에게 돌아가는 몫을 의미한다. 즉 위의 매트릭스에서 보면 행위자 A가 배신하고 행위자 B가 협력했을 경우(상황 2), 행위자 A의 몫은 T로 나타난다(행위자 B의 경우에서 보면 상황 3). R은 두 행위자가 모두 협력했을 경우, 각 행위자에게 돌아가는 몫으로서 상황 1의 행위자 A · B 모두에 해당한다. P는 두 행위자가 모두 서로 배신했을 경우에 각 행위자에게 귀속되는 몫으로서 상황 4의 A · B 모두에 해당한다. 마지막으로 S는 한 행위자가 협력했는데 다른 행위자가 배신해서 협력한 행위자가 큰 손해를 당한 상황으로서, 위의 매트릭스에서 행위자 A의 경우 상황 3에 해당한다(행위자 B의 경우 상황 2에 해당한다).

위에서 설명한 게임의 구도를 중심으로 다음에 설명할 다양한 게임의 종류를 개별행위자들이 좋아하는 몫의 선호순에 따라 열거해 보면 다음과 같다.

수인게임 : $T > R > P > S$

교착게임 : $T > P > R > S$

치킨게임 : $T > R > S > P$

---

5) 게임의 행위자는 2명 이상이며 전략은 2개 이상일 수 있으나, 이 글의 목적을 위해서 가장 간편한 2×2 매트릭스 형태의 게임을 사용하였다.

게임의 종류는 매우 다양하게 존재하지만 여기에서는 수인게임(囚人게임 : Prinsoner's Dilemma game) · 교착게임(Deadlock game) · 치킨게임(Chicken game)을 중심으로 설명해 가기로 한다. 자세한 설명과 예는 아래에서 제시될 것이지만, 행위자들이 선호하는 전략이 조합된 결과에 따라서 우리는 수인게임 · 교착게임 · 치킨게임을 구별해 볼 수 있다. 먼저 수인게임은 행위자가 자신이 배신하고 상대방이 협력하는 상황을 가장 좋아하고, 그 다음으로 서로 협력하는 상황, 서로 배신하는 상황을 순차적으로 좋아하며, 마지막으로 자신이 협력하고 상대방이 배신함으로써 바보처럼 당하게 되는 상황을 가장 싫어하는 경우로 설정하는 게임이다. 교착게임은 위의 수인게임과 동일하지만, 두 번째로 선호하는 결과와 세 번째로 선호하는 결과가 수인게임과 뒤바뀌는 경우의 게임이다. 즉 각 행위자는 서로 협력하는 상황보다는 서로 배신하는 상황에서 더 큰 효용을 얻게 되는 점에서 교착게임은 수인게임과 다르다. 마지막으로, 치킨게임은 수인게임과 동일하지만 행위자가 세 번째로 선호하는 결과와 네 번째로 선호하는 결과가 서로 바뀌는 점에서 수인게임과 다르다. 즉 치킨게임에서 행위자는 서로 배신해서 상호 파국에 이르는 상황보다 자신이 좀 손해를 보면서 망신을 당하고, 상대방이 배신을 통해 이익을 얻는 상황을 더 선호하는 게임이다.

마지막으로, 균형전략에 대해서 간단히 설명하고, 게임의 구도에 대한 논의를 마치고자 한다. 균형전략은 바로 게임의 해(solution)를 의미한다. 즉 "게임을 풀다"(solve a game)라는 것은 바로 그 게임의 해를 찾아가는 것이며, 이것은 곧 각 행위자들이 해당게임에서 가장 적절하다고 판단하여 채택하게 될 전략을 발견하는 것이다. 균형전략이 '균형' 전략인 이유는 각 행위자들이 이 전략을 채택한 경우, 전략을 바꿀 인센티브가 없어서 선택한 전략을 안정적인 전략으로 고수하기 때문이다. 즉 균형전략은 상대방이 어떤 특정한 전략을 사용한다고 전제할 때 '내'가 상대방의 그 전략에 대응할 수 있는 최선의 전략이며, 따라서 '나'는 이 전략에서 다른 전략으로 선택을 전환할 아무런 동기가 없게 된다. 그리고 이러한 사정은 상대방 행위자의 경우에도 그대로 적용된다. 이와 같이 두 명의 행위자가 있고 상대방의 전략이 주어진 경우, 이들이 최적의 전략을 선택하여 다른 전략을 선택하려 하지 않을 때 우리는 이들이 균형전략을 채택했다고 말하고, 게임의 해는 바로 이들이 균형상태에서 택한 전략의 조합이 되는 것이다. 이제 아래에서는 다양한 게임이론들을 소개하고, 그 해를 찾아가는 방식을 간단히 설명하기로 한다.

Ⅱ. 게임의 종류

1. 수인게임

(1) 수인게임

수인게임은 흔히 그 영어 이름의 첫글자들을 따서 PD게임으로도 알려져 있다. 수인게임은 현실세계에서 빈번하게 발생하는 딜레마 상황을 설정하고, 이러한 딜레마 상황으로 인해 두 사람의 행위자가 자신들에게 보다 큰 몫(payoff : 이익)을 줄 수 있는 전략을 선택하지 못하고, 더 작은 몫을 주는 전략을 선택하는 경우를 설명하는 게임이다.

수인게임은 다음과 같은 상황에서 이루어지는 게임이다. 먼저 공범의 혐의를 받고 감옥에 갇혀 있는 두 명의 혐의자(혐의자 A와 혐의자 B)가 있다고 가정하자. 이들 두 명의 혐의자를 두 명의 행위자로 부르기로 한다. 그리고 이들 두 명의 혐의자는 자신을 수사중인 경찰에 의해서 다음과 같은 제안을 듣게 된다. 경찰은 이들 두 명의 혐의자에게 두 명 모두 자신들이 공범임을 시인하면 각각 5년 형을 언도받고, 한 명이 시인하고 다른 한 명이 부인하면 시인한 한 명은 석방되지만 부인한 다른 한 명은 10년 형을 살게 되며, 만약 두 명 다 부인하면 각각 3년 형을 언도받게 되는 상황을 제안하고 설명해 준다. 단, 두 사람은 서로 다른 방에 수감되어 있어서 서로 상의할 수 없다. 이러한 상황에서 수인게임은 과연 두 명의 혐의자(수인, 즉 행위자)가 선택할 수 있는 가장 훌륭한 전략이 각각 무엇인지를 설명하는 게임이다. 과연 그 해답은 무엇일까? 이러한 상황에서 두 행위자는 각각 죄인임을 '고백'하는 전략과 '침묵'하는 전략 가운데 어떠한 전략을 선택하게 될 것인가? 일반적으로 우리는 고백하는 전략을 배신하는 전략 또는 간단히 배신(defection)이라고 부르며, 침묵하는 전략을 협력하는 전략 또는 간단히 협력(cooperation)이라고 부른다. 과연 이

〈표 2-2〉 수인게임

		협의자 B	
		침묵(협력)	고백(배신)
협의자 A	침묵 (협력)	상황 1 : R=3(3년 수감), R=3(3년 수감)	상황 3 : S=0(10년 수감), T=5(석방)
	고백 (배신)	상황 2 : T=5(석방), S=0(10년 수감)	상황 4 : P=1(5년 수감), P=1(5년 수감)

* 각각의 행위자가 선택하는 전략에 대해서 임의로 숫자를 부여한 것은 4가지로 나타나는 전략의 조합상황에서 각 행위자에게 돌아가는 몫을 효용수치로 나타내기 위해서이다. 즉 수인게임은 $T(=5) > R(=3) > P(=1) > S(=0)$의 효용순서를 나타내는 게임이다.

들 두 명의 행위자는 협력과 배신 가운데 각각 어떠한 전략을 선택할 것인가? 이러한 상황을 매트릭스형태의 게임으로 나타내면 〈표 2-2〉와 같다.

먼저 협의자 A를 중심으로 살펴보기로 하자. 협의자 A의 경우 가장 좋아하는 전략의 조합은 자신이 고백하고 상대방이 침묵하는 것이며, 그 다음으로 서로 침묵하는 상황, 그 다음으로 서로 고백하는 상황이다. 협의자 A가 가장 싫어하는 상황은 자신이 침묵을 하는데 상대방이 고백을 함으로써 가장 큰 손해를 보는 '바보'가 되어 버리는 상황이다.

이러한 전략의 조합을 알고 있는 상황에서 협의자 A는 고백하지 않고 침묵하는 방법, 즉 협력의 방법을 생각해 볼 수도 있을 것이다. 자신도 협력하고 상대방도 협력하는 상황을 설정하여 두 명 모두 3년 형을 언도받는 상황을 예측해 볼 수도 있을 것이다. 그러나 협의자 A는 자신이 침묵할 경우 협의자 B가 고백하면 자신은 10년간 감옥생활을 하며 상대방은 바로 석방된다는 것을 알고, 상대방이 고백하는 상황을 생각하지 않을 수 없다. 따라서 10년 감옥생활이라는 상황을 염려하여 침묵하는 전략에서 고백하는 전략으로 방향을 바꾸게 된다. 이렇게 되면 상대방 협의자가 침묵하는 경우 자신은 석방되고, 상대방이 고백하는 경우에도 많아야 3년 형을 살게 된다. 즉 협의자 A는 자신의 머리 속에서 자신의 전략과 상대방 전략의 조합을 생각해 본 후에 고백하는 전략, 즉 배신의 전략을 선택하게 되고, 마찬가지로 이러한 추론은 상대방 협의자, 즉 협의자 B에게도 동일하게 적용된다. 상대방의 전략을 고려해 볼 때

협의자 A와 B는 어떠한 상황에서도 고백하는 전략, 즉 배신의 전략보다 더 나은 전략을 찾을 수 없으며, 따라서 이 배신의 전략이 각각 협의자 A와 협의자 B의 균형전략, 다른 전략으로 바꿀 인센티브를 없애 주는 전략이 되는 것이다. 따라서 이 경우 수인게임의 해법은 '협의자 A : 배신; 협의자 B : 배신'이 되는 것이다.[6]

이와 같이 두 협의자가 모두 고백함으로써 배신의 전략을 택하는 경우 이들은 각각 5년형을 언도받게 되는데, 이러한 상황은 게임의 제목이 시사하듯 분명 딜레마 상황이라고 할 수 있다. 그 이유는 무엇일까? 그 이유는 두 협의자가 모두 침묵하는 전략을 사용했으면 각각 3년형만을 언도받았을 것인데, 한 명이 침묵할 경우에 상대방이 같이 침묵해 준다는 보장이 없기 때문에 각각 고백의 길을 걸어서 결국 모두 5년형을 언도받는 상황에 이르렀기 때문이다. 개별 협의자가 추구한 합리적 선택, 즉 고백은 서로 침묵하는 전략을 선택했을 경우보다 더 적은 몫을 얻게 되는 상황으로 귀착되었기 때문이다. 두 협의자 모두를 고려해 볼 때, 서로 침묵하는 경우보다 훨씬 나쁜 결과가 나타나기 때문에 우리는 이러한 현상을 사회적 비합리성(social irrationality)의 상황이라고도 부른다.

(2) 수인게임의 예

수인게임과 같은 딜레마 상황은 개인과 개인, 집단과 집단 혹은 국가와 국가 간의 관계에서 많이 발견된다. 따라서 수인게임은 다양한 적용사례를 가지고 있어서 정치현상에 대한 유익한 분석 틀로 활용되는 경우가 많다. 아래에서는 횡사의 공포(fear of sudden death)로 인해 만인의 만인에 대한 투쟁상태(war of all against all)를 특징으로 하는 자연상태(state of nature)와 국가간의

6) 본문에서 설명한 바와 같이 게임이론에서는 상대방이 취할 전략을 고려하면서 '나'의 균형전략을 찾는 방식으로 게임의 해를 구하는 것이 일반적이다. 한편 수인게임의 경우 상대방이 어떠한 전략을 취하든지에 상관없이 '나'의 '침묵' 전략은 '고백' 전략보다 '나'에게 항상 더 많은 몫을 주고 있다(그리고 이것은 상대방의 경우에도 마찬가지이다). 이 경우 침묵전략은 두 행위자에게 모두 '지배전략'(dominant strategy : 한 행위자가 선택할 수 있는 전략 가운데 상대방의 전략선택에 관계없이 자신에게 다른 전략보다 항상 더 많은 몫을 가져오는 전략)이 된다. 이와 같이 수인게임처럼 특수한 게임의 경우, 균형전략이 아니라 지배전략을 찾아가는 방식으로 게임의 해를 찾을 수도 있다. 그러나 모든 게임에 지배전략이 존재하는 것은 아니므로 일반적인 해법은 아니다.

군비경쟁(arms race)으로 인한 안보딜레마(security dilemma)상황을 예로 들어 수인게임을 설명하고자 한다.

(가) 홉스의 자연상태[7]

17세기 영국의 정치철학자 홉스(Thomas Hobbes)는 국가를 자연상태에서 인간이 상호간의 무자비한 투쟁을 극복하기 위한 과정에서 나타난 것으로 파악하였다. 그는 무엇보다도 국가가 없는 자연상태에서는 만인에 대한 만인의 투쟁이 일반화되어 사람들은 자신들이 언제 죽을지 모르는 공포 속에서 살아간다고 보았다. 그러면 왜 자연상태에서 사람들은 자발적인 협력을 통해서 서로 평화로운 삶을 유지하지 못하고 횡사의 공포 속에서 생활하게 되는 것인가? 이러한 비극은 자연상태에서 사람들이 어쩔 수 없이 겪게 되는 딜레마 상황에 기인한 것이다. 즉 위에서 설명한 수인게임과 마찬가지로 자연상태에서 인간은 서로 협동하며 평화롭게 공존하는 전략과 서로 갈등하면서 무기를 들고 상대방을 위협하는 두 가지 전략을 지니고 있다. 자연상태에서 살아가는 인간은 '내'가 무장하고 상대방이 무장해제한 상황을 가장 좋아하고, 상호 무장해제하는 상황, 상호 무장한 상황, 그리고 '내'가 무장을 해제하고 상대방이 무장을 함으로써 '내'가 상대방의 공격에 노출되는 상황을 순차적으로 선호한다.

자연상태에서 인간들은 무기를 들고 서로 경계하면서 언제 죽을지 모르는 공포 속에서 사는 것보다는 서로 무기를 버리고 화해하면서 평화롭게 사는 것을 더 좋아할 것이다. 그러나 '내'가 무기를 버릴 경우, 상대방은 '나'를 공격하여 살해하고 '내' 재산을 탈취함으로써 더 많은 물질적 이익을 얻을 수 있게 된다. 이러한 상황을 예상할 때 '나'는 평화롭게 협동하는 전략을 선택하지 못하고 무장한 상태에서 상대방을 경계하고 지속적인 투쟁상태 속에서 살아갈 수밖에 없으며, 상대방의 경우도 동일한 원리가 적용된다. 만인의 만인에 대한 투쟁을 특징으로 하는 자연상태에서 인간들은 횡사의 공포를 시시각각 느

7) 홉스의 「레바이어던」(*Leviathan*)은 17세기 영국내전의 상황에서 1651년 홉스가 저술한 책으로서 자연상태에서 무질서를 극복하기 위해서는 인간의 계약에 의해 군주가 등장하고, 시민사회가 도래되어야 함을 역설한 책이다. 이 책에서 홉스가 설명한 자연상태는 평화로운 상태가 아니라 횡사의 공포가 도사리고 있는 원시적인 상태로서 만인의 만인에 대한 투쟁상태였다. 이러한 홉스의 자연상태론은 흔히 국제정치이론 분야에서 상위의 정부가 없는 무정부상태에서 국가간의 갈등상황을 지칭하기에 적합한 것이었으며, 현실주의이론(political realism 혹은 Realpolitik)에서 적절히 원용되었다.

끼면서 협력의 전략보다는 투쟁의 전략을 취하면서 살아갈 수밖에 없다. 따라서 자연상태에서 인간 A와 인간 B가 선택할 수 있는 균형전략은 '인간 A : 투쟁; 인간 B : 투쟁'이다. 분명히 서로 무장을 해제하는 상황에서 훨씬 이익이 큼에도 불구하고, 자연상태의 인간은 서로 무장하고 상대방을 경계해야 하는 딜레마상황에 처하게 되는 것이다.

(나) 안보딜레마

수인게임의 또 다른 예로 군비경쟁으로 인한 안보 딜레상황을 들 수 있을 것이다. 예컨대 냉전시대의 미국과 소련의 군비경쟁을 예로 들어 보기로 하자. 국가간에 분쟁이 일어날 경우 국가를 능가하는 상위의 조정기구가 없는 국제정치의 세계에서 개별국가들은 국가안보를 위해서 자국의 군사력을 증강시키고자 할 것이며, 이러한 현상은 경쟁국가간 관계의 경우 군사력의 우위를 차지하기 위한 노력으로 나타날 수밖에 없다. 특히 제 2 차 세계대전 이후 자유주의진영과 사회주의진영의 양대맹주로 등장한 미국과 소련은 핵무기와 통상병기에서 상대방에게 우위를 빼앗기지 않기 위해서 지속적으로 군비를 증강해 왔다. 국내경제를 위한 투자나 빈민을 위한 사회보장 등에 국내자원을 투자하는 것이 국가발전에 훨씬 더 기여할 수 있음에도 불구하고, 갈등관계에 있던 미국과 소련은 엄청난 국방비지출을 통해서 군비경쟁에 돌입하였다. 이러한 미·소간의 군비경쟁은 두 국가 중에 한 나라가 군비축소 혹은 군비동결을 할 경우, 다른 한 국가가 협력해 줌으로써 함께 군비축소를 한다는 보장이 없다는 상황에서 일어나는 전형적 수인게임이었다.

미국의 경우에서 생각해 보면 미국이 군비증강을 하고 소련이 군비감축을 함으로써 소련에 대한 현저한 군사적 우위를 점하는 상황을 가장 선호하고, 이어서 상호 군비감축, 상호 군비증강, 미국의 군비감축과 소련의 군비증강의 상황을 순차적으로 선호할 것이다. 이러한 상황에서 미국이 군비증강이라는 배신의 전략을 선택하기보다 군비축소라는 협력의 전략을 선택할 경우, 소련이 함께 협력해 준다는 보장이 없으면 미국은 국가안보의 면에서 소련에 대해서 우위를 빼앗기게 되고, 소련의 공세를 효과적으로 저지할 수 없게 된다. 소련의 입장에서 보면 미국이 군비축소를 할 경우, 함께 군비축소의 길로 가는 것보다는 군비증강을 통해서 군사적으로 미국을 따돌리고 세계정세를 자신에게 유리한 방향으로 이끄는 것이 훨씬 이익이 된다. 이러한 상황에서 미·소는 각각 군비증강이 군비축소보다 훨씬 더 유리한 전략이라고 생각하게 되며, 결국은 서로 군비감축을 하는 전략보다 서로 군비증강을 하는 전략을 각각 균형전략으로 택하게 된다. 즉 안보의 확보를 위해 노력하는 상황에서 미국과 소련의 균형전략은 각각 '미국 : 군비증강; 소련 : 군비증강'으로 나타나게 된다. 이는 분명 서로 군비를 감축하는 상황이 가져다 주는 이익이 훨씬 크다는 사실을 고려할 때 딜레마상황임이 분명하다.

Ⅲ. 교착게임

1. 교착게임의 개념

교착게임은 두 명의 행위자가 서로 협력하기보다는 서로 배신하는 상황이 균형전략으로 나타난다는 면에서는 수인게임과 동일하다. 그러나 수인게임에서는 두 명의 행위자가 서로 협력하는 전략의 결과 나타나는 몫이 서로 배신하는 결과에서 나타나는 몫보다 더 컸던 반면, 교착게임에서는 처음부터 서로 협력하는 상황보다는 서로 배신하는 상황에서의 몫이 더 크게 나타난다. 교착게임적 상황을 매트릭스 형태의 게임으로 나타내면 아래의 〈표 2-3〉과 같다.

〈표 2-3〉에서도 알 수 있듯이 상호배신이라는 균형전략은 상호협력하는

〈표 2-3〉 교착게임

		행위자 B	
		협 력	배 신
행위자 A	협 력	상황 1 : R=1, R=1	상황 3 : S=0, T=5
	배 신	상황 2 : T=5, S=0	상황 4 : P=3, P=3

* 위의 그림에 나타난 4가지 전략조합 상황에서 각 행위자에게 돌아가는 몫의 효용수치에서도 알 수 있듯이 교착게임은 $T(=5) > P(=3) > R(=1) > S(=0)$의 효용순서를 보이는 게임이다.

것이 서로에게 더 좋은데, 상호배신할 수밖에 없는 수인게임의 딜레마로 인해 나타나는 것이 아니라 두 명의 행위자 모두가 상호배신해서 나타나는 교착상태를 상호협력하는 상태보다 더 선호해서 나타난다.

2. 교착게임의 예

(1) 국내 강경파가 보는 군비경쟁

수인게임에서 예로 든 군비경쟁을 상호배신(군비증강)보다 상호협력(군비감축)을 좋아하는 상황에서 바라보면, 안보딜레마로 설명되는 수인게임과는 전혀 다른 교착게임으로 설명 가능하다. 미국과 소련의 군비경쟁을 하나의 예로 들어 보자. 미국의 안보정책 결정자와 소련의 안보정책 결정자가 있다고 하자. 이들은 각각 협력(군비축소)과 배신(군비증강)의 두 전략을 선택할 수 있다. 그러나 수인게임에서 나타난 안보딜레마와 달리 미국과 소련의 외교정책 결정과정이 각각 상대방에 대해 강경한 입장을 취하고 있는 최고 정책결정자에 의해서 장악되고 있다고 가정해 보자. 즉 소련과 미국에서 모두 군부 혹은 국방부가 안보정책을 주도한다면, 이들은 군비축소와 같은 온건한 협력전략보다는 군비증강과 같은 강경한 정책을 더 선호하게 될 것이다. 다시 말해서 이들 소련과 미국의 강경파 안보정책 결정자에게는 군비축소의 전략보다는 군비증강의 전략으로부터 얻게 되는 몫이 더욱 커진다. 미국의 입장에서 예를 들어 보면 미국은 자신이 군비증강을 하고 소련이 군비감축을 하는 상황을 가장 좋아하고, 이어서 상호증강, 상호감축, 미국의 감축과 소련의 증강의 상황을 순차적으로 선호하게 될 것이다. 이와 같이 교착게임으로 보면 수인게임과 달리 군비 상호증강을 상호감축보다 더 선호하는 상황이 나타나게 된다. 이 경우 '미국 : 군비증강; 소련 : 군비증강'이 균형전략으로 등장하게 된다.[8)]

(2) 이념정당간의 대립

교착상태를 가져오는 또 다른 예는 이념정당간의 대립을 들 수 있을 것이

8) 이 때 미국이 군비감축을 할 경우 소련이 군비증강을 하면 미국의 안보가 취약해질 것이므로, 이를 인지한 미국이 군비증강의 길로 나아가게 되고 동일한 논리로 소련도 군비증강의 전략을 채택하게 된다는 점은 수인게임으로 설명된 안보딜레마 상황과 동일하다. 다만, 교착게임에서 나타난 미국과 소련은 상호군비감축보다는 군비증강을 선호하므로 수인게임과 차별화되는 것이다.

다.[9] 정당의 정강과 원칙에 충실한 이념적 정당간의 대립이 있을 경우, 정당간 협력은 매우 어려워지고 의회정치는 갈등과 대립을 노출하는 경향이 강하다. 이는 이념정당이 실용적 성격의 정당과는 달리 광범위한 다수 대중유권자들의 지지에 호소하기보다는 정당의 정체성에 집착한 나머지 정당의 이념적 성격에 충실하기 때문이다. 대체로 이러한 정당은 정당의 이념에 충실한 고정 정당원들의 영향력을 좀처럼 배제할 수 없으며, 소속의원들에 대한 정당원들의 압력을 무시할 수 없는 것이 일반적이다. 비록 이념정당이 아닐지라도 특정정당이 시대와 상황에 따라서 때때로 이념적으로 경직화될 경우에도 정당의 이념적 성격이 부각되곤 한다. 미국 부시행정부 하의 공화당이 좋은 예가 될 수 있을 것이다.

예컨대 두 개의 서로 다른 정당이 의회의석의 70-80%를 차지하고 있다고 가정해 보자. 그리고 국정을 좌우하는 이 양대정당이 강한 이념정당의 성격을 띠거나, 혹은 어떤 계기에 의해서 매우 이념적으로 양극화되어 있다고 가정해 보자. 이 경우 정당소속 의원들은 자신이 속한 정당의 이념을 어느 정도 희석하면서 타협을 통해 원활한 국정운영에 합의하기보다는 자신이 속한 정당의 이념에 위배되는 정책사안들에 대해서는 (지극히 소수의 사례를 제외하고) 여하한 경우에도 타협하지 않으려 할지 모른다. 왜냐하면 대조적 이념을 지닌 정당과 타협하는 것은 의원 개인의 신념에도 위배될 뿐만 아니라, 자신이 속한 정당의 이념 및 자신을 지지해 준 지역구 정당원들의 기대를 저버리는 결과가 될 것이기 때문이다. 이 경우 타협은 자신과 자신의 정당에 대한 배신일 뿐 아니라, 재선의 가능성을 매우 낮추는 위험스러운 결과를 초래할 수 있다.

이러한 상황에서 두 개의 이념정당이 생각할 수 있는 전략은 자신의 이념을 고수하며 대립국면을 유지하는 것과 자신의 이념을 포기하면서 상대정당과

9) 정당을 분류하는 방식은 다양하게 존재할 수 있다. 그 가운데 하나로 정당의 이념성을 중심으로 정당을 분류하는 방식이 있다. 이념정당은 정당의 탄생과정이 특정한 주의나 이념을 중심으로 시작된 정당을 지칭하며, 정당원이나 정당소속 의원들의 이념성향이 매우 강하다는 특징을 보이고 있다. 대체로 산업혁명 이후 노동자들의 이익을 대변하면서 등장한 유럽의 좌파계열 계급정당(class party)이나 대중정당(mass party)이 여기에 속한다. 그리고 일반적으로 이념적인 색채가 적은 정당도 국내정치적 지형의 변화 혹은 유권자층의 양극화에 따라서 강한 이념성을 띠는 경우가 있다. 이념정당의 반대개념을 굳이 제시하자면 실용적 성격의 정당이라고 할 수 있으며, 이러한 성격의 정당은 상대적으로 이념성이 약하고 다수의 유권자에서 호소력을 높여 선거에 승리하는 것을 정당의 주요 목적으로 삼는다는 특징을 보이고 있다.

타협(협력)하는 것일 수 있다. 그러한 것을 이미 이야기했듯이 현실적으로 타협이란 여러 가지 불이익을 초래할 수 있기 때문에 적절한 선택이 될 수 없다. 따라서 두 이념정당은 모두 타협하지 않고 서로 대결하는 전략을 취하게 되면, 이러한 교착상태에서 양대정당은 오히려 더 큰 효용을 얻을 수 있는 것이다.

Ⅳ. 치킨게임

1. 치킨게임의 개념

치킨게임은 말 그대로 치킨(닭)을 비유해서 만들어진 게임이다. 흔히 미국에서 치킨의 비유적 의미는 겁쟁이 혹은 대결을 회피하는 사람을 의미한다. "Your are a chicken"이라고 이야기하면, 이는 상대방을 "넌 겁쟁이야"라고 비웃는 말로 통한다. 치킨게임은 두 명의 행위자가 서로 일전을 벌이는 경우, 한 행위자가 겁쟁이가 되어서 대결을 회피하고 상대방에게 굴복하는 상황을 설명할 수 있는 게임이다. 이 경우 두 명의 행위자가 취할 수 있는 전략은 대결(배신)과 굴복(협력)이다. 즉 한 행위자가 상대방과 일전불사를 외치면서 실제로 싸움을 걸어오면서 물러서지 않고 끝까지 자웅을 겨루려 할 때, 상대방이 이러한 의지에 굴복하여 최후의 승부를 회피한다면 전자는 대결을 통해 승리하는 사람이 되고, 후자는 비겁한 겁쟁이가 되는 것이다. 치킨게임적 상황을 매트릭스 형태의 게임으로 나타내면 〈표 2-4〉와 같다.

〈표 2-4〉 치킨게임

		행위자 B	
		협력(굴복)	배신(대결)
행위자 A	협력(굴복)	상황 1 : $R=3$, $R=3$	상황 3 : $S=1$, $T=5$
	배신(대결)	상황 2 : $T=5$, $S=1$	상황 4 : $P=0$, $P=0$

* 위의 그림에 나타난 4가지 전략조합상황에서 각 행위자에게 돌아가는 몫의 효용수치에서도 알 수 있듯이, 치킨게임은 $T(=5)〉R(=3)〉S(=1)〉P(=0)$의 효용순서를 보이는 게임이다.

치킨게임은 위에서 설명한 수인게임이나 교착게임과 달리 상대방이 배신할 경우, 즉 상대방이 대결을 추구하고 타협하지 않으려 할 경우 여기에 정면으로 맞서서 같이 대결(배신)하는 전략보다는 이를 회피하거나 타협책을 모색하는 전략(협력)이 당사자에게 더 유리할 경우에 적용되는 게임이다. 이와 같은 성격을 지니는 치킨게임에서 균형전략은 '행위자 A : 배신; 행위자 B : 협력', '행위자 B : 협력; 행위자 A : 배신'의 두 가지로 나타난다. 즉 '나'는 상대방과의 대결에서 서로 배신하여 상호파국을 맞는 것보다는 상대방이 '나'와의 대결에서 승리하게 하고, '나' 자신은 굴복하여 최악의 결과를 회피하는 것을 더 선호하게 되며, 상대방의 경우에도 같은 논리가 적용된다. 이와 같이 '내'가 고집을 피우고 맞대결을 해서 상호파국을 맞이하는 것보다는 차라리 '내'가 겁쟁이 소리를 듣고 상대방이 승리자가 되게 하는 것이 나을 경우, 이는 수인게임이나 교착게임보다는 치킨게임으로 더 잘 설명된다고 할 수 있다.

2. 치킨게임의 예

(1) 마주보고 달리는 오토바이 폭주족

이와 같은 치킨게임은 우리말로 표현하자면 배짱싸움과도 통한다고 보인다. 이러한 배짱싸움의 예는 여러 가지로 제시해 볼 수 있다. 예컨대 두 명의 10대 오토바이 폭주족 멤버가 있다고 가정해 보자. 이 두 명의 폭주족이 다른 동료들이 지켜 보는 앞에서 서로 마주보면서 정면으로 충돌하는 기싸움을 벌이는 상황을 설정해 보자. 이들 두 명에게 각각 있을 수 있는 전략은 부딪치는 지점까지 달리다가 부딪치기 직전에 방향을 틀어서 대형사고를 회피하는 것(협력)과 정말 끝까지 달려서 상대방과 부딪치는 전략(배신)의 두 가지일 것이다. 이와 같은 상황에서 한 폭주족인 '나'에게 가장 좋은 상황, 즉 가장 큰 몫을 가져다 주는 전략의 조합은 '내'가 충돌을 불사하면서 직진하고 상대방이 피해 가는 것일 것이며, 그 다음으로 좋은 것은 서로 피하는 것이고, 그 다음으로 좋은 것은 '내'가 피하고 상대방이 직진하는 것이며, 가장 싫어하는 것은 서로 마주보고 끝까지 달려서 '내'가 엄청난 부상을 당하는 것일 것이다. 이러한 설명에서 알 수 있듯이 치킨게임이 위에서 설명한 수인게임이나 교착게임과 다른 것은 서로 부딪치는 충돌상황(상호배신)보다 '내'가 차라리 충돌을 피하고 상대방이 승리감을 맛보는 상황이 '내'게 더 낫다는 점이다.

(2) 쿠바 미사일위기

국제정치에 있어서 치킨게임의 예를 하나 들어 보자. 1962년 미국 민주당의 케네디(John F. Kennedy) 행정부 당시 소련은 핵무기를 탑재할 수 있는 미사일을 미국 정보망의 눈을 피해서 중남미의 친소련국가인 쿠바에 반입하였다. 당시 소련 공산당의 후르시쵸프(Khrushchev) 서기장은 국제정치와 외교 분야에 경험이 없었던 젊은 신인대통령 케네디가 집권한 틈을 타서 국제정치의 주도권을 장악하려 하였으며, 그 일환으로 소련선박을 통해서 비밀리에 쿠바에 미사일을 운송하였다. 그러나 미국 정보망은 다양한 채널을 통해서 이를 간파하였으며, 이후 미국과 소련 사이에는 쿠바 미사일위기를 해결하기 위한 피말리는 신경전과 기싸움이 시작되었다.[10)]

당시 미국은 대통령과 기타 외교정책을 담당하는 요인이 참석한 국가안전보장회의를 통해서 이러한 사태에 대한 해법을 마련하던 중 쿠바주변의 해안지역을 봉쇄(quarantine)함으로써 추가적인 소련 미사일 수송선박의 쿠바진입을 방지하고, 이러한 미국의 조치에 대해서 소련이 협조적으로 나올 경우 사태수습을 위한 타협책을 제공하려고 하였다. 이러한 미국의 조치에도 불구하고 당시 소련은 미사일 수송선박을 쿠바로 보냈으며, 이 때부터 양국간의 위기외교(crisis diplomacy)가 시작되었다. 만약 소련의 선박이 미군의 함정이 지키고 있는 해안봉쇄선을 돌파하고 들어 올 경우 사태는 심각한 국면으로 급속도로 변화될 수 있었고, 미·소 양국의 관계는 핵전쟁의 위기를 불사하는 파국의 상황으로까지 발전할 수 있었다. 이러한 상황에서 소련이 취할 수 있는 전략에는 교전의 가능성을 배제하지 않으면서 봉쇄선을 뚫고 항해를 계속하는 것(배신)과, 아니면 회항하여 소련으로 귀국하는 것(협조)의 두 가지가 있었다. 만약 소련이 회항한다면 이는 미국의 압력에 굴복하는 것으로 비춰질 것이 자명했다. 따라서 소련은 선박을 쿠바로 진입시키고 미국이 굴복해 주는 상황을 가장 선호했고, 그 다음으로는 자신도 회항하고 미군도 해안봉쇄를 동시에 해제하는 상황을 좋아했으며, 그 다음으로는 차라리 자신들이 국제적인 망신을

10) 쿠바 미사일위기에 관한 전반적 개관을 제공하면서 합리적 선택이론을 포함한 다양한 이론을 통해 미국의 대응전략을 설명한 책으로는 Allison(1999)을 참조하기 바란다.

각오하고 회항해서 미국이 봉쇄선을 사수하는 상황을, 그리고 마지막으로 서로 일전불사를 각오하고 대결함으로써 핵전쟁의 위기를 감수하고 전쟁의 상황으로 치닫는 것을 선호했다. 다시 말해서 쿠바 미사일위기 당시의 소련의 입장은 상호충돌을 통해서 파국으로 치닫는 것보다는 미국의 봉쇄선을 무시하지 않고 자신들이 회항함으로써 국제적인 위신의 실추를 선호하였던 치킨게임적인 상황이었다. 이러한 쿠바 미사일위기에서 균형전략은 '미국 : 봉쇄선 무력사수; 소련 : 회항'과 '미국 : 봉쇄선 포기; 소련 : 쿠바로 진행'의 두 가지로 나타날 수 있다. 1962년의 역사적 사례에서 실제로 나타난 균형전략은 전자였다.

V. 게임이론과 협력 및 협상의 전개 : 미래의 그림자와 양면게임

1. 미래의 그림자

(1) 무한반복되는 수인게임

두 명의 혐의자가 공범임을 고백하는 경우와 침묵하는 경우를 두 개의 전략으로 한 수인게임에 대해서는 위에서 간단히 설명하였다. 상호침묵하는 것이 서로에게 유리한 전략임에도 상호고백할 수밖에 없는 상황이 균형전략이 되는 수인게임은 분명히 하나의 딜레마라고 할 수 있다. 그러나 과연 게임에 임하는 두 명의 행위자가 이러한 상황에서 상호배신만을 한다고 보는 것이 타당한가? 만약에 두 명의 행위자가 수인게임의 상황에서 무한정 상호작용을 한다고 가정한다면, 그 경우에도 상호배신이 균형전략이 될 수 있을 것인가?

지금까지 수인게임에서 상호배신의 균형전략은 1회 종식게임(one-shot game)을 설정하고 균형전략을 찾는 것이었다. 즉 두 행위자가 단 한번 상호작용을 하고, 더 이상 만나지 않는다는 가정 하에서 균형전략을 찾으려 하였다. 그러나 수인게임의 상황에서도 두 명의 행위자가 한번의 만남으로 상호작용을 그치는 것이 아니라, 언제 그들의 만남이 종식될지 모르는 상황에서 게임을 전개할 경우에도 상호배신이 균형전략으로 나타날 것인지는 의문의 여지가 있다. 두 명의 행위자가 무한반복되는 게임(infinitely reiterated game)에서 상호

작용을 할 경우에 서로 만날 때마다 상호배신을 하면서 상호협력할 경우의 이익을 버린다는 것은 비현실적이다.[11] 왜냐하면 아무리 수인게임의 상황이라고 할지라도 그들의 상호작용이 반복적으로 지속된다면, 이들은 새로운 전략적 선택을 고려해 볼 수 있을 것이다. 즉 현재 행위에 대한 '미래의 그림자' (shadow of the future)가 더 짙게 드리우면 드리울수록 행위자간 배신행위의 효율성은 줄어든다. 현재 배신하고 상호갈등하는 관계가 지속되는 대신 반복되는 협력을 통해서 향후 얻을 수 있는 미래의 이익이 크다면, 현재의 일회적 이익을 위해서 배신을 선택한다는 것은 불합리하다.

무한반복되는 수인게임에서 문제가 되는 것은 과연 우리가 얼마나 자주 만나게 될 것이며, 이러한 반복적인 만남에서 상호협조함으로써 얻게 되는 이익이 얼마나 클 것인가 하는 점이다. 미래에도 자주 만나서 상호배신하는 대신 상호협조함으로써 얻게 되는 이익이 지금 당장 1회 종식의 수인게임처럼 상호배신하고 그 후에도 내내 배신하는 것보다 크다면, 우리는 아무리 수인게임적인 상황 속에 있다고 할지라도 처음부터 서로 협력하는 것이 행위자 모두에게 좋을 것이다.

(2) 수인게임 하에서 미래의 그림자를 통한 협력의 예

1회 종식 수인게임과 무한반복 수인게임의 예를 들어서 무한반복될 경우에는 행위자들이 상호협력할 가능성이 높아질 수 있다는 예를 들어 보자.

㈎ 협력부재의 1회 종식 수인게임—뜨내기 손님과 민박집 주인

먼저 1회 종식 수인게임의 예를 들어 보자. 여름 바캉스철을 맞이하여 철수가 동해안으로 여행을 떠났다고 생각해 보자. 철수는 민박집을 하나 골라서 투숙하기로 하였다. 민박집 주인은 철수가 바캉스 한철 손님인 것을 알고 바가지 요금을 씌우려 하고, 철수도 이 민박집에 다시 찾아올 경우가 없으리라는 것을 알고 민박집 시설물을 깨끗하게 이용하기보다는 마구 사용할 수 있다. 민박집 주인과 여행객인 철수 사이에는 다시 만난다는 기약이 없으므로 서로 상대방에 대해서 정직한 가격을 요구하고, 또 깨끗하게 물건을 사용해야 할 절박한 이유가 없다. 따라서 민박집 주인은 바가지 요금을 요구할 수 있고, 철수

11) 무한반복게임에 대한 일반적인 개관을 위해서는 Morrow(1994), Chapter 9, "Repeated Game"을 참조하기 바란다.

는 민박집 가구나 물건을 아무렇게나 사용할 수 있게 된다. 이 경우 이러한 1회 종식 수인게임에서 철수와 민박집 주인 간의 상호 균형전략은 서로 배신하는 것이라 할 수 있다.

(나) 무한반복의 수인게임—적과의 동침

이제 반복되는 수인게임이 협력을 유도하는 상황을 하나 생각해 보자. 어느 아파트에 서로 앙숙인 아이 엄마 두 명이 있다고 하자. 이 두 엄마는 아파트 안에서 서로 상대방에 대해서 좋지 않은 말들을 퍼뜨리면서 상대방을 헐뜯고 다니기 일쑤였다. 서로 좋은 말을 해 주면 이 두 사람에 대한 아파트 주민들의 평판이 좋았겠지만, 한 사람이 상대방을 칭찬할 경우 다른 사람이 함께 칭찬해 주지 않고 비난만 하면 칭찬한 사람만 손해를 보는 상황이 전개되는 것을 아는 두 엄마는 서로 상대방에 대해 험담만 늘어놓았다. 이것은 일종의 아파트 내의 '부정적 선거전략'(negative campaign) 상황이었다. 이러던 중 두 엄마의 아이들이 모두 같은 해에 같은 유치원에 다니게 되었고, 마침 한 반으로 편성되었다고 하자. 이제 서로 욕하던 두 엄마는 유치원 아이들의 학부형으로서 자주 만날 수밖에 없는 상황에 처하게 되었다. 유치원 통학버스로 아이를 보내고 다시 버스에서 아이를 맞이할 때나 유치원의 다양한 행사에서 두 사람은 어쩔 수 없이 자주 만나고 상의할 수밖에 없는 상황에 처하게 되었다. 이 경우 이 두 엄마의 속마음까지 완전히 변할 수는 없겠지만, 현실적 계산에 의해서 이 두 사람은 더 이상 상대방을 비난하고 다니는 것이 장기적으로 좋을 것이 없다고 판단할 수 있다. 어쩔 수 없이 서로 자주 만나게 되는 '적과의 동침' 상황이 장기간 반복된다고 할 때, 아파트 내에서 서로 험담만 하는 '부정적 선거전략'은 두 사람의 신경만 너무 피곤하게 할 뿐이었다. 이런 관계가 설정되면서 두 엄마는 적어도 표면적으로는 비난을 중지하고, 서로 협력하는 사이로 발전될 수 있을 것이다.

(다) '미래의 그림자'와 협력

위의 두 가지 예에서 1회 종식의 경우와 빈번히 만나는 경우, 두 행위자가 취할 수 있는 전략이 달라짐을 알 수 있다. 1회 종식 수인게임의 경우는 서로 자신의 단기적인 이익만을 챙기는 상호배신의 전략이 균형전략이 될 수 있다. 그러나 두 행위자가 빈번히 만나게 될 경우에는 비록 수인게임의 경우에도 미래의 그림자로 인해 장기적으로 상호협력하는 것이 균형전략이 될 수 있는 것이다. 이와 같이 무한반복되는 수인게임의 상황에서 언제 종식될지 알 수 없는 상호작용 과정에서 서로 협력함으로써 얻어지는 이익이 상호배신으로 인해 얻게 되는 이익보다 클 경우에는 처음부터 상호협력하는 것이 균형전략이 될 수 있다. 즉 무한반복되는 수인게임에서도 미래의 상호작용의 가능성으로 인해 처음부터 협력이 가능하게 된다. 우리는 이 경우 미래의 빈번한 상호작용의 가능성이 현재의 협력을 유도하게 되는 효과를 '미래의 그림자'(shadow of the future)에 의한 효과라고 말한다.[12] 즉 미래의 그림자가 현재의 상호작용에 미치는 영향이 크면 클수록 두 명의 행위자가 처음부터 협력할 가능성은 커지게 된다. 그러나 그 반대의 경우 협력의 가능성은 현저히 줄어든다. 예컨대 미래에도 자주 만나게 되고 또 자주 만남으로 인해서 서로 얻게 되는 이익이 클 경우, 두 행위자는 처음부터 배신보다는 협력이라는 전략을 채택할 가능성이 커진다. 그러나 두 행위자가 지금의 상호작용 이후 만날 가능성이 거의 없거나 혹은 만나도 협력함으로써 상호 얻게 되는 이익이 매우 적은 경우, 두 행위자는 처음부터 상호배신의 전략을 채택하게 된다. 이처럼 수인게임이 반복되고 이로 인한 미래의 그림자의 효과가 현재에 미치는 영향이 클 경우, 두 행위자의 협력가능성은 증가하게 되는 것이다.

Ⅵ. 양면게임

1. 양면게임의 개념

양면게임(兩面 게임 : two-level game)은 둘 이상의 행위자가 서로 상대방에 대해 적절한 대책을 모색할 경우, 이 둘 중 하나 이상의 행위자가 다른 한편으로 또 다른 행위자와 새로운 게임을 벌이고 있는 상황의 게임을 지칭한다. 다

12) 무한반복되는 수인게임에서 미래의 상호작용이 현재에 미치는 효과를 지칭하기 위해서 사용된 '미래의 그림자'라는 개념은 원래 Axelrod(1984)에서 상세히 소개되었다. 그는 이 책에서 무한반복되는 수인게임일지라도 미래의 그림자가 충분히 크면 상호협력이 균형전략이 될 수 있다고 주장하였다. 한편 그는 컴퓨터 시뮬레이션을 통해서 수인게임을 반복할 경우, 상대방의 협력을 불러오는 가장 효과적인 전략은 '눈에는 눈'(tit for tat) 전략이라고 주장하였다. '눈에는 눈' 전략은 협력에는 협력으로, 배신에는 배신으로 대응하는 전략을 의미한다.

시 말해서 적어도 한 행위자가 동시에 서로 다른 두 명의 행위자와 서로 다른 게임을 벌이고 있는 상황을 양면게임이라고 부른다.[13] 이러한 양면게임은 특히 협상론과 관련하여 적절히 원용되고 있는데, 이는 서로 다른 상황에서 만나는 두 명의 행위자와 상대해야 하는 어떤 행위자가 이러한 이중적 게임상황으로 인해 오히려 협상에서 유리한 위치를 차지할 수도 있는 경우를 설명해 주기 때문이다. 따라서 양면게임은 궁극적인 협력을 가져올 수 있도록 협상의 조건을 넓히려는 정치지도자나 기업경영자의 행위와 관련하여 적절히 이용되었다. 예를 들어 양면게임을 설명해 보기로 하자.

2. 양면게임의 예

먼저 A · B라는 두 개의 국가를 상정해 보자. A국가는 단 한 사람의 정치지도자의 의사에 따라 모든 것이 결정되는 독재국가라고 가정하고, B국가는 이와는 반대로 주기적인 선거 등을 치르고 시민의 참정권이 보장된 민주국가라고 가정해 보자. 그리고 A와 B 두 국가는 관세인하 등의 문제를 놓고 협상중이라고 상정해 보자.

A국가의 경우, B국가와의 협상에 임하는 태도와 전략은 전적으로 A국가의 독재적 정책결정자나 그를 추종하는 소수에 의해서 결정된다. B국가와의 무역거래에서 관세를 인하할 것인가, 혹은 그렇게 하지 않을 것인가의 문제는 전적으로 이들 독재적 정책결정자들의 독단적인 의사에 의해서 결정된다. 따라서 A국가의 경우 국민들의 의사는 정책결정과정에서 무시되는 것이 일반적이다.

한편 민주국가인 B국가의 경우는 A국가와는 전혀 상황이 다르다. 선거를 통해서 국민의 대표를 선출하고, 이들을 통해서 국민의 의사가 반영되는 자유민주주의 정치제도를 갖춘 A국가의 경우, 국가원수나 행정부의 수반이 외국과의 무역에 있어서 관세인하 등의 문제를 독단적으로 결정한다는 것은 있을 수 없는 일이다. 따라서 B국가의 경우 A국가와 협상 혹은 조약을 통해서 해결해야 할 사항들은 반드시 국민의 대표가 모여 있는 국회의 동의를 얻어야만

13) 양면게임(two-level game)이라는 개념은 로버트 퍼트남(Robert Putnam) 교수에 의해서 처음으로 학계에 소개되었다. 보다 상세한 설명을 보려면 Putnam(1988)을 참조하기 바란다.

한다. 국회의 동의 없이 국가원수나 행정부의 수반이 타국과 체결한 관세인하 협정은 효력을 발휘할 수 없다. 이러한 경우 우리는 B국가가 양면게임의 상황에 놓여 있다고 말한다. 다시 말해서 B국가 최고 정책결정자의 경우 A국가와의 관세인하협상에서 대면해야 할 상대자는 독재국가인 A국가뿐만 아니라, 자국내에서 국민의 이익을 대표하는 의회 등을 포함하게 되는 것이다. 이 경우 B국가의 외교정책 결정자들은 한편으로는 A라는 독재국가와, 다른 한편으로는 B국가의 의회 및 이익집단을 상대로 양면게임을 벌이게 되는 것이다.

위에서 예시한 양면게임은 한 행위자만이 두 명의 행위자와 양면게임을 벌이는 상황을 가정한 것이다. 그러나 실제로 양면게임은 서로 게임을 하는 두 명의 행위자가 각각 또 다른 행위자와 새로운 게임을 벌이는 상황으로 전개될 수도 있다. 위의 예를 약간 변형하여 설명해 보자. 관세인하를 둘러싼 상황에서 A국가와 B국가가 모두 민주국가이기 때문에 양국간 협상의 결과가 국내의회의 동의를 통해서 최종적으로 확정해야 한다면, A국가와 B국가의 외교정책결정자들은 각각 양국내의 의회와 관세인하 협상의 결과를 놓고 또 다른 게임을 벌여야 하는 양면게임적인 상황에 놓이게 되는 것이다.

3. 양면게임의 시사점

그렇다면 이러한 양면게임은 협력이나 협상과 관련하여 어떠한 시사점을 가지고 있는가?

첫째, 양면게임은 윈셋(win set)이라는 개념을 통해서 두 행위자 간의 협력의 가능성이 커질 수도 있으며, 작아질 수도 있음을 시사하고 있다.[14] 예컨대 A와 B라는 두 개의 민주국가가 관세인하와 관련된 협상을 진행중일 경우, 두 국가의 의회가 협상에 대해서 서로 다른 조건을 첨부할 수 있을 경우가 있다. 이 때 ① 두 국가의 의회가 모두 까다로운 조건을 달 수도 있을 것이고, ② 한 국가의 의회가 다른 국가의 의회보다 좀더 까다로운 조건을 달 수도 있을 것이며, 아니면 ③ 두 국가의 의회가 모두 양국의 외교정책결정자의 결정사항을 그대로 받아들일 수도 있을 것이다. 이러한 세 가지 경우 가운데 ③의 경우

14) 윈셋은 어떤 정책결정자에게 현상유지 상황보다 더 낳은 상황으로, 이러한 새로운 상황으로 변화될 경우 더 큰 이익이 발생하는 상황들의 집합을 의미한다.

양국 외교정책결정자의 윈셋은 큰 반면, ①의 경우는 상대적으로 작다. 이는 ③의 경우 양국의 의회가 현재의 관세수준보다 낮은 수준이기만 하면 양국지도자의 결정을 받아들이므로 양국에게 모두 협상을 통해 현재의 관세수준보다 낮은 다양한 관세율을 적용시킬 수 있기 때문이다. 반면에 ①의 경우는 양국 의회가 특정한 관세수준 이하 혹은 이상으로는 협상결과를 받아들일 수 없다고 못박음으로써 양국 외교 정책결정자들로 하여금 현재의 관세율보다 나은 관세율을 선택할 폭을 줄여 놓았기 때문이다. 한편 ②의 경우 까다로운 조건을 제시하지 않은 국가의 윈셋이 상대적으로 그렇지 않은 국가의 윈셋보다 크다.

둘째, 양면게임이 보여 주는 또 다른 시사점은 양면게임적 상황에 놓여 있는 어떤 행위자의 윈셋이 상대방 행위자의 윈셋보다 좁을 경우, 전자에 유리한 방향으로 협상의 결과가 나타날 가능성이 있다는 점이다. 예컨대 독재국가인 A국가와 민주국가인 B국가가 관세인하 문제를 두고 서로 협상을 벌이고 있다고 상정해 보자. 이러한 경우 A국가에 대해서 B국가의 정책결정자는 국내의 또 하나의 게임 행위자인 의회의 반대를 핑계로 자국에 유리한 방향으로 협상을 이끌어 갈 수 있는 경우가 발생한다. 예컨대 국내보호주의 여론을 반영하는 B국가의 의회가 국내시장의 보호를 명분으로 자국의 관세인하에 대해서 유보적인 태도를 취할 경우, B국가의 지도자는 독재국가인 A국가에 대해서 자국의 의회가 관세인하에 동의할 수 있게끔 A국가가 관세인하에 있어서 좀더 양보해 줄 것을 요구할 수도 있다. 독재국가인 A국가의 경우 B국가와의 거래에서 관세인하를 통해서 얻는 이익이 존재한다면, 독재적인 최고 정책결정자의 단독적인 의사에 따라서 B국가의 형편을 인식하고, B국가의 의회를 설득하려는 정책결정자들을 지원하기 위해서 상당한 양보안을 제시할 수도 있는 것이다. 즉 양면게임은 윈셋이 작은 B국가가 윈셋이 큰 A국가에 대해서 유리한 협상의 고지를 점령할 수도 있음을 시사해 주고 있는 것이다.

Ⅶ. 국제정치에 있어서 협력과 협상의 사례

1. 무한반복의 경우에 나타나는 협력 1 : 자유무역질서의 등장과 유지

제2차 세계대전 이후 자유진영의 지도국가로 등장한 미국은 소련 등 사회주의세력의 팽창을 저지하기 위해서 다양한 형태의 노력을 취하였다. 군사적인 측면에서 미국은 서유럽국가들과 북대서양조약기구(North Atlantic Treaty Organization : NATO)를 통해서 다자간 안보를 위한 군사동맹을 체결하였으며, 아시아지역에서는 미·일 안보조약, 한·미 상호방위조약 등을 통해서 일본 및 한국과 군사동맹을 맺게 되었다. 소련에 대한 봉쇄조치의 하나로 취해진 이러한 군사동맹조약은 만약 이들 국가가 적대국가로부터 침략을 당할 경우, 조약당사국들의 원조의 의무를 발동시켜 효과적으로 대처할 수 있게 해주었다.

동시에 미국은 자유주의진영의 경제적 교류와 상호무역을 증대시키기 위해서 "관세 및 무역에 관한 일반협정"(General Agreement on Tariffs and Trade : 이하 'GATT'로 칭함)을 통해서 자유무역의 증진에 노력하였다. GATT는 미국 중심의 자유주의 경제질서확립을 위하여 비관세장벽을 철폐하고, 관세의 인하에 주력함으로써 자유주의국가간의 교역확대를 도모하기 위한 제도적 장치였다.

GATT와 같은 다자간 자유무역촉진 기구는 국가간에 보호무역을 위한 관세철폐를 위한 국제기구로서 작동하였는데, 개별국가가 상대국과 무역을 하는 경우 발생할 수 있는 보호주의적인 성향, 즉 고율의 관세를 수립하는 것을 막는 데 일조하였다. 이 때 GATT 등의 기구는 수 개 국가 간의 무역상의 상호작용에 있어서 장기적인 거래를 확보하고, 투명성을 제고함으로써 보호무역조치의 수립을 방지하고, 관세인하라는 무역상의 협조를 도모하는 기능을 수행하였다. 그 메커니즘을 수인게임을 이용하여 설명하면 다음과 같다.

흔히 국제정치에서 GATT 등의 국제기구는 국가간 상호작용의 제도화(institutionalization)의 사례로 통용된다. 국가간 상호작용에서 조약이나 조약의 부산물로 생긴 국제기구 등은 국가간 협정 혹은 국제적 규범의 제도화를 구현하는 것으로서, 일정한 조직과 기구를 구성하여 다양한 기능적 분야에서 국가간 상호작용에 상당한 영향을 미치게 된다. 무한반복적인 상황에서는 수인게임에서도 상호협력이 균형전략이 될 수 있다는 논리의 연장선상에서 GATT와 같은 국제제도의 기능은 '미래의 그림자'의 효과를 증진시켜 준다는 점에 있다.

GATT와 같은 국제기구는 제도적인 틀을 통해서 자유무역이라는 국제규범을 강제하고, 이에 따라서 국가들의 무역관행을 감시함으로써 비관세장벽 등을 철폐하는 데 기여해 왔는데, 이와 같은 제도화된 기구 혹은 규범은 상호작용하는 국가들간의 미래의 거래안정성과 투명성을 보장해 준다. GATT에 가입한 국가의 경우 양자간 혹은 다자간 상호작용을 통해서 국가간에 무역이 발생하는 경우, 이러한 관계가 상당히 오랜 기간 지속될 것을 보장해 준다. GATT에 가입한 이상 어떤 국가가 이 기구에서 이탈한다는 사실은 이탈에 따른 불이익을 감수해야 함을 의미하게 된다. 따라서 두 국가가 GATT에 가입한 상태에서 서로 무역관계에 들어갈 경우, 이는 상당히 장기간 지속될 수 있음을 의미하게 된다. 이 경우 제도적인 보호 하에서 두 국가는 상호 관세인하라는 상호협력의 전략을 채택하여 양국의 국부증진과 무역확대에 처음부터 기여할 수 있게 된다. 이와 같이 GATT와 같은 국제제도는 양국간 혹은 다자간 관계에 있어서 미래의 그림자의 효과를 보장해 줌으로써 국가간 상호협력의 가능성을 높이는 데 기여한다.

2. 상호 무한반복의 경우에 나타나는 협력 2 : 전략무기감축협상

제2차 세계대전 종전 이후 미국과 소련은 각각 자유주의진영과 사회주의진영을 대표하는 양대 초강대국으로 등장하였다. 미국은 NATO를 중심으로 유럽의 동맹국가들과 반공전선을 구축하고, 남미 · 아시아 등 제국(諸國)과 개별적 혹은 집단적으로 상호방위조약을 체결함으로써 사회주의진영의 팽창을 막으려 하였다. 동시에 소련은 바르샤바조약기구(Warsaw Treaty Organization) 등을 통해서 동구를 중심으로 한 사회주의국가간의 내부결속을 공고히 하면서 미국에 대항하는 동맹체제를 구축하였다. 이러한 군사동맹체제를 중심으로 미국과 소련을 양대 초강대국으로 하는 양극체제(bipolar system)

가 구축되면서 미국과 소련 간에는 열전이 아닌 냉전(cold war)이 전개되었다.[15)]

이러한 냉전체제는 다양한 수준에서 미국과 소련 사이에 갈등을 야기하였다. 1960년대에 이르러 발생했던 국제적 위기와 분쟁은 미·소간의 무력충돌 가능성을 내비치면서 양대 초강대국간의 갈등이 가져올 수 있는 파국을 경고하였다. 1961년의 쿠바 미사일위기, 1968년 소련의 체코침공, 아랍-이스라엘 간 중동전쟁, 그리고 베트남전쟁 등은 모두 직접 · 간접으로 미국과 소련 간의 원거리에서 관여한 분쟁이거나 미국과 소련 간의 갈등의 연장선상에서만 설명될 수 있는 것이었다. 그리고 이러한 냉전상황 속에서 미·소간의 지속적인 대립과 대리전을 통한 분쟁양상은 미국과 소련 간에 재래식 무기(conventional weapons)와 핵무기(nuclear weapons) 수준에서 지속적인 군비경쟁을 부추기는 근본적인 원인이 되었다. 그리고 이러한 군비경쟁은 양국에게 모두 막대한 군사비지출을 요구하여 궁극적으로 군비축소를 요구하기에 이르렀다.

핵무기의 군비경쟁은 위에서 설명한 수인게임과 유사하다. 재래식 병기와 달리 상호확정파괴(Mutually Assured Destruction : MAD)에 근거한 핵무기경쟁은 국내경제에 대한 재정적인 압박을 가중시켰을 뿐만 아니라, 그 자체로서 국제여론의 비난의 대상이었기 때문에 감축이 시급하였다.[16)] 그러나 상대방의 대응감축이 없는 특정국가의 일방적인 핵무기감축은 그 국가의 방어능력만 약화시킬 뿐 상대방에 대해 전략적인 우위를 양보하는 결과를 초래하게 된다. 따라서 국가들은 군비감축의 필요성을 알면서도 수인게임적 딜레마 상황에 빠져서 감축할 수 없는 결과에 직면할 수밖에 없었다. 국제정치는 국내정치와 달리 상위의 통치권자가 없어서 일정한 규범을 강제할 수 없는 무정부

15) 양극체제는 제2차 세계대전 종전 이후 미국과 소련을 각각 맹주로 하는 자유주의진영과 사회주의진영 간의 냉전적 정치 · 군사 대결체제를 의미한다. 강대국중심의 국제정치질서를 주요강대국의 숫자에 따라서 나누는 것은 국제정치학의 오래된 관행이다. 1815년 나폴레옹전쟁 종식 이후 제1차 세계대전이 발발될 때까지 유럽은 영국이 패권적 지위를 구가한 상태에서 다극체제적 성격을 보였고, 탈냉전 이후 현재 세계질서는 미국중심의 단극적 패권질서를 보이고 있다.

16) '상호확정파괴'라는 개념은 핵무기시대의 군사적 개념으로 상호핵전쟁으로 인해 두 개 이상의 적대국가가 서로 완전히 괴멸되는 상황을 지칭한다. 상호간 제1차 핵공격으로 인해 확정파괴가 불가능할 경우가 많기 때문에 냉전 당시 미국과 소련은 더 많은 수의 핵무기를 보유하려 하였다. 미국과 소련은 동시에 상대방의 핵공격으로부터 자신을 방어하기 위해서 고성능대탄도미사일 개발 등 다양한 군사적 방어체계를 모색했다.

(anarchy)의 세계이기 때문에, 이러한 세계의 논리는 바로 홉스가 말한 바 자연상태와 유사한 성격을 지니고 있다. 따라서 국가간의 관계에 있어서 안보딜레마의 상황이 오히려 일반적이며, 이러한 상황에 대한 적절한 대처는 자신의 안보를 굳건히 하는 것으로 나타나 군비경쟁은 지속될 가능성이 크다.

이러한 안보딜레마라는 수인게임적 상황에도 불구하고 이미 위에서 지적했듯이 미래의 그림자가 클 경우, 즉 미·소간의 지속적인 상호작용이 지속될 것이 확실하고 현재의 배신(즉 군비증강)보다 지속적인 협력(즉 군비감축)이 가져다 주는 이익이 더 클 경우, 양대 초강대국으로 하여금 군비축소를 추구할 인센티브를 제공하게 된다. 그리고 이러한 협력의 사례는 1960년대 말 이후 전략무기제한협정(Strategic Arms Limitation Treaty : SALT I)과 전략무기감축협정(Strategic Arms Reduction Talks : START I) 등을 통해서 현실화되었다.

먼저 전략무기제한협정은 1960년대 말 이후 나타난 미국과 소련 간의 데탕트현상에 편승하여 양대 강대국이 대륙간 탄도탄(Intercontinental Ballistic Missile : ICBM)과 같은 전략 핵무기를 감축하는 것을 골자로 하고 있다. 1972년에 당시 미국대통령이었던 닉슨(Richard Nixon)과 소련 공산당 서기장이었던 브레즈네프(Leonid Brezhnev) 사이에 체결된 전략무기제한협정(SALT I)은 대탄도요격미사일(Anti-Ballistic Missile : ABM) 방어체제에 대한 지출을 제한하고, 대륙간 탄도탄과 잠수함 발진 탄도탄의 수를 제한하는 잠정협정으로 구성되어 있었다. 이를 통해 미국과 소련은 양국의 전체미사일 생산숫자를 줄이고, 대탄도 요격미사일 방어체제에 대한 지출을 줄임으로써 군비감축을 통한 양국간 협력체계를 구축하면서 동시에 국내적으로 재정압박을 줄일 수 있었다.

한편 전략무기감축협정은 1972년 닉슨과 브레즈네프 간에 체결된 「SALT I」의 잠정협정을 연장시키는 것을 목적으로 추진된 「SALT II」가 비준에 실패하면서, 1982년 제네바에서 개시된 미·소간 전략핵무기감축에 관한 일련의 협상의 결과로 나타난 협정이다. 그러나 이 협정은 원래 탄도미사일과 대륙간 탄도탄 등의 핵탄두 수를 대폭 줄이는 것을 목표로 하였으나 미국 레이건(Ronald Reagan) 대통령의 전략방위구상(Strategic Defense Initiative :

SDI)과 소련의 아프가니스탄침공 등을 계기로 성사되지 못하고 있었다. 그 후 소련에서 고르바쵸프(Mikhail Gorbachev)가 등장하면서 1991년 부시(George Bush) 대통령과 고르바쵸프 대통령 사이에 "전략공격무기 감축 및 제한에 관한 협정"(Treaty on the Reduction and Limitation of Strategic Offensive Arms : 일명 START I)이 체결되어 전략핵무기의 대폭적인 감축이 이루어졌다. 이 협정을 통해서 양국은 향후 7년간 핵전력을 1,600개의 핵운반장치, 6,000개의 탄두로 줄이기로 약속하였다. 위에서 예시한 핵전략무기 감축을 둘러싼 미국과 소련의 협력은 비록 핵군비경쟁이 수인게임적 성격을 지니고 있다고 해도 양국간의 상호작용이 지속적으로 반복될 가능성이 클 경우, 배신보다는 협력을 통한 상호이익증진이 가능함으로써 보여 주는 적절한 사례로 판단된다.

3. 양면게임적 상황에서 협력의 난관봉착 : 2005년 한·일 외교분쟁

2005년은 한국과 일본이 한·일 국교정상화 40주년을 맞이하는 뜻깊은 한 해였지만, 또한 양국이 독도 영유권분쟁과 일본 역사교과서 채택문제를 둘러싸고 끊임없이 갈등하고 대립하였던 한 해이기도 했다. 이러한 한·일간의 분쟁을 통해서 양국은 한·일 동반자관계의 확립에는 아직도 지난한 장애물이 존재하고 있음을 확인했으며, 일본의 한국침략과 한국의 독도영유권에 대한 고질적인 시비가 양국관계의 전향적 발전을 가로막고 있음을 거듭 확인할 수 있었다.

한국영토인 독도에 대한 일본의 영유권시비와 역사교과서 왜곡문제는 한·일 양국의 최고정책결정자인 노무현 대통령과 고이즈미 수상을 행위자로 하는 양면게임적인 성격을 띠고 있으며, 이러한 양면게임적인 성격으로 인해 문제의 해결이 어려워진 듯하다. 즉 노무현 대통령과 고이즈미 수상은 자신의 정당·의회와 사회적 여론에 의해서 외교정책의 운영에 있어서 선택의 폭이 크게 제한될 수밖에 없었다. 그 결과 두 사람 모두 윈셋이 협소해져서 갈등관계를 풀어 나가는 데 어려움을 겪었고, 이러한 어려움으로 인해 양국관계는 아직도 명확한 해결의 실마리를 찾지 못한 채 상당히 불편한 관계를 유지하고 있다.

2004년 4·15총선 이후 국회다수당으로 등장한 열린우리당과 열린우리당

소속 노무현 대통령은 취임 후 지속적으로 주변 강대국과의 대등한 외교관계 수립 및 친일 과거사의 정리 등을 역설해 왔다.[17] 특히 노무현 대통령은 취임 초기부터 미국과의 전통적인 동맹관계를 부정하는 듯한 발언을 함으로써 양국 관계에 긴장을 불러 왔고, 진보적 개혁정당을 표방하고 나선 열린우리당은 노무현 대통령의 '자주적' 국내외정책을 적극적으로 지지해 왔다. 전통적으로 일본에 대한 국민정서가 우호적이지 않은 현실상황에 더하여 자주외교를 표방한 노무현 대통령의 외교노선과 이를 적극적으로 지지하는 열린우리당 및 386세대 의원들로 인해 한·일 관계는 긴장상태가 조성되었다.

한편 일본의 고이즈미 수상은 전통적인 자민당 파벌정치를 부정하고 개혁정치를 캐치 프레이즈로 내세움으로써 국민들로부터 상당한 지지를 확보하고 있었다.[18] 아시아를 중요시하는 전통적인 일본의 외교정책 노선을 수정하여 미국중시일변도의 외교정책을 추진하면서 동시에 국내의 보수세력의 지지를 지속적으로 확보하고자 고이즈미 수상은 한국과 중국의 맹렬한 비난에도 불구하고 제2차 세계대전의 1급 전범이 합사(合祀)되어 있는 야스쿠니 신사를 수상자격으로 참배하였다. 이러한 그의 행동은 한국과 중국으로부터 지속적인 비난의 대상이 되었으나, 점차 보수화되어 가고 있는 일본정치와 사회현실로 비추어 볼 때 고이즈미의 야스쿠니신사 참배는 정치적으로는 손실이 없는 행동이었다.

이러한 양국간 분위기 속에서 터져 나온 한·일간 독도 영유권문제와 일본 역사교과서 왜곡문제는 양국 수뇌부만의 합의만으로 쉽게 해결될 수가 없는 문제였다. 설령 노무현 대통령과 고이즈미 수상이 일정한 갈등의 시간이 지난 후에 이러한 문제의 해결을 위해서 어떤 합의점을 마련하려고 한다 해도 이러한 노력은 반일감정에 휩싸인 한국여론 및 국회와 점차 보수화되어 가고 있는 일본여론 및 자민당에 의해서 쉽사리 용납될 수 없는 것이었다. 다시 말해서 서로 상대방 국가의 외교정책 결정자를 상대로 게임을 해야 하는 노무현

17) 열린우리당은 2002년 대통령선거에서 새천년민주당의 노무현후보가 당선된 이후 민주당내의 개혁세력이 당을 이탈하여 창설한 새로운 정당이었으며, 2004년 대통령 탄핵 와중에서 치러진 4·15총선을 통해서 원내 다수당으로 부상하였다.

18) 일본의 장기 지배정당인 자유민주당(자민당)은 전통적으로 수개의 파벌에 의해서 운영되어 왔으며, 파벌보스간의 타협과 거래에 의한 파벌정치로 유명하다. 고이즈미 수상은 이러한 파벌정치의 혁파를 캐치 프레이즈로 내걸고 수상에 당선되었다.

대통령과 고이즈미 수상은 국내의 의회 · 정당 지지세력 및 여론의 향배를 동시에 생각하면서 사건해결의 실마리를 풀어 나가야만 했다. 이러한 상황에서 양국정상은 쉽사리 타협책을 제시하기가 어려웠다. 이러한 국내적 상황은 양국정상이 택할 수 있는 윈셋을 현저히 감소시켰으며, 그 결과 한·일간 갈등은 장기화되어 여전히 양국관계는 불편한 상태로 남아 있다.

모의협력 · 협상과제

[모의협상과제 1] 국회내 여·야간 대립의 해소를 위한 방안과 제도개혁

1. 상황설정

2004년 4 · 15총선 이후 개원한 제17대 국회는 대통령 탄핵정국의 와중에서 한나라당에 대한 강력한 국민적 비난여론에 편승한 열린우리당을 다수당이자 원내 제1당으로 부상시키면서 개원하였다. 386세대 초선의원을 대거 국회의원으로 당선시킴으로써 원내 제1당으로 군림하기 시작한 열린우리당은 국정 전반에 걸친 개혁을 기치로 삼아 대통령의 입법의제를 적극적으로 수용하면서 보수야당인 한나라당과 대립하였다. 열린우리당이 주장했던 사학법개정, 국가보안법개정, 과거사규명, 한·미관계 변화시도, 전향적인 대북정책 등은 한나라당과의 끊임없는 마찰을 야기하면서 국정을 서서히 교착상태로 이끌어 갔다. 임기 말로 다가오면서 점점 실추하는 대통령의 인기와 함께 여당의 국정장악능력이 떨어지면서 수다한 민생문제가 뒷전으로 몰린 채 여야의 갈등은 정계개편이라는 새로운 국면을 맞이하면서 더욱 심화되었다. 이러한 상황에서 국회는 국민의 복리를 증진하는 국민대표기능보다는 2007년 대통령선거를 목전에 두고 정쟁과 대결의 장으로 급속히 변화되어 나갔다.

이러한 여야간의 갈등은 비단 2004년 이후 열린우리당과 한나라당 간의 문제만은 아니었다. 1987년 민주화 이후만을 보더라도 김영삼행정부 시절이나 이후 김대중행정부 시절 모두 지역권력에 기반한 정당들간의 대립은 여야라는 새로운 상황에서 극한적인 투쟁양상을 보이면서 국력소모적인 주도권 다툼을 빈번히 벌여 왔다. 원내 여야정당간의 이러한 갈등은 국회가 국리민복을 위한 입법기관 · 국정심의기관 · 행정부 감시기관으로서의 기능을 온전히 수행하지 못하게 하는 제일차적인 원인으로 지목되었다. 따라서 중요하고도 시급한 과제는 어떠한 정당이 대통령을 배출하든지에 상관없이 국회내 여야당간의 협력을 증진하고 협상이 용이하게 이루어지는 정치적 환경을 만들어 나가고, 이러한 환경을 조성할 수 있는 제도개혁이라고 할 수 있다.

2. 협상과 협력의 증진을 위한 과제와 해결의 단초

이러한 국회 내의 여야간 극단적 대립은 무한반복되는 수인게임과 매우 유사한 상황을 연출하고 있다. 여야는 어느 정당이 행정부를 장악하게 되든지에 상관없이 고질적인 정쟁과 상호비방이라는 풍토병에 쉽게 감염된다. 여당의 협력에 야당은 응분의 협력을 하지 않는 경우가 많고, 마찬가지로 야당의 협력은 여당의 배신을 가져왔던 것이 민주화 이후 우리 국회정치의 부정할 수 없는 현실 가운데 하나였다. 이와 같은 수인게임 상황은 결국 국회 전체와 국가 전체의 차원에서 사회적으로 지극히 비효율적인 국회운영 결과를 가져와 의원 개인과 여야는 물론 국민 전체에게도 커다란 불이익을 끼치고 있다. 그렇다면 이와 같이 무한반복되는 수임게임 상황에서 여야간 협조를 유도할 수 있는 방법은 무엇일까? 이러한 해답을 얻는 데 무한반복 수인게임에서 협력을 유도하는 데 결정적 역할을 하는 것으로 평가된 '미래의 그림자'라는 개념이 시사하는 점은 과연 무엇일까? 여기에 대한 나름대로의 답변을 모색하기 위해서는 아래의 단초들이 검토되어야 할 것이다.

(1) 과연 무한반복 수인게임에서 협력을 유도하기 위한 미래의 그림자는 어떻게 창출될 것인가?

(2) 전통적으로 매우 높은 의원교체율은 여야간 협력의 증진에 어떠한 장애가 되고 있는가?[19)]

(3) 협력의 증진을 위해서 초선의원의 비율은 제한될 필요가 있는가?

(4) 의원간 협력을 증진하기 위해서 상임위원회 위원장 선출과정에 고참제를 도입할 경우, 그 효과는 무엇인가?[20)]

---

19) 의원교체율(turnover rate)이란 국회의원 선거를 통해서 새로운 국회가 열렸을 때, 전체의원들 가운데 이전 국회의 의원들이 어느 정도 비율을 차지하고 있는가를 의미한다. 예컨대 새로운 국회가 개원하여 전체당선된 의원총수가 100명이라고 할 경우, 이 가운데 이전 국회의 의원들이 40명이라면 의원교체율은 60%에 이르는 셈이 된다. 전통적으로 우리 나라 국회의 경우 의원교체율은 매우 높은 편이며, 따라서 외국과 비교해 볼 때 늘 초선의원의 비중이 높다는 특징을 보이고 있다.

20) 상임위원회 위원장 선출에 있어서 고참제(seniority system)란 상임위원회 내에서 가장 다선의원을 자동적으로 그 상임위원회 위원장으로 선출하는 제도를 말한다. 이러한 방식이 채택된다면 의원들이 상임위원회소속을 변경하지 않고, 동일한 상임위원회에 장기봉직할 인센

(5) 여야 소속의원들간 협력과 협상 가능성의 증대를 위해서 국회 내에 존재하는 의원들의 다양한 연구집단이나 동호집단은 어떠한 기능을 할 수 있는가?

[모의협상과제 2] 북한 핵문제해결과 한반도 평화정착을 위한 미국-북한간 대화창구로서의 6자회담

1. 상황설정

1994년 북한의 핵개발 중지와 이에 대한 미국 등의 에너지 지원을 위해 미국-북한간 제네바합의틀이 탄생하여 북한 핵개발을 둘러싼 1차 핵위기는 해결의 단초를 찾는 듯하였다. 그러나 북한이 제네바합의틀을 위반하면서 2002년 핵물질을 보유하고 있다고 선언한 이후, 미국은 6자회담이라는 다자간 협상틀을 통해서 북한 핵문제의 해결을 모색하고 있다. 특히 2001년 부시행정부 등장 이후 더욱 강경해진 미국의 대북정책기조 속에서 6자회담은 현실화가능성이 큰 협의기구로 제안되었다. 특히 미국의 부시행정부가 북한과의 직접대화를 지속적으로 거부하고 있었던 상황에서 6자회담은 북한 핵문제의 해결을 위한 유일한 대화창구로 생각되었다.

이러한 6자회담은 미국 · 북한 · 중국 · 일본 · 한국 · 러시아 등이 회담당사국으로 참여하면서 북한 핵문제의 해결을 통해 한반도의 안정을 도모하기 위한 협력기구로 작동하고 있으며, 각국의 외교대표단이 일정한 장소에 일정기간 회합하여 해결책을 도모해 오고 있다. 이러한 다자간 협상기구는 장기적으로 한반도비핵화뿐만 아니라 한반도의 안정화와 평화구축, 그리고 이를 위한 개별 국가간 대화와 협력, 그리고 특히 미국-북한간 의사타진을 위한 대화의 창구로 적절히 활용되는 경향이 있다.

2. 게임의 성격규명과 이를 위한 단초

그렇다면 이와 같이 북한으로 하여금 핵활동을 중지하게 하고, 궁극적으로 한반도비핵화를 달성한다는 취지에서 등장한 6자회담이 성공하기 위한 조건은 무엇일까? 실제로 6자회담은 수차례의 협상과정에도 불구하고 만족할 만

티브가 주어진다. 이 경우 여야 소속의원들이 동일한 상임위원회에서 장기적이고 안정적으로 상호작용을 할 가능성이 커지고, 따라서 미래의 그림자의 효과가 증가하면서 협력의 지평은 넓어질 수도 있다. 현재 우리 국회는 이러한 제도를 도입하지 않고 있으며, 국회의원들은 상임위원회를 빈번히 변경하는 것이 허용되고 있다.

한 성과를 만들어 내지 못했거나, 최소한의 수준에서 합의된 내용이 있어도 이를 강제하지 못한다는 맹점을 지니고 있었다. 적어도 회담의 주요 당사자인 미국과 북한 간의 관계만을 보아도 양자는 모두 회담 이후 상대방의 무성의 혹은 적대행위 등을 비난하는 것으로 일관해 왔다. 특히 마카오의 뱅코 델타 아시아 은행의 북한계좌가 동결된 이후 북한은 동결계좌의 해제를 주장하고 있으며, 미국은 동결계좌의 해제문제는 6자 회담과는 무관하다는 입장을 고수하는 등 양국간의 대립은 팽팽한 실정이다.

미국과 북한 간의 협상이 적절히 진행되어 양국간 협력이 가능하기 위해서는 6자 회담이 원활히 진행되어 소기의 성과를 가져오는 것이 가장 중요하다. 이를 위해서는 현재 미국과 북한이 서로 상대방에 대해서 행사하고 있는 전략의 성격이 무엇이며, 이를 우리가 지금까지 공부한 다양한 게임 가운데 어떠한 게임으로 설명할 수 있을지를 규명할 수 있어야 한다. 과연 6자 회담내에서 미국과 북한이 진행하고 있는 게임은 무엇인가? 수인게임인가, 교착게임인가, 아니면 치킨게임과 같은 벼랑끝 외교의 성격을 띠고 있는 게임인가? 이러한 게임의 성격을 파악하기 위해서는 다음과 같은 상황들에 대한 검토가 있어야 할 것이다. 게임의 성격규명과 관련해서 실제로 단 하나의 정답만이 있는 것은 아니다. 여러 가지 답과 미국과 북한 간의 내부적인 변화 및 상대방에 대한 인식의 변화에 따라서 다양한 해답이 있을 수 있다. 아래에 열거되는 내용들은 이러한 다양한 조건들을 규명하면서 게임의 성격을 풀어 가기 위한 단초들을 제공한다.

(1) 미국과 북한은 정말 상호협력이 상호대결 상황보다 좋은 것이라고 믿고 있는가?
(2) 아니면 미국과 북한은 강경파에 의해 주도되어 양보에 의한 타협보다는 대결국면을 실제로 선호하고 있는 것은 아닌가? 그렇다면 회담의 진정한 진전보다는 국제적 비난을 두려워하여 6자 회담에 참여하고 있는 것은 아닌가?
(3) 북한은 벼랑끝 전술을 사용하면서 결국 미국이 양보할 것으로 보고 있는가?
(4) 2007년에 들어서면서 북한에 대해 유화적인 미국의 태도는 어떠한 이유에서 나타났으며, 게임의 성격을 어떻게 변화시켰는가?

제 3 장

협상의 심리학

협상 과정은 판단과 의사결정의 연속이기도 하다. 다양한 의사결정 이론들은 협상 상황에서의 당사자의 판단과 결정에 관한 규범적 논의(협상가가 어떤 선택을 해야 하는가?), 처방적 논의(어떻게 협상가가 더 나은 선택을 할 수 있는가?) 또는 기술적 논의(협상가가 실제로 어떻게 행동하는가?)를 위한 이론적 토대를 제공하고 있다. 이러한 협상 이론들은 결정분석(decision analysis) · 행태적 의사결정론(behavioral decision making) · 게임이론(game theory) · 휴리스틱스와 바이어스(heuristics and biases) · 협상분석(negotiation analysis) · 판단분석(judgment analysis) 등 주로 경제학과 심리학에 그 이론적 기반을 두고 있다.

대표적인 규범적 의사결정이론인 게임 이론에 대해서는 제 2 장에서 충분히 논의되었고, 제 3 장에서는 행태적 의사결정론, 휴리스틱스와 바이어스 등 심리학적 측면에서 협상을 이해하고자 한다. Simon(1957)의 제한된 합리성(bounded rationality)에서 출발한 행태적 의사결정론은 현실 속 협상가의 실제 의사결정 행태를 서술적으로 분석하는 데 초점을 맞추고 있다. 따라서 행태적 의사결정론의 시각에서 본 협상가는 규범적 의사결정 모형에서 묘사하는 그러한 합리적인 존재가 더 이상 아니다. 현실 속 협상가들은 협상 과정에서 합리적 선택이나 결정보다는 휴리스틱스(heuristics) · 직관(intuition) 또는 어림짐작(rules of thumb)의 방법에 의존하고, 인지적 도식(cognitive schema)과 인지적 단순화(shortcut)를 활용해 정보를 처리한다. 그 결과 비일관적이고, 비효율적인 의사결정이 빈번히 이루어지며, 중대한 실수를 범하기 일쑤다. 이러한 행태적 의사결정시각은 특히 1980~1990년대 협상 연구의 대표적인 패러다임을 형성하였다.

협상에 대한 심리학적 접근은 크게 세 분야로 구분된다.

첫째는 협상가의 동기와 전략에 초점을 맞추는 시각으로 협상가의 동기로부터 전략적 선택을 예측하고, 협상가에 의해 선택된 전략을 통해 협상 결과를 예측하는 데 초점을 맞춘다.

두 번째 분야는 협상가의 인식(perceptions)과 정보처리 절차(information processing procedure)로부터 협상 결과를 예측하는 데 초점을 맞추고 있다.

마지막으로, 사회심리학적 접근으로 사회적 규범, 가치, 원칙 등이 협상에 미치는 영향을 분석하는 데 초점을 맞춘다.

Ⅰ. 협상의 동기

1. 협상가의 동기적 성향

인간은 욕구 · 목적 · 갈망 · 성향 · 동기를 지닌 복잡한 존재로서 인간의 행동은 목표 지향적이다. 목표와 동기, 그리고 기대와 가치는 인간의 인식을 형성하고 나아가 인간의 행동을 인도한다. 상황은 해석되고, 목표와 동기는 이러한 해석의 과정에 영향을 미친다. 마찬가지로 협상가의 목표와 동기는 협상 연구에서 주요한 분석 대상이다.

동기(motive)라는 말 속에는 라틴어로 "움직이려는(to move)"이라는 뜻을 지닌 "motus"가 포함되어 있다. 분명한 행동에 대해 책임이 있는 내재적 과정을 의미한다. 동기는 성격, 개성, 성향 등의 개인적 특성으로부터 도출된다. 협상가의 협상 행태를 인도하는 동기들은 매우 다양하다. 특정한 결과를 위한 기대(aspiration), 양보에 대한 저항, 체면유지와 긍정적인 이미지의 욕구, 일관되게 보이려는 욕구, 이용당하는 것에 대한 두려움, 존경, 공정, 정의, 균등한 처우에 대한 갈망, 상대방의 요구에 반응적이고 싶은 욕구, 이기심과 자기향상(self enhancement), 정체성, 긍정적인 관계 욕구, 결과의 특정한 배분 욕구, 구성원들을 만족시키려는 욕구 등 수없이 다양한 협상 동기들이 존재한다. 이러한 협상가의 동기들은 크게 네 가지로 분류될 수 있다.

첫째, 기대(aspiration)는 특정한 결과나 이익의 수준에 대한 선호를 의미한다. 예컨대 "중고 자전거를 10만 원에 팔고 싶다"는 기대를 나타낸다.

둘째, 사회적 동기(social motive)는 상대방보다 낫고 싶어하는 욕망이나 공정함이나 평등의 욕망과 같은 결과의 특정한 배분에 대한 선호를 나타낸다. 동기성향(motivation orientation)은 상황에 대한 반응을 나타내며, 사회가치성향(social value orientation)은 협력하거나 또는 그렇지 않으려는 일반적인 성향을 의미한다.

셋째, 정체성동기(identity motivation)는 협상에서 당사자가 나름대로 자신에 대한 특정한 이미지를 만들려는 욕망으로, 개인적 차원에서는 체면유지(face saving)나 개인적 장점을 지니려는 욕망을 의미하며, 협상가가 집단을 대표함으로써 집단과의 공동체의식이 중요한 요인이 되는 경우처럼 개인과 집단 간의 관계 차원으로도 나타낼 수 있다.

넷째, 인식적 동기(epistemic motivation)는 이해를 위한 욕망을 나타낸다.

〈그림 3-1〉 개인간 갈등의 다양한 관리방법

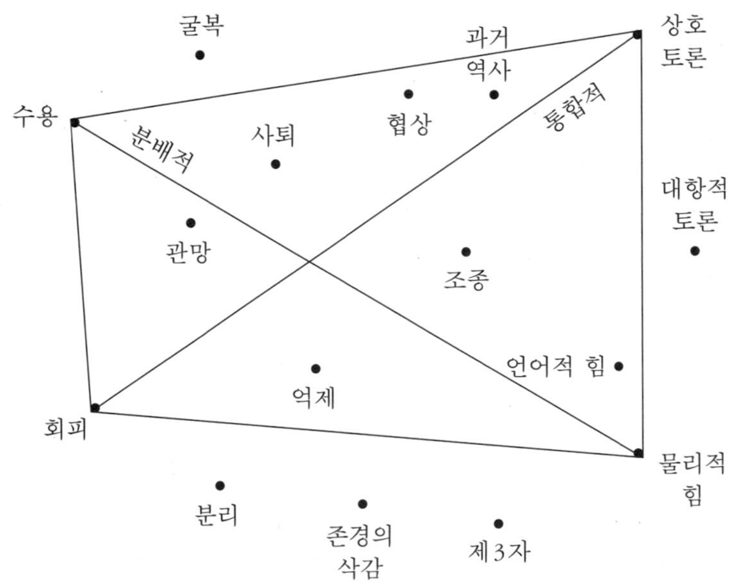

자료 : van de Vliert(1990).

갈등이 발생되는 원인이 다양한 것처럼 개인이 갈등을 관리하는 방식 역시 갈등 당사자 자신의 목표와 동기에 따라 달라진다. 세부적으로는 〈그림 3-1〉처럼 16가지 갈등해결방식으로 구분될 수 있다(van de Vliert, 1990). 수용·회피·상호 토론·물리적 힘 등 네 가지 갈등관리방법들은 가장 커다란 차이를 보여 주고 있다. 물리적 힘에 반대되는 갈등관리방법은 상황을 수용하는 것이며, 상호 토론에 반대되는 갈등관리방법은 토론을 회피하는 것이다. 이 가운데 협상은 상호 토론에 가장 가깝게 위치한다. 그림에서 갈등해결방법들간의 거리가 가까울수록 그 방법들이 함께 사용될 가능성이 높음을 의미한다.

개인이 갈등을 관리하는 방식이 다양한 것처럼 협상가들은 협상 테이블에서 상이한 태도와 행태를 보인다. 강경한 입장을 고집하고 자신의 이익만을 추구하는 협상가에서부터 쉽게 양보를 하는 온건한 협상가에 이르기까지 다양한 모습을 보인다. 일반적으로 협상가의 행태에 영향을 미치는 협상의 동기적 성향(motivational orientation)은 크게 네 가지의 배타적인 성향들로 구분이 가능하다.

1) 개인적 성향 — 자신의 협상 결과에만 극단적인 관심을 보이는 경우
2) 이타적 성향 — 상대방의 협상 결과에만 극단적인 관심을 보이는 경우
3) 협력적 성향 — 양측 모두의 결과에 관심을 보이는 경우
4) 경쟁적 성향 — 오직 상대방을 이기려는 욕망

기존의 협상연구들에 따르면 실제 많은 협상가들은 협력적이거나 경쟁적인 성향을 지니고 있는 것으로 나타났다(Carnevale & Pruitt, 1992). 상대적으로 이타적 성향은 적은 편이다.

2. 이중관심모형

협상 당사자의 동기에 의해 영향을 받는 분명한 행동들로는 요구(demand), 의제에 대한 제안, 합의의 형태 등이 포함된다. 따라서 협상 당사자 개인의 동기적 성향들을 분석하면 협상 전략에 대한 예측이 어느 정도 가능할 것이다. 이를 이론화한 것이 이중관심모형(dual-concern model)이다(Carnevale & Pruitt, 1992).[1] 이중관심모형은 협상 전략을 결정하는 두 가지 동기로서 자신에 대한

1) 이중관심모형은 Blake & Mouton(1964)의 갈등망(conflict grid)에 이론적 토대를 두고 있다.

〈그림 3-2〉 이중관심모형

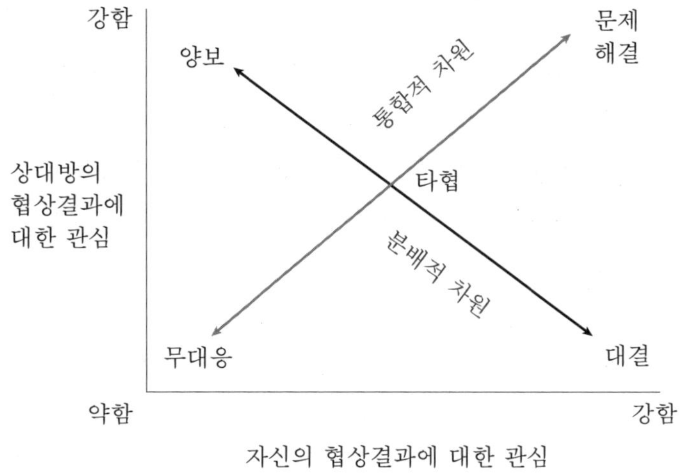

관심과 상대방에 대한 관심을 제시하고 있다. 그 결과 〈그림 3-2〉처럼 자기 자신의 협상결과에 대한 관심을 하나의 축으로 하고, 상대방의 협상결과에 대한 관심을 또 다른 축으로 하여 2차원상에서 협상 전략을 묘사하고 있다.

이중관심모형에서 제시된 양보 · 대결 · 문제해결 · 회피는 협상가가 선택할 수 있는 네 가지의 기본적인 전략들이다. 이들 네 가지 전략은 협상과정에서 상대방에 대해 상이한 방식으로 영향을 미치게 된다.

1) 양보는 수용(accommodating) 또는 굴복(yielding)으로도 불리며, 상대방의 의견을 수용하기 위해 당사자가 자신의 요구나 기대치를 낮추는 것과 관련된다.

2) 대결은 상대방이 항복하도록 설득하려는 노력과 관련된다. 즉 상대방으로 하여금 자신의 이해를 포기하도록 만드는 것이다. 이러한 전략을 실현하는 구체적인 전술에는 위협, 양보하지 않겠다는 자세 등이 포함된다.

3) 문제해결은 양쪽 당사자의 목표를 모두 만족시키는 대안들을 찾는 것이다. 문제해결 전략에는 적극적인 청취, 자신의 선호에 대한 정보의 제공, 해결책을 찾기 위한 브레인스토밍 등이 포함된다. 문제해결은 윈-윈 해결책의 개발을 위한 주요 전제이다.

4) 회피는 협상에서 가능한 아무것도 하지 않는 것이다. 무반응은 시간을

낭비하게 만들고, 합의를 어렵게 만들며, 심지어 협상의 결렬을 불러오기도 한다.

자신의 협상 결과에 대한 관심은 높으나 상대방의 결과에 대한 관심이 낮은 성향을 지닌 협상가는 대결(contending) 또는 경쟁(competing)의 전략을 선호한다. 대결 전략을 택하는 당사자는 상대방이 원하는 결과를 얻는가에 대해서는 전혀 관심이 없으며, 오직 자신이 이익에만 초점을 맞춘다. 반대로 상대방에 대한 관심은 높으나 자신에 대한 관심이 낮은 경우는 양보(concession making) 또는 수용(accommodating) 전략이 사용된다. 자신에게는 불리하더라도 상대방의 입장을 최대한 수용해 주는 전략으로, 상대와의 관계를 중요하게 여기는 상황에서의 협상 전략이다. 따라서 자신이 어떤 이익을 달성했는가는 큰 관심사가 아니며, 상대방이 원하는 이익을 얻었는가에 대해서만 관심이 많다. 상대방에 대한 관심과 자신에 대한 관심이 모두 높은 경우는 문제해결(problem solving) 전략이 이용된다. 이 전략을 사용하는 협상가는 자신의 이익 달성뿐만 아니라 상대방의 이익달성 여부에도 큰 관심을 보인다. 따라서 공동의 이익을 극대화하기 위한 협력적(collaborating) 노력이 전개된다. 자기에 대한 관심과 상대방에 대한 관심 모두가 낮은 경우에는 무반응(inaction) 또는 회피(avoid) 전략이 이용된다. 즉 전략도 없으며 어떤 행동도 이루어지지 않는다. 이 전략을 사용하는 당사자들은 상대방의 이익뿐만 아니라 자신의 이익에도 별 관심이 없다. 한 마디로 협상을 해도 얻을 것이 없다고 여겨지는 경우, 협상 자체를 회피하는 전략이다. 마지막으로, 타협(compromise) 또는 합의는 자신에 대한 관심과 상대방에 대한 관심이 모두 어느 정도 있는 경우이다. 타협은 문제해결을 추구하면서 동시에 당사자들 간에 양보가 이루어지는 경우이다. 이 전략을 사용하는 협상가는 자신의 이익을 위해 적당히 노력할 뿐만 아니라, 상대방도 어느 정도 이익을 달성할 수 있도록 돕는다. 그러나 문제해결과 같은 적극적이고 발전적인 전략은 아니다.

Ⅱ. 협상가의 전략

무반응을 제외한 양보 · 주장 및 문제해결은 합의를 향해 움직이려는 노력과 관련되므로 대응전략(coping strategy)이라고 부르며(Pruitt & Rubin, 1986), 협상 연구의 주요한 연구 분야이다. 이하에서는 협상가의 대응 전략인 양보 · 주장 · 문제해결 전략 각각을 구체적으로 살펴보고자 한다.

1. 양 보

(1) 양보의 특성

양보는 상대방의 의견을 수용하기 위해 자신의 요구나 기대치를 낮추는 전략이다. 모든 협상에는 양보가 당연히 필요하다. 양보가 없는 협상이란 존재하기 어렵다. 양보는 특히 중요하지 않은 의제들을 협상하거나 협상 시한이 촉박한 경우, 협상을 끝내기 위한 훌륭한 전략이다. 또한 양보를 통해 통합적 합의가 가능한 수준으로 기대치가 낮아짐으로써 문제 해결이 효과적으로 이루어질 수 있다(Pruitt, 1999).

한쪽 당사자의 요구 수준과 양보 수준이 협상 결과에 미치는 효과는 다음 세 가지로 요약될 수 있다(Carnevale & Pruitt, 1992).

첫째, 낮은 요구 수준을 가지고 신속히 양보를 하는 협상가는 합의가 이루어지는 경우, 상대방에 비해 불리한 결과를 얻는다.

둘째, 높은 요구 수준을 가지고 천천히 양보를 하는 협상가는 합의에 도달할 가능성이 낮으며, 또한 합의도달 시간 역시 길어진다.

세 번째 결론은 이상을 종합한 것으로 요구 수준과 협상 결과 사이에는 〈그림 3-3〉처럼 역 U자형 커브의 관계가 존재한다. 즉 높은 요구 수준을 가지고 협상을 시작해서 천천히 양보하는 경우 합의에 도달하기 어려우며, 합의에 도달하더라도 불리한 결과를 얻는다. 반대로 낮은 요구 수준을 가지고 협상을 시작해 신속히 양보하는 경우, 보통 합의에 도달하지만 역시 불리한 결과를 얻는다. 결국 요구 수준이 지나치게 낮거나 거꾸로 지나치게 높은 경우 협상 결과가 좋지 못함을 보여 준다.

〈그림 3-3〉 협상가의 요구수준과 협상결과

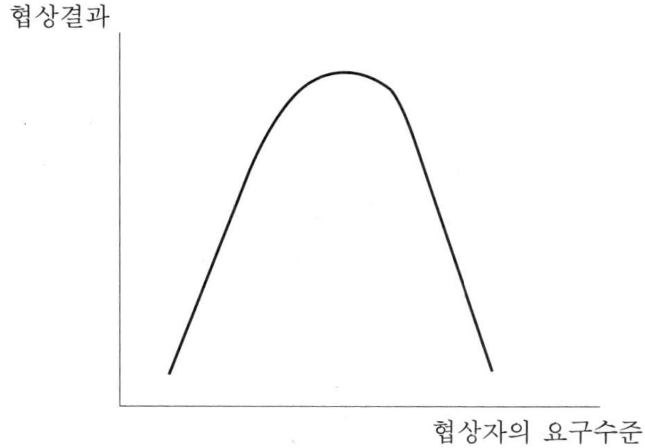

협상 과정에서 적절한 양보의 시점, 양보의 방식(pattern of concession), 양보의 정도(degree of concession) 등을 결정할 수 있는 능력은 무엇보다 중요하다. 양보는 응분(quid pro quo)의 방식으로 이루어지는 것이 일반적 법칙이다(Thompson, 1998). 최초의 제의인 "개시안(opener)"은 상대방의 목표치와는 거리가 멀며, 따라서 상대방에 의해 쉽게 받아들여질 가능성은 매우 낮다. 협상의 진행 과정은 마치 한 쌍의 커플이 춤을 추는 것과 같다고 해서 협상춤(negotiation dance)으로도 불린다. 즉 한 사람의 동작만으로는 아름다운 춤이 만들어지기 어렵다. 한쪽이 한 걸음을 내딛기 위해서는 상대방은 한 걸음을 뒤로 물러서야만 한다. 이처럼 당사자들 사이에 주거니 받거니 하는 협상춤과 유사한 양보의 교환이 이루어진다.

보통 한번에 한 가지 이상의 양보를 하는 것은 바람직하지 않다. 더 많은 양보를 하기에 앞서 상대방의 양보를 기다려야 한다. 물론 상대방의 제의가 자신의 유보치에 거의 근접했다고 여겨지는 경우에는 그 시점에서 더 이상의 양보보다는 제안을 수용해야 한다. 보울웨어 양보방식(Boulwarism)은 GE의 CEO였던 Boulware의 이름을 따온 것인데, 그는 항상 첫제의가 곧 마지막 제의라고 믿고, 합리적인 수준에서 첫제의를 한 후 더 이상 양보를 하지 않았다. 그러나 이러한 전략은 효과적이기보다는 상대방에게 적대감을 갖게 만들고, 합의에 실패하는 요인이 된다(Raiffa, 1982). 양보에서 또 다른 고려사항은 얼마나 양보할 것인가 하는 점이다. 양보의 방식과 양보의 정도는 별개의 문제이기 때문이다. 일반적으로 양보의 크기는 이전의 양보로부터 추가(또는 감소)된 부분의 크기이다. 상대방보다 더 많은 양보를 계속하는 것은 현명하지 못하다(Thompson, 1998).

Hilty & Carnevale(1993)은 협상 과정에서 시기별로 당사자들에 의한 양보의 정도를 분석하였다. 이들은 검은모자/흰모자 협상가들을 흰모자/검은모자 협상가들과 비교하였다. 검은모자/흰모자 전략은 초기단계에서는 거의 양보를 하지 않다가 나중 단계에서 대폭 양보를 하는 전략이다. 흰모자/검은모자 전략은 그 반대의 경우이다. 처음에 크게 양보하고 나중에는 양보를 하지 않는 전략이다. 검은모자/흰모자 양보전략은 흰모자/검은모자 전략보다 상대방으로부터 양보를 이끌어 내는 데 더 효과적인 것으로 나타났다.

(2) 양보의 결정요인

협상 당사자가 협상 과정에서 보여 주는 양보의 크기와 정도를 결정하는 요인은 다양하다.

첫째, 당사자의 유보치는 양보에 큰 영향을 미친다. 높은 유보치를 지닌 당사자의 최초 요구수준은 높으며, 양보는 느린 속도로 이루어지게 마련이다. 물론 이 경우 상대방과의 합의는 지연되며, 합의를 이루기도 어려워진다. 요구 수준이 유보치에 가까워질수록 유보치가 미치는 영향력은 커진다. 따라서 협상의 후반부로 갈수록 유보치가 요구 수준에 미치는 효과는 커지는데, 이는 이미 충분한 양보를 통해 요구 수준을 유보치의 범위 내로 끌어 내렸기 때문이다.

둘째, 당사자의 기대수준(aspiration)은 양보에 영향을 미친다. 일반적으로 기대 수준이 높을수록 요구 수준이 높아지며, 양보의 폭은 작고, 합의의 속도는 느려진다. 합의가 이루어지는 경우 높은 기대치는 더 큰 이익을 얻게 만든다. 한 가지 중요한 점은 기대 수준은 유보치와 상호 작용한다는 점이다. 기대치가 낮은 경우 유보치는 요구 수준에 더 큰 영향을 미친다. 기대치가 낮다는 것은 유보치와 요구 수준이 서로 근접함을 의미하기 때문이다.

셋째, 양보는 시간적 압력에 의해서도 영향을 받는다. 시간적 압력은 협상을 계속함으로써 발생하는 비용 또는 위험에서 기인하거나, 협상을 종결해야 하는 시한이 가까웠음을 느끼는 경우에 발생된다. 단일의제 협상의 경우 시간적 압력은 낮은 요구 수준, 신속한 양보, 신속한 합의를 유도한다. 시간적 압력이 큰 경우 유보치와 요구 수준은 근접하게 된다.

넷째, 상대방에 대한 적대감은 양보를 어렵게 만들며, 그 결과 합의를 어렵게 만든다. 상대방이 공정하지 못하며, 협상가의 권리를 침해하고 착취하듯 행동한다고 느껴지는 경우, 적대감의 효과는 더욱 커지게 된다. 이 경우 양보는 곧 적에 대한 굴복으로 여겨지기 때문에 양보가 아닌 경쟁적 성향이 강해진다.

다섯째, 집단의 대표로 협상을 진행하는 경우, 양보는 또 다른 특성을 지닌다. 협상가는 흔히 구성원(constituent)으로 불리는 특정 집단의 구성원들을 대표하는 경우가 빈번하다. 물론 대표로서의 역할은 협상을 잘 진행하여 구성원들을 만족시키는 것이다. 구성원들이 협상에서 이기기를 간절히 원하고 있다고 믿는 경우, 대표는 양보를 하려고 하지 않으며, 합의를 이루는 데 상당한 시간이 걸릴 것이다. 그러나 구성원들이 협력과 합의를 중시한다고 여기는 경우, 이들은 양보를 하며 신속한 합의를 위해 노력할 것이다. 구성원들의 선호에 대한 정보가 없는 경우, 대표는 실제보다 구성원들이 승리를 갈망하는 것으로 착각하는 경향이 있다. 이 경우 대표는 양보를 하지 않으며, 합의를 이루기가 어려워진다. 특히 협상 대표가 구성원들에 대해 책임을 져야 하거나 집단 내에서의 자신의 신분이 불안정하다고 느끼는 경우, 양보를 어렵게 만들고 나아가 합의를 어렵게 만든다. 한편 조직 내에서의 지위가 낮은 경우나 구성원들에 의해 신뢰를 받지 못한다고 느끼는 경우 불안정성이 커진다.

협상에 대한 구성원들의 감시는 대표의 양보에 영향을 미친다. 만일 구성원들이 화해를 선호한다고 생각하는 경우, 구성원들의 감시는 대표로 하여금 양보를 하도록 만든다. 그러나 일반적으로 감시는 대표로 하여금 완고한 협상을 하도록 유도한다. 특히 책임이 큰 경우는 더욱 그러하다. 실제로 구성원들이 협상장에 나와 있는 경우, 협상가는 위대한 터프가이가 되기 쉽다.

(3) 양보에 대한 반응

상대방의 요구나 양보에 대한 반응은 크게 일치(matching)와 불일치(mismatching)로 나뉜다. 만일 상대방의 요구가 큰 경우, 더 큰 요구를 하거나 상대방의 양보보다 더 신속한 양보를 하는 경우가 일치 전략이다. 즉 상대방과 보조를 맞추는 전략이다. 불일치 전략은 상대방의 요구가 적은 데 비해 더 큰 요구를 하거나, 상대방이 천천히 양보를 하는 데 비해 더 빨리 양보를 하는 경우를 말한다. 한 마디로 불일치는 거꾸로 대응하는 전략이다.

협상과정에서 일치와 불일치가 발생되는 시점은 상이하다. 보통 불일치는 협상 초기에 나타난다. 사람들은 흔히 상대방이 초기에 완고한 경우 보통 수준의 요구를 하며, 상대방이 초기에 협조적인 경우 많은 요구를 하는 경향이 있다. 이러한 대응 방식은 "포착(tracking)" 행태로 불린다. 즉 상대방의 유보치와는 적당히 거리를 둔 요구를 하려고 노력함으로써 요구들이 현실적인 수준으로 보이지만, 동시에 상대방에게 너무 큰 기대를 하지 못하도록 하는 것이다. 이러한 시각에서 보면, 상대방의 첫요구는 어느 정도 상대방의 유보치에 대한 정보를 제공한다고 볼 수 있다. 상대방의 유보치를 알 수 있는 정보가 있는 경우, 초기의 불일치는 사라진다.

일치 전략은 보통 협상의 중간 단계에서 나타난다. 협상가들은 흔히 상대방이 완고하면 자신도 완고하고, 상대방이 양보하면 자신도 양보한다. 이는 상대방의 양보 빈도에 대한 일치 전략에서도 발견된다. 완전한 일치뿐만 아니라 부분 일치전략이 나타나기도 한다. 일치는 상호주의(reciprocity)의 원칙 또는 협력적 행동을 위해 상대방을 강화시키려는 욕망에서 기인한다.

불일치는 마감시한이 가까워진 협상의 종결 단계에서도 나타난다. 고집센 협상가는 마감시한에 직면한 상대방으로부터 커다란 양보를 이끌어 낼 수 있다. 그러나 이 경우에도 상대방이 유보치 이상으로 움직이지는 않는다. 따라서 지나치게 고집센 협상가는 상대와 합의를 이루는 데 실패하기 쉽다. 이처럼 협상의 종결 단계에서는 불일치가 보통이지만, 동시에 일치의 압력도 발생된다.

높은 수준의 요구로부터 출발하여 규칙적으로 양보를 함으로써 상대방의 양보를 최대한 이끌어 낼 수 있다. 이러한 전략을 "개심한 죄인(reformed sinner)" 전략이라 한다(Carnevale & Pruitt, 1992). 이러한 전략은 보통 수준의 요구로부터 시작하여 조금만 양보를 하는 전략에 비해 효과적이다. 그 이유는 후자의 전략을 택하는 경우 상대방으로 하여금 비현실적으로 높은 기대를 갖게 하고,

따라서 합의를 어렵게 만들기 때문이다. 이와 유사한 경우로서, 협상가가 한 협상에서 고집센 자세를 취하고 다음 협상에서는 부드러운 자세를 취하는 경우는 두 번의 협상 모두에서 부드러운 자세를 취한 협상가에 비해 두 번째 협상에서 더 큰 양보를 얻어 낼 수 있다. 또한 부드러운 자세에서 완고한 자세로 전환하는 경우인 "타락한 성인(lapsed saint)" 전략을 취하는 경우에도 협력을 이끌어 낼 수 있는 것으로 나타났다(Hilty & Carnevale, 1993).

일치 전략의 일종인 "눈에는 눈(tit-for-tat)" 전략은 상대방이 양보할 때 양보하고, 상대방이 양보하지 않을 때 양보하지 않는 전략이다. 이 전략은 매번 양보를 하거나, 전혀 양보를 하지 않거나, 또는 상대방이 양보하는 경우 그 반만 양보를 하는 경우에 비해 효과적인 것으로 나타났다. 이러한 매칭 전략이 성공을 거두는 이유는 크게 두 가지로 학습(learning)과 명명(labeling)이다(Carnevale & Pruitt, 1992). 학습은 상대방이 양보를 하도록 만드는 방법은 오직 먼저 양보를 하는 것뿐이라는 사실을 깨닫는 경우이다. 명명은 상대방이 나를 굳건하고 공정한 사람으로 인식하도록 만드는 것이다.

2. 대 결

(1) 대결의 전제

양보를 어렵게 만드는 조건들은 당사자들로 하여금 거꾸로 대결 전략을 선호하도록 만드는 요인들이다. 예컨대 적대감, 높은 유보치, 구성원에 대한 높은 책임성, 구성원의 감시 등은 대결 전략을 강화시키는 요인들이다. 또한 당사자들의 기대수준(aspiration)에 상당한 차이가 나는 경우, 한쪽의 요구에 상대방이 선뜻 동의하기는 어렵기 때문에 대결 전략이 선호되는 경향이 있다(Thompson & Hastie, 1990). 특히 시간 제약이 있는 경우는 더욱 그러하다. 한편 당사자들 사이에 물리적 장벽을 설치하여 서로를 볼 수는 없고 목소리만을 들을 수 있는 상황에서는 당사자들 간의 대결은 줄어드는 것으로 나타났다(Lewis & Fry, 1977). 이는 상대방을 볼 수 없기 때문에 덜 방어적인 자세를 취하는 데서 기인한다. 그 결과 윈-윈 합의가 이루어질 가능성이 커지기도 한다.

(2) 대결의 특성

대결(contending)은 한쪽이 상대방을 자신이 원하는 방향으로 이끌어 갈 목적으로 이용되는 전략이다. 상대를 설득하여 자신에게 유리한 대안을 수용하도록 만드는 노력과 관련된다. 이러한 전략은 입장협상(positional bargaining)으로도 불린다(Fisher & Ury, 1981). 대결 전략의 핵심은 상대방의 목표와 가치들에 대한 정보를 탐색하되, 상대방에게 이용될 수 있는 자신의 정보는 철저히 감추는 것이다(Pruitt, 1999).

협상에서 합의가 이루어지는 경우를 살펴보면, 처음에는 대결의 단계를 거치지만 나중에는 문제해결의 단계를 거치는 경우가 빈번하다. 이처럼 대결은 문제해결을 위한 필요조건으로 작용하기도 한다. 협상가들은 통합적 합의를 훨씬 뛰어넘는 수준의 기대치를 가지고 협상에 임한다(Bazerman & Neale, 1983). 그 결과 협상 초기에는 경쟁 전략에 집중하게 된다. 그러나 협상이 진행될수록 당사자들은 자신들의 기대치의 달성 가능성에 대해 좀더 현실적이 된다. 처음 단계에서 적대감에 이를 정도의 상대에 대한 반감만 없다면, 공동의 문제해결(joint problem solving) 단계로 진입하게 되며, 기대치는 낮아지고 합의의 가능성은 커진다.

대결 전략은 어떤 특정한 원칙이 있기보다는 상황에 따라 달라진다. 가장 일반적인 형태의 대결 전략은 설득적 주장(persuasive argument : 상대방으로 하여금 양보하는 것이 최선의 이익이라는 것을 확신시키는 전략) · 위협(threat : 상대방으로 하여금 합의에 이르지 못하는 경우 큰 손해라는 것을 느끼도록 함으로써 유보치를 낮추도록 만드는 방법) · 입장고수(positional commitment : 합의에 도달하기 위해서는 상대방이 양보할 필요가 있다고 여기도록 만드는 방법) 등이다.

이러한 전략들을 실행하는 구체적인 기술들로는 상식적으로 수용할 수 있는 수준을 넘어서 요구하기, 변경 불가능한 입장의 고수, 상대방으로 하여금 양보하는 것이 이익이라는 점을 설득하기, 협상을 그만두겠다고 위협하기, 양보를 않는다고 상대방을 몰아붙이기, 상대방이 더 급한 상황이라는 점을 시위하기 등이 있다(Pruitt, 1999).

일반적으로 대결의 전략들은 창의성을 저해하고, 새로운 대안들을 수용하기 어렵게 만든다. 당사자들 모두가 대결 전략을 사용하는 경우, 자신들의 이해에 대해 완고한 입장을 취하기 때문에 합의에 도달하기가 어렵다. 설령 합의에 도달하는 경우에도 상당 시간이 지연되거나, 윈-윈 합의가 이루어지지 못한다.

대부분의 대결 전략들은 중요한 약점이 있는데, 상대방이 자기방어적인 이유로 동일한 대결 전략을 취할 수 있다는 점이다. 양쪽이 동시에 대결의 전략을 사용하는 경우, 더 강한 대결 전략을 사용하는 당사자에게 유리한 합의가 이루어지는 경향이 있다. 그러나 이러한 합의는 흔히 피로스의 승리(Pyrrhic victory)[2] 상황에 빠지도록 만드는데, 이는 승리의 대가로 공동의 이익(joint benefit)은 줄어들고 오히려 승리자가 엄청난 피해나 비용을 감수해야 하는 상황이 초래됨을 의미한다. 대결은 역대결을 낳고, 입장고수는 상대방의 입장고수를 불러오며, 위협은 역위협을 초래한다. 물론 그 결과는 갈등의 해결이 아니라 갈등의 증폭이다.

(3) 대결의 전략

대결 전략은 크게 위협 · 입장의 고수 · 설득적 주장으로 구분할 수 있다.

첫째, 위협은 군사력 · 폭력과 같은 물리적 위협에서부터 문신, 언어적 폭력, 이마에 두른 붉은 띠, 협상장에서 나가버리기와 같은 심리적 위협에 이르기까지 그 형태와 방법은 매우 다양하다. 위협은 상대방으로 하여금 비합의의 매력을 감소시키고, 따라서 협상을 하도록 만드는 효과를 발휘한다. 위협은 위협에 따른 처벌이 크고 분명할수록 상대방으로 하여금 양보를 하도록 만드는 데 효과적이다. 또한 과거에 위협이 실제로 일관되게 실행되었던 경우 위협의 실효성은 커진다.

위협을 실행에 옮기는 비용이 클수록 위협의 실효성은 작아진다. 즉 위협을 실천하기 위해 위협을 가하는 쪽이 커다란 비용을 지불해야 한다면 위협의 신빙성은 줄어들게 된다. 그러나 위협이 그것을 실행하는 쪽보다 위협을 당하는 쪽에게 반드시 더 많은 손해를 주는 것일 필요는 없다(Schelling, 1960). 위

2) 피로스의 승리는 상처뿐인 영광으로 승리를 위해 엄청난 비용을 지불한 경우이다. 이는 에피로스(Epirus)의 왕인 피로스(Pyrrhus)가 BC 279년 전투에서 로마군을 격퇴하는 과정에서 엄청난 희생을 치름으로써 결국 전쟁에서는 패배하고, 그 나라도 몰락한 데서 기인한 표현이다.

협의 크기보다는 오히려 위협이 얼마나 진실된 것인가 하는 점이 위협의 효과를 결정한다. 위협은 위협을 가하는 사람의 사회적 지위와 연결될 때 더욱 효과적이 된다.

그러나 위협은 잘못 사용되는 경우 오히려 협상을 어렵게 만들기 쉽다. 지나치게 위협 전략에 의존할 경우 상대방으로 하여금 반감과 저항심을 증폭시키며, 그 결과 상대방 역시 맞위협(counter-threat) 전략을 택하기 쉽다. 물론 협상의 결렬 가능성은 그만큼 커지게 된다.

둘째, 입장의 고수(positional commitment)는 한 마디로 자신의 입장에 대한 말뚝박기다(차재호, 1995). 더 이상의 양보는 없음을 선언하는 것이다. 입장고수는 보통 위협을 수반하는데, "만일 이 제안을 당신이 수용하지 않으면 협상을 포기하겠다"고 위협하는 경우이다. 입장고수가 효과적이기 위해서는 입장고수로 인해 협상이 결렬되는 경우에도 입장고수를 선언한 쪽이 큰 손해를 보지 않는다고 상대방이 인식해야 한다. 입장고수는 대중들에게 알려지는 경우, 또는 입장 이상으로 양보를 할 수 없다는 증거(예컨대 구성원들의 압력)가 뒷받침되는 경우 더욱 강력한 효과를 지닌다.

그러나 입장의 고수도 상대방의 허용 한계를 넘어선 수준이라면 실패한 전략이 될 수밖에 없다. 즉 과도한 입장고수는 협상가 스스로 자신의 발목을 잡는 격이 된다. 자신의 입장을 번복하기 어려운 "돌이킬 수 없는 몰입(irrevocable commitment)"에 빠지도록 만든다(Pruitt & Rubin, 1986). 따라서 훌륭한 협상가는 입장고수 전략을 사용하는 경우에도 작은 여유를 두어 협상의 여지를 남긴다. 자신의 입장고수가 반드시 절대적인 것은 아니라는 점을 알리는 것이다. 다만, 이 경우 입장고수의 신뢰성을 떨어뜨리는 약점이 있다. 이러한 문제를 피하는 한 가지 방법은 (입장고수를) 협상종결 단계까지 참았다가 상대방의 수용 한계에 대한 가능한 많은 정보를 획득한 후에 입장고수를 선언하는 것이다.

셋째, 설득적 주장은 상대방으로 하여금 자신의 생각에 동의하도록 만드는 전략으로, 자신이 제안한 대안을 수용하는 것이 상대방에게도 최선이라는 점을 설득하는 것이다. 상대방이 자신의 제안을 수용한다면, 이는 이렇게 하는 것이 최선임을 믿게 되었기 때문이다. 설득의 결과로 협상이 타결되는 경우 설득을 많이 한 쪽이 상대방에 비해 더 유리한 협상 결과를 얻게 된다.

설득 전략이 효과적인 근거는 다음과 같다(차재호, 1995).

첫째, 설득은 협상에서 소극적인 상대를 협상 테이블로 이끌어 내는 역할을 할 수 있다.

둘째, 강경한 입장을 고수하는 상대방의 기대수준을 낮춰 보다 현실적인 목표를 갖도록 만들 수 있다.

셋째, 설득을 통해 대결 전술이 성공할 수 없음을 상대방으로 하여금 깨닫게 하여 문제해결로 태도를 바꾸도록 유도할 수 있다.

설득 전략은 단기적으로는 유리한 협상결과를 얻는 데 효과적일 수 있으나 장기적으로는 바람직하지 않을 수도 있다. 통합적 합의(integrative potential)의 가능성이 존재하는 상황에서 설득 전략에 치중하게 되면 새로운 통합적 합의안을 찾으려 노력하기보다는 어느 특정한 대안에 집착하기 쉽다. 또한 설득은 상대방의 역설득을 불러오기 쉽다.

3. 문제해결

(1) 문제해결의 특성

협상가에게 이용 가능한 세 번째 전략은 문제해결로, 이는 당사자 모두의 목표를 만족시키는 윈-윈 해결책(win-win solution)을 찾는 노력과 관련된다. Kelley & Schenitzki(1972)에 따르면, 문제해결 전략은 당사자들이 높은 기대치로부터 시작하여 서서히 기대치를 낮추며, 기대치를 낮추는 매 단계마다 자신들이 생각할 수 있는 모든 대안들을 제시하는 체계적인 양보를 하는 경우에 가능하다. 무엇보다 문제해결이 가능하기 위해서는 양측 당사자자들의 입장 뒤에 숨겨진 이해관계들(가치 · 목표 · 욕구 등등)을 정확히 찾아 낼 수 있어야 한다.

Pruitt & Rubin(1986)은 갈등을 해결하고 윈-윈 해결책을 모색하기 위한 다섯 가지 전략들을 제시하였다. 파이 키우기(expanding the pie) · 포괄적 보상(nonspecific compensation) · 통나무 굴리기(logrolling) · 비용 절감하기(cost-cutting) 및 연계하기(bridging)의 전략으로서, 이러한 전략들은 이전에 생각하지 못했던 새로운 가능성을 찾는 노력과 밀접하게 관련된다.

제일 먼저 파이 키우기는 가용 자원의 크기를 늘려 양 당사자 모두 자신들이 원하는 목표를 달성하게 하는 것이다. 비록 추가적인 자원을 창조하는 것이 가능하지는 않으나, 포괄적인 보상은 한쪽이 자신이 가장 바라는 대안을 얻는 대신, 상대방은 무언가 상관없는 보상(unrelated coin)을 받게 되는 경우다. 당사자들 간 통나무 굴리기는 의제들의 우선순위를 고려하여 중요도가 낮은 의제들을 서로 양보함으로써 의제들 간에 상호 이익이 되는 교차교환(tradeoff)을 하는 경우이다. 통나무 굴리기는 또한 말 거래(horse trading)로도 불린다. 각 당사자는 우선순위가 높은 의제에 관해 가장 선호하는 대안을 얻는 대가로

통나무 굴리기

통나무 굴리기의 어원에 대해서는 두 가지 설이 있다. 우선 통나무 굴리기는 물 위에 놓인 커다란 통나무 위의 두 사람이 상대방을 먼저 물에 빠뜨리는 경기에서 유래되었다는 것이다. 통나무 위의 두 사람은 상대방과 같은 방향으로 움직이거나 반대방향으로 움직이는 경우, 모두 물에 빠질 수 있기 때문에 상대방과 보조를 나란히 하는 것이 중요하다.

또 다른 설은 미국에서 농부들 간에 이웃이 땔감으로 베어 놓은 통나무들을 굴려서 쌓는 일을 서로 돕는 데서 비롯되었다는 것이다. 내가 도운 만큼 상대방도 나를 돕는다는 것이다.

우선순위가 낮은 의제를 양보하는 것이다. 비용 절감하기를 하는 경우, 한쪽은 자신이 원하는 것을 얻는 반면, 상대방은 양보하는 데 드는 비용이 줄어들거나 완전히 제거되는 경우이다. 연계하기는 양쪽 당사자들이 최초 원하던 것을 얻지는 못하지만, 당사자들의 핵심적 이해들을 만족시키는 완전히 새로운 대안을 창조하는 경우다.

(2) 문제해결의 원천

문제해결은 자신과 상대방 모두의 협상결과에 대한 관심의 결합에 의해 촉진된다. 물론 상대방에 대한 관심이 전략적인 것이든, 선의에 의한 것이든 관계 없다. 상대방에 대한 관심은 당사자로 하여금 자신의 결과에 대한 관심이 미치는 영향력을 감소시키는 데 기여한다. 상대방의 결과에 대한 관심이 낮은 상황에서 자신의 결과에 대한 커다란 관심은 대결 전략을 촉진시킨다. 그 결과 윈-윈 해결책의 달성가능성은 줄어든다. 그러나 상대방의 결과에 대한 관심이 높은 상황에서의 자기 자신의 결과에 대한 관심은 문제해결 전략을 촉진한다. 따라서 윈-윈 해결책의 달성가능성이 증대된다.

한편 대결이 비효과적인 경우에도 문제해결 전략이 추구될 수 있다. 당사자들은 상대방이 양보하도록 만들 정도의 권력을 지니고 있지 못한 경우가 많다. 따라서 항복하기 싫다면, 합의를 이루기 위해 문제해결에 전념해야 한다. 즉 상대방이 원하는 것을 얻는 경우에만 자신도 원하는 것을 얻을 수 있다는 사실을 깨닫는 경우 문제해결이 가능해진다.

당사자들은 자신들이 놓여 있는 상황 속에서 단순히 타협 이외에 통합적 해결의 가능성이 있다고 믿게 되면 공동의 문제해결을 시도할 가능성이 크다. 예컨대 두 당사자가 의제들에 대해 서로 다른 선호를 지니고 있는 경우, 통나무 굴리기가 가능할 것이라고 인식하는 경우를 들 수 있다.

(3) 문제해결의 본질과 효과

문제해결은 양쪽 당사자가 모두 협력하는 경우 효과적이지만, 한쪽 당사자 혼자 협력하는 경우에도 가능하다. 문제해결의 구체적인 방법은 상황에 따라 다르지만, 효과적인 문제해결을 위해서는 양쪽 당사자가 모두가 자신들의 이해관계에 대해 확고하며 동시에 유연해야 한다. 문제해결을 위해서는 자신의 이해관계에 대해서는 확고하지만, 동시에 이해관계를 충족시키는 합의안을 찾기 위해서는 상대방의 제안에 대해 유연해야 하는 것이다. 이를 굳건한 유연성(firm flexibility)이라 한다(Pruit, 1983).

보통 문제해결은 협상 당사자 모두에게 이익을 가져다 준다. 특히 ① 통합적 합의의 가능성이 큰 경우와 ② 양 당사자들의 기대치가 높은 경우에는 더욱 그러하다(Pruitt, 1999). 통합적 합의의 가능성이 큰 경우에는 파이 키우기 · 비용절감 · 보상 · 통나무 굴리기 · 연계 등의 가능성이 커진다. 당사자들의 기대치가 높은(다만, 터무니없이 높지는 않은) 경우에는 당사자들로 하여금 도전의식을 자극하고, 창의적 대안을 찾도록 자극한다.

문제해결 전략을 실천하는 다양한 기술들이 있으며, 이 기술들을 사용하는 사람에게 미치는 위험의 관점에서 분류가 가능하다. 가장 효과적인 문제해결 방법은 협상 당사자들이 각자의 협상 목표 · 의제별 우선순위 · 이해관계 등에 대한 정보를 서로 상대방에게 공개하는 것이다. 문제해결은 보통 정보의 교환과 관련되는데, 한쪽 또는 양쪽 당사자가 자신들의 선호도(통나무 굴리기의 가능성을 높이기 위해) 또는 입장 내면에 감춰진 이해관계(연계하기의 가능성을 높이기 위해)에 대한 정보를 제공해야만 한다. 상대방의 양보를 기대하고 먼저 양보하기, 가능한 합의안을 언급하기, 이해관계를 상대방에게 공개하기 등이 여기에 포함된다. 그러나 이러한 기술들은 상호신뢰(mutual trust)를 전제로 하며, 상대방이 악용하는 경우 자신을 위험에 빠뜨릴 수 있다. 한쪽 당사자만이 일방적으로 자신의 정보를 공개하는 것은 협상에서 상대방에게 악용될 수 있는 취약한 상황에 놓이게 만든다. 따라서 정보 교환을 위해서는 당사자들 간의 신뢰가 전제되어야 한다.

이 외에도 다양한 문제해결 기법들이 존재하는데, 브레인스토밍, 상대방에 대한 개인적 공격의 회피, 답하기 전에 문제 제시하기, 상대방의 입장에 서기, 적극적인 청취 등이 대표적이다. 이러한 전략들은 상대방에 대한 이해를 증진하고, 상대방의 태도를 개선하며, 상대방이 동의할 의지를 증진시킨다.

4. 전략의 결과와 결합

각 당사자의 전략을 비교함으로써 협상이 어떤 방향으로 흘러갈 것인가를 어느 정도 예측할 수 있다. 예컨대 양 당사자 모두 경쟁 전략을 채택하는 경우 협상은 대립의 상황으로 전환되고, 그 결과 심각한 갈등이 유발되며, 심한 경우 적대적인 상황이 조성되기 쉽다. 한편 당사자들의 전략이 다른 경우 협상 결과를 예측하기는 쉬울 수도(한쪽이 양보를 선호하고, 다른 쪽은 대결을 선호하는 경우) 또는 어려울 수도(한쪽이 양보를 선호하고, 또 다른 쪽은 문제해결을 선호하는 경우) 있다. 비록 다섯 가지 전략들 간의 가능한 상호 작용을 모두 분석하는 것은 매우 어렵지만, 〈표 3-1〉처럼 대략적인 정리는 가능할 것이다.

이러한 전략들은 동시에 추구될 수 없는 양립 불가능한 것처럼 보이지만, 협상에서 합의를 이루기 위해서는 모두 필요한 전략들이다. 이러한 딜레마를 해결하기 위한 대안은 전략들을 결합하는 것이며, 무반응을 제외한 나머지 세 전략들을 적절하게 혼합하여 사용함으로써 성공적인 협상이 가능해진다. 대표적으로 **신속한 순차화**(rapid sequencing : 예컨대 양보-주장-양보-주장) · **단계별 접근**(moving through stages : 주장 후 문제해결) · **영역차단**(arena shielding : 협상 테이블에서는 주장하고, 반면에 협상 테이블 밖에서는 문제 해결을 시도하기) · **인적 차단**(personnel shielding : 검은모자/흰모자 전략으로 협상팀의 한 사람은 주장을 하고, 다른 사람은 문재 해결을 시도하기) · **의제차단**(issue shielding : 일부 의제에 대해서는 고집을 하고, 다른 의제들에 대해서는 문제해결 의지를 보임) 등의 방법을 적용함으로써 세 가지 상충되는 전략들을 결합할 수 있다.

〈표 3-1〉 협상가의 전략간 상호 작용의 비교

	회피	양보	경쟁	협력	타협
회피	양측이 모두 자신들의 목표추구를 포기함. 서로 간의 관계를 위험에 빠뜨리는 어떤 행위도 하지 않음	양보측이 회피측과의 관계에 대해 큰 관심을 보임. 회피측은 상호 작용을 최소화하려고 시도함	경쟁측이 지배하거나 또는 회피측이 도망함. 회피측은 상호 작용을 최소화하려고 노력하는 반면에 경쟁측은 적극적임	협력측은 의제와 관계 모두에 큰 관심을 보이지만, 회피측은 상황을 피하려고만 함. 협력측이 결국 포기함	타협측은 의제와 관계 모두에 어느 정도 관심을 보이지만, 회피측은 회피하려고만 함. 협력측이 결국 포기함
양보		양측 모두 자신의 목표달성은 하지 않고 상대	경쟁측은 자신의 목표를 추구하고, 양보측은 경	협력측은 의제와 관계 모두에 대해 강한 관심을	타협측은 의제와 관계 모두에 어느 정도 관심을 보

양보		방의 목표에 굴복하며, 관계를 부드럽게 유지하려고 노력함	쟁측을 만족시키려 노력함. 보통 경쟁측이 크게 승리함	보임. 양보측은 협력측을 만족시키려 노력함. 그 결과 굳건한 관계는 유지되지만, 협력측이 더 나은 결과를 달성함	임. 양보측은 타협측을 만족시키려 노력함. 그 결과 관계는 개선됨. 타협측이 양보측으로 하여금 특정 의제들을 추구하도록 권유함
경쟁			양측 모두 의제에 대한 자신의 목표를 추구하지만, 관계에는 전혀 무관심함. 그 결과 갈등·불신·적대감이 발생함	협력측은 의제와 관계 모두에 대해 강한 관심을 보이지만, 경쟁측은 의제만을 추구함. 경쟁측이 보통 승리하며, 양측은 대립적이 됨	타협측은 이슈와 관계 모두에 어느 정도 관심을 보이지만, 주장측은 이슈만을 추구함. 경쟁측이 보통 승리하지만, 양측 모두 경쟁적이 됨
협력				양측 모두 의제에 대한 자신의 목표를 추구하며, 또한 상대방의 목표에 큰 관심을 보임. 그 결과 신뢰·개방 등 좋은 관계가 유지됨	타협측은 어느 정도 관심을 보임. 협력측은 이슈와 관계 모두에 큰 관심을 보임. 최소한의 좋은 타협이 이루어짐
타협					양측 모두 제한된 방식으로 이슈에 대해 자신의 목표를 추구하며, 관계에 해를 끼치지 않으려고 노력함

자료 : Lewicki, Barry, & Saunders(2007), p. 27.

Ⅲ. 협상가의 판단과 의사결정

1. 협상가의 합리성

규범적 측면에서 살펴보면 성공적인 협상을 위해서는 무엇보다 합리적 선택이 강조된다. 합리적 선택은 합리적 의사결정을 의미한다. 충동적이고, 직관적이며, 감정적인 의사결정이 아닌 정보에 기반한 체계적이고 분석적인 의사결정을 해야 한다. 합리성을 추구한다는 것은 여러 가치들을 비교하여 이를 명확하게 하고, 우선순위를 일관되게 하는 것이다. 구체적으로 합리적 의사결정은 다음과 같은 다섯 가지 단계를 거친다.

첫째, 문제를 구조화하고 명확히 한다. 합리적 의사결정의 출발점은 무엇이 문제인지를 분명하게 정의하는 것이다. 문제는 현재 상태(as is)와 바라는 상태(to be) 간의 괴리가 있다고 여겨지는 경우 존재한다. 예컨대 대학 졸업을 앞둔 상황에서 직장을 선택하는 것이 문제인지, 자신의 능력을 기르는 것이 문제인지 분명히 해야 한다.

둘째, 의사결정 기준을 정한다. 판단과 의사결정을 위해 어떤 기준들을 적용할 것인지 명확히 해야 한다. 기준을 정하는 과정에서 의사결정자의 관심 · 가치 · 목표, 그리고 개인적 선호가 반영된다. 예컨대 직장을 선택하는 기준으로 연봉, 미래의 비전, 안정성, 기업의 인지도 등을 포함시킬 수 있다. 한편 이 단계에서 의사결정 기준들 간의 상대적 중요도에 대해서도 결정을 해야 한다. 예컨대 연봉이 기업의 인지도에 비해 두 배 중요할 수 있다.

셋째, 대안을 탐색한다. 문제를 해결하기 위해 자신에게 이용가능한 모든 대안들을 탐색한다. 주요한 대안들이 누락되어서는 안 된다. 예컨대 대기업뿐만 아니라 연구소 · 중소기업 등이 포함된다.

넷째, 대안을 비교평가한다. 이상의 단계를 통해 탐색된 대안들을 체계적으로 분석하고 평가하는 단계이다. 이를 위해 두 번째 단계의 의사결정 기준을 적용한다.

다섯째, 가장 높은 점수를 획득한 대안을 최종적으로 선택함으로써 의사결정이 이루어진다.

〈그림 3-4〉 합리적 의사결정의 단계

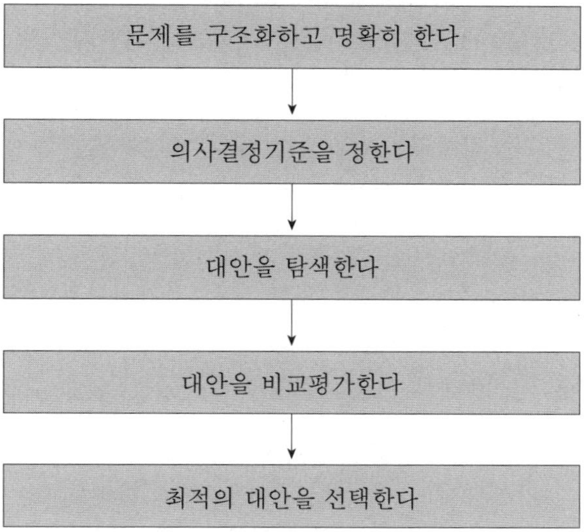

협상 당사자는 각 대안의 위험 · 기회비용 · 관련 결과 등을 고려하면서 합의를 이룬 경우의 주관적 기대효용과 합의를 이루지 못하는 경우의 주관적 기대효용을 비교해야 한다. 일단 각 대안의 기대효용에 대한 계산이 이루어지면, 총 효용이 가장 큰 대안을 선택해야만 한다. 합리적 의사결정 능력을 향상

〈표 3-2〉 다속성효용(MAU) 기법을 적용한 의사결정 : 직장의 선택

대 안	연 봉	안 정 성	인 지 도	효 용	환 산 율*
가중치	0.3	0.3	0.4		
벤처기업(A)	65	96	50	68.30	80
대기업(A)	50	80	80	71.00	83
대기업(B)	60	95	75	76.50	90
중소기업(A)	75	90	40	65.50	77
연구소(A)	70	85	40	62.50	73
연구소(B)	80	90	85	85.00	100

* 환산율은 최대효용을 100으로 환산한 값이다.

하기 위해서는 다속성효용기법(Multi-Attribute Utility Technique : MAUT) · 결정분석(decision analysis) 등의 규범적 의사결정 기법들을 학습하는 것이 중요하다. 〈표 3-2〉는 다속성효용기법을 직장선택 상황에 적용한 경우이다.

현실 속에서 협상가는 합리적 의사결정이 어느 정도나 가능할까? 합리적 의사결정의 절차는 절차라기보다는 비현실적인 가정들로 여겨진다(Robbins, 2004). 문제의 구조화와 관련해서는 현실 속의 문제들은 복잡하며, 모호하며, 인과관계가 불분명한 경우가 대부분이다. 의사결정자는 시간 제약 · 제한된 합리성(bounded rationality) 등으로 인해 모든 평가기준과 대안을 찾아 내기 어렵다.

실제 협상가의 행태는 합리적 선택이론에서 강조하는 합리성에서 상당히 벗어난다. 협상 상황에 직면한 협상가들은 합의안의 선택과 같은 중요한 의사결정을 함에 있어 합리적 선택보다는 휴리스틱스(heuristics) · 직관(intuition) · 어림짐작(rules of thumb) 등의 방법에 의존하고, 인지적 도식(cognitive schema)에 의해 정보를 처리한다. 한 마디로 협상가는 단순히 감이나 직관에 의해 의사결정을 하고 협상을 이끌어 가는 경우가 많다. 또한 협상가는 각자 나름의 인지적 틀을 형성하고, 이를 이용하여 협상 과정에서 얻어지는 각종 정보들을 처리한다.

협상가의 인지적 과정에 대한 연구는 주로 두 가지의 시각에서 접근하고 있다.

첫번째 시각은 Tversky & Kahneman의 인지적 휴리스틱스(cognitive heuristics)와 바이어스(bias)의 이론에 직접적으로 뿌리를 두고 있다. 이 분야의 연구는 협상가의 인지적 판단에서 편향성이나 오차가 발생되는 이유들을 찾는 데 초점을 맞추고 있다.

두 번째 시각은 인지적 도식에 의한 정보처리(schematic information processing)와 정신모형(mental model)의 구축 측면에서 접근한다(Bazerman & Neale, 1983). 이러한 시각에 따르면 갈등 당사자는 갈등 상황, 의제 및 상대방에 대한 나름대로의 정신적 표상(mental representa-tion)을 구축한다. 이러한 정신적 표상 또는 인지적 도식은 협상가의 정보처리, 즉 정보 획득, 저장, 기억을 촉진하거나 또는 거꾸로 왜곡하기도 한다.

2. 휴리스틱스와 바이어스

협실 속의 협상가는 합리적 의사결정이론에 따라 판단과 의사결정을 하는 합리적 존재일까? 협상가는 분석적 판단이나 의사결정보다는 직관 · 어림짐작 · 휴리스틱스 등에 의존한다. 그 결과 제한된 주의력과 기억력만을 지닌 협상가는 정보를 저장하고 추출하는 데 있어 오류를 범하기 쉽다. 협상가가 이용하는 휴리스틱스에는 다양한 형태가 존재하지만, 이용가능성, 대표성, 조정과 정박의 휴리스틱스 등이 대표적이다. 또한 사건의 결과가 이익 또는 손실의 관점에서 어떻게 틀구성(framing)되는가에 따라 협상가의 판단에는 오차 또는 오류가 발생된다. 이와 함께 과도한 확신(overconfidence) 역시 판단 오류를 유발한다.

(1) 이용가능성과 대표성 휴리스틱스

사람들은 사례가 머릿속에서 쉽게 떠오르는 정도에 따라 어떤 사건의 빈도나 확률을 평가한다. 이를 **이용가능성**(availability) 휴리스틱스라고 한다. 빈도가 높은 사건은 빈도가 낮은 사건에 비해 더 빠르고 유용하게 기억되기 때문에 이용가능성은 빈도나 확률을 평가하는 유용한 단서이다. 그러나 이용가능성은 빈도나 확률 이외의 다른 요소들에 의해서도 영향을 받는다. 그 결과 이용가능성에 의지하게 되면 판단의 오류가 발생된다. 협상에서의 이용가능성은 협상가로 하여금 두드러진 정보(즉 쉽게 머릿속에서 떠오르는 사례)에 지나치게 의존하게 하며, 따라서 잘못된 판단을 불러온다(Neale & Bazerman, 1991). 예컨대 과거에 위협 전략이 성공적이었던 사례가 잘 생각나면 계속 위협 전략을 사용하는 경우이다. 물론 현재 상황이 위협 전략이 적합하지 않은 상황이라 하더라도 위협 전략에 의존하려 하게 된다.

A가 분류상 B에 속할 확률은 얼마일까? A라는 사건이 B과정을 거쳐서 일어날 확률은 얼마인가? B과정이 A라는 사건을 초래할 확률은 얼마인가? 사람들은 대부분 이런 질문에 대답할 때 **대표성 휴리스틱스**(representativeness heuristics)에 의존한다. 말하자면 A가 B를 대표하는 정도에 따라서 확률을 평가하고, 그것은 A가 B와 비슷한 정도를 의미한다. 대표성은 관련 있는 것

으로 보이지만, 실제로는 사실과 다른 특성들에 근거하여 판단을 하는 현상과 관련된다. 즉 어떤 사건이나 대상을 어떤 범주가 지닌 전형적인 특징이나 외형만으로 그릇되게 판단하는 것이다. 예컨대 노동조합 대표가 붉은 색 머리띠를 두르고 통일된 복장을 하고 협상에 임하게 되면, 회사측은 과거와 같이 노조측이 무조건 강경한 입장만을 고집할 것이라 예상하는 경우이다. 노조의 붉은 색 머리띠와 통일된 복장이 강경함의 표상으로 받아들여지기 때문이다.

특히 이 두 휴리스틱스는 협상가가 역사적인 유사성에 지나치게 의존하는 경향과 직결된다. 이러한 휴리스틱스의 대표적인 사례는 국가간 협상의 경우이다. "만일 이러한 공세가 지속된다면, 아마도 또 다른 뮌헨이 될 것이다"라는 표현은 협상 대신 투쟁을 정당화하는 데 이용된다. 이 말은 챔벌레인과 히틀러 사이에 1938년에 합의된 수치스런 협상을 의미하는 말이다.[3] 현재 협상의 상황이 상당히 다름에도 불구하고 과거의 역사적인 협상이 현재 협상의 표상으로 여겨지는 경우이다(Carnevale & Pruitt, 1992).

(2) 정박과 조정 휴리스틱스

정박(anchoring)과 조정(adjustment)은 일종의 단순화 전략(simplifying strategy)으로서 자의적으로 선택된 기준점이 판단에 막대한 영향을 미치는 경우이다. 한 실험에서 피실험자들은 전세계 국가 중 아프리카 대륙의 국가 수를 추측해 달라고 요구받는다. 이들은 0부터 100까지의 숫자가 적힌 원판을 돌리고, 그 수가 아프리카 국가 수보다 많은지 적은지를 지적하고, 숫자를 조정할 수 있도록 하였다. 그 결과 원판에 나온 임의의 숫자가 아프리카 국가 수를 추측하는 데 커다란 영향을 미치는 것으로 나타났다. 즉 피실험자들의 예측치는 전혀 상관없는 원판의 숫자에서 크게 벗어나지 않은 것이다. 이러한 현상을 정박(anchoring)이라고 한다. 숫자를 마음대로 조정하도록 한 경우에도 처음의 숫자에서 크게 벗어나지 않았다. 이러한 현상을 불충분한 조정(adjustment)이라고 한다.

---

3) 1938년 영국 수상 챔벌레인은 독일의 히틀러에게 전쟁을 일으키지 않는 조건으로 모든 것을 양보하는 협상을 했다. 이로 인해 유럽의 여러 나라로부터 많은 비판을 받았지만, 챔벌레인은 "이제 전쟁은 없으니 협상에서 성공한 것 아닌가?"라고 자랑스러워했다. 그러나 불과 1년 뒤 히틀러가 제 2 차 세계대전을 일으킴으로써 전세계를 전쟁의 소용돌이 속으로 몰아넣었다.

협상에서 모두발언(opening statement)이나 최초 제의가 협상결과에 미치는 커다란 영향은 정박과 그에 따른 불충분한 조정의 휴리스틱스를 보여 준다. 어떤 대안의 가치를 평가함에 있어 협상가들은 자신이 나름대로 알고 있는 판단 기준으로 대안에 대한 평가를 시작하고, 차이가 나는 부분에 대해 조정(adjustment)을 하게 된다. 그러나 조정은 최초의 평가로부터 크게 벗어나지 않는 수준에서 그친다. 이는 자신의 최초 판단이 타당하다고 지나치게 믿는 데서 비롯된다. 예컨대 주택매매 협상에서 어떤 사람이 이사를 가면서 급하게 싼 값에 집을 매물로 내놓아 거래가 성립되는 경우, 이러한 정보가 이후의 아파트 거래에 미치는 비정상적인 효과를 설명할 수 있다. 또한 협상가들은 흔히 최초의 결정에 정박한 채 그 결정을 합리화하려고 계속 노력하고, 이러한 노력이 자신의 일관성을 보여 주는 것이라고 믿는다. 그 결과 손실을 보면서까지 조정이 충분하게 이루어지지 못하는 경우도 빈번하다. 모호성과 불확실성이 큰 상황일수록 협상가들이 정박과 조정의 휴리스틱스를 사용할 가능성은 커진다.

(3) 결과의 틀구성에 의한 바이어스

Kahneman & Tversky(1979)의 기대이론(expectancy theory)은 사람들이 위험과 불확실성을 어떻게 다루는가를 보여 주는 이론이다. 기대이론에 따르면 심리적인 부(wealth)의 함수 곡선은 한계효용체감의 법칙이 작용하여 다음 그림처럼 S-곡선이 된다. 중립적인 준거점(reference point)을 중심으로 그 이상인 경우 가치함수는 오목함수를, 이하인 경우는 볼록함수를 취한다. 또한 〈그림 3-5〉에서 보듯이 가치함수의 기울기는 이익보다 손실 영역에서 크게 나타나고 있다.

이러한 가치함수는 두 가지 중요한 특성을 지니고 있다.

첫째, 사람들은 이익과 관련해서는 위험회피 성향을, 손실과 관련해서는 위험추구 성향을 지니고 있음을 보여 준다. 즉 이익과 관련된 위험에 직면하였을 경우와 손실과 관련된 위험에 직면하였을 경우에 보이는 태도가 다르다는 것이다. 우선 이익 영역에서의 기대가치의 증가분은 이익이 증가할수록 감소된다. 따라서 사람들은 ① 확실하게 1,000원을 받을 수 있는 경우와 ② 2,500원을

〈그림 3-5〉 기대이론의 가치함수

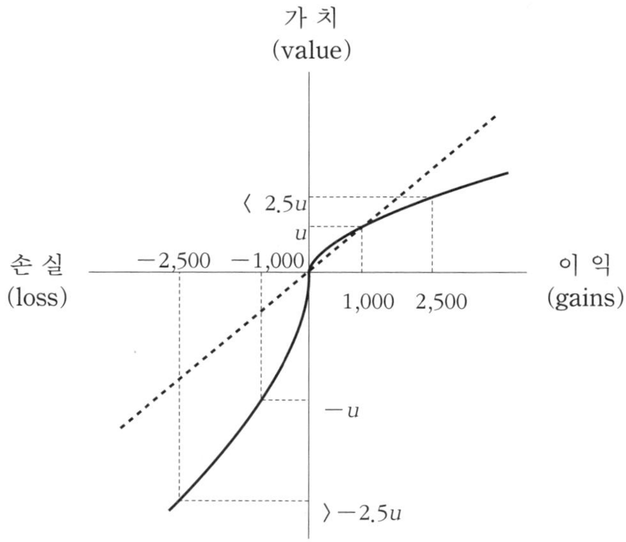

받을 확률이 50%(한 푼도 받지 못할 확률 50%)인 두 가지 경우가 주어진다면 2,500원의 불확실한 기회보다는 확실한 1,000원을 더 선호한다. 물론 상황 ②의 수학적인 기대가치가 1,250원임에도((0.5×0원)+(0.5×2,500원)) 불구하고, 확실한 1,000원을 선호하는 것이다. 이것이 위험회피 성향이다. 손실영역에서의 기대가치의 감소분은 손실이 증가할수록 감소된다. 따라서 ① 확실하게 1,000원을 손해보아야 하는 경우와 ② 2,500원의 손해를 보거나 전혀 손해를 보지 않을 확률이 50%인 두 가지 상황이 주어진다면, ②의 상황을 선택함으로써 위험지향적인 태도를 보인다. 이러한 모험수용 성향의 차이는 우리가 나름대로 예상하는 잠재적 결과(potential outcome)에 따라 우리의 선택과 행동이 달라짐을 의미한다.

둘째, 이익보다 손실 영역에서의 가치함수의 기울기가 가파르다는 것은 동일한 크기의 손실과 이익 중에 손실의 크기가 더 크게 느껴짐을 의미한다. 즉 길을 걷다가 1,000원을 잃어버리는 경우 느껴지는 손실감은 1,000이 공짜로 생겼을 경우에 느껴지는 행복감에 비해 크다는 것이다. 이러한 이유로 사람들은 이익을 추구하기보다는 위험을 회피하는 데 더 적극적이다.

또한 기대이론(prospect theory)에 따르면 사람들이 자신의 인식 속에서 거래나 결과의 틀(frame)을 어떻게 구성하는가가 자신들이 기대하는 효용에 영향을 미친다. 즉 상황이 "구성(framed)"되는 방식에 따라 판단이 달라진다는 것이다. 이러한 현상을 틀구성 효과(framing effect)라 부른다. 여기서 '프레임(frame)'이란 의미를 해석하기 위해 우리가 만들어 낸 정신적 구조(mental structure)이다.

그런데 불변원칙(invariance principle)에 따르면 선택은 상황 그 자체에 의존해야지, 상황이 어떻게 기술되는가에 의존해서는 안 된다. 어떤 상황과 관련된 두 가지 경우가 동등하다면, 두 가지 경우가 선택될 확률이 동일해야 한다는 것이다. 틀구성 효과는 이러한 불변원칙에 위배된다. 예컨대 다음의 상황을 가정해 보자.

1) 대안 1을 선택하면 3개의 공장 가운데 하나와 2,000명의 인력을 유지한다.

2) 대안 2를 선택하면 3개 공장 모두와 직원 6,000명 모두를 구할 확률은 1/3이다. 그러나 공장과 직원 모두를 구하지 못할 확률은 2/3이다.

이상의 두 가지 대안 가운데 하나를 선택해야 한다면, 어느 대안을 선택하겠는가? 또 다른 상황을 가정해 보자.

3) 대안 3은 3개의 공장 가운데 두 개와 4,000명의 인력의 손실을 불러온다.

4) 대안 4를 선택하면 3개 공장 모두와 직원 6,000명 모두를 잃을 확률이 2/3이다. 그러나 공장과 직원 모두를 잃지 않을 확률은 1/3이다.

기대가치를 계산해 보면 네 개의 대안 모두 정확히 일치한다. 그러나 첫 번째 경우에서는 대부분의 사람들이 대안 1을 선택한다. 이와는 반대로 두 번째 경우에서는 대부분의 사람들이 대안 4를 선택한다. 두 경우 모두 어떤 선택을 하더라도 기대가치는 정확히 동일하지만, 질문에서처럼 단지 결과를 '유지된' 인력과 공장의 관점에서 묘사한 경우와 '손실된' 인력과 공장의 관점에서 묘사한 차이밖에 없다. 그럼에도 불구하고 사람들의 선택은 위험 회피적(risk avoiding) 선택에서 위험 추구적(risk taking) 선택으로 바뀌었다. 이처럼 상황을 어떻게 묘사하느냐, 즉 어떻게 틀을 형성하느냐에 따라 사람들의 판단은 전혀 달라질 수 있다.

한 마디로 협상은 틀구성에서 시작된다고 해도 과언은 아니다. 협상 당사자들은 협상 상황을 자신의 인식틀에 따라 나름대로 해석하고 이해하면서 협상을 이끌어 가게 된다. 따라서 협상 상황 · 의제 · 이해관계 등을 어떻게 틀구성하느냐에 따라 협상의 가치와 전략이 달라진다. 협상 과제가 긍정적인 틀로 제시되는 경우 협상가들은 기대되는 결과를 이익의 관점에서 바라보며, 협상의 순이익을 극대화하는 노력을 전개한다. 반면에 부정적인 틀로 제시된 경우 협상가들은 기대되는 결과를 손실의 관점에서 바라보며, 협상 비용을 최소화하기 위한 노력에 집중한다. 따라서 부정적으로 틀이 형성되는 경우에 비해 긍정적으로 틀이 형성되는 경우, 당사자들이 합의에 도달할 가능성이 크다. 물론 부정적 틀이 형성되는 경우의 협상전략과 긍정적 의사결정틀이 형성되는 경우의 협상전략은 달라질 수밖에 없다(Neale & Bazerman, 1985). 한편 당사자의 의사결정 틀구성과 수정에 있어서 당사자들 간의 의사소통 과정이 큰 영향을 미치는 것으로 나타났다.

기대이론에 따르면 갈등 당사자들이 상호 의존적인 상황에 놓여 있는 경우, 당사자들은 자신들의 이익을 최대화하기보다는 손실을 최소화하기 위해 더 노력한다. 이익의 틀로 구성된(gain-framed) 사고를 지닌 당사자에 비해 손실의 틀로 구성된(loss-framed) 사고를 지닌 당사자는 더 많은 것을 요구하게 되고, 양보를 덜 하며, 따라서 더 빈번하게 협상의 파국에 직면하게 된다(Neale & Bazerman, 1985). 또한 사람들은 이익이 관련될 때보다는 손실이 관련되는 경우 덜 협조적이 된다(Brewer & Kramer, 1986). 이익의 틀로 구성된 당사자는 의제교환 등 윈-윈 형태로 협력하여 통합적 합의를 이끌어 낼 수 있는 준비가 되어 있으나, 손실의 틀로 구성된 당사자는 조건부 계약보다는 확실한 계약을 선호한다.

(4) 과도한 확신에 의한 바이어스

협상에서 또 다른 오류는 협상가가 자신의 성공을 지나치게 확신하는 데서 비롯된다. 흔히 협상가는 상대방이 자신보다 더 큰 양보를 할 것으로 믿으며, 자신이 바라는 협상 결과를 달성할 가능성을 지나치게 확신한다. 또한 협상이 결렬되는 경우 중재자가 자기편에 설 것으로 기대한다(Carnevale & Pruitt, 1994).

대부분의 사람들은 자신 · 세상 · 미래를 실제보다 더 긍정적으로 바라보는 성향(positive illusion)이 있다. 또한 사람들은 바람직한 속성이나 특성들 측면에서 자신이 남들보다 옳다고 생각하며, 비현실적으로 긍정적인 자기평가를 내린다. 이러한 낙천적 시각은 부분적으로 협상가들이 자신들의 능력을 과대평가하는 데서 기인한다. 긍정적 환상이 자기중심성과 결합되는 경우, 통합적인 협상을 저해하고 합의를 지연시킴으로써 갈등의 비용을 증대시키게 된다. 이러한 지나친 낙관주의는 협상에서 합의의 가능성을 저해하고, 중재자의 노력에 방해가 된다. 이러한 낙관주의는 상대방의 협상결과에 대한 관심이 낮은 경우에 주로 발생된다.

3. 인지적 도식에 의한 정보처리

협상가는 협상에서 어떻게 정보를 획득하고 이용하는가? 특히 정보처리 능력이 협상가의 판단 · 행동 및 협상결과에 어떻게 영향을 미치는가? 협상가는 인지적 도식에 의한 정보처리(schematic information processing)를 하는 존재다. 세상을 이해하는 자신만의 안경을 끼고 세상을 바라본다. 즉 협상가는 나름대로 세상을 바라보고 이해하는 정신적 표상(mental representation)을 구축하고, 이를 토대로 세상을 이해한다. 물론 이 과정에서 인지적 편견이나 바이어스가 발생되는 것이 보통이다.

기본적으로 인간은 모호함과 불확실성을 좋아하지는 않으며, 복잡한 생각을 싫어한다. 자신이 접하는 수많은 정보를 처리함에 있어 합리성의 제약으로 인해 정보들을 그대로 모두 받아들이고 처리하기보다는 놀라울 정도로 단순화시켜 처리하는, 즉 인지적 배선짜기(cognitive hardwiring)를 하는 존재이다(Thompson, 1998). 복잡하고 빠르게 변하는 일상생활 속에서 부딪히는 다양한 문제들을 해결하기 위해 인지적 지름길(cognitive shortcut)을 만들어 정보를 처리하며(Cialdini, 1993), 또한 정보를 신속하게 처리하고 활용할 수 있도록 가정들을 단순화하는 단순화 전략(simplifying strategy)에 의존한다. 복잡하고 모호한 현실을 그대로 이해하고 분석하기를 싫어하기 때문에 상황이나 사건 속의 모든 변수들에 주목하기보다는 주요 변수들만을 추출하여 인식 속에서 재구성함으로써 현실의 단순화를 시도한다. 그 결과 협상가는 자신에게 주어진 모든 정보들을 완벽하게 처리했다고 믿지만, 오히려 체계적으로 오류를 범하는 존재다. 더욱이 인간은 종결(closure)의 욕구를 지니고 있어 어떤 상황이든지 즉각적인 해답과 해결책을 찾아 내기를 원한다.

상대방에 대한 태도와 믿음, 상대방의 의도의 인식, 상황의 인식과 같은 인지적 요인들이 당사자의 정보처리와 협상 행태를 결정한다. 즉 당사자들이 맥락·의제·협상 과제 등을 어떻게 인지적으로 해석하는가에 따라 협상과정에서의 정보 처리와 협상 행태가 달라지는 것이다(Deutsch, 1982). 이러한 협상가의 정보처리와 인식 구조가 인지적 도식(schema)이다. 협상가의 인지적 도식은 협상과 관련된 다양한 정보와 이들 간의 관계가 기억 속에 저장된 인식 체계로서 협상 행태를 인도한다. 협상가는 상이한 사례나 내용들을 여러 번 처리하면서 기억 속에서 하나의 인지적 도식을 만들어 간다. 즉 문제해결의 표준운영절차(standard operation procedure)를 머릿속에 만들어 가는 것이다. 예컨대 이러한 상황에서는 이렇게 대응해야 한다는 논리가 인식 속에 만들어지는 것이다.

인지적 도식에 의한 정보처리는 당사자간의 합의를 촉진하기도 하지만, 그보다는 갈등을 지속시키고 악화시키는 경우가 많다. 서로 다른 도식으로 인해 두 당사자가 동일한 갈등 상황을 서로 다르게 바라보며, 심지어 상반되게 인식할 수도 있다(Pinkley, 1990). 예컨대 한쪽 당사자는 협상을 이익의 게임으로 보는 반면에, 상대방은 손실의 게임으로 보는 경우이다. 다양한 인지적 도식들 가운데 당사자의 정보처리에 영향을 미치는 도식들에는 고정된 파이의 인식·허위 갈등·반응적 평가절하·귀인과 행태·협상 스크립트·긍정적 느낌 등이 대표적이다.

첫째, 협상 당사자의 인지적 도식의 대표적인 사례는 "너의 이익이 곧 나의 손실"이라고 가정하는 경우이다. 이러한 제로섬(zero-sum) 또는 승자-패자의 고정된 파이 인식(fixed-pie perception)은 협상 과정에서 당사자의 행동에 막대한 영향을 끼친다. 당사자들이 서로 상대방의 이해가 자신의 이해와 정확히 상충된다고 믿는 경우, 고정된 파이 인식이 발생된다. 물론 상대방도 나와 동일한 의제를 동일하게 중요시하고 있다고 믿는다. 이러한 고정된 파이 인식은 공동의 이익을 증대시킬 기회가 존재한다는 가능성을 부정하게 만든다. 즉 파이를 키울 수 있다는 가능성을 깨닫지 못하게 만드는 것이다. 많은 협상가들이 고정된 파이의 인식을 가지고 협상에 임하며, 협상이 끝날 때까지 상대방의 선호도가 자신과 다르고, 따라서 의제간 교차교환(trade-off)이 가능하다는 사실을 깨닫지 못하는 것이 보통이다(Thompson & Hastie, 1990). 심지어는 많은 협상가들이 상대방에 대한 정확한 정보가 제공된 뒤에도 상대방의 이해관계를 정확히 인식하는 데는 실패하는 것으로 나타났다. 고정파이 인식은 의제간의 교차교환(trade-offs)을 어렵게 만들며, 그 결과 불만족스런 협상결과, 협상의 교착이나 패배-패배 합의(lose-lose agreement) 혹은 자원의 불필요한 낭비를 초래하기 쉽다.

둘째, 실제로는 당사자들이 서로 같은 것을 원하고 있지만, 그것을 깨닫지 못하는 상황에서 서로 다른 것을 원하고 있다고 생각하는 경우이다. 즉 당사자들이 공통의 가치(common value)를 미처 보지 못하는 경우이다(Lax & Sebenius, 1986). 이러한 문제를 허위갈등(illusory conflict)이라고 부르며, 당사자들 간에 실제로 상충되는 부분이 없는 데도 불구하고 이해관계가 상충되는 것으로 인식하는 현상을 의미한다. 이러한 허위갈등은 양립불가능성 오류(incom-patibility error)로도 불린다(Thompson & Hastie, 1990).

셋째, 반발적 평가절하(reactive devaluation)는 협상에서 상대방에 의해 제시된 제안이나 의견이 평가절하되는 경향을 나타내는데, 상대방의 제안을 제안 그 자체로 평가하기보다는 상대방이 내놓은 것이기 때문에 나에게는 무조건 손해라고 단정하는 경우다. 한 마디로 적이 내놓은 의견이기 때문에 평가절하하는 것이다. 동전의 한 면이 허위갈등이라면, 다른 한 면은 평가절하에 비유할 수 있다(Carnevale & Pruitt, 1994). 흔히 협상가들은 상대방에 의한 양보를 헐뜯고 곡해하는 경향이 있다. 이는 감정이나 과거의 경험으로 인해 상대방에게 좋은 어떤 것도 자신에게는 손해라고 생각한 데서 비롯된다.

넷째, 상대방이 협상 테이블에서 하는 행동의 원인을 어떻게 귀인(attribution)시키는가에 따라 상대방의 행동에 대한 당사자의 반응이 달라진다

(Bartal & Gevba, 1986). 상대방의 적대적인 협상 행태가 단지 그의 순수한 신념 때문이라고 믿는 경우, 상대방에 대한 보복 행동은 줄어든다. 흔히 사람들은 사회 갈등에서 나타나는 견해차를 악의에 의한 것으로 그릇되게 귀인하기도 한다(Hammond & Grassia, 1985).

다섯째, 어떤 상황 속에서 진행해 나가는 절차에 대한 가정을 스크립트(script)(Abelson, 1981) 또는 사건도식(event schema)(Hastie, 1981)이라고 한다. 스크립트에는 흔히 당사자와 상대방으로부터 적절하고 공정한 것으로 기대되는 행태에 관한 가정들을 담고 있다. 실제 협상이 이처럼 정형화되고 구체적인 스크립트에 의해 진행되기도 한다. 예컨대 "한번 양보를 했으면 다시 물러서서는 안 된다"는 대표적인 스크립트이다.

여섯째, 긍정적인 느낌, 즉 농담을 하거나 하는 따위의 즐거운 느낌은 협상에 중대한 영향을 미친다. 전문적인 중재자들은 이것을 잘 알기 때문에 협상이 진행되는 상황에서 상호 협력적인 관계를 형성하기 위해 언제 우스운 농담을 해야 하는가를 잘 안다. 긍정적인 느낌은 적대감을 줄이고, 협력적인 행태를 촉진하며, 나아가 창의적 문제해결을 촉진한다.

Ⅳ. 협상의 사회심리학적 측면

기존의 협상가의 행태적 의사결정 연구와 함께 1990년대 이후 협상의 사회심리학적 접근이 확산되기 시작하였다. 사회심리학적 접근은 협상가 개인을 분석 대상으로 하기보다는 협상가에게 영향을 미치는 사회적 맥락, 영향력과 같은 당사자들 사이의 관계 등을 분석하는 데 초점을 맞추고 있다.

1. 협상의 사회적 맥락

개개 협상가의 판단은 사회적 맥락(social context)에 의해 영향을 받으며, 사회적 관계가 협상 과정과 결과에 영향을 미친다는 것이다. 사회적 맥락 변수들은 대표적으로 관계(relationship)·집단과정(group process)·사회규범(social norms) 등으로 구분될 수 있다.

첫째, 협상에서 관계(relationship)의 중요성에 대한 인식은 협상의 역사만큼이나 오래되었다(Walton & McKersie, 1965). 협상에서의 관계는 개인·양자·네트워크의 세 가지 상이한 수준으로 구분된다. 개인 수준에서의 관계는 개별 협상가의 판단과 선호가 어떻게 사회적 맥락에 의해 영향을 받는가를 다루고 있다. 양자 수준에서의 관계 분석은 어떻게 두 당사자 간의 관계가 협상의 과정과 결과에 영향을 미치는가를 다루고 있다. 무엇보다 협상 당사자들 간의 관계는 당사자들의 협상 전략에 영향을 미치고, 이는 협상의 결과에 영향을 미치게 된다. 당사자들이 서로에 대한 신뢰를 가지고 있는 경우 대결 전략 보다는 협력 전략이 선호되지만, 서로에 대한 신뢰가 부족한 경우 대결 전략이 선호되기 쉽다. 전자의 경우는 통합적 합의의 가능성이 커지지만, 후자의 경우는 분배적 협상으로 전개되기 쉽다. 마지막으로 네트워크적 관계는 관계가 보다 광범위한 행위자의 네트워크의 관계에 미치는 영향을 다루고 있다. 대표적으로 사람들은 협상 파트너를 선택함에 있어 새로운 파트너를 찾기보다는 이미 알고 있는 다른 사람들을 선호하는 것으로 나타났다(Bazerman *et al*., 2000).

둘째, 많은 경우 협상은 대표를 통해 이루어진다. 집단의 대표는 내부적으로 자신의 권한을 적절히 형성하고, 구성원들에게 합의안에 대한 동의를 구하는 일들을 해야 한다. 또한 동시에 외부적으로는 협상을 자신이 속한 집단에 유리하도록 이끌어 가야 한다.

훌륭한 대표는 집단내부 협상과 집단간의 외부협상을 적절히 관리하는 능력이 필요하다. 상대방과 신속하고 원활한 협상을 진행하는 경우, 오히려 집단 구성원들에게 부정적인 영향을 미치기도 한다. 지나치게 상대방의 입장을 배려하고 있다고 비난받기 쉽다. 반대로 구성원들의 의견을 지나치게 존중하여 집단의 이해만을 주장하는 경우, 상대방과 합의를 이루기는 매우 어려워진다. 따라서 양자의 균형을 적절하게 조절하는 것이 중요하다.

흔히 대표들은 집단의 이익을 향상시키기 위한 전략보다는 집단이 선호하는 전략을 사용하는 경향이 있다. 예컨대 노동조합은 회사측과의 통합적 문제해결이 가능한 상황에서도 조합원들이 원한다는 이유로 대결 전략을 고수하기도 한다. 특히 자신이 대표하는 집단에 대해 결과의 책임을 져야 하는 상황에서는 집단 구성원들의 기분을 맞추려고 노력한다. 집단이 분열되어 있는 경우, 집단 대표에게는 커다란 제약이 된다. 이 경우 집단내부의 합의가 상대 집단과의 협상보다 어려운 상황이 발생된다. 이 경우 집단의 대표는 집단 내부의 이견과 갈등을 관리하는 조정자 역할도 수행해야 한다.

셋째, 사회규범은 집단이나 사회가 그 구성원들에게 기대하고 있는 의견·태도·행동의 준칙으로 사회적 규준으로도 불린다. 사회적 규범은 크게 두 가지 측면에서 사회 갈등을 억제한다(차재호, 1992). 첫째 "모든 구성원은 동일하게 한 표를 행사한다"와 같은 규범으로 누가 더 영향력이 있는가의 갈등 문제를 사전에 예방하며, 둘째 갈등은 기본적으로 당사자들 간에 해결해야 하며, 그렇지 못한 경우 제 3자가 개입한다는 규범은 갈등의 관리에 도움을 준다.

2. 당사자의 영향력 행사전략

당사자가 자신에게 유리하도록 협상의 결과에 영향을 미치려고 시도하는 경우 이용할 수 있는 여섯 가지 대표적인 전략들이 있다.[4] 이러한 전략들 각각은 인간의 행동을 지배하는 사회심리학적들 원칙에 토대를 두고 있다.

첫째, 인류 문화의 가장 보편적이고 기본적인 규범 가운데 하나는 상호주의 원칙(reciprocity principle)이다. 사람들은 다른 사람으로부터 무언가를 받는 경우, 이에 보답해야 한다는 의무감을 느낀다. 무엇인가를 받은 대가로 미래에 보답을 의무화함으로써 상호주의 원칙은 사람들로 하여금 호의를 잊지 않도록 만든다. 사람들은 어떤 의무감을 갖게 되는 것이 싫어서 종종 상대방으로부터의 호의와 사례를 거절한다. 우리는 어린 시절부터 이러한 원칙을 지켜야 하며, 그렇지 못한 경우 사회적 불인정을 받게 된다고 학습되어 왔다. 만일 다른 사람으로부터 호의를 입었지만 갚지 못하게 되는 경우 상당히 불안해하기도 한다(Thompson, 1998).

상대방의 요구에 순응하려는 생각은 보통 상호주의 원칙에 기반을 두고 있다. 즉 부탁을 하기에 앞서 상대방으로부터 순응을 얻어 내는 전략으로 무언가 호의를 베푸는 것이다. 보험설계사가 낯선 아주머니의 짐을 들어 주고,

---

4) 이하는 주로 다음의 문헌을 참고하였다. R. B. Cialdini, *Influence : The Psychology of Persuasion*, Rev. ed.(New York : Morrow, 1993).

그 아주머니로부터 쉽게 보험 가입을 얻어 낼 수 있는 것도 상호주의 원칙에 따른 것이다. 또한 무료로 몇 개월씩 신문이 배달되는 경우, 무료기간 후에도 신문을 구독해야 하는 의무감을 느끼게 된다.

상호주의 원칙을 이용하여 상대방의 순응을 얻어 내는 또 다른 방법은 먼저 양보하는 전략이다. 양보는 양보를 이끌어 낸다. 거절 후 후퇴 전략(rejection-then-retreat technique) 또는 "면전의 문(door-in-the-face)"은 상대방으로 하여금 양보를 하도록 만드는 압력이 된다(Cialdini, 1993). 틀림없이 거절될 수밖에 없는 극단적인 요구로 시작하여 아주 작은 요구로 물러서는 전략이다. 이러한 작은 요구는 상대방으로 하여금 받아들여지기 쉽다. 예컨대 터무니없

상호주의 원칙을 이용하기

"비난 여론 희석노린 고도의 협상전술"
'아픈 2명 석방' 카드 왜

지난 11일 탈레반 대변인을 자처하는 아마디(Ahmadi)는 "(탈레반) 지도자 위원회의 결정에 따라 한국인 인질 2명을 '조건 없이' 석방키로 했다"라고 전격 선언했다. 그는 이어 "이번 석방은 호의의 제스처이자, 한국인을 위한 선물"이라고도 말했다. 무고한 한국인 23명을 납치해 이미 2명을 살해한 탈레반이 과연 한국인에게 호의를 베풀기위해 '2명 석방'을 결정했을까. 그게 아니라면 그들의 전략은 무엇일까.

일본 마이니치(每日)신문은 12일 "탈레반 수감자의 석방을 거부하고 있는 아프가니스탄 정부에 한국측이 강력한 석방 압력을 가해 주길 원하기 때문"이라고 보도했다. 탈레반 전문기자인 파키스탄 '더 뉴스'의 유수프자이 에디터는 "한국 정부의 요구를 일부 충족시켜 준 뒤 다음 협상에서 더 좋은 조건을 제시하기 위한 것"이라고 분석했다. 탈레반 입장에선 이렇게 양보를 했는 데도 아프가니스탄 정부가 조금도 양보를 하지 않는다는 인상을 국제사회에 심어 주려는 의도도 담겨 있다고 봐야 한다.

〔조선일보 2007년 8월 13일〕

이 비싼 머리핀을 구매하도록 권하다가 가격이 저렴한 머리핀을 내놓으며 "오늘 손님이 개시입니다. 요것 하나만 사주세요"라고 하면, 더 이상 가격을 흥정하기보다는 미안한 마음에 그것을 구매하게 된다. 따라서 협상가는 상대방으로부터의 예상치 못한 호의나 선물에 대해서는 경계를 해야만 한다. 만일 상대방의 호의가 부담되지만 거절하기 어렵다면, 동일한 호의를 상대에게 베풀어야 한다는 인식이 지배하게 된다(Thompson, 1998).

둘째, 사람들은 말 · 태도 · 신념 · 느낌 · 행동 등에 있어 우리들 자신뿐만 아니라 타인에 대해 일관되게 보이고 싶어 하는 욕구를 지니고 있다. 이것이 일관성 원칙(consistency principle)이다(Cialdini, 1993). 의사결정에 있어 일관성의 원칙은 새로운 정보가 출현하는 경우에도 기존의 결정을 뒤집기보다는 고집하게 할 만큼 강력한 기능을 한다. 설령 잘못된 결정을 하였음을 알고 난 후에도 쉽게 자신의 잘못을 인정하려 하지 않는다.

이는 또한 인지적 부조화(cognitive dissonance)를 거부하는 성향과도 관련이 크다. 처음에 어떤 입장을 취하면, 나중에 그와 일치되는 요구에 대해서는 동의하기 쉽다. 만일 당사자가 어떤 사항에 동의하면, 그는 자신의 약속을 충실히 이행하려는 심리적 몰입과정(commitment process)이 작동하기 시작한다(Thompson, 1998). 일관적으로 보이려는 성향은 때때로 당사자로 하여금 실제 자신의 이해에 반하는 합의도 가능하도록 만든다.

문에다 발 집어 넣기(foot-in-the-door) 기술은 몰입의 힘을 보여 준다. 이 기술에 따르면 사람들이 일단 작은 부분에 동의하게 되면(예컨대 가계약서에 일단 서명부터 하도록 만들기) 나중에 더 큰 요구에 대해서 동의할 확률은 급속히 증대된다. 이는 작은 요구에 응한 후 이어지는 커다란 요구에 응하지 않게 되면, 비일관성에 대한 인정이 되기 때문이다(Thompson, 1998).

셋째, 사회적 증거(social proof)의 원칙에 의하면 무엇이 바람직하며, 적절하며, 또 옳은가를 찾아 내는 한 가지 방법은 다른 사람들이 옳다고 믿는 것을 찾아보는 것이다. 즉 사람들은 어떤 행동을 함에 있어 다른 사람들이 그 행동을 얼마나 많이 하는 가를 관찰함으로써 행동의 옳고 그름을 판단한다(Cialdini, 1993). 사회적 증거의 원칙은 불확실성과 유사성(similarity)의 상황 하에서 가장 강력하게 작용한다. 즉 상황이 모호해질수록 사람들은 다른 사람들의 행동을 더 관찰하고, 그들의 행동을 옳은 것으로 받아들인다. 사람들은 자신과 유사하다고 여겨지는 사람들의 행동을 더 많이 따라 하려고 한다.

사회적 증거의 원칙을 활용한 협상가의 전략 중 하나는 "과거 비슷한 협상에서 이러한 안을 제시한 경우 모두들 받아들였다"라고 말하는 것이다. 또는 우리는 시장에서 흔히 상인에게 "이 물건 어때요?"라고 묻는다. 그러면 당연히 상인은 "써본 사람들이 모두 좋다고 하던 데요"라고 말한다. 물건의 품질과는 상관없이 물건을 사고 싶은 생각이 든다면, 이미 사회적 증거의 원칙에 지배되고 있는 것이다.

넷째, 사람들은 자신들이 알고 있거나 호감을 가지고 있는 사람들에게 "아니오"보다는 "예"라고 말하기를 좋아한다. 이러한 단순한 좋아하기 원칙을 활용함으로써 상대방으로부터 쉽게 동의를 구할 수 있다. 겉으로 드러난 매력(예컨대 잘 생긴 외모), 자신과의 유사성 · 칭찬 · 친숙함 · 관계(association) 등은 좋아하기 원칙을 강화시키는 요인들이다. 좋아함은 심지어 형식적이고, 자의적인 요인들(예 : 누군가가 친구와 같은 이름을 가지고 있거나 자신과 비슷한 머리 스타일을 하고 있는 경우)에 근거하기도 한다(Thompson, 1998).

사람은 자신들이 좋아하는 사람들에 대해 좀더 양보를 할 가능성이 크다. 따라서 능숙한 협상가는 협상에 앞서 상대방과의 접촉의 기회를 늘이고, 상대방과 친숙하게 만듦으로써 협상을 성공적으로 이끌어 간다. 예비 모임과 빈번한 전화연락 등의 방법으로 친숙도를 높이고, 또한 칭찬을 적극적으로 활용하여 상대방의 호감을 증대시킨다. 유머도 한 가지 전략이다. 유머는 자신의 제안들에 대해 상대방이 동의하려는(willingness to agree) 의지를 증대시킨다. 또한 좋은 분위기를 조성하는 경우, 당사자들은 좀더 호의적이 된다(Thompson, 1998).

다섯째, 권위(authority)가 있는 사람이 요구하는 경우, 수용성은 높아지게 마련이다. 권위가 있는 사람에게 복종하려는 성향은 어린 시절부터 사회화 과정을 통해 학습되며, 또한 이러한 권위에 대한 복종이 당연한 행동으로 받아들여진다. 권위를 구성하는 요소에는 지식 · 지혜 · 권력 · 지위 등이 있으며, 권위를 지닌 사람들에 대한 경의는 흔히 무의식적으로 이루어진다.

권위에 대한 자동적인 반응으로 인해 실제 권위가 없지만 권위가 있는 것처럼 보이는 사람에게도 쉽게 반응하게 된다. 때로는 실제 권위보다 권위의 상징들에 반응하기도 한다(Thompson, 1998). 지위 · 옷 · 명함 · 자동차 등은 대표적인 권위의 상징(symbols)들이다. 이러한 상징들만으로도 상대방으로부터의 수용성은 증대된다. 드라마 속에서의 의사는 반드시 흰 가운을 걸치고 있다. 또 검사 역할을 하는 배우는 대부분 검은 양복을 입는다. 이 모두는 권위의 상징이다. 권위의 원칙은 협상에서도 작용한다. 노사협상에서 노조측이 머리에 띠를 두르고, "투쟁"이라고 쓰인 붉은색 조끼를 입는 것도 권위의 원칙을 이용하는 대표적인 전략이다.

여섯째, 희소성 원칙에 따르면 사람들은 좀더 희소한 기회일수록 가치를 둔다. 얻기 힘든 물건일수록 가치가 커 보인다. 이는 희소성이 물건의 가치를 평가하는 기준으로도 작용하기 때문이다. 이처럼 희소성의 원칙은 상품의 가치를 평가하는 것뿐만 아니라, 정보의 가치를 평가하는 경우에도 적용된다. 일부에게만 전달된 정보는 사람들로 하여금 더욱 정보를 신뢰하게 만드는 요인이 된다(Cialdini, 1993). 사람들은 다른 사람과 희소한 자원을 경쟁하는 경우 좀더 적극적이 된다. 이러한 희소성 원칙을 활용한 판매 전략 중 하나는 "한정된 수량" 또는 "마감 임박" 등의 표현을 광고 전략으로 이용하는 것이다.

명품에 대한 집착도 희소성 원칙으로 설명이 된다. 사람들은 다른 사람들이 지니지 못한 상품을 지님으로써 자신이 다른 사람들과는 다르다는 것을 입증할 수 있다고 믿는다. 마찬가지로 협상이 시간적으로 제한되어 있으며 단 한번의 제의만을 할 수 있는 경우, 더 흥미를 갖게 되며 긴장하게 된다.

희소성 원칙과 관련된 또 다른 현상은 심리적 저항(psychological reactance) 또는 역심리(reverse psychology)다. 이는 다른 사람으로 하여금 반대로 행동하도록 만드는 성향이다. 마크 트웨인의 소설 「톰 소여의 모험」을 보면, 말썽을 부린 대가로 톰이 담장을 칠하는 벌을 받는다. 톰은 친구들에게 페인트 칠이 아무나 할 수 있는 일이 아니라고 말한다. 결국 친구들이 담장을 대신 칠하게 된다. 능숙한 협상가는 역심리를 이용하여 자신이 원하는 것을 상대방으로부터 얻어 내기도 한다.

역심리를 이용하기

예컨대 홍길동은 팔려고 내놓은 집이 두 채다. 그의 목표는 더 비싼 집을 파는 것이다. 경험 있는 부동산 업자는 두 집이 똑같이 매력적이고 좋은 것으로 만들기보다는 더 싼집을 보여 주고 강력하게 매입을 권한다. 그 집을 보여 주는 동안 그는 나머지 집에 대해서도 애매하게 언급한다. "당신은 또 다른 집을 보고 싶어 하지 않을 겁니다. 그 집은 집주인이 계속 가지고 싶어 하는 집입니다." 이 상황에서 고객의 대부분은 두 번째 집을 강력하게 보고 싶어 한다. 부동산업자는 두 번째 집을 보여 주면서 전혀 다른 태도를 취하며, 집주인이 집을 계속 가지고 있고 싶어 한다는 애매한 말만 계속한다. 팔기 싫다는 집주인의 의지는 구매자로 하여금 좀더 비싼집(그 집)에 대한 매력을 갖게 만든다.

희소성의 원칙에서 보면 두 번째 집은 구하기 어려운 것이며, 따라서 더욱 매력적인 것이다. 수요자가 그 집에 대해 제의를 하고 싶다고 하는 경우, 부동산 업자는 두 번째 집 말고 첫번째 집에 대해 제의를 하도록 권한다. 이것은 수요자로 하여금 두 번째 집에 대한 욕구를 증폭시키는 효과를 가져온다. — 심리적 저항효과. 물론 매도인과 부동산 업자 모두는 내심 더 비싼 두 번째 집을 팔고 싶어 한다.

자료 : Thompson(1998)을 수정.

Ⅴ. 문화적 차이와 협상

국가간의 물리적 경계의 의미가 퇴색하고 상호 의존성이 증대되면서 서로 다른 문화권 간의 협상이 빈번하게 이루어지고 있다. 대표적으로 기업간의 국제적인 협력, 합병 협상이나 국가간의 통상 협상은 서로 다른 문화적 배경을 지닌 당사자들 간의 협상이다. 이러한 상황에서 문화적 차이(cultural difference)

가 협상에 미치는 영향은 중요한 관심사 중의 하나이다.

1. 협상행태의 문화적 차이

문화의 의미는 다양하다. 그러나 일반적으로 문화는 지식 · 경험 · 신념 · 가치 · 태도 · 의미 · 계층제 · 종교 · 시간의 의미 · 역할 등에 대한 사람들의 공유되고, 사회적으로 학습되며, 계승되는 인식체계를 의미한다. 문화심리학자들에 인정하는 문화적 차이의 다양한 차원들 가운데 협상과 가장 관련이 깊은 것들로는 집단주의-개인주의(collectivism-individualism) · 권력 격차(power distance) · 의사소통 맥락(communication context) · 시간에 대한 인식(conception of time) 등이 있다(Brett *et al*., 1998; Cohen, 1997).

첫째, 개인주의-집단주의 문화 구분은 단일한 특성이라기보다는 수많은 문화적 요인들을 반영하며, 협상 연구에서 가장 중요한 문화적 차원 변수다. 개인주의 문화는 개인의 행복과 복지를 최우선하며, 집단의 이익보다 우선시한다. 개인주의 문화의 구성원들은 개인들 간에 느슨한 연계를 지니고 있으며, 독립성 · 고유성 · 개인목표 등을 중시하며, 경쟁적 시각을 지니고 있다. 예컨대 미국은 대표적인 개인주의 문화로 받아들여진다. 반면에 집단주의 문화의 구성원들은 긴밀한 연계를 지니고 있으며, 상호 의존성 · 책임완수 · 집단의 목표 등을 중시한다(Triandis, 1995). 집단주의 문화는 사회집단을 중요시하며, 개인은 집단의 한 구성원으로서의 속성이 강하다. 집단의 목표를 개인의 목표보다 우선시하며, 집단 구성원들 간에는 연대감을 매우 중요시한다. 따라서 집단주의 문화는 개인주의 문화보다 집단 구성원들 사이의 조화를 중시한다. 집단주의 문화의 구성원들은 긴밀한 연계를 지니고 있으며, 상호 의존성 · 책임완수 · 집단의 목표 등을 중시한다. 이처럼 개인주의 문화는 "나"를 중심으로 하는 반면, 집단주의 문화는 "우리"를 중심으로 한다.

일반적으로 개인주의 문화의 협상가들은(예컨대 미국 · 영국 등) 개인적 권리와 속성을 보호하는 데 더 큰 관심이 있는 반면에, 집단주의 문화의 협상가들은(예컨대 중국 · 일본 · 대만) 관계를 보존하는 데 더 큰 관심을 가지고 있다. 개인주의 문화의 구성원들은 경쟁과 문제해결을 통해 갈등을 직접적으로 다루기를 선호하는 반면에, 집단주의 문화의 구성원들은 관계를 보존하는 간접적

〈표 3-3〉 개인주의와 집단주의 문화의 차이

구 분	개인주의	집단주의
핵심가치	• 경쟁 · 이익	• 조화 · 순응
목표 : 개인주의적 관심과 집단주의적 관심	• 핵심목표는 자신의 이익을 극대화하는 것 • 자신을 자유계약자나 독립적인 행위자로 생각함 • 자신의 성과에만 관심	• 핵심목표는 집단의 복지를 향상시키는 것 • 자신을 집단구성원으로 생각하며, 사회관계를 중시함 • 타인의 성과에도 관심
사회네트워크	• 수익 여부에 따라 인간관계 형성 • 낯선 사람과도 믿고 교류	• 가족적인 사업관계 • 아는 사람만 믿고 교류
협 력	• 덜 협력적 • 영향력의 행사에 관심	• 더 협력적 • 타인에 대한 적응에 관심
집단에 대한 애정	• 높지 않음	• 강한 집단편향성
소유효과(endowment effect)	• 강한 소유효과	• 집단소유효과

자료 : Brett & Okumura(1998); Brett *et al*.(1998)에서 정리.

인 방식으로 갈등을 다루기를 좋아한다(Leung, 1998). 예컨대 미국인들은 일본인들에 비해 자기중심적으로 공정성을 해석하고, 개인의 목표를 집단의 목표에 우선한다. 집단주의 문화의 구성원들은 개인주의 문화의 구성원들에 비해 체면을 유지하고, 충돌을 피하며, 좋은 관계를 유지하기 위한 수단으로 속임수(deception)를 더 많이 사용한다. 그러나 이러한 문화적 차이에 대한 연구결과를 일반화하는 데는 주의를 기울일 필요가 있다. 개인주의와 집단주의 문화에 다른 협상과정의 특성들을 정리하면 〈표 3-3〉과 같다.

둘째, 권력 격차는 사회 내에서 사회적 또는 전문적 계층의 확산 정도를 의미하며, 이를 근거로 평등주의 문화와 계층제적 문화로 구분할 수 있다(Hofstede, 1980). 권력 격차가 작은 문화는 계층간에 유동성 있는 평등주의에 가까운 반면에, 권력 격차가 큰 문화는 계층간에 경계가 분명하며 계층제적

질서가 영향력을 결정한다. 상당한 권력 격차를 지닌 사회는 이러한 계층제의 토대 위에서 개인들 간의 불평등을 반영하는 반면에, 낮은 권력 격차의 사회는 좀더 평등한 가치들을 반영한다(Bazerman, *et al*., 2000). 평등주의적 권력관계에서 권력 구조는 쉽게 변할 수 있으며, 모든 사람이 항상 일정한 계층적 지위에 머물러 있지 않다. 계층제적 권력관계에서는 권력구조는 어느 정도 영속성을 지니고 있으며, 따라서 사회적인 지위가 쉽게 변하지 않는다. 권력 격차가 큰 문화에서는(예컨대 필리핀 · 인디아 · 프랑스 등) 권력 격차가 작은 문화에(예컨대 덴마크 · 호주 등) 비해 상사와의 갈등이 거의 일어나지 않으며, 갈등 상황에서 상사가 개입하기를 선호한다(Leung, 1998). 그 이유는 계층이 낮은 사람이 계층이 높은 사람에게 도전하는 것은 옳지 않은 것으로 여겨지며, 따라서 권력 격차가 작은 문화에 비해 사회 계층간의 갈등이 적은 것이다. 동일한 계층 구성원들 간의 갈등 해결도 계급제의 특성을 반영하여 상급자에 의해 해결되는 것이 보통이다.

의사소통 맥락은 의사소통에서 메시지가 전달되는 양상을 의미한다. 정보를 직접적으로 전달하는 방식을 선호하는가, 아니면 간접적인 방식으로 전달하는 것을 선호하는가에 따라 문화적 차이를 구분할 수 있다. 낮은 의사소통 맥락의 문화는(미국 · 독일 · 스위스) 직접적이고 분명한 언어를 선호하는 반면에, 높은 의사소통 맥락의 문화는(일본 · 중국 · 한국 등) 함축적이며 간접적인 언어를 사용한다(Leung, 1998). 간접적인 의사소통을 선호하는 문화의 사람들은 직접적인 문제 제기나 맞서기를 주저하며, 따라서 갈등을 직접적으로 해결하기보다는 부딪치지 않고 해결하는 방식을 선호한다. 예컨대 "아니오"라는 말 보다는 "고려하겠다"는 식의 간접적 표현이 선호된다. 간접적인 의사소통 문화에서는 우회적이고 간접적인 메시지를 통해서도 의사소통이 가능하다고 본다. 예컨대 백지로 편지를 보내고, 백지로 답장을 해도 생각의 교감이 가능하다고 본다.

셋째, 시간에 대한 인식은 사람들이 시간을 인식하고 관리하는 방식을 의미한다. 다의적(polychronic) 시간 인식에서는 시간은 풍부하며 많은 일들을 동시에 할 수 있다고 보는 반면에, 일원적(monochronic) 시간 인식에서는 시간은 희소하며 오직 한 순간에 하나의 과제만을 관리할 수 있다고 본다. 시간의 일원적 인식을 지닌 협상가는(미국 · 유럽국가 등) 문제들을 순차적으로 처리하고 상당히 조직화된 방식으로 협상하기를 선호하지만, 시간의 다의적 인식을 지닌 협상가들은(아시아 · 아프리카 · 중동 등) 문제들을 동시에 처리하고 동시에 말하는 것과 같은 대화를 선호하지 않는다(Leung, 1998).

2. 문화간 협상

서로 다른 문화간 협상(inter-cultural negotiation)은 동일한 문화 내에서의 협상과는 커다란 차이를 보인다. 따라서 문화적 갈등을 발견하기는 어려운 일이 아니다. 서로 다른 문화는 가장 기본적인 가정들에서 커다란 차이를 보이게 마련이다. 예컨대 협상 실패의 원인을 귀인함에 있어서도 문화적 차이가 존재한다. 또한 협상 테이블에서 당사자가 필요한 정보를 얻는 방식과 분쟁해결 방식에 대한 선호에도 차이가 있다.

문화가 다른 사람들과의 협상에서의 문화적 차이는 동전의 양면과 같은 역할을 한다. 문화적 스크립트의 차이는 협상 테이블에서 절차적 갈등을 유발하기 십상이다. 반면에 선호의 차이는 통나무 굴리기를 통한 통합적 합의의 가능성을 열어 준다. 예컨대 위험에 대한 인식에 차이가 있는 경우, 위험과 이익을 서로의 선호에 따라 불균형적으로 배분함으로써 가치를 창조할 수 있다. 그러나 어려운 점은 불충분한 정보교환으로 인해 서로의 우선순위에 대한 상호 이해가 쉽게 이루어지지 못하며, 따라서 낮은 수준의 공통 가치(joint value)만을 이끌어 내는 데 그치는 경우가 많다는 점이다. Tinsley, Curhan & Kwak(1999)은 다른 문화권과의 효율적인 협상을 위한 여섯 가지 조언으로 ① 개인적 · 사회적 수준에서 차이를 인정하라, ② 우선순위와 능력에서 서로간의 차이를 잘 교환하라, ③ 상대의 관점을 이해하기 위한 질문을 하라, ④ 상대가 가지고 있는 규범과 그 바탕에 깔려 있는 의미를 이해하라, ⑤ 상대의 사회제도의 근본적인 정당성에 대한 논쟁을 피하라, ⑥ 관련 정부와의 관료적인 접촉에 대비하라 등의 조언을 하고 있다. 한편 Thompson(2005)은 비슷한 여섯 가지 조언을 하고 있는데, ① 오해를 부르는 전략 차이가 문화권간에 있을 수 있음을 예상하라, ② 문화적 차이가 오히려 파이 늘리기에 도움이 된다, ③ 무엇이 협상력인지에 대해 상대방은 당신과 견해가 다를 수 있다, ④ 원인을 엉뚱한 데로 돌리는 실수를 범하지 마라, ⑤ 상대방 문화에 존경을 표하는 방법을 찾으라, ⑥ 변화에 대응하기 위한 대안을 미리 준비하라 등의 조언을 하고 있다.

한편 문화적 규범 안에서 협상가가 협상을 진행함이 분명하지만, 개개 협상가들이 문화적 배경을 초월한 협상을 할 수 있는가에 대해서는 다소 회의적이다(Bazerman, *et al*., 2000).

제 4 장 개인간 협상분석

협상에 참여할 수 있는 당사자들의 수에는 제한이 없으나, 당사자의 수에 따라 두 당사자 간 협상, 즉 양자협상과 셋 이상의 당사자가 참여하는 다자간 협상으로 구분이 가능하다. 또한 협상은 의제의 수에 따라 단일의제 협상과 다중의제 협상으로 구분될 수 있다. 이와 함께 협상의 속성에 따라 분배적 협상과 통합적 협상으로도 구분된다.

당사자가 개인인 경우 양자협상은 두 명의 개인 간 협상을 의미한다. 예컨대 시장에서 물건값을 흥정하는 경우 물건을 파는 상인은 가능한 많이 받고 팔기를 원하지만, 손님은 가능한 적게 지불하려고 한다. 부모와 용돈 협상을 벌이는 자녀의 경우, 이혼한 부부간 자녀양육비 지급협상의 경우도 마찬가지다. 이러한 협상은 대개 두 당사자가 가격 · 액수 등 하나의 의제를 놓고 협상하는 경우이다. 개인간 단일의제 협상은 흔히 분배적 협상(distributive negotiation)으로 여겨지기 쉬우며, 따라서 승자-패자의 게임으로 보이는 경우가 빈번하다. 그 결과 협상과정은 고정된 크기의 파이를 나누는 과정이며, 상대방의 이익이 곧 나의 손해로 여겨지기 쉽다. 물론 단일의제 협상도 통합적 합의의 가능성은 얼마든지 존재한다.

개인간 협상이 단일의제 협상만 있는 것은 아니다. 예컨대 신혼부부가 TV · 냉장고 · 컴퓨터 등에 대한 선호가 달라 합의를 해야 하는 경우, 신입사원이 회사의 인사 담당자와 연봉 · 휴가일수 · 교통비 지급 등의 의제를 놓고 협상하는 경우 등은 두 당사자가 복수의 의제들을 놓고 협상하는 경우이다. 다중의제 협상은 당사자들 간 통합적 협상(integrative bargaining)의 가능성을 증대시킨다. 통합적이라 함은 더 많은 가치를 창출(creating)하기 위해 당사자들의 능력과 자원을 통합하는 것을 의미한다. 한 마디로 통합적 합의는 파이를 더 크게 만드는 것이다. 협상 당사자들은 자신들의 선호에 따라 자신에게 중요하지 않은 의제들을 양보하는 대가로 중요한 의제를 획득하는 거래가 가능하며, 따라서 승자-승자의 협상이 가능하다.

Raiffa(1982)에 의해 시작된 협상분석(negotiation analysis)은 처방적인 시각과 기술적인 시각을 결합하여 협상을 분석하고, 협상가나 중재자가 더 나은 결과를 얻을 수 있도록 돕는 데 초점을 맞추고 있다. 따라서 당사자들의 유보치 · 목표치 · ZOPA · 협상잉여(negotiation surplus) · 총효용 등이 주된 분석 대상들이다. 그러나 이하에서는 협상분석을 보다 일반적인 개념으로 접근하고자 하며, 따라서 개인간 협상에 대한 다양한 접근방법 · 이론 등을 포괄적으로 다루고자 한다. 보다 구체적으로 협상분석의 시각에서 개인간 협상을 단일의제 협상과 다중의제 협상으로 구분하고, 이를 분배적 협상과 통합적 협상의 차원에서 설명하고자 한다.

Ⅰ. 단일의제 협상

단일의제(single issue) 협상의 경우, 하나의 의제가 당사자간의 갈등을 유발하고 협상의 대상이 된다. 예컨대 가격 · 임금 등이 대표적인 경우이다. 이러한 단일의제 갈등의 경우 당사자들은 첨예하게 대립되는 경우가 빈번하다. 따라서 자신이 더 많은 것을 얻기 위해서는 상대방이 손해를 보아야 한다고 생각한다. 그 결과 단일의제 협상은 흔히 승자-패자의 제로섬 게임으로 인식되기 쉽다. 물론 서로가 자신의 이해만을 생각하는 분배적 협상 상황에서 합의를 이루기는 쉽지 않다.

단일의제 협상에서 중요한 개념들은 목표치 · 유보치, 그리고 협상영역이다. 이러한 개념들의 정의에 대해서는 제 1 장에서 충분히 설명하였고, 이하에서는 이들을 실제로 단일의제 협상에 적용하여 설명하고자 한다. 논의의 편의를 위해 협상의 당사자는 일심동체(monolithic)이며, 반복적이지 않은 협상 상황을 가정한다.

1. 목표치와 유보치

협상을 진행하기에 앞서 준비 과정에서 당사자들은 협상을 통해 자신이 얻고자 하는 목표치와 협상을 그만두기 직전까지 최대로 양보할 수 있는 수준을 결정해야 한다. 협상의 이상적 결과와 마지노선(Maginot line)을 정하고, 협상이 결렬될 경우를 대비해서 배트나(BATNA)를 가지고 있어야 한다.

가장 먼저 해야 할 일은 목표치를 정하는 일이다. 협상가는 협상에서 자신이 얻고자 하는 바를 정하고 협상에 임해야 한다. 예컨대 물건을 파는 상인은 높은 가격에 물건을 팔기를 원하고 소비자는 낮은 가격에 물건을 사기를 원하는 것처럼 사람들이 상충되는 목표들을 가지고 있는 경우, 각 당사자는 가장 선호하거나 이상적인 것으로 받아들이는 해결방법, 즉 목표치를 가지고 있다.

다음 상황을 가정해 보자. 대학생인 홍길동은 디지털 카메라를 구입하려고 한다. 상인은 최대 20만 원을 받는다면 가장 바람직하다고 생각하며, 11만 원 이하로는 카메라를 팔 생각이 없다. 홍길동은 카메라를 14만 원 이상 지불하고 살 의향이 없다. 그 이상 지불해야 한다면 차라리 쓰던 것을 그냥 쓰는 편이 낫다고 생각한다. 또한 자신의 생각에 7만 원 정도에 카메라를 살 수 있다면 이상적이라고 생각한다. 이를 그림으로 나타내면 〈그림 4-1〉과 같다. 상인의 목표치는 $s1$(20만 원)이고, 구매자(홍길동)의 목표치는 $b1$(7만 원)이다. 따라서 상인은 20만 원을 받을 수 있다면 가장 만족스런 상황이며, 홍길동은 7만 원에 살 수 있다면 가장 바라는 상황이 된다.

〈그림 4-1〉 목표치와 유보치

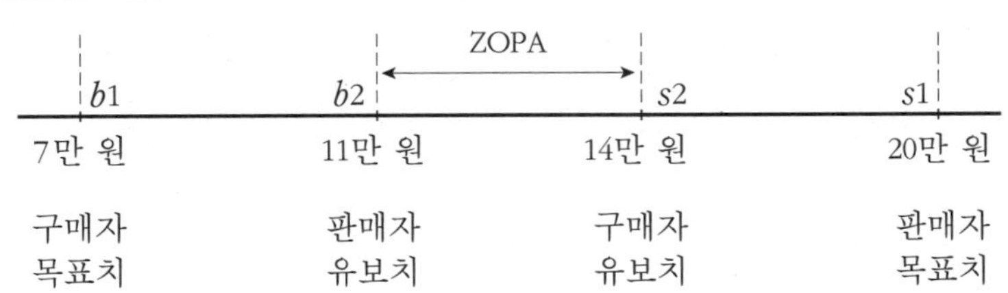

당사자들이 구체적인 목표치를 가지고 있지 못한 경우도 빈번하다. 예컨대 손님은 "가능한 적게" 지불하기를 원하는 반면, 상인은 "가능한 많게" 받기를 원하는 경우이다. 그러나 손님이 단돈 1원에 유명상표 가방을 살 수 있다고 생각하는 것은 비현실적이다. 또한 상인 또한 가방 하나를 팔고 수억 원을 벌 수 있다고 믿는다면, 이 역시 비현실적인 것이다. 따라서 목표치는 현실적인 가치를 반영해서 결정해야 한다. 또한 당사자간의 목표치가 서로 일치되는 경우는 상당히 드물다. 손님이 지불하려는 값보다 상인이 더 받기를 원하는 것처럼 두 당사자의 목표치가 서로 일치되는 경우는 드물다.

목표치와 함께 당사자들은 유보치(reservation points) 또는 유보가(reservation price)를 가지고 있다. 유보치는 당사가가 협상을 더 진행하는 것이 무의미하며, 따라서 협상 테이블을 박차고 나가도 상관이 없다고 생각하는 그 임계점이다. 따라서 당사자는 협상준비 단계에서 자신이 최대로 양보할 수 있는 수준을 결정할 필요가 있다. 협상의 마지노선을 결정하고 협상에 임해야 하는 것이다. 사례의 경우 디지털 카메라를 구입하려는 홍길동의 유보가격이 14만 원이라면, 그는 14만 원에서 조금이라도 가격이 올라가면 협상을 그만두고 디지털 카메라 구입을 포기하게 된다.

당사자들은 객관적인 정보를 토대로 자신의 유보치를 결정할 수 있지만, 상대방의 유보치에 대해서는 단지 추측만 할 수 있을 뿐이다. 당사자들이 서로 자신의 정보를 완전히 공개하는 상황이라면 상대방의 유보치를 정확히 알 수 있지만, 그렇지 않은 상황에서는 상대방의 유보치를 추정하기 위한 정보들을 수집해야 한다. 협상이 진행되면서 상대방이 양보를 하게 되고, 양보의 정도를 통해 간접적으로 상대방의 유보치를 추정할 수 있다. 즉 서로간의 양보가 이루어지는 과정에서 상대방의 양보 폭이 줄어드는 경우, 유보치의 추정은 좀더 정확해질 수 있다.

당사자가 자신의 유보치를 가지고 있지 못한 경우도 빈번하다. "어느 정도면 된다"는 식의 부정확한 느낌만을 가지고 있는 경우이다. 이 경우 협상이 진행되면서 상대방과 제의를 주고받는 동안에 자신의 유보치를 분명하게 결정하기도 한다.

2. 합의가능영역

흥정영역 또는 합의가능영역(Zone Of Potential Agreement : ZOPA)은 두 당사자 간의 유보점 사이의 영역을 의미한다. 다음의 〈그림 4-2〉와 〈그림 4-3〉에서 설명된 것처럼 협상영역은 긍정적인 경우와 부정적인 경우로 구분된다. 긍정적 협상영역의 경우, 당사자들의 유보점은 서로 중첩된다. 이러한 상황에서는 당사자들이 협상을 통해 합의에 도달하는 것이 가능하다.

〈그림 4-2〉를 살펴보면 판매자의 유보치는 11만 원이며, 구매자의 유보치는 14만 원이다. 구매자가 지불하고자 하는 최대치는 판매자가 수용하려는 최저치보다 3만 원이 많다. 여기서 협상영역은 판매자의 유보치인 11만 원과 구매자의 유보치인 14만 원 사이의 영역이며, 따라서 긍정적 협상영역이 존재하고 있다. 이러한 상황에서 만일 둘이 합의에 이른다면, 합의점은 11만 원과 14만 원의 중간 어딘가가 될 것이다. 만일 둘이 합의에 이르는 데 실패한다면,

〈그림 4-2〉 긍정적 협상영역

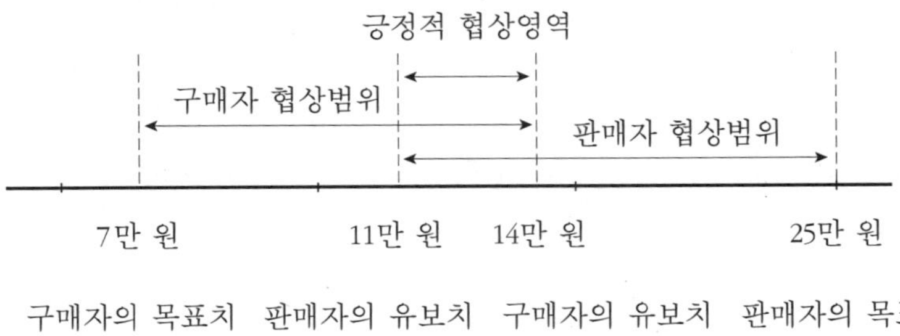

〈그림 4-3〉 부정적 협상영역

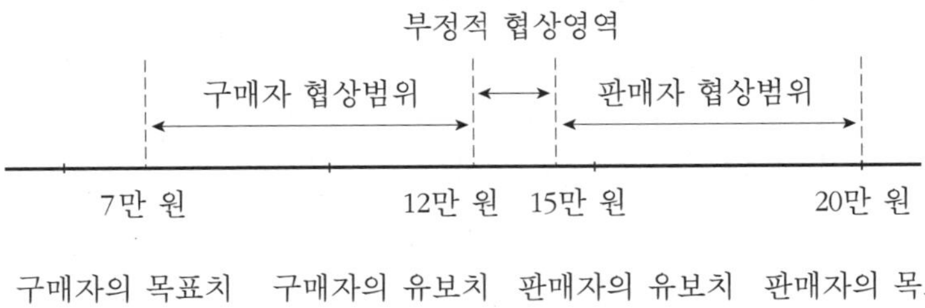

합의에 이르는 것보다 합의에 실패함으로써 더 큰 손해를 보기 때문에 비능률적이 된다. 이 상황에서 판매자의 유보치보다는 높은 가격에서, 그러나 구매자의 유보치보다는 낮은 가격에서 합의가 이루어질 것이라는 것을 어느 정도 예측할 수 있다.

협상에서 모든 당사자에게 최선의 결과는 상대방의 합의를 유도하며, 상대방의 유보치와 일치되는 결과를 얻는 것이다. 만일 구매자의 유보치는 12만 원이며, 판매자의 유보치가 15만 원이라면 어떻게 될까? 이 경우 앞의 〈그림 4-3〉처럼 협상영역은 존재하지 않게 된다. 구매자가 지불하고자 하는 최대값은 판매자가 받아들이고자 하는 최저값보다 3만 원이 적으며, 따라서 부정적 협상영역이 되며, ZOPA가 존재하지 않는다. 이러한 상황에서 구매자와 판매자는 협상을 그만두고 자신들의 BATNA를 선택하는 것이 현명하다. 존재하지도 않는 협상영역을 두고 협상을 하는 비용을 계산한다면, 당사자들은 협상으로 시간을 낭비할 필요가 없다.

(1) 협상과정 및 협상결과

대부분의 협상에서 당사자들은 서로 단 한번의 제의로 합의에 도달하기보다는 반복적인 제의와 역제의가 오고 가면서 최종 합의에 도달하게 된다. 단일의제 협상에서 당사자들이 성공적으로 합의에 도달하는 경우도 있지만, 합의에 실패하고 각자 배트나(BATNA)를 선택하는 경우도 빈번하다. 협상에서 당사자들 간에 제의와 역제의가 오고 가는 과정은 협상춤(negotiation dance)으로도 불린다.

〈그림 4-4〉는 양 당사자 간에 일련의 양보의 과정을 통해 협상춤이 그려

〈그림 4-4〉 협 상 춤

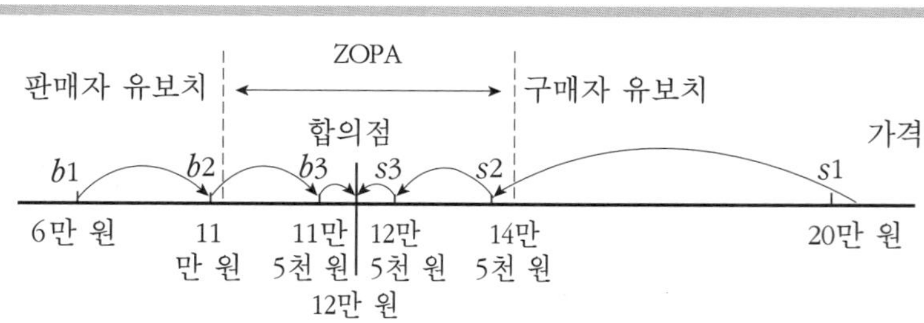

지는 상황을 표현한 것이다. 상인은 MP3를 팔려고 손님인 홍길동과 협상을 하고 있다. *s*1 · *s*2 · *s*3는 상인의 제안들을 나타낸 것이고, *b*1 · *b*2 · *b*3는 구매자인 홍길동의 제안들을 나타낸 것이다. 홍길동은 첫제의에서 자신이 바라는 목표치(*s*1) 6만 원을 제시하고, 상인 역시 자신의 목표치(*b*1)인 20만 원을 역제의한다. 홍길동은 11만 원으로 양보한 가격을 제의하고, 상인은 다시 14만 5천 원으로 좀더 현실적인 제의를 한다. 14만5천 원은 홍길동의 유보치보다는 낮은 가격으로 협상영역 안에서 흥정이 이루어지기 시작한다. 홍길동은 다시 11만5천 원을 제시하고, 상인은 12만5천 원으로 버티기를 시도한다. 홍길동이 다른 상점으로 가겠다고 하자 상인은 반 가르기(split half)를 주장한다. 결국 당사자들은 마지막 흥정을 통해 12만 원에 합의에 도달한다. 이러한 협상의 전 과정을 〈그림 4-4〉처럼 묘사한 것이 협상춤이다.

3. 협상잉여

당사자들의 유보치 사이에 중첩되는 영역이 존재하는 경우 합의가 가능한 반면, 유보치가 중첩되지 않는 경우 합의는 불가능하다. 협상잉여(negotiation surplus)는 당사자들의 유보치 사이에 만들어진 중첩의 크기를 의미한다. 따라서 협상영역의 크기를 측정하는 도구이기도 하다. 협상잉여는 합의를 이루는 경우가 합의를 이루지 못하는 경우에 비해 당사자들에게 제공하는 가치(value)의 척도이기도 하다. 때로는 협상잉여가 매우 클 수도, 또 매우 작을 수도 있다. 훌륭한 협상가는 협상 영역이 작은 경우에도 성공적으로 합의를 이끌어 낼 수 있어야 한다.

〈그림 4-5〉 당사자의 협상잉여

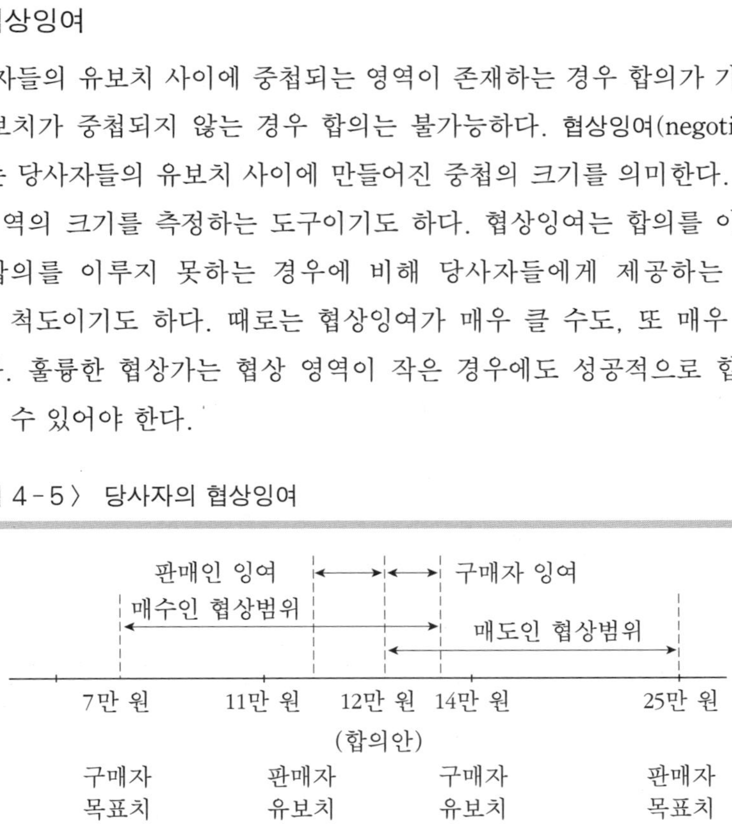

모든 당자사들은 협상에 있어 자신의 잉여를 극대화하기를 원한다. 즉 각 당사자는 가능한 상대방의 유보치에 근접한 합의를 이루기를 원한다. 〈그림 4-5〉의 예에서 상인은 손님의 유보치 14만 원에 근접한 가격으로 물건을 파는 것을 원하는 반면, 손님은 상인의 유보치 11만 원에 근접한 가격으로 물건을 구입하기를 원한다. 합의 결과와 당사자의 유보점 간의 차이가 협상가 잉여(negotiator's surplus)다. 즉 협상가 잉여는 협상의 결렬 상황에서 당사자가 획득하게 될 효용인 유보치에서 합의를 함으로써 얻게 되는 효용까지의 초과 효용의 크기를 나타낸다. 두 당사자의 총 잉여는 협상 영역의 크기와 일치한다. 〈그림 4-5〉의 경우 구매자의 협상잉여는 자신의 유보치 14만 원에서 합의안 12만 원을 뺀 2만 원이며, 상인의 협상잉여는 합의점인 12만 원에서 자신의 유보치 11만 원을 뺀 1만 원이다.

4. 협상의 결과

개인간 협상의 가능한 결과들을 공동효용 공간(joint utility space)상에서 설명할 수 있다(Carnevale & Pruitt, 1994).[1] 〈그림 4-6〉의 공간상의 점들은 양자 협상에서 존재할 수 있는 대안들을 나타낸다. 검은 색의 점들은 협상시작 시점부터 당사자들이 알고 있는 5개의 대안들을 나타내며, 3개의 파란색 점들은 협상 과정에서 창의적인 노력을 통해 발견되는 대안들이다. X축과 Y축은 각 당사자의 효용(예 : 금액)의 크기를 나타내며, 각 축을 따라 그어진 점선은 각 당사자의 유보치를 나타낸다. 따라서 유보치 이하로는 더 이상의 양보가 이루어지지 않으며, 양 당사자는 협상을 그만두고 각자 자신의 배트나(BATNA)를 선택하게 된다.

협상이 시작되는 시점에서 Y는 1번 대안을 원하고, X는 5번 대안을 원하는 것으로 가정하자. 양 당사자 모두 자신들의 목표치를 제시하는 경우이다. 예컨대 시장에서 가방을 파는 상인 X가 2만 원을 요구한 경우이며, 고객 Y는 1만 원에 팔라고 요구하는 경우이다. 대안 2 · 3 · 4는 두 당사자 간의 다양한 제안들의 효용을 나타낸다. 대안 6 · 7 · 8은 상호 이익이 되는 해결방안들로 상인이 추가로 어떤 상품(예컨대 손지갑 · 열쇠고리)을 끼워 줌으로써 거래

1) 공동효용공간에 대한 설명은 단일의제 협상뿐만 아니라 다중의제 협상의 상황에도 적용된다.

〈그림 4-6〉 단일의제 협상의 결과

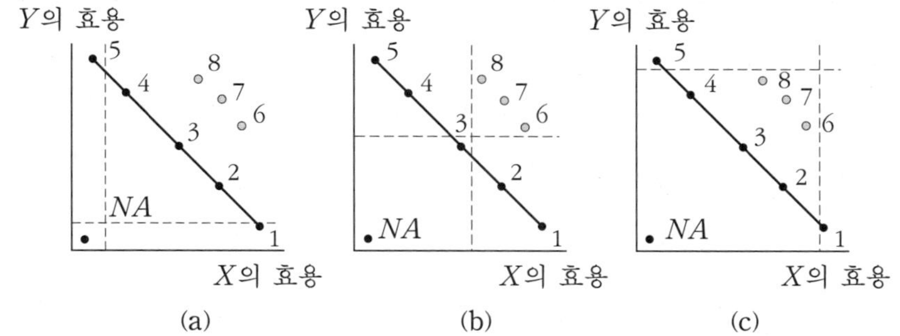

가 성사되고, 손님뿐만 아니라 상인에게도 이득이 돌아가는 경우이다.

이러한 상황에서 그림 (a)에서 제시된 것처럼 네 가지 협상 결과가 존재할 수 있다.

첫째, 합의에 실패하는 경우이다. 양측은 합의에 실패하고 각자 자신의 배트나(BATNA)를 선택한다.

둘째, 어느 한쪽이 일방적으로 승리하는 경우로서 대안 1이나 대안 5가 선택되는 경우이다. 즉 합의안 1과 5는 X 또는 Y가 일방적으로 자신의 주장을 상대방에게 관철시키는 경우이다. 예컨대 시장에서 상인이 손님을 속여 물건값에 바가지를 씌우는 경우를 들 수 있다.

셋째, 당사자간에 타협안이 마련되는 경우로서 대안 2·3·4가 여기에 해당된다. 당사자들이 최초의 제안에서 양보한 중간의 어느 지점에서 합의가 이루어지는 경우이다.

넷째, 윈-윈 합의가 이루어지는 경우로서 통합적 합의안인 6·7 또는 8이 선택되는 경우이다. 그 결과 당사자들은 대안 2·3 또는 4와 같은 단순한 타협안에 의해 달성할 수 있는 공동효용(joint utility) 이상의 효용을 달성한다.

그림 (b)는 양 당사자들의 유보치가 지나치게 높아 대안들(대안 2·3 또는 4)이 달성 불가능한 경우이다. 즉 양측 모두 지나치게 높은 유보치로 인해 협상이 결렬되는 경우이다. 그러나 당사자들이 노력한다면 여전히 윈-윈 합의를 이룰 수 있는 대안들이 일부 있는 상황이다. 예컨대 손님은 상인이 제시하는 최저가를 여전히 비싸다고 생각하여 가방을 살 의향이 없는 경우이다. 그러나 상인이 공짜로 작은 선물을 얹어 주면 손님은 거래를 할 충분한 의사가 있으며, 거래가 이루어지면 상인에게도 이익이 돌아가는 상황이다. 손님과 상인이 서로 상대방의 협상 결과에 관심을 가질수록 합의의 가능성은 커진다.

그림 (c)는 당사자들의 유보치가 지나치게 높아 어떤 대안도 존재하지 못하는 경우이다. 이러한 상황에서 합의를 이루는 유일한 방법은 한쪽 또는 양쪽 모두 유보치를 낮추는 것이다.

5. 단일의제 협상의 중요한 이슈들

(1) 유보가의 공개 여부

일반적으로 자신의 유보치가 매우 훌륭하며, 협상영역이 매우 좁다고 의심이 가지 않는 한 자신의 유보치를 밝히는 것은 좋은 전략이 아니다(Thompson, 1998). 유보치를 공개하고자 한다면, 상대방으로부터 자신의 유보치에 해당하는 제의를 받을 준비가 되어 있어야 한다. 거꾸로 상대방의 유보치를 알고 있다면 상대방의 유보치를 겨우 넘는 수준의 제의만을 하게 되며, 그 결과 협상잉여의 대부분을 차지할 수 있다. 동일한 논리로 협상가가 자신의 유보치를 노출시킨다면, 상대방에게 협상잉여의 대부분을 빼앗기는 결과를 피하기 어렵다. 시장에서 상인들이 가장 흔히 하는 말은 “이 값이 공장도 가격이다. 더 이상은 깎아 줄 수 없다” 이다. 이 말이 진실인가를 확인하기는 어렵지만, 대부분은 거짓으로 유보치를 노출하는 전략이라 할 수 있다. 한쪽 당사자가 자신의 유보치를 언급하는 경우, 이것이 거짓임을 입증할 책임은 상대방에게로 전가된다. 예컨대 “너무 비싸네요. 옆 가게에서는 2만 원에 팔던 데요(사실인 경우)”라고 하는 것이 한 가지 방법이다. 객관적인 증거 제시를 통해 상인이 거짓으로 유보치를 공개하고 있음을 증명하는 것이다.

일부 협상가들은 자신들이 좋은 믿음 속에서 협상하고 있다는 것을 보여주고, 또한 상대방에 대한 신뢰를 보여 주려는 의도에서 자신의 유보치를 의도적으로 노출시키고 싶어 한다. 상대방의 선의를 믿으며, 상대방이 이 정보를 악용하지 않을 것이라고 믿는다. 그러나 이것은 분명히 잘못된 생각이며, 비효과적인 협상전략이다. 협상이란 단순히 신뢰의 문제만은 아니다. 협상은 전략의 문제이다. 또한 한쪽이 좋은 배트나(BATNA)를 가지고 있지 않다고 상대방이 충분히 예상할 수 있는 경우, 상대방에게 속아 자신의 유보치를 노출시킬 가능성도 있다.

유보치에 대해 거짓말을 하거나 과장하는 것 또한 좋은 협상전략이 아니다. 무엇보다 유보치를 속이는 것은 협상영역의 크기를 줄어들게 만든다. 그 결과 서로가 합의에 이르기를 바라는 상황에서도 협상이 파국으로 끝날 수도 있다. 또한 협상에서 자신의 발언을 쉽게 취소하기는 힘들다. 협상에서 가장 일반적인 거짓말 가운데 하나는 "이게 마지막 제의다"라고 말하는 것이다. 그런 말을 한 후 협상을 지속하기는 당혹스러워진다. 거짓말의 또 다른 문제점은 협상가 자신의 평판(reputation)에 악영향을 미친다는 점이다. 협상 테이블에서 상대방을 속이는 사람으로 낙인이 찍히는 것을 피해야 한다.

유보치의 공개

전자제품 가장 싸게 사는 법

가격을 흥정할 때는 확인한 최저가를 먼저 말하지 않는 것이 좋다. 보통 상인들은 얼마 정도 생각하고 왔느냐고 묻는다. 예를 들어 소비자가 30만 원쯤이라고 답하면, 상인은 이거 원래 35만 원짜리인데 30만 원에 드린다고 한다. 그 순간 흥정 주도권은 상인에게 넘어간다. 가격비교 사이트를 통해 서로가 최저가를 알고 있을 가능성이 높지만, 그래도 가격을 먼저 제시하지 않는 것이 흥정에 유리하다.

〔조선일보 2006년 9월 7일 15:15〕

(2) 긍정적인 협상영역 하에서의 합의의 실패

두 당사자의 유보치가 중첩되어 긍정적 협상영역이 존재하는 경우 합의가 이루어져야 하지만, 실제로는 협상이 결렬되는 경우가 흔히 발견된다. 그 이유는 휴리스틱스나 직관에 의한 판단 오류와 같은 요인들과 갈등의 역동적인 측면이 협상 과정에서 협상영역을 사라지게 만들기 때문이다.

합의에 실패하는 또 다른 요인은 당사자들이 유보치보다는 목표치에 의존해 협상을 진행하기 때문이다. 기대치(aspiration) 또는 비교수준(comparison level)으로 알려진 목표치는 보통 협상가가 협상을 준비하는 과정에서 관심을 집중하는 것들이다. 그러나 효과적인 협상의 핵심 요소는 바로 분명한 유보치의 확인이다. 그런데 많은 협상가들이 협상을 준비하면서 자신의 유보치에 대한 정확한 평가는 소홀히 한 채 자신의 목표치를 얼마로 정할 것인가에만 집중을 한다. 목표치에 대한 정보를 수집하기 위한 노력을 전개하면서도 유보치를 정하기 위한 정보의 수집은 소홀히한다. 유보치를 정하지 않고 협상에 임하는 경우, 흔히 다른 대안을 선택했을 때 얻게 되는 것보다 더 나쁜 제안에 쉽게 동의하거나, 또는 다른 대안들보다 더 나은 대안임에도 불구하고 그 제안을 쉽게 거절하는 상황이 초래된다.

(3) 공정하지 않은 반 가르기

단일의제 협상에서 빈번하게 발견되는 합의 방법이 바로 공평하게 반 가르기(even split)이다. 중고 차량의 매매나 주택가격 협상처럼 많은 협상 상황에 있어 당사자들의 제안은 일치되지 않는다. 이 때 흔히 한쪽 당사자가 "차이를 반 가르자"는 번뜩이는 제안을 한다. 예컨대 상인이 손님과 옷값 협상에서 값 차이를 반 가르자고 제의하는 경우를 생각해 보자. 공평한 반 가르기는 매력적이며 서로가 이익이 되는 해결책으로 여겨진다. 그 결과 우리는 흔히 중간값에서 합의보지 못하는 사람을 오히려 잘못된 것으로 여긴다.

그런데 주의할 점은 공평한 반 가르기가 자의적인 평가에 기초해서 이루어지는 데 있다. 위의 사례를 생각해 보자. 만일 손님이 디지털 카메라 가격으로 7만 원의 최초 제의를 하였고, 최종적으로는 11만5천 원의 제의를 했다고 가정해 보자. 상인은 최초 25만 원을 요구하였고, 최종적으로 12만5천 원으로 양보했다. 결국 둘 간의 차이를 "공정"하게 반 나눈 12만 원에서 합의가 이루어졌다. 이 경우 12만 원이 과연 공평한 반 가르기인가? 양측이 12만 원으로 합의에 도달하기까지의 양보의 양상이 전혀 "공평"하지 않음을 알 수 있다. 상인이 13만 원을 양보하였던 반면, 손님은 5만 원을 양보하였을 뿐이다.

설령 양보가 똑같은 크기로 이루어졌다고 하더라도 이 경우 중간값을 택하는 것이 반드시 “공정”하다는 보장은 어디에도 없다. 대부분의 경우 반 가르기를 제의하는 쪽이 유리한 입장에 서 있다. 따라서 공평한 반 가르기를 받아들이거나 제의하기에 앞서 그 값이 자신에게 유리한가를 반드시 확인해야만 한다.

(4) 첫 제 의

당사자들의 첫제의들을 통해 합의가능영역(ZOPA)을 예측하고, 나아가 최종 합의가 어떻게 이루어질 것인가를 어느 정도 예상할 수 있다. 일반적으로 첫제의를 하는 쪽이 협상에서 유리한 위치를 차지하기 쉽다(Thompson, 1998). 정박(achoring) 휴리스틱스에 따르면 협상에서 먼저 제의를 함으로써 협상을 자신이 원하는 방향으로 정박시키는 효과를 가져올 수 있다. 첫제의는 상대방으로 하여금 역제의를 함에 있어 첫제의를 크게 벗어나지 못하도록 만들 정도의 상당한 영향을 미치기 때문이다. 예컨대 상인과 손님이 물건 가격 흥정을 하는 상황에서 상인이 먼저 첫제의를 하는 경우는 손님이 먼저 첫제의를 하는 경우에 비해 최종 합의가격이 높게 형성되는 경향이 있다.

첫제의를 누가 먼저 할 것인가는 협상 테이블에서의 당사자의 믿음(confidence) 및 통제력(sense of control)과 관련된다. 협상의 구조나 대안의 부족으로 인해 통제력이 부족하다고 느끼는 당사자는 적극적으로 첫제의를 하려고 하지 않는다. 또한 이상에서 언급한 것처럼 첫제의의 수준은 합의결과에 상당한 영향을 미친다. 좀더 공격적이고 극단적인 첫제의는 그러한 제의를 하는 당사자에게 더 나은 결과를 제공하기 쉽다. 무엇보다 공격적인 제의를 하면 이후 양보의 폭과 횟수를 조절하기가 쉽기 때문이다. 공격적인 첫제의를 하는 것은 상대방으로 하여금 양보를 요구할 기회를 만들어 주고, 또한 자신은 실제 양보를 해 줌으로써 상대방의 만족감이 향상된다.

첫제의를 한다면 어느 정도 수준에서 해야 하는가? 첫제의는 공격적인 것이 바람직하지만 터무니없는 수준이면 안 된다. 이 경우 상대방은 모욕감을 느끼고, 이후 협상은 적대적인 분위기로 흐르기 쉽다. 합의가능영역이 존재하지 않는다고 느끼는 경우, 상대방은 협상을 그만두고 가버리게 된다. 바로 이러한 이유 때문에 흔히 협상가들은 공격적인 첫제의를 하는 것을 두려워한다.

그러나 실제 연구 결과에 따르면 대부분의 협상가들은 그 정도로 공격적인 첫 제의를 하지는 않는 것으로 나타났다(Galinsky & Mussweiler, 2001).

첫제의를 할 때는 세 가지 사항에 유의해야 한다.

첫째, 자신의 배트나(BATNA)를 검토하고 유보치를 결정해야 한다. 유보치보다 나은 제의를 수용하고, 유보치보다 못한 대안을 거절할 준비를 갖추어야 한다.

둘째, 자신이 바라는 최상의 결과(ideal outcome), 즉 목표치를 결정해야 한다. 첫제의를 할 때는 유보치보다는 목표치에 더 큰 관심을 기울여야 한다. 목표치에 초점을 맞추는 협상가들은 그렇지 못한 협상가들에 비해 좀더 공격적인 첫제의를 하고, 그 결과 자신에게 유리한 합의를 이끌어 내는 것으로 밝혀졌다(Galinsky, 2004). 다만, 목표치에 지나치게 집착하는 경우, 이익이 되는 합의를 거절하는 상황도 발생된다.

셋째, 상대방의 배트나(BATNA)에 주목하고, 상대방의 유보치를 추정하기 위해 노력해야 한다.

이러한 세 가지 사항을 토대로 합의가능영역을 벗어나 상대방의 유보치를 약간 상회하는 수준에서 첫제의를 하는 것이 바람직하다. 물론 상대방의 유보치를 크게 벗어나는 첫제의를 하는 경우, 터무니없는 제의가 되어버린다.

첫제의를 먼저 하는 것이 불리한 상황도 있다. 당사자간 정보 불균형(information asymmetry)이 심한 상황으로 협상 의제에 관해 상대방이 자신보다 훨씬 많은 정보를 가지고 있는 경우이다. 예컨대 연봉 협상에서 회사는 신입사원에 비해 더 많은 정보를 가지고 있다. 이 경우 신입사원이 먼저 제의를 하기는 어렵다. 그러나 이러한 경우에도 무조건 상대방이 첫제의를 하도록 놓아두라는 의미는 아니다. 협상에 앞서 정보 불균형이 느껴진다면 협상의제뿐만 아니라 상대방의 배트나(BATNA) 등에 대해 보다 많은 정보를 수집하는 것이 필요하다.

한편 상대방으로부터 첫제의를 받는 경우, 거의 대부분 자신의 기대에 턱없이 모자란 제의를 받기 쉽다. 따라서 상대방의 제의가 왜 적절치 못한가를 지적할 준비를 하고 있어야 한다. 또한 상대방의 첫제의에 대해 어떤 역제의를 할 것인가도 결정해야 한다. 상대방의 제의를 수용할 것인지, 아니면 약간 양보한 제의를 할 것인지, 아니면 강력하게 버티기를 할 것인지 등을 결정해야 한다.

(5) 개인차와 협상결과

남성이 여성에 비해 협상을 잘 할까? 협상 당사자의 학력이 협상결과에

유보치의 평가 절차

유보치를 평가하는 네 가지 단계

1. 단계 1 : 대안들을 브레인스토밍하기

소규모 회사에 다니고 있는 당신은 벤처 기업인 A회사에 입사하기 위한 연봉 협상을 하고 있다. 당신이 생각하는 연봉의 목표치는 4,000만 원이다. 그런데 만일 회사로부터 4,000만 원의 제의를 받지 못하는 경우 어떻게 할 것인가? 이 경우 3,500만 원 정도 낮추거나, 현재 직장을 계속 다니거나 하는 생각들을 하게 될 것이다. 이 때 중요한 것은 가능한 많은 현실적인 대안들을 고려해 보는 것이다.

2. 단계 2 : 각 대안들을 평가하기

1단계에서 확인된 다양한 대안들을 선호도나 가치의 측면에서 서열화한다. 만일 어떤 대안의 결과가 불확실한 경우, 그 발생 확률을 계산해야 한다. 예컨대 당신이 3,500만 원으로 연봉을 낮추는 경우를 가정해 보자. 최근 그 회사에 입사했던 또 다른 사람들의 경우를 고려하여 회사가 3,500만 원을 수용할 확률이 70%로 평가된다. 나아가 연봉을 낮추는 최저선, 즉 유보치가 얼마인가를 결정하기 위해서는 막연한 느낌이 아니라 객관적인 자료들에 기초해야 한다. 최선의 대안이 곧 당신의 BATNA여야 한다.

3. 단계 3 : BATNA를 개선하려고 노력하기

협상에서의 당신의 위치는 당신이 얼마나 매력적이고, 실현가능한

BATNA를 가지고 있느냐에 따라 상당히 강화될 수 있다. 물론 이것이 쉽지는 않다. BATNA를 개선하기 위해서는 당신은 현재 다니는 회사를 그대로 다니거나, 투자를 조금 더 함으로써(예컨대 영어능력을 키우거나, 자격증을 소유함) 자신의 가치를 향상시킬 수 있다.

4. 단계 4 : 유보치를 결정하기

일단 당신이 가장 매력적인 BATNA를 결정하였으면, 이제 당신의 유보치를 확인할 단계이다. 당신이 받아들일 수 있는 최저 연봉을 결정해야 한다. 이것을 터무니없이 높게 계산하는 일이 효과적인 협상전략은 절대 아니다. 유보치는 객관적인 사실에 기초해야만 한다.

예컨대 당신의 연봉으로 3,500만 원 이상의 제의를 받을 확률이 60% 이고, 3,000만 원 이상의 제의를 받을 확률이 95%로 판단된다. 물론 당신이 3,000만원의 제의도 받지 못할 가능성은 5%라고 생각하며, 이 경우 당신은 현재 직장을 계속 다닐 생각이다. 이러한 정보를 기초로 연봉협상의 기대확률(expected probabilities)을 계산해 볼 수 있다.

연봉을 3,500만 원으로 낮추어야 할 확률	60%
연봉을 3,000만 원으로 낮추어야 할 확률	35%
현 직장을 계속 다닐 확률	5%

이상의 계산에 있어 확률은 항상 합이 100%가 되어야 한다. 즉 모든 발생 가능한 사건들을 고려했다는 의미다. 물론 여타의 대안은 존재하지 않는다. 단, 당신이 현재 직장에서 받고 있는 연봉은 2,700만 원이다. 이 연봉협상에서의 기대치는 각 대안과 발생확률을 곱해서 얻어진다.

연봉을 3,500만 원으로 낮추는 경우 :	3,500만 원×.6=2,100만 원
연봉을 3,000만 원으로 낮추는 경우 :	3,000만 원×.35=1,050만 원
현 직장을 계속 다니는 경우 :	2,700만 원×.05=135만 원

마지막으로 각 대안들의 가치를 모두 더해 총 기대가치를 계산할 수 있다.

2,100만 원+1,050만 원+135만 원=3,285만 원

따라서 이 금액이 당신의 유보치다. 즉 당신은 3,285만 원 이하의 연

봉 제의에 대해서는 수용을 해서는 안 된다. 다만, 만일 회사측이 3,200만 원의 제의를 해 온다면, 이 금액은 유보치에 근접하기 때문에 이 제의의 수용 여부를 신중하게 고려할 수 있다.

자료 : Thompson(1998)을 수정.

영향을 미치는가? 협상가의 행태를 설명함에 있어 성별 · 학력 · 나이 등의 인구구성학적 특성과 성격(personality) 변수들에 의한 설명력은 미미한 수준에 불과하다(Thompson, 1998). 비록 개인차가 협상 행태나 결과에 미치는 효과를 주장하는 학자들도 있으나(Barry & Friedman, 1998), 단순한 개인차는 협상결과에 별다른 영향을 미치지 못한다는 것이 일반적인 결론이다(Bazerman, *et al*., 2000).

6. 성공적인 협상이란 무엇인가?

협상이 끝나고 나면 대부분의 당사자들은 자신이 승리한 성공적인 협상이었다고 주장한다. 협상 결과가 성공적이라고 말할 수 있는 구체적인 기준은 무엇인가? Thompson(1998)은 협상의 성공을 〈그림 4-7〉처럼 세 가지 차원

〈그림 4-7〉 협상결과의 평가

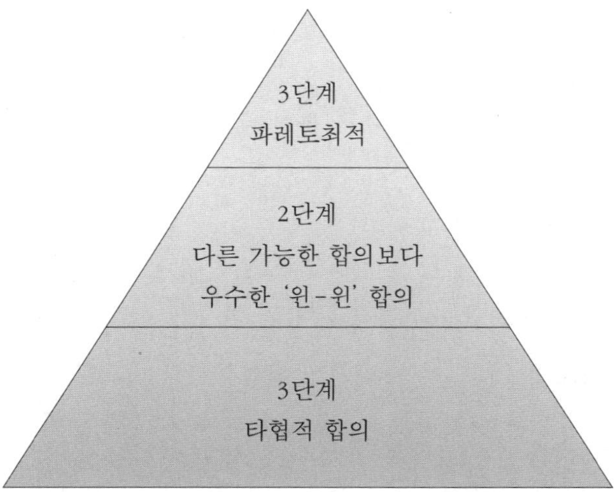

자료 : Thompson(1998).

에서 접근하고 있다.[2)]

가장 낮은 수준에서 보면 당사자들이 언제 합의에 도달해야 하는가를 확인함으로써 협상의 성공 여부를 평가할 수 있다. 당사자들은 자신들의 배트나(BATNA)나 보다 좋은 대안에는 합의를 하고, 거꾸로 배트나(BATNA)보다 못한 대안에는 협상을 결렬시키는 경우 협상이 성공한 것으로 평가된다. 형제가 과자 하나를 놓고 다투는 경우를 생각해 보자. 형과 동생은 서로 다투다 과자를 전혀 먹지 못하게 되는 경우보다는 반씩 "균등하게" 나누어 먹는 것이 모두에게 이익이다. 따라서 이러한 시각에서 협상의 성공을 개념화한다면, 협상가는 타협적 합의가 가능한 시점을 아는 능력이 있어야 한다.

다음 수준의 성공은 당사자들이 "윈-윈" 합의를 달성하는 경우이다. 그렇다면 "윈-윈" 합의란 무엇인가? 양 당사자가 동일한 양보를 해서 합의를 한다고 "윈-윈"이 되는 것은 아니며, 또한 단순히 타협(compromise)을 의미하는 것도 아니다. 형제가 케이크 하나를 두고 다투는 경우를 가정해 보자. 두 사람 모두 케이크를 전부 먹겠다는 입장을 보이고 있다. 이 경우 이들에게 케이크를 반으로 잘라 나누어 주는 것이 하나의 타협안이 될 수 있다. 그러나 실제로 케이크를 원하는 이유는 형은 크림을 먹고 싶어 하고, 동생은 빵을 먹고 싶어 하기 때문이다. 따라서 이해관계를 기초로 문제 해결을 시도한다면 형에게는 크림을 주고, 동생에게는 빵을 주는 대안을 고려할 수 있다. 이처럼 2단계의 합의는 당사자가 모두 참여하는 공동의 과정이며, 서로에게 도움을 주게 되는 결과를 도출한다. 그 결과 협상이 종료된 이후에도 좋은 관계를 지속할 수 있다. 따라서 2단계의 "윈-윈" 합의는 단순히 타협을 통해 합의에 도달하기보다는 양측 모두 더 나은 결과를 얻을 수 있는 방식으로 합의를 이룸으로써 합의를 개선하는 것을 의미한다.

마지막으로 가장 높은 수준의 성공은 "파레토 최적(Pareto optimal)"의 결과를 달성함으로써 당사자들이 달성할 수 있는 최선의 협상 결과를 달성하는 것이다. 최고의 "윈-윈" 결과가 달성됨으로써 더 이상 나아지는 것이 불가능한 합의를 이루는 것이다. 상대방의 결과에 피해를 주지 않고서는 한쪽 당

2) 이하의 내용은 주로 다음의 서적을 참조함 : L. Thompson, *The Mind and Heart of the Negotiator*(Upper Saddle River, N. J. : Prentice Hall, 1998).

〈표 4-1〉 통합적 합의를 저해하는 요인

	합의의 가능성	합의의 가치
연성협상방식	BATNA보다 못한 대안에 합의하는 합의의 오류	승자의 저주
경성협상방식	BATNA보다 좋은 대안을 거부하는 흥정오만(hubris)	패자-패자 결과

자료 : Thompson & Leonardelli(2004).

사자의 결과를 증진시킬 수 있는 또 다른 가능한 합의안이 존재하지 않는 상태이다.

가장 높은 3단계의 파레토 최적의 합의를 달성하기는 매우 어려우며, 1단계 또는 2단계의 결과만으로도 협상은 성공한 것으로 여겨진다. 이러한 3단계의 통합적 합의를 가로막는 장애 요인들은 무엇인가? 심지어는 숙련된 협상가조차도 〈표 4-1〉처럼 네 가지 덫에 걸려 성공적인 협상에 도달하지 못하는 경우가 많다. 이들은 주로 첫번째와 두 번째 단계의 성공에서 발생된다.

〈표 4-1〉에서 제시된 것처럼 일반적으로 협상가를 나긋 나긋한 연성 협상가와 완고한 경성 협상가로 구분할 수 있다. 그런데 맨 아래 단계의 타협적 합의 수준에서 보면 연성 협상가와 경성 협상가 모두 덫에 빠질 가능성이 있다. 연성 협상가는 무조건 합의에 도달함으로써 막대한 비용을 지불하기 쉽다. 그 결과 연성 협상가는 어떤 상황이든 관계 없이 합의에 도달하는 합의 오류(agreement bias)를 범하기 쉽다. 단순히 합의에 도달해야 한다는 것 때문에 아무 제안에나 섣부른 합의(premature agreement)를 하는 상황이 발생되는 것이다. 현명한 협상가는 자신의 유보치를 넘는 제안에 대해 합의를 하고, 유보치보다 못한 제안에 대해서는 단호하게 거부해야 한다. 그러나 합의오류로 인해 자신의 배트나(BATNA)보다 못한 제안을 수용하는 상황이 발생된다. 이와는 반대로 지나치게 완고한 협상가는 합의에 도달하는 것이 현명한 상황에서도 합의에 이르지 못하는 오류를 범한다. 이러한 상황을 흥정 오만(bargain-ing hubris)이라고 하며, 합의를 이루는 것이 훨씬 더 나은 상황에서 협상 테이블을 박차고 나가버리는 경우이다. 이러한 비합리적인 행동들은 인지적 편향에

의해 유발되는데, 특히 제3장에서 언급한 휴리스틱스에 의존한 판단은 이러한 비합리적인 행동을 유발하는 가장 중요한 요인이다.

두 번째 단계에서 역시 연성 협상가와 강경 협상가 모두 덫에 걸리기 쉬운데, 이 경우 "윈-윈 합의"의 결과에 나쁜 영향을 미치게 된다. 승자의 저주(winner's curse)는 한쪽 당사자가 제의를 하지만, 상대방이 이를 즉각적으로 수용함으로써 후회스런 결과를 낳게 되는 경우이다. 즉 상대방이 바라던 제의를 함으로써 상대방은 더 많은 것을 얻고, 자신은 오히려 더 나은 결과를 얻을 수 있는 기회를 놓치게 되는 경우이다. 상대방의 유보치를 알지 못하는 경우 상대방의 입장을 과대평가하고, 그 결과 지나치게 관대한 제의를 하게 된다. 즉 한쪽 당사자가 합의가능영역(ZOPA) 내에서 제의를 하지만, 협상 잉여의 대부분을 포기하는 제의를 하는 것이다. 연성 협상가의 경우 특히 승자의 저주를 경험하기 쉽다. 그러나 지나치게 완고한 협상자 역시 "패배-패배" 합의를 하는 경우가 종종 발생된다. 패배-패배 합의는 손쉽게 얻을 수 있는 다른 결과보다도 오히려 서로에게 더 손해가 되는 그러한 합의에 도달하는 경우이다. 패배-패배 합의가 문제가 되는 가장 큰 이유는 손해를 보는 합의를 하고도 보통 이를 깨닫지 못하기 때문이다.

승자의 저주를 피하는 확실한 방법은 상대방이 즉각적으로 수용하기 힘든 정도의 아주 낮거나 높은 제의를 하는 것이다. 예컨대 500만 원의 가격이 붙어 있는 중고차에 대해 누군가가 50만 원의 제의를 하거나, 또는 200만 원짜리 노트북 컴퓨터을 팔려고 하는 사람이 30만 원의 제의를 받는 경우를 생각해 보자. 이러한 제의들은 즉각적으로 수용될 가능성이 거의 없다. 그러나 주의할 점은 터무니없는 제의를 함으로써 웃음거리가 되거나 협상을 결렬시키는 경우가 발생할 수도 있기 때문에, 가능한 많은 정보를 수집한 후 신중한 제의를 해야 한다.

Ⅱ. 다중의제 협상

많은 갈등 상황 속에는 한 개의 의제가 아닌 여러 개의 상호 연관된 의제들이 동시에 존재한다. 의제가 복잡하고 많은 경우에 비해 의제가 단순하고 그 숫자가 적은 상황이 모든 당사자들에게 더 바람직할 것으로 여겨지지만, 실제로는 그 반대이다. 의제가 많아질수록 더 나은 협상 상황이 형성된다. 다중의제(multiple issue) 협상의 경우, 당사자에게 의제들 간의 득실을 계산하는 데 있어 더 많은 기회를 제공한다. 예컨대 의제가 임금 한 가지로 고용주와 노동조합 두 당사자가 서로 상충되는 선호를 가지고 있는 임금 협상의 경우를 상상해 보자. 고용주는 임금을 최소화하기를 원하는 반면, 노동조합은 더 많은 임금을 원한다. 이 경우 기껏해야 두 당사자들은 서로 부분적인 만족만을 통해 타협에 도달할 수 있다. 그러나 동일한 협상 상황에서 임금뿐만 아니라 휴가일수 · 근로시간 · 직장보험 · 상여금 등이 의제에 포함되는 경우 당사자들은 의제들간의 득실을 계산하여 협상을 하게 되고, 따라서 서로 중요하지 않은 의제를 양보하는 대가로 자신에게 중요한 의제에 대해 커다란 이익을 얻을 가능성이 커지게 된다.

다중의제 협상 상황은 당사자들로 하여금 사전에 분명한 협상 전략을 준비하도록 요구한다. 당사자들은 협상에서 궁극적으로 원하는 것이 무엇인가를 결정해야 할 뿐만 아니라 자신들이 바라는 결과를 달성하기 위해 기꺼이 포기해야 하는 것이 무엇인가도 결정해야 한다. 이를 위해서는 다중의제 협상에서 가장 중요하면서도 어려운 점인 각 의제별 가중치 확인, 의제와 효용 간의 함수관계 확인, 의제들 간의 통합원칙 결정, 의제혼합(issue mix)을 통한 대안 개발 등을 협상준비 단계에서 해야만 한다. 그러나 협상 의제들이 많아질수록 단지 머릿속으로 추측하여 이러한 중요 사항들을 준비하는 일은 바람직하지 않다. 체계적인 분석과 평가 절차가 마련되어야 한다.

1. 사회적 판단이론과 협상분석

Hammond와 Stewart를 중심으로 제시된 사회적 판단이론(social judgment theory)과 그 개념적 틀인 렌즈모델(Lens model)은 협상가의 판단과 의사결정을 분석하는 데 있어 효과적인 수단을 제공한다.[3] 사회적 판단이론은 의사결정자와 의사결정자가 행위하는 환경과의 관계에 초점을 맞춘다. 사회적

3) 사회적 판단이론과 렌즈모델에 대한 구체적인 설명은 다음 서적을 참고할 것 : R. W. Cooksey,

판단이론의 시각에서 보면, 사람의 의사결정은 문제 환경으로부터 인식되는 불완전한 정보를 확률적으로 통합함으로써 이루어지는 과정이다(Cooksey, 1996). 이러한 사회적 판단이론은 갈등을 분석함에 있어 기존의 이론들과는 다른 접근방법을 취하고 있다. 갈등의 유발요인을 당사자들의 욕심, 이기심과 같은 동기나 악의(ill will)에서 찾는 것이 아니라 인식의 차이에서 찾는다. 당사자들의 상이한 판단이 갈등을 유발하는 주된 원천이라고 본다. 따라서 악의가 없는 당사자들 간에도 갈등은 지속될 수 있다고 본다. 복잡한 환경 하에서의 사람의 판단과정은 정확하지 않으며 일관적이지도 못하다. 심지어는 스스로도 자신의 판단을 정확히 설명하지 못하는 경우가 많다.[4] 예컨대 특정 기업을 선호하는 경우에도 그 이유를 정확하게 설명하기는 쉽지 않다. 비록 여러 가지 이유들을 나열하기는 쉽지만, 어떤 요인이 얼마나 선호도에 영향을 미치고 있는지를 스스로 설명하기는 매우 어렵다. 또한 사람의 판단은 심지어 동일한 조건에서도 동일하게 이루어지지 못하는 경우가 대부분이다. 이러한 판단의 부정확성이나 비일관성은 사람의 판단이 완전히 분석적이거나 완전히 통제된 인지적 과정의 산물이 아니기 때문에 발생한다.

사회적 판단이론의 개념적 틀인 렌즈모델에 따르면, 인간의 의사결정은 환경으로부터 지각되는 불완전한 정보를 마치 볼록렌즈를 통해 빛이 한 곳으로 모이는 것처럼 재결합하는 과정으로 이해된다. 〈그림 4-8〉은 렌즈모델을 개념화한 것이다. 그림에서 환경은 문제의 생태(ecology)로서 의사결정자가 활동하는 결정환경(decision environment)을 의미한다. 큐(cue)는 의사결정자가 판단을 위해 고려하는 정보 또는 단서들을 나타낸다. 큐들이 실제 환경 속에서 어떻게 환경과 작용하는가에 관한 정보가 완벽할 수 없기 때문에 점선으로 표현된다. 큐를 중심으로 오른쪽 부분은 의사결정자의 판단정책(judgment policy)을 설명하는 부분으로, 큐 이용타당도(cue utilization validities)로 불린다. 큐 이용타당도는 의사결정자의 결정에 있어 각 큐들과 의사결정과의 관계

Judgement Analysis : Theory, Methods, and Applications(San Diego : Academic Press, 1996.)

4) 인간이 자신의 판단을 설명하는 데 있어서의 부정확성에 대한 논의는 다음 글을 참고할 것 : P. Slovic & S. Lichtenstein, "Comparison of Bayesian and Regression Approaches to the Study of Information Processing in Judgment," *Organizational Behavior and Human Performance* 6, 1971, pp. 649-744.

〈그림 4-8〉 렌즈모델

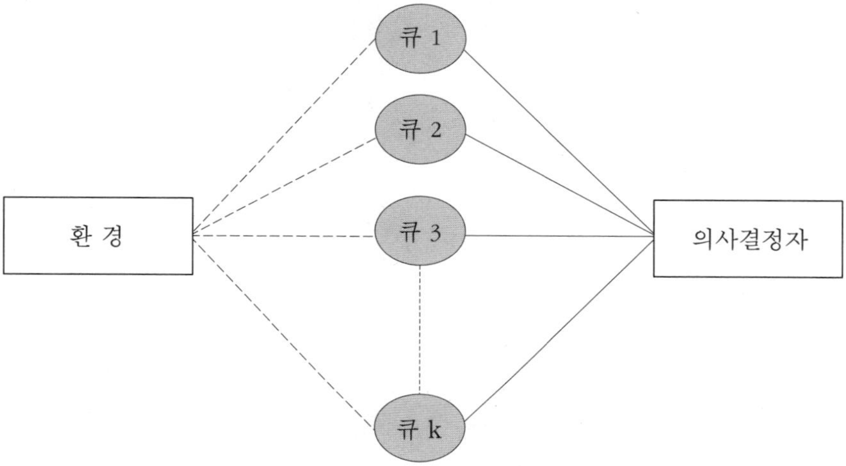

를 의미한다. 큐 이용타당도의 분석을 통해 의사결정자의 의사결정에 대한 각 큐의 기여도(가중치)와 큐값의 변화와 의사결정의 함수관계(functional form)에 관한 설명이 가능해진다. 마지막으로, 큐들이 의사결정을 위해 어떻게 통합되는가를 설명해 주는 조직화 원칙(organizing principle)에 대한 분석도 가능하다.

사회적 판단이론을 양자간 협상 상황에 적용하면, 협상 당사자의 판단과 의사결정은 협상 상황에서 얻어지는 불완전한 정보들을 인식체계 속에서 통합하는 과정으로 이해될 수 있다. 〈그림 4-9〉는 렌즈모델(lens model)을 변형하여 두 명의 협상 당사자들이 여러 개의 의제를 두고 협상하는 상황에 적용한 것이다.

〈그림 4-9〉에서 의제는 협상 당사자들이 협상 테이블에서 논의하는 쟁점들을 나타낸다. 예컨대 고용 협상의 경우 연봉 · 휴가일수 · 건강보험 등 당사자들이 협상에서 논의하는 의제들을 의미한다. 그림에서 선의 굵기는 두 당사자들이 각 의제에 대해 부여하는 상대적 가중치의 크기를 나타낸다. 당사자들은 각 의제들에 대해 서로 다른 가중치를 부여함으로써 의제들 각각의 상대적 중요도는 다르게 평가된다. 예컨대 회사의 지원자는 연봉을 가장 중요한 이슈

〈그림 4-9〉 렌즈모델과 양자협상

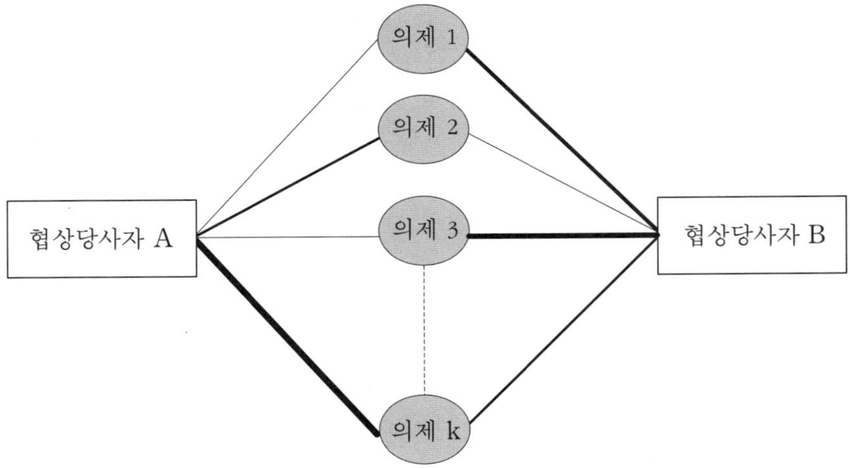

로 생각하지만, 회사는 조직의 생산성 때문에 휴가일수를 중요하게 생각하는 경우를 들 수 있다. 각 의제는 다양한 수준의 대안들을 포함하고 있으며, 각 수준의 대안들이 당사자에게 제공하는 효용은 서로 다르다. 예컨대 휴가일수의 경우 3~15일처럼 다양한 대안들이 존재할 수 있다. 마지막으로 당사자들은 양보안의 제시나 상대방의 제안 수용과 같은 의사결정을 위해 의제들의 가치를 통합하는 **조직화 원칙**(organizing principle)을 지니고 있다. 조직화원칙은 각 의제의 가중치와 효용을 어떻게 결합하여 총 효용을 평가할 것인가에 대한 점수체계를 의미한다.

이러한 개념들을 종합하면 협상 당사자의 협상전략을 설명할 수 있다. 의제의 상대적 가중치, 의제와 효용과의 함수관계, 의제의 조직화 원칙 등의 협상전략 구성요소들의 차이는 당사자간 의사결정의 차이로 귀결된다. 두 당사자의 협상전략을 비교함으로써 동의(agreement)의 정도를 측정할 수 있으며, 따라서 갈등의 인식적 근원을 분석할 수 있다. 이러한 렌즈모형 접근법은 다수의 당사자들이 협상을 하는 복잡한 상황으로도 확대 적용될 수 있다.

2. 협상전략의 결정요인

이상에서 설명한 것처럼 당사자들의 악의나 욕심 때문이 아니라, 의제의 상대적 가중치, 의제와 효용과의 함수관계, 의제의 조직화 원칙 등의 협상전략 구성요소들의 차이로 인해 당사자들 간에 견해 차이가 발생된다. 그 결과 동일한 제안에 대해서도 당사자들의 수용성은 달라지는 것이다.

(1) 의제의 상대적 가중치

다중의제 협상의 경우 각 당사자가 중요하다고 생각하는 의제들이 서로 다른 경우가 보통이다. 예컨대 대학 졸업반인 홍길동은 A회사와 입사를 위한 고용협상을 벌이고 있다. 협상 의제는 〈표 4-2〉처럼 연봉 · 휴가일수 · 건강보험의 세 가지며, 각 의제별로 다양한 대안(수준)들이 존재하는 상황이다. 연봉은 3,000만 원에서 4,000만 원까지 11가지 수준, 휴가일수는 3일에서 15일까지 13개 수준, 건강보험은 본인 연 1회부터 본인 연 2회 및 가족 연 1회까지 4

〈표 4-2〉 의제별 대안

연봉(만 원/년)	휴가일수(일/년)	건강보험(건강진단)
3,000	3	본인 연 1회
3,100	4	본인 연 2회
3,200	5	본인 연 1회+가족 연 1회
3,300	6	본인 연 2회+가족 연 1회
3,400	7	
3,500	8	
3,600	9	
3,700	10	
3,800	11	
3,900	12	
4,000	13	
	14	
	15	

개의 수준이 존재한다. 따라서 총 572가지(11×13×4) 대안이 존재한다.

홍길동과 회사는 협상에서 각 의제에 대한 상대적 중요도를 달리 평가한다. 홍길동은 세 가지 의제 가운데 연봉을 가장 중요한 쟁점으로 생각하지만, 회사측은 차질 없는 생산을 중시하기 때문에 휴가일수를 가장 중요한 협상 의제로 생각한다. 따라서 당사자들은 협상준비 단계에서 어떤 의제가 자신에게 어느 정도나 중요한가를 결정해야 한다. 의제별 중요도는 특정 제안의 수용 여부를 결정하는 과정에서 가중치로 환산된다. 예컨대 홍길동은 연봉=0.5, 휴가일수=0.3, 건강보험=0.2 등으로 가중치를 평가한다.[5]

(2) 의제와 효용의 함수관계

각 의제의 상대적 가중치뿐만 아니라, 의제의 다양한 수준들이 당사자에

〈그림 4-10〉 고용협상에 있어 회사와 신입사원의 효용함수

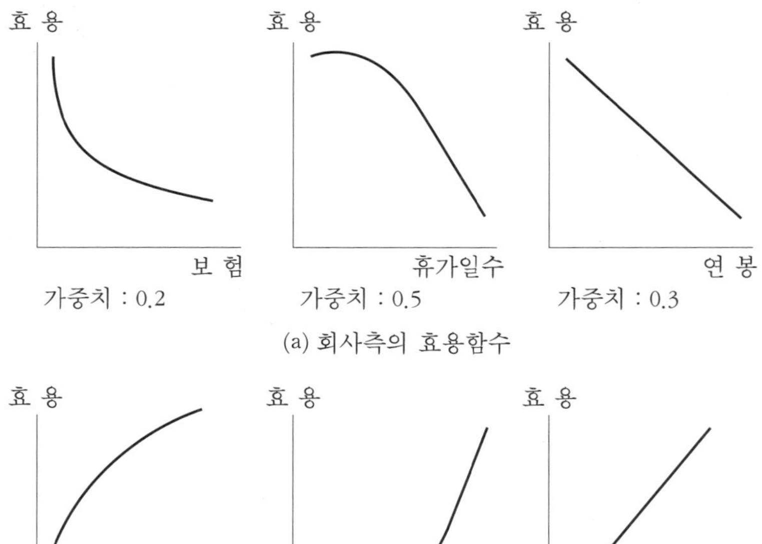

(a) 회사측의 효용함수

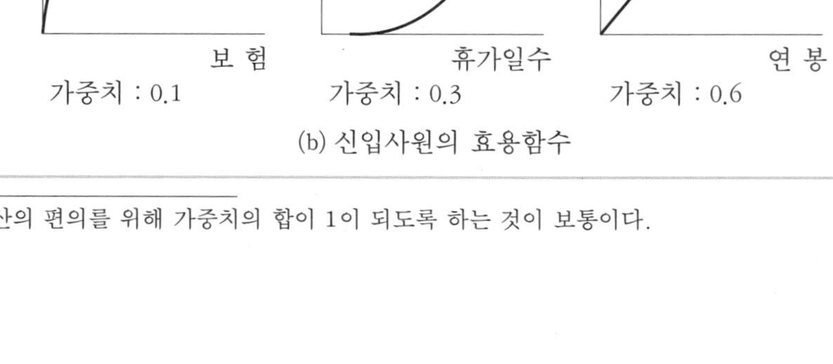

(b) 신입사원의 효용함수

5) 계산의 편의를 위해 가중치의 합이 1이 되도록 하는 것이 보통이다.

게 제공하는 주관적 효용이나 가치 역시 다르다. 따라서 당사자들이 각 의제들이 얼마나 중요한가에 대해 동의하는 경우에도 각 의제의 수준이 어느 정도여야 하는가에 대해서는 의견을 달리하기 쉽다.

의제와 효용의 함수관계(functional relationship)는 양의 선형관계, 음의 선형관계, 곡선관계(curvilinear) 등으로 나타낼 수 있다. 예컨대 〈그림 4-10〉처럼 연봉 · 휴가일수 · 건강보험 각각에 대한 홍길동과 회사의 효용함수(utility function)에서 커다란 차이가 존재한다. 예컨대 휴가일수의 경우, 회사측은 연간 1-10일 사이의 휴가는 별다른 차이가 없는 것으로 보지만, 그 이상의 휴가일수는 생산에 차질을 줄 만큼 심각한 문제로 생각한다. 반면에 홍길동은 1-10일 사이의 휴가는 너무 적으며, 그 이상은 되어야 효용이 증가한다고 한다. 이처럼 의제와 효용의 함수관계를 결정해야 특정 제안의 효용을 정확히 평가할 수 있다. 물론 효용은 가격과 같은 객관적인 가치로 측정되는 것이 바람직하지만, 그렇지 못한 경우 주관적인 가치로 측정될 수 있다. 이 경우 0에서 100 사이의 주관적 판단치를 부여하는 것이 보통이다.

(3) 의제의 통합원칙

연봉 · 보험 · 휴가일수 등 의제들의 가치를 어떻게 통합하느냐에 따라 특정한 제안에 대한 당사자들의 평가가 달라지며, 그 결과 제안의 수용성이 달라진다. 각 의제의 가치들을 어떻게 통합해서 전체적인 효용을 계산할 것인가? 예컨대 이상의 〈표 4-2〉에서 연봉은 3,500만 원, 휴가일수는 4일, 건강보험 지원은 본인 2회+가족 1회의 제안과, 연봉은 3,900만 원, 휴가일수는 13일, 건강보험 지원은 본인 연 1회인 제안 중 어떤 제안을 수용할 것인가? 이러한 두 제의를 어떻게 비교 평가할 것인가? 일반적으로 의제별 가치를 종합함으로써 특정 제안의 총 효용을 계산할 수 있다. 특히 여러 제안들을 동시에 받는 경우, 의제의 총 효용을 평가하기 위한 자신만의 점수체계(scoring system)를 지니고 있어야 한다. 일반적으로 특정 제안의 총 효용 계산은 다음과 같은 가산 모형(additive model)으로 나타낼 수 있다.

$$U_i = \sum (W_i \times V_i)$$

단, U_i=i번째 의제의 총 효용, W_i=i번째 의제의 가중치, V_i=i번째 의제의 효용을 나타낸다. 보다 구체적인 예를 들어 보자. 회사가 홍길동에게 다음의 세 가지 제안을 하고, 그 중에 하나를 선택하라고 제시한 경우를 가정해 보자.

대안 1 : 연봉(3,000만 원), 휴가일수(11일), 건강보험(본인+가족)
대안 2 : 연봉(4,000만 원), 휴가일수(5일), 건강보험(본인)
대안 3 : 연봉(3,300만 원), 휴가일수(7일), 건강보험(본인+가족)

세 가지 제안 가운데 하나를 고르기는 쉽지 않다. 특히 협상전략을 위한 구체적이고 분석적인 점수체계를 마련하고 있지 않는 이상 상당한 고민이 아닐 수 없다. 이 문제를 해결하는 가장 단순한 방법은 다속성효용기법(Multi-Attribute Utility Technique : MAUT)의 원리를 활용하여 대안들을 비교할 수 있는 표를 만드는 것이다.

〈표 4-3〉처럼 세로축에는 각 제안들을 기술하고(예 : 제의 1, 제의 2), 협상 대상 의제들을(예 : 연봉 · 휴가일수 · 건강보험 등등) 가로축에 기록한다. 맨 아랫줄에 제시된 것처럼 의제들은 각기 다른 가중치를 지니고 있다. 표의 각 셀에는 제안의 구체적인 수준들이 제공하는 객관적인 효용이나, 객관적 효용의 계산이 어려운 경우 주관적 가치들을 기록한다. 다음으로 각 셀의 값에 가중치를 곱한 후 모두 더해서 합계를 구한다. 예컨대 위의 세 제안들을 다음과 같이 점수체계 속에서 평가함으로써 좀더 정교한 비교가 가능해진다. 제안간 비교

〈표 4-3〉 다속성효용기법(MAUT)을 적용한 제안의 선택

제안의 종류	연 봉	휴가일수	보 험	총 효용 (utility)	환산율
대안 1	50	95	85	74.5	100%
대안 2	95	30	50	61	81.9%
대안 3	60	55	85	64.5	86.6%
가중치(W)	0.4	0.35	0.25		

* 환산율은 최대효용을 100으로 계산한 값이다.

결과를 기초로 제안 1을 수용하는 경우 가장 큰 효용을 얻을 수 있다.

제안 1 : $(50\times0.4)+(95\times0.35)+(85\times0.25)=74.5$
제안 2 : $(95\times0.4)+(30\times0.35)+(50\times0.25)=61$
제안 3 : $(60\times0.4)+(55\times0.35)+(85\times0.25)=64.5$

일단 대안별 효용이 계산되면 민감도 분석(sensitivity analysis)을 수행하는 것이 바람직하다. 변화된 상황을 가정함으로써 결론이 바뀌는가를 확인하는 것이다. 예컨대 가중치를 변경하거나 각 셀의 가치들을 변경하는 경우, 총효용에 어떤 변화가 나타나는가를 확인한다. 민감도분석 결과 선호도의 역전이 심각한 상황이면, 당사자는 자신의 의사결정을 다시 한번 평가해 볼 필요가 있다.

이처럼 협상 당사자들은 다양한 제안의 효용을 평가할 수 있는 점수체계를 지니고 있어야 한다. 다속성효용기법을 비롯한 여러 방식의 점수체계를 활용하여 각 제안의 효용 또는 가치를 계산할 수 있으면, 대안들 간의 비교평가가 가능하다.

3. 협상과정 및 결과

단일의제 협상과는 달리 다중의제 협상의 분석에서는 합의가능공간(feasible settlement space) 및 효율적 경계선(efficient frontier)의 개념이 매우 중요한 역할을 한다. 합의가능공간 또는 공동효용공간(joint utility space)은 협상에서 존재할 수 있는 다양한 제안들이 당사자들에게 주는 효용에 의해 만들어지는 가상의 합의가능영역(ZOPA)을 나타낸다. 〈그림 4-11〉의 경우 당사자 X의 유보치, Y의 유보치 및 효율적 경계선에 의해 만들어진 영역이 합의가능공간이다. 그러나 모든 제안이 합의가능공간에 포함되는 것은 아니고, 이 가운데 실현가능한 제안들이 나타내는 영역만을 의미한다. 즉 한쪽 당사자의 제안이 상대방의 유보치에 미치지 못하는 경우, 합의가능공간에 포함되지 않는다. 예컨대 〈그림 4-11〉에서 맨 왼쪽 위의 밝은 색깔 점으로 표시된 제안은 당사자 X의 유보치보다 미흡한 안으로 X에 의해 거부되며, 따라서 합의가능공간에 포함되지 않는다.

〈그림 4-11〉 다중의제 협상의 합의가능공간

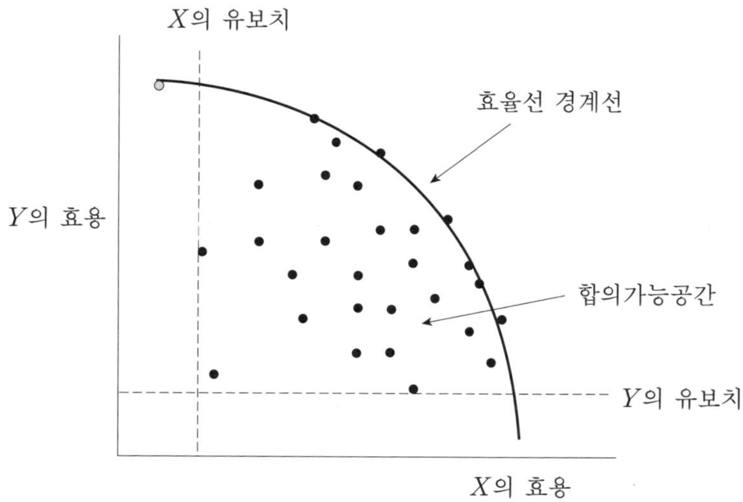

효율적 경계선은 파레토 최적선(Pareto optimal frontier)으로도 불리며, 당사자들이 달성 가능한 최대의 공동효용으로서 그 이상의 공동효용을 달성하는 것은 불가능하다. 〈그림 4-11〉의 경우 합의가능공간의 가장 바깥쪽 제안들을

〈그림 4-12〉 협 상 춤

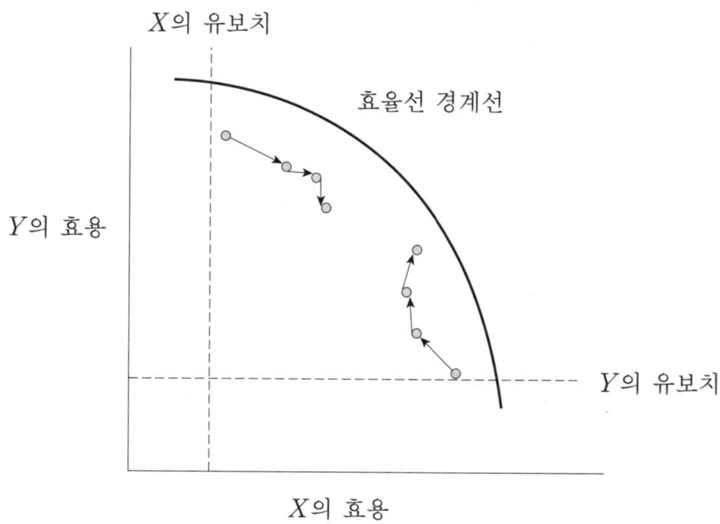

연결한 선이 효율적 경계선으로 효율적 경계선상에 위치한 제안들이 선택되는 경우, 양측 효용의 합, 즉 공동효용의 크기는 최대가 된다. 따라서 효율적 경계선을 벗어나는 대안은 존재하지 않으며, 효율적 경계선상의 어떤 제안에서 합의가 이루어지는 경우 한쪽 당사자의 효용을 저해하지 않고서는 또 다른 당사자의 효용을 증대시킬 수 있는 어떤 다른 합의안도 존재하지 않는다. 효율적 경계선상의 합의는 가장 높은 단계의 통합적 합의를 의미하기도 한다. 협상 당사자들이 합의에 도달하는 경우에도 보통은 차선의 타협(sub-optimal compromise)에 그침으로써 효율적 경계선상의 합의에 도달하지 못하는 경우가 많다.

첫제의로부터 시작하여 제의와 역제의의 반복적인 교환 속에서 양보가 이루어지고, 최종 합의에 도달하기까지의 과정을 협상춤(negotiation dance)으로 묘사할 수 있다. 〈그림 4-12〉는 두 당사자 간의 전형적인 협상춤을 보여 준다.

〈그림 4-13〉은 다중의제 협상의 결과를 그림으로 나타낸 것이다. 단일의제 협상의 경우와 마찬가지로 개인간 다중의제 협상의 결과를 정리하면 크게 네 가지로 구분된다.

첫째, 합의에 실패하는 경우이다. 이 경우 각자의 효용은 "NA"로 표시

〈그림 4-13〉 협상의 결과

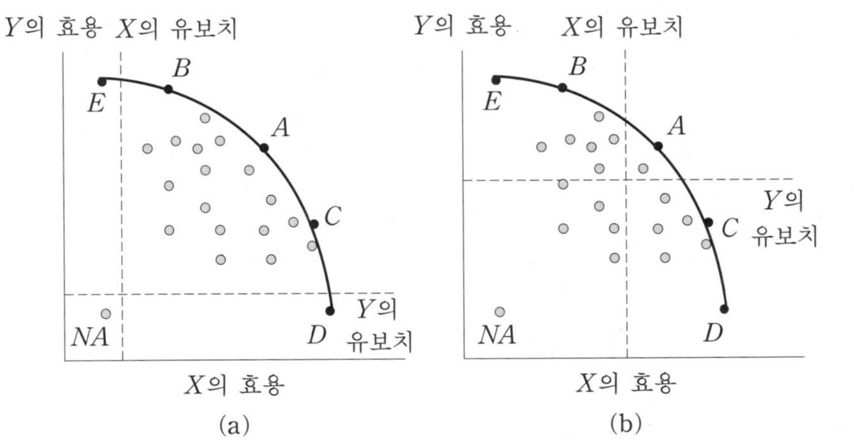

연봉협상 유형

채용담당자들 "이런 사람은 질색"

이랬다 저랬다 시간 질질 끌고 몸값 '뻥튀기'

채용 담당자들이 싫어하는 연봉협상 유형이 있다.

첫번째는 언급했던 연봉 수준을 자꾸 번복하는 유형들이다. 애초 자신이 요구했던 연봉 조건에다 회사의 평판, 자리의 위험성 등 추가적인 조건을 자꾸 붙여 가며 자신의 몸값을 계속 올리려는 사람들이다. 능력 때문에 욕심이 났던 인재라도 이런 식으로 이런 저런 이유를 대는 일관성 없는 모습을 보면 채용하고 싶은 마음이 싹 달아난다고.

이랬다 저랬다 시간 질질 끌고 몸값 '뻥튀기'

두 번째는 결론을 피하며 시간만 끄는 유형이다. 협상 테이블에서는 별 말이 없으면서도 최종 사인하는 단계는 요리 조리 피하는 사람들이다. 직장을 옮기겠다는 분명한 생각 없이 '일단 알아나 보자'는 식으로 나선 경우인데, 인재 욕심이 많은 채용담당자들의 '인내력'도 한계가 있다.

세 번째는 현재 연봉 수준을 부풀리는 유형이다. 최대한 몸값을 올리기 위한 효과적인 수단으로 보이지만, 대부분의 회사에서는 원천징수 영수증을 요구하기 때문에 곧 들통날 거짓말이다. 더구나 채용 담당자들은 리크루팅 전문업체를 통해 항상 크로스체크를 하는 만큼 연봉뿐 아니라, 업무나 경력 등을 부풀리는 것도 결정적인 감점요인이다.

〔조선일보 2005년 10월 11일〕

된 점으로 나타낼 수 있다.

둘째, 어느 한쪽이 일방적으로 승리하는 경우로서, 그림 (a)에서 대안 D나 대안 E가 선택되는 경우이다.

셋째, 당사자간에 타협안이 마련되는 경우로서 합의가능공간 내의 한 대안이 채택되는 경우이다. 그림의 경우 회색으로 표시된 대안들 가운데 하나가 선택되는 경우이다. 그러나 이러한 합의안은 파레토 최적의 합의안은 아니며, 합의는 이루어졌으나 당사자 모두 협상 테이블에 자원을 남겨두고 나오는 차선의 타협을 이루는 경우이다.

넷째, 윈-윈 합의가 이루어지는 경우로서, 효율적 경계선상의 통합적 합의안 $A \cdot B$ 또는 C가 선택되는 경우이다. 그 결과 당사자들은 합의가능공간 내의 어떤 타협안에 의해 달성할 수 있는 공동효용(joint utility) 이상의 효용을 달성한다.

그림 (b)는 양 당사자들의 유보치가 높아 합의가능공간이 축소된 경우이다. 그러나 당사자들이 노력을 한다면, 여전히 윈-윈 합의를 이룰 수 있는 대안들이 일부 있는 경우이다.

4. 다중의제 협상의 주요 이슈들

(1) 다중의제 협상의 유형

다중의제 협상의 결과는 협상의 방법에 따라 상당한 차이를 보인다. 다중의제 협상의 방법으로는 크게 세 가지가 가능하다.

첫째, 의제를 모두 합쳐 패키지로 협상하는 경우로 패키지 협상(package deal)으로 불린다. 이 방법으로 협상을 진행하는 경우 의제들 간의 이해득실을 정확히 계산하는 것이 무엇보다 중요해진다. 이를 위해서는 이상에서 설명한 것처럼 당사자는 다양한 제안들을 비교 평가할 수 있는 점수체계를 가지고 있어야 한다.

둘째, 동시적 처리(simultaneous procedure)로 의제들을 동시에 협상 테이블에 올려놓지만, 의제 각각을 독립적으로 협상하는 경우다. FTA와 같은 국제통상 협상에서 양국의 협상 팀들이 각자 자신이 맡은 의제에 대해 동시에 협상을 벌이는 경우가 대표적이다.

셋째, 각 의제별로 하나씩 협상을 진행하는 경우로서 순차적 처리(sequential procedure)로 불린다. 순차적 처리는 제한된 의제협상(restricted agenda bargaining)으로도 불리며, 다음의 방식으로 협상이 진행된다. 제일 먼저 어떤 의제를 논의할 것인가를 선택한다. 한쪽 당사자가 이 의제에 대해 하나의 대안을 제의한다. 상대방은 이를 수용하거나 거절한다. 만일 수용하게 되면 의제는 해결된 것이고, 남아 있는 또 다른 의제에 대해 협상이 진행된다. 만일 상대방이 거절하는 경우, 협상이 결렬될 가능성이 있다. 그러나 이보다는 상대방이 또 다른 의제에 대해 역제의를 하는 것이 보통이다. 협상이 결렬되거나 모든 의제들이 합의되면 협상이 종결된다.

이러한 세 가지 협상 방법들은 상이한 결과를 도출하기 쉬우며, 따라서 당사자들은 사전에 어떤 방법으로 협상을 진행할 것인가를 신중히 결정해야 한다. 예컨대 동시적 처리와 순차적 처리 방법으로 협상을 진행하는 경우 의제들이 독립적으로 다루어지며, 따라서 당사자들은 의제들 간의 득실을 따져 통나무 굴리기(log-rolling)와 같은 의제 교환(issue trade-offs)을 하기가 어려워진다.

일반적으로 패키지 협상을 진행하는 것이 가장 바람직하다. 협상가들은 각 의제에 대한 선호의 강도에 있어 차이를 보이기 마련이다. 따라서 패키지 협상을 통해 당사자들은 자신들이 중요하다고 생각하는 의제들에 대해 이익을 보고, 상대적으로 덜 중요한 의제들을 상대방에게 양보하는 의제 교환이 가능하다. 선호도의 차이를 이용하는 교차교환(trade-offs) 전략이 통나무 굴리기(log-rolling)다. 의제 교환을 통해 양측은 단순하게 각 의제별로 타협을 보는 경우에 비해 윈-윈의 결과를 산출하는 통합적 합의에 도달할 수 있다.

(2) 의제의 세분화와 차이의 평가

당사자들은 협상에 앞서 자신에게 무엇이 중요한 의제들인가를 결정해야 한다. 의제들 간의 상대적 중요도를 결정하고 난 후, 각 의제들을 좀더 작은 단위의 하위 의제들로 세분화하면서 좀더 구체화시키는 작업이 필요하다. 의제들을 좀더 작은 의제들로 세분화함으로써 자신으로 하여금 무엇이 중요한 것인가에 관해 훨씬 더 구체화하도록 만든다. 또한 세분화는 통합적 합의가

될 수 있도록 훨씬 다양한 기회들을 제공한다.

또한 상대방과의 차이를 분석하는 데 초점을 맞추어야 한다. 이 과정에서 다음 세 가지 사항이 반드시 고려되어야 한다(Thompson, 1998).

첫째, 각 당사자는 자신에게 가장 중요한 의제에 초점을 맞추고 이러한 의제를 지키기 위한 전략을 모색해야 한다.

둘째, 당사자들은 자신에게 가치가 크며, 또한 상대방이 양보하는 데 비용이 덜 드는 의제에 초점을 맞추어야 한다. 이러한 의제들 역시 상대방으로부터 양보를 얻어 내기 쉽다.

셋째, 당사자들은 자신에게 가치가 작으나, 상대방이 원하는 의제들에 초점을 맞추어야 한다. 첫번째나 두 번째 의제를 차지하는 대가로 이러한 의제들을 상대방에게 양보할 수 있다.

(3) 합의안의 평가

당사자의 협상 성과를 어떻게 측정할 수 있는가, 당사자들에 의해 합의된 대안을 어떻게 평가할 것인가, 합의안의 평가는 당사자들이 그 합의안을 얼마나 바람직하다고 평가하는가와 직결된다. 분배적 협상이 이루어지는 경우, 어

〈그림 4-14〉 합의안의 평가

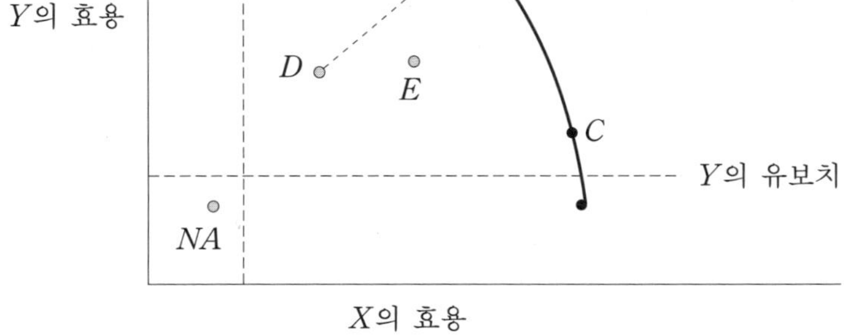

느 당사자에게 더 나은 결과가 돌아갔는가를 평가하는 일은 그리 어렵지 않다. 가장 간단한 방법은 당사자들 각각에게 돌아가는 협상결과, 즉 효용의 크기를 측정하고 비교하는 것이다.

그러나 현실적으로 분명한 기준이나 지표가 마련되어 있지 않으면, 협상의 성과를 측정하는 일은 매우 어려운 작업이 된다. 보다 쉬운 이해를 위해 〈그림 4-14〉처럼 두 당사자 간의 합의안을 합의가능공간상에서 그림으로 나타내 보자. 합의가능공간 내의 $A \cdot B \cdot C \cdot D \cdot E \cdot F$ 각각은 가능한 합의안들을 나타낸다.[6] 대안 $A \cdot B \cdot C$는 모두 효율적 경계선상의 합의안들로 공동효용(joint utility)의 크기가 동일하며, 또한 최대화되는 합의안들이다. $D \cdot E \cdot F$의 제안들은 당사자들이 양보를 통해 달성할 수 있는 타협안들이다. 우선 $D \cdot E \cdot F$ 제안보다는 A제안에 대한 합의가 더 바람직하다는 것은 쉽게 이해된다. D와 비교하여 A의 제안에 합의를 하는 경우, 양 당사자 모두의 효용이 증대될 뿐만 아니라 양측의 효용의 크기가 균형을 이루기 때문이다.

그런데 E대안과 F대안이 D대안에 비해 바람직한가? E대안과 F대안 중에는 어떤 대안이 합의안으로 더 바람직한가? 협상의 결과를 평가하는 기준은 크게 **분배적 공정성**(distributive fairness)과 **공동효용**(joint utility)의 크기 두 가지로 구분될 수 있다. 분배적 공정성은 각 당사자에게 돌아가는 효용 크기의 차이를 반영하며, 공동효용은 각 당사자에게 돌아가는 효용의 총합을 의미한다.

〈그림 4-15〉에서 보면 합의안 1이 선택되는 경우, A · B 두 당사자 간의 효용의 차이가 크지 않은 공정한(fair) 합의에 도달하지만 공동효용의 크기는 작다. 반면 합의안 2가 선택되는 경우, 두 당사자 간의 효용의 격차는 상당히 크지만 공동효용의 크기는 대안 1보다 크다.

협상에서 가장 바람직한 합의안은 공동효용도 충분히 크며, 동시에 형평성을 지닌 대안이 합의안으로 채택되는 것이다. 우선 공동효용이 평가기준의 선호되는 이유는 계산이 쉬우며, "더 많은 것이 바람직하다(more is better)"는 간단한 경제 논리만으로도 설명이 가능하기 때문이다. 반면 공동효용 개념

---

6) 물론 실제로는 훨씬 많은 대안들이 합의가능공간 내에 존재하지만, 논의의 편의를 위해 6개의 대안만이 존재하는 것으로 가정한다.

〈그림 4-15〉 대안의 평가기준

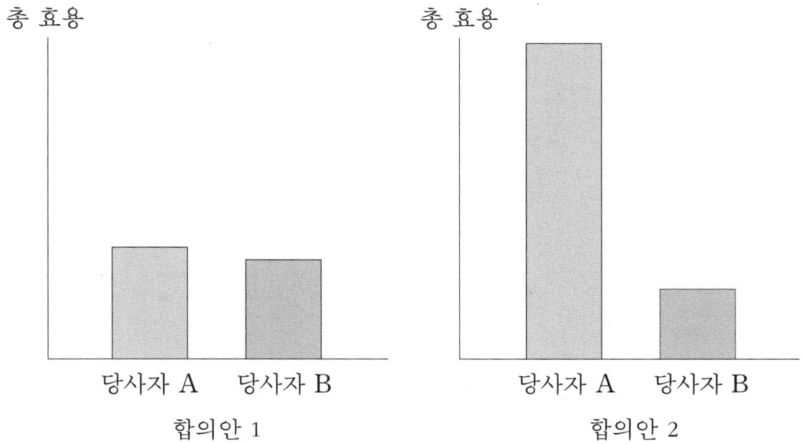

의 유용성을 부정하는 시각에서는 공동효용 기준은 협상의 성과와 분배적 요소를 혼동하고 있다는 것이다. 즉 협상은 자원을 어떻게 배분할 것인가의 문제로부터 자유롭지 못한 경우가 많다는 것이다. 따라서 공동효용을 키우는 기준뿐만 아니라, 자원을 배분하는 기준 역시 필요하다는 것이다.

효율적 경계선상의 대안들은 공동효용을 극대화하는 합의안들이다. 따라서 한쪽 당사자가 자원을 모두 갖는 합의안도 최적의 합의안으로 평가될 수 있다. 예컨대 B나 C대안이 합의안으로 채택되는 경우, A대안과 비교하여 한쪽 당사자가 대부분의 자원을 독점하는 상황이 발생된다. 그럼에도 불구하고 여전히 공동효용을 극대화하는 최대효용선상의 합의안으로 바람직한 합의안으로 평가되는 문제점이 발생된다. 이러한 상황에서 자원을 모두 빼앗긴 쪽이 단지 공동효용이 극대화된다는 이유만으로 일방적인 합의안을 순순히 수용할 것이라고 기대하기는 어렵다.

예컨대 만일 Y가 B대안을 합의안으로 제시하는 경우, X는 B대안을 선택하느니 D를 선택하겠다고 버티고, 반대로 X가 C대안을 합의안으로 제시하는 경우, Y 역시 C대안에 합의하느니 D를 선택하겠다고 버티기 쉽다. 즉 합의안이 당사자들에게 제공하는 효용의 차이가 매우 큰 경우 최대효용선상의 대안에 합의하기보다는 공동효용의 크기가 작더라도 양측 간의 효용의 차이가 적은 D대안을 선호하는 상황이 발생된다. 〈그림 4-15〉에서 합의안 2보다는 합의안 1을 선택하는 경우와 비슷하다. 이처럼 **최대공동이익**(maximum joint profit)은 협상의 성과를 평가하는 기준으로서 한계를 지닌다.

Lax & Sebenius(1987)는 이러한 문제점을 극복하기 위해 협상의 성과를 평가할 수 있는 새로운 지표로 **통합지수**(integrativeness quotient)를 개발하였다. 통합지수는 파레토 최대효용선상의 모든 합의안들은 최대이면서 또한 동일한 **공동성과**(joint performance)를 담고 있다는 생각에서 출발하였다.

합의안의 통합지수의 계산은 다음과 같다.

$$\text{통합지수} = 1 - \frac{S}{P}$$

분자 S는 현재의 합의안에 비해 파레토 우위(Pareto superior)를 점하는 모든 합의안들의 영역이다. 즉 현재 합의안에서 파레토 최대효용선까지의 영역으로 〈그림 4-16〉의 경우 짙은 색 삼각형으로 그려진 영역이다. 분모 P는 파레토 최대효용선 내의 모든 영역을 나타낸다. 이처럼 통합지수의 핵심은 영역의 개념이다. 모든 협상에서 P는 상수로 작용하므로, S의 크기가 핵심적인 부분이다.

통합지수는 몇 가지 중요한 특성을 지니고 있다.

〈그림 4-16〉 통합지수의 개념

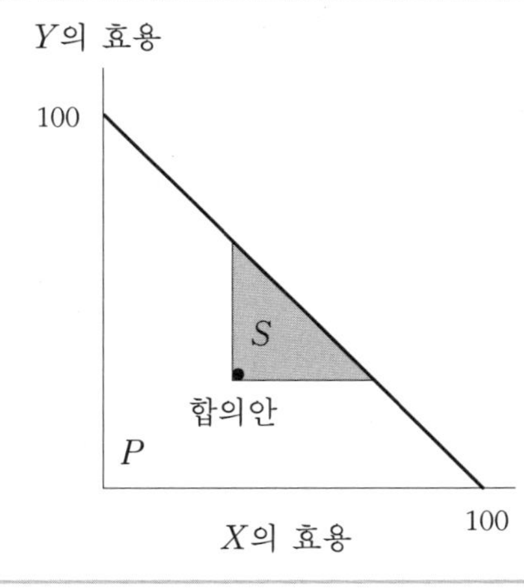

첫째, 통합지수는 계산이 쉬우며, 쉽게 이해된다.

둘째, 파레토 최대효용선상의 모든 대안들은 통합지수를 1이 되도록 만드는 동일하면서도 가장 통합적인 대안들이다.

셋째, 합의안이 파레토 최대효용선에 가까워질수록 S의 영역은 작아지고, 통합지수는 1에 가까워진다. 통합지수는 공동성과를 측정하는 데 초점을 맞추고 있으나, 여전히 당사자간의 결과의 형평성은 완벽하게 고려되고 있지 못하다.

Tripp & Sondak(1992)은 파레토 능률(Pareto efficiency) 지수를 평가 기준으로 제시하였다. 파레토 능률지수는 특정한 합의안에 대한 파레토 우위(Pareto Superior : S)의 영역과 파레토 열등(Pareto Inferior : I)의 합을 분모로 이용하는 것이 통합지수와 다르다. 통합지수에서 P가 일정했던 것과는 달리 파레토 능률지수에서는 $S+I$ 영역의 합이 일정하지 않다. 영역 I는 각 당사자의 효용을 곱한 값으로 계산된다.

협상 당사자들은 자신의 협상결과뿐만 아니라, 상대방의 결과에 대해서도 관심을 가지고 있다. 특히 평등(equality)을 중요한 가치로 여긴다. 따라서 자신에게 일방적으로 유리한 안을 선호하지만, 그보다는 평등한 합의안을 더 선호한다. 특히 당사자간의 관계가 중시되는 경우 공정성(fairness)은 매우 중요한 고려사항이 된다. 두 명이 100만 원의 돈을 나누어 가져야 하는 상황에서

〈그림 4-17〉 파레토능률(Pareto efficiency) 지수

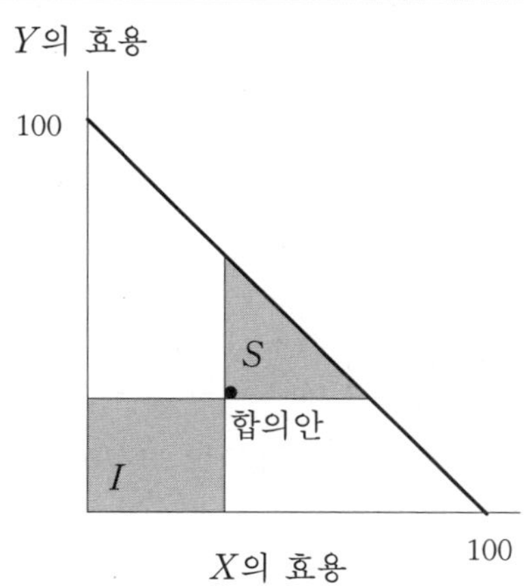

일방적으로 자신에게 유리한 대안(70만 원, 30만 원)보다는 공정한 대안(50만 원, 50만 원)을 더 선호한다.

분배적 공정성뿐만 아니라 절차적 공정성(procedural fairness)도 중요한 고려사항이다. 협상가들은 협상을 통해 자신들이 얻는 결과뿐만 아니라 결과에 도달하기 위해 이용된 절차에 대해서도 중요시한다. 사람들은 덜 만족스런 절차를 통해 얻어지는 큰 이익보다는 만족스런 절차를 통해 얻어진 작은 이익을 더 선호한다. 한 마디로 과정이 결과만큼 중요한 것이다. 협상 과정에서 절차나 대우가 불공정하다고 느끼는 협상가들은 협상에 대한 자신들의 태도를 바꾸게 되고, 협상결과에 대한 평가 역시 달라진다.

이상의 논의를 요약하면 공동효용과 공정성의 두 가지 기준을 충족시키는 합의안을 선택하기 위해서는 합의가능공간상에서 북서쪽 방향의 가장 먼 지점에 위치한 대안에 합의를 이루는 것이 바람직하다. 즉 파레토 최대효용선에 근접할수록 바람직하며, 동시에 양 당사자들 간에 결과의 공정성이 확보되는 합의안이 가장 바람직하다. 따라서 동일한 최대효용선상에서 합의가 이루어지더라도 C나 B 합의안에 비해 A대안에 합의가 이루어지는 경우가 바람직하다.

Ⅲ. 분배적 협상과 통합적 협상

Walton & McKersie(1965)가 분배적 협상과 통합적 협상을 구분한 이래 협상을 연구하는 사람들은 두 협상의 기회와 한계에 대한 연구를 해 왔다. 분배적 협상은 당사자간의 자원의 배분과 관련되며, 따라서 승자-패자 게임으로 여겨지는 것이 보통이다. 통합적 협상에서 통합적이라 함은 더 많은 가치를 창출하기 위해 당사자들의 자원과 능력을 통합(integrate)하는 것을 의미한다. 분배적 협상이 파이의 더 큰 몫을 차지하는 일이라면, 통합적 협상은 더 큰 파이를 만드는 일이다. 따라서 양자간의 개념 구분은 가치 주장하기(value claiming)와 가치 창조하기(value creating)로도 비유된다.

두 형제가 피자를 놓고 언쟁을 하고 있다. 두 사람 모두 피자를 전부 갖겠다는 입장을 보이고 있다. 분배적 협상의 시각에서 보면 이들에게 피자를 반씩 주는 것이 훌륭한 타협안이 될 수 있다. 그러나 형제가 실제로 피자를 원하는 이유는 형이 치즈를 좋아하고, 동생은 빵과 토핑을 좋아하기 때문이다. 이러한 이해관계를 알 수 있다면 통합적 협상의 시각에서 형에게는 치즈를 주고, 동생에게는 빵과 토핑을 나눠 주는 윈-윈 해결책을 모색할 수 있다. 통합적 합의(integrative agreement)는 양 당사자가 모두 참여하는 공동의 과정이며, 서로에게 도움을 주게 되는 결과를 도출한다. 통합적 합의가 이루어지면 협상이 종료된 이후에도 좋은 관계를 지속할 수 있다.

1. 분배적 협상

앞에서 설명한 개인간 단일의제 협상은 분배적 협상의 대표적인 사례이다. 분배적 협상(distributive negotiation)은 당사자들이 각자 어떻게 자원에 대한 주장을 펼칠 것인가와 관련된다. 분배적 협상은 자원의 배분을 둘러싼 당사자들 사이에 경쟁만이 존재하는 상황이다. 당사자들은 오직 상대방보다 더 많은 몫을 가져오는 일에만 관심이 있다. 한 마디로 분배적 협상은 "누가 얼마나 가질 것인가(who gets what?)"의 문제로 요약된다.

완전히 분배적인 협상은 순수 갈등(pure conflict)이나 제로섬 게임 상황으로 이해되며, 당사자들은 상대방의 이해가 자신의 이해와 상충된다고 생각한다. 따라서 협상은 승자-패자의 게임으로서 한쪽의 이익은 필연적으로 또 다른 쪽의 손실을 의미한다. 양 당사자들은 고정된 파이인식(fixed pie perception)을 지니고 있으며, 상대방과의 공통적인 요소는 무시하고 오직 자신과 상대방의 차이점에만 초점을 맞춘다. 물론 협상의 목표는 승자-패자 게임에서 승리하는 것이다. 예컨대 주택매매 협상의 경우 단지 가격만이 협상 의제라면, 이는 완전히 분배적인 속성을 지니게 된다. 판매자의 이익의 크기는 구매자의 손실의 크기와 일치한다. 분배적 협상은 당사자들 간의 장기적인 우호관계의 유지를 어렵게 만든다.

〈그림 4-18〉은 두 가지 다른 분배적 협상을 그림으로 나타낸 것이다. 왼쪽의 그림은 최초 제의 a가 만들어지지만 양 당사자에게 상당히 낮은 효용만을 제공하며, 따라서 쉽게 보다 나은 안의 개발이 가능하다. 즉 한쪽 당사자는 첫제의의 문제점을 파악하고, 좀더 나은 대안인 b를 제안한다. 이러한 상황은

〈그림 4-18〉 분배적 협상

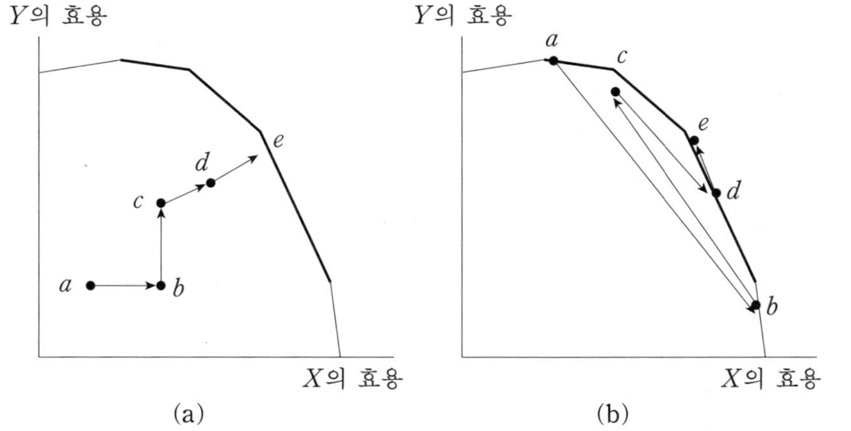

더 이상의 효용증대가 불가능한 상황인 효율적 경계선상에 위치한 e점에 이를 때까지 계속된다. 보통 분배적 협상 하의 적대적인 두 당사자는 이러한 합의를 이끌어 내기 어려우며, 제 3자가 개입하여 e점에 이르기까지 대안들을 제시하는 경우가 많다.

오른쪽의 그림은 입장 흥정(positional bargaining)의 대표적인 사례를 묘사한 것이다. 당사자들은 첫제의에서 상대방의 결과는 상관없이 자신들에게 큰 효용을 제공하는 대안을 제안한다. 각자 자신의 목표치를 제시하는 경우와 같다. 이후 제의와 역제의에 대한 반응 속에서 당사자들은 작은 양보를 하며, 타협안 e를 찾을 때까지 이러한 양보의 과정이 계속된다. 그러나 다중의제 협상의 경우 e는 효율적 경계선에 미치지 못하는 단순한 타협안인 경우가 많다.

2. 통합적 협상

당사자들이 협상의 협력적 측면에 초점을 맞추는 경우, 자신들이 공유된 이해를 가지고 있거나 완전히 상호 보완적인 욕구와 자원들을 지니고 있어 서로 이익이 되는 교환이 가능하다고 본다. 그 결과 당사자간에는 가치를 창조하는 협력적 문제해결이 가능해진다. 즉 협상은 통합적 또는 승자-승자 게임의 속성을 지니게 된다. 통합적 협상(integrative negotiation)은 당사자들 모두가 공동이익을 극대화하는 해결책을 찾기 위해 노력하며, 협상의제들을 다양한 시각에서 바라보며, 여러 의제들을 동시에 고려함으로써 거래가 가능하도록 하며, 파이를 나누기보다는 파이를 키우기위해 노력하는 경우이다.

〈그림 4-19〉는 통합적 협상의 두 가지 경우를 보여 준다. 왼쪽의 경우는 양 당사자 모두 여러 대안이 포함된 셋을 알고 있는 경우이다. 대안들을 알고 있기 때문에 당사자들은 각 대안의 능률성을 검토할 수 있다. 이 경우와 반대되는 것이 오른쪽의 상황이다. 당사자들은 협상 초기 대안들의 셋을 가지고 협상하며, 이 가운데 능률적인 대안을 선택한다. 그 후 당사자들은 당사자들이 이전에 고려했던 대안들보다 나은 새로운 대안들을 추가함으로써 초기 대안 셋을 확장하는 경우이다. 그러나 확장된 대안 셋을 분명하게 규정하지는 못하며, 다만 약간씩만 나은 대안들을 알 수 있을 뿐이다.

분배적 협상 (a)와 통합적 협상 (d)의 가장 큰 차이점은 대안의 셋에 대한 지식이다. 분배적 협상의 경우, 당사자들은 대안의 셋을 변경하지 않고, 따라서 대안의 셋은 효용공간 U로 표시된다. 반면 통합적 협상의 경우, 당사자들은 기존에 알고 있는 대안들 이외의 새로운 대안들을 만들어 낸다. 그 결과 새로운 대안들은 대안 셋의 크기를 확대시키고, 따라서 효용공간 U도 확대된다.

통합적 협상은 분배적 협상에 비해 당사자 모두에게 훨씬 만족스러운 결과를 도출할 수 있다. 분배적 협상에서는 당사자들의 고정되고 상충되는 입장에

〈그림 4-19〉 통합적 협상

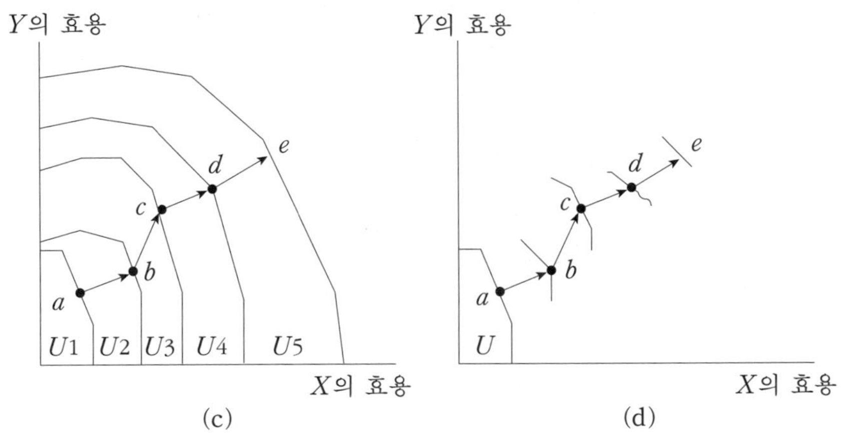

〈표 4-4〉 분배적 협상과 통합적 협상의 비교

특 성	통합적 협상	분배적 협상
결 과	승자-승자	승자-패자
동 기	상호 이익	개인적 이익
이해관계	양립됨	상충됨
당사자간 관계	장기적	단기적
이 슈	다중이슈	단일이슈
협상목표	현명한 결정	승 리
상대방	공동의 문제해결자	논쟁자
협상근거	이해관계	입 장

근거하여 협상이 진행되므로, 단순한 타협안이 만들어지거나 또는 합의에 실패하는 경우가 보통이다. 타협안이 만들어지는 경우에도 당사자들의 내면적 이해관계를 충족시키지 못하는 경우가 많다. 흔히 두 당사자의 입장 차이를 단순히 반 가르기함으로써 양쪽은 자신들이 원하는 바를 충족시키지 못한다. 반면에 창의적이고 통합적인 해결은 당사자들 모두에게 자신들이 원하는 바를 달성할 수 있게 한다. 〈표 4-4〉는 분배적 협상과 통합적 협상을 비교한 것이다.

통합적 합의를 위해서는 원칙협상(principled negotiation)을 하는 것이 필요하다.[7] 원칙협상 하에서 당사자들은 단순히 친구나 적이 아닌 문제 해결자며, 협상의 목표는 단순히 합의나 승리를 의미하는 것이 아니라 좋은 합의(good agreement)를 달성하는 것이다. 좋은 합의는 효율적이고 현명한 합의로서 당사자들의 관계를 개선하는 합의다. 그렇다면 좋은 합의를 달성하는 방법은 무엇인가? 입장협상(positional bargaining)을 지양하고 원칙협상을 추구하는 것이다. 일반적으로 협상은 입장협상의 형태로 진행된다. 입장협상에서 당

7) 원칙협상의 구체적인 내용은 다음 책을 참조할 것 : R. Fisher, W. Ury, and B. Patton, *Getting to Yes, Negotiating Agreement Without Giving In*, 2nd ed.(New York : Penguin Books, 1991)

〈표 4-5〉 연성협상 · 경성협상 및 원칙협상의 비교

구 분	연성협상	경성협상	원칙협상
상대방	친 구	적(adversary)	문제해결자
협상목표	합 의	승 리	현명한 결과
양 보	양보의 제시	양보의 요구	문제와 사람의 분리
문제와 사람	사람과 문제 모두에 유순함	문제와 사람 모두에 완고함	사람에게는 유순하지만 문제에는 완고함
상대에 대한 신뢰	상대방을 신뢰함	상대방을 불신함	신뢰와는 별개로 협상을 진행함
입 장	입장을 쉽게 바꿈	초기 입장을 고수함	입장이 아닌 이해관계에 초점을 맞춤
유보치	유보치를 공개함	유보치에 대한 상대방을 속임	유보치를 되도록 갖지 않음
시 각	한쪽의 손실을 받아들임	한쪽의 이익만을 요구함	상호 이익이 되는 대안을 개발함
대 안	수용가능한 해결책을 탐색함	상대방이 수용할 수 있는 해결책을 탐색함	다양한 대안들을 개발함
강조점	합의를 강조함	입장을 강조함	객관적인 기준을 강조함
의지의 경쟁	의지의 경쟁을 피하기 위해 노력함	의지의 경쟁에서 승리하기 위해 노력함	객관적 기준에 근거한 결과에 도달하기 위해 노력함
압 력	압력에 굴복함	압력을 행사함	원칙에는 굴복하지만 압력에는 굴복하지 않음

자료 : Fisher & Ury(1983).

사자는 각자 의제에 대한 자신의 입장을 표명하고, 이러한 최초 입장들로부터 어떤 한 입장으로의 합의를 도출하기 위한 협상이 진행된다. 시장에서 상인과

고객 간의 가격을 둘러싼 흥정은 입장협상의 대표적인 사례이다. 이러한 입장협상을 통해서는 당사자들의 이해관계가 충족되기 어렵기 때문에 좋은 합의를 달성하기가 어렵다. 〈표 4-5〉는 연성협상 · 경성협상 및 원칙협상을 비교한 것이다.

3. 혼합동기 협상

현실 속의 대부분의 협상은 분배적 특성과 통합적 특성을 동시에 지니는 "혼합동기(mixed-motive)적" 협상이다. 협상가는 공동의 가치를 창조하기 위해 상대방과 협력해야 하면서, 동시에 자신의 가치를 주장하기 위해 상대방과 경쟁해야 한다. 현명한 협상가는 상대방과의 파이 경쟁에서 자신의 몫을 주장하는 기술도 필요하지만, 동시에 어떻게 하면 파이를 더 크게 만들 수 있는가를 고민해야 한다. 파이를 키움으로써 당연히 더 많은 몫을 나누어 가질 수 있다. 혼합동기 협상에서 당사자들의 이해는 완전히 상충되지도 또한 완전히 양립되지도 않는다. 당사자들의 이해가 불완전하게 연결되어 있으며, 한쪽의 이익이 반드시 다른 쪽의 동일한 크기의 손실을 의미하지 않는다.

예컨대 어떤 벤처 사업에 뛰어든 두 동업자 사이의 협상을 생각해 보자. 한 사람은 위험회피적 성향이 강해 위험한 장기적 이윤보다는 눈 앞의 이익을 중시한다. 반면 또 다른 동업자는 현재 이익보다는 장기적 이익에 관심이 많

〈그림 4-20〉 혼합동기 협상

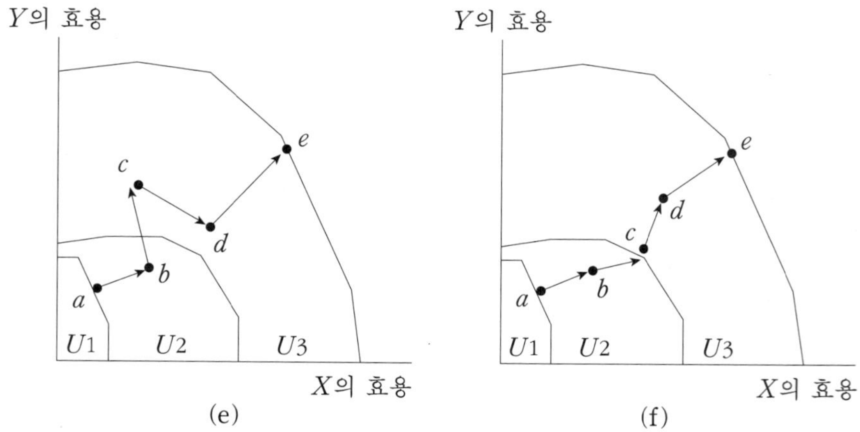

다. 이러한 상황에서 이들 둘은 협상을 통해 단기적 이익의 대부분은 위험회피 성향이 강한 동업자의 몫으로 하고, 또 다른 동업자는 장기적인 이익의 대부분을 갖게 되는 상황의존적 계약(contingent contract)에 합의할 수 있다.

분배적 협상과 통합적 협상의 행동들이 하나의 혼합과정으로 묘사될 수 있다. 〈그림 4-20〉은 혼합동기 협상의 두 가지 경우를 제시한 것이다. 왼쪽과 오른쪽 그림의 차이는 상호 이익조건이다. 왼쪽의 경우 승자-승자와 승자-패자 제안들이 만들어지지만, 오른쪽의 경우 승자-승자 제안들만 존재하는 경우이다.

Ⅳ. 통합적 합의의 과정과 전략

협상은 이미 준비단계에서부터 시작된다. 협상상황이나 의제, 상대방의 이해관계와 인식, 현존하는 대안들의 분석으로부터 시작된다. 다음 단계는 해결책을 발견하기 위해 당사자들이 협상 테이블에서 논의를 하는 단계이다. 당사자들이 협상 테이블에서 자신의 몫을 주장하며, 동시에 공동의 이익을 키우는 방안을 찾는 단계다. 협상에서 윈-윈 결과를 가져오는 통합적 합의를 이루기 위해서는 체계적인 준비 · 가치 주장(value-claiming) · 가치 창조(value-creating)의 세 가지 핵심 단계를 거쳐야 한다. 이러한 원칙은 부분적인 차이는 있으나 협상의 당사자가 개인 · 집단 · 국가에 관계 없이 모든 협상 상황에 적

〈그림 4-21〉 통합적 합의의 전략

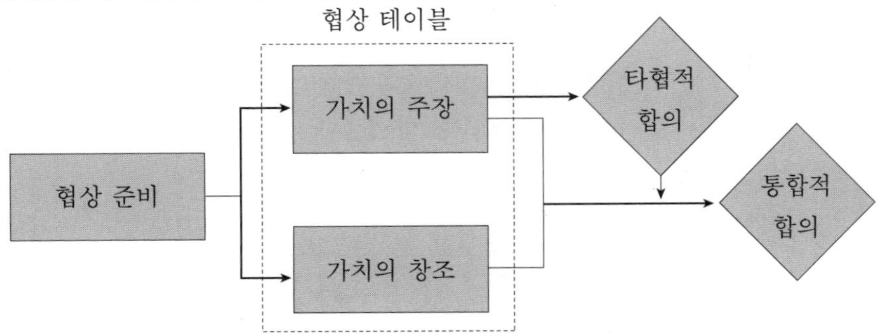

용된다.

1. 협상준비 단계

협상에서 가장 중요한 대부분은 협상 테이블에 앉기 전에 이루어진다. 협상은 준비의 경쟁(contest of preparation)이라고 해도 과언은 아니다. 체계적인 준비는 성공적인 협상을 위한 필요조건이다. 협상이 전개되는 양상을 보아가면서 대응하겠다는 자세는 전혀 성공적인 결과를 보장해 주지 못한다. 특히 직관에 의존하는 협상가일수록 사전에 계획된 전략이 부족하다. 훌륭한 협상가는 사전에 계획된 대로 움직이며, 동시에 상황의 변화에 따라 적절하게 전략들을 변경할 줄도 안다. 협상에 실패한 협상가들의 일반적인 변명인 “준비가 상당히 미흡했다”는 표현만 보더라도 사전 준비의 중요성을 알 수 있다. 협상의 준비단계에서 협상가는 다음의 사항들에 초점을 맞추어야 한다.

첫째, 협상 의제와 대안들을 확인하고 세분화한다. 협상 테이블에서 다루어야 할 의제들을 확인하고 각 의제별 대안들을 준비하는 작업은 무엇보다 중요하다. 이 과정에서 의제를 세분화하고 각 의제별로 다양한 대안을 개발하는 것이 중요하다. 의제의 수가 많아질수록 당사자들 간에 상호 이익이 되는 교차교환(trade-offs)이 보다 용이해지므로, 보다 많은 의제로 분해하는 것이 바람직하다. 또한 각 의제별로 새로운 대안들을 추가하는 것이 바람직하다. 대안이 많아질수록 협상이 성공적으로 진행될 가능성은 커진다. 다음으로, 일단 의제혼합과 대안의 셋이 확인되면, 의제별 선호도를 결정하고, 각 대안의 가치를 평가해야 한다. 이를 위해 다속성효용기법(MAUT) 등을 활용한 점수체계(scoring system)를 준비해야 한다. 또한 위험선호 · 시간제약 및 능력에 있어 상대방과의 차이를 분석하는 데 초점을 맞추어야 한다.

그러나 많은 경우 협상준비 단계에서 협상의 잘못된 측면에 초점을 맞춤으로써 협상 과정에서 통합적 합의는 고사하고 단순한 타협마저도 어렵게 만드는 경우가 많다. 그 이유들을 살펴보면 다음과 같다.

첫째, 의제가 아닌 사람에 초점을 맞추는 경우이다. 협상에서 당사자간의 인간관계가 협상 의제와 뒤섞이는 상황이 흔히 발생된다. 의제는 인간관계로부터 분리되어 다루어져야 한다. 의제를 사람으로부터 분리함으로써 당사자들

간의 관계를 나쁘게 만들지 않으면서도 의제에 주목할 수 있다. 협상가는 이성과 감성을 동시에 지닌 존재로서 협상을 준비하면서 또는 협상을 진행하면서 여러 가지 요인에 의해 상대방에 대해 감정적으로 대응하기 쉽다. 이러한 감정적인 대응은 합리적인 판단을 저해하는 요인이 되며, 통합적 합의를 달성하는 데 있어 중요한 저해요인이 된다. 협상가는 사람에 대해서는 부드러워야 하지만, 문제에 대해서는 굳건할 필요가 있다. 이를 위해서는 협상준비 단계에서 협상 체크리스트를 활용하여 협상의 목표 · 의제 · 유보치 · 배트나(BATNA) 등을 체계적으로 분석하는 합리적 접근이 필요하다.

둘째, 이해관계가 아닌 입장에 초점을 맞추는 경우이다. 입장(position)은 결정을 통해 겉으로 표현된 것인 데 반해, 이해관계(interest)는 결정을 유발시킨 보다 근본적인 원인이다. 상반된 입장 뒤에는 상반된 이해관계뿐만 아니라, 공유와 양립이 가능한 이해관계들도 존재한다. 따라서 현명한 해결 방안이란 입장이 아니라 이러한 내면적 이해들을 확인하여 윈-윈 해결책을 모색하는 것이다. 당사자들이 입장의 관점에서 문제를 정의하게 되면 서로 자신의 입장에 집착하게 되고, 협상은 한쪽이 승리하고 또 다른 쪽은 패배를 해야만 하는 "승자-패자" 게임으로 전환된다. 반면 당사자들의 내면적 이해관계의 관점에서 문제가 정의되는 경우, 당사자들의 이해관계를 모두 충족시키는 해결책의 발견이 가능해진다. 따라서 협상의 준비단계에서 자신이 어떤 입장을 취할 것인가를 결정하기보다는 자신의 이해관계를 분석하는 것이 중요하다. 또한 상대방은 어떤 이해관계를 지니고 있는가도 동시에 분석해야 한다. 이해관계를 명확히 하는 좋은 방법은 "왜 그 입장을 고수하고 있는가?"라고 질문해 보는 것이다. 또한 "왜 다른 가능한 입장을 취하려고 하지 않을까?" 하고 질문하며, 자신과 상대방의 선택에 관해 생각해 보는 것이다. 이러한 이해관계를 충족시킴으로써 통합적 합의가 가능해진다.

셋째, 지나치게 자신에만 초점을 맞추는 경우이다. 대부분 협상가들은 지나치게 자신에게 몰입한다. 상대방에 대해 열린 마음으로 생각하지 못함으로써 고정된 파이 인식을 유발시키며, 상대방의 이해관계가 자신의 이해관계와 상충된다고 믿는다. 또한 이러한 자기 초점(self focus)은 상대방의 이해관계 · 유보치 · 목표치 등 중요한 정보들을 탐색하는 활동을 저해한다. 따라서 협상준비 단계에서의 초점을 상대방에 대한 초점(other focus)으로 전환하는 것이 중요하다.

넷째, 가능한 여러 대안의 개발보다는 한 가지 수용 가능한 대안에 초점을 맞추는 경우이다. 협상가들은 흔히 갈등을 해결할 수 있는 하나의 대안에 집중한다. 그 결과 여러 가지 가능한 대안들을 개발하고 제시하려는 노력을 게을리한다. 여러 가능한 대안들을 개발함으로써 합의에 도달하는 다양한 길들이 열리게 된다.

협상 체크리스트

A. 당신에 관한 사항

1. 당신의 전체적인 목표는 무엇인가?
2. 어떤 의제들을 논의할 것인가?
3. 각각의 의제가 당신에게 어느 정도나 중요한가?

   * 상대방의 제의를 평가하기 위한 점수체계를 개발하라.
     - 모든 중요한 의제들을 나열하라.
     - 모든 의제들을 서열화하라.
     - 모든 의제들에 점수(가중치)를 부여하라.
     - 각 의제별로 가능한 대안들을 결정하라.
     - 각 의제별 대안들에 점수를 부여하라.
     - 점수체계의 정확도를 재점검하라.

4. 당신의 BATNA는 무엇인가?
5. 당신의 유보치는 얼마인가? 만일 당신의 BATNA가 분명치 않다면, 더 많은 정보를 수립하고, 당신이 수용할 수 있는 최소한의 조건들을 확인하라.

B. 상대방에 관한 사항

1. 상대방이 누구인가? 상대방이 일심동체인가?

2. 각 의제가 상대방에게 어느 정도나 중요한 것인가?
3. 상대방의 BATNA는 무엇인가?
4. 상대방의 유보치는 얼마인가?

C. 상 황

1. 협상에 데드라인이 있는가? 누가 더 급한 상황인가? 당신인가? 상대인가?
2. 협상이 반복적인가?
3. 합의가 반드시 필요한가?
4. 삼자개입이 가능한가?
5. 상대방을 신뢰하는가? 상대방에 대해 얼마나 알고 있는가?
6. 상대방은 당신을 신뢰하는가?
7. 협상의제에 관해 상대방과 사전에 논의를 할 필요가 있는가?
8. 협상에서 당사자간 권력의 차이가 중요한 요인인가?
9. 협상에서 의사소통 방식은 무엇인가?
10. 협상결과에 대한 추인이 필요한가?

자료 : Thompson(1998)을 수정함.

2. 가치주장 단계

모든 협상은 경쟁적 · 분배적 속성을 포함하고 있다. ―누구와 협상을 하든 파이를 나누어 가져야만 한다. 이처럼 협상은 "누가 얼마나 가질 것인가?"의 문제가 한 측면을 차지한다. 가치주장(value claiming)은 협상잉여의 더 큰 몫을 차지하기 위한 당사자들의 노력을 의미한다. 따라서 어떻게 자원에 대한 자신의 몫을 주장할 것인가가 중요하다. 가치주장은 연성 협상가들에게 특히 중요한 문제로서 합의 오류와 승자의 저주를 피하고, 성공적인 협상결과를 달성하기 위한 전략들이 필요하다. 바람직한 가치주장 전략들은 ① 자신의 BATNA를 확인하고 개선하기, ② 상대방의 배트나(BATNA)를 분석하고 평가하기, ③ 적절하게 양보하기, ④ 객관적인 기준을 사용하기 등이다.

첫째, 자신의 배트나(BATNA)를 확인하고 개선해야 한다. 협상가는 협상이 결렬될 경우를 가정하여 자신의 배트나(BATNA)를 준비하고 협상 테이블에 임해야 한다. 협상에 임하기 전에 협상가는 상대방과의 합의 도달에 실패하는 경우를 대비한 대안적 계획을 마련해 두어야 한다. 이 대안 계획이 바로 배트나(BATNA), 즉 합의 이외의 최선의 대안이다. 훌륭한 배트나(BATNA)를 가지고 있을수록 협상력은 증대된다. 당사자가 더 나은 배트나(BATNA)를 가지고 있을수록 상대방은 이 배트나(BATNA)보다 나은 대안을 제시해야만 수용가능하고 합의에 도달할 수 있다. 배트나(BATNA)는 협상결렬 상황을 대비함은 물론, 협상가로 하여금 유리한 합의를 위해 자신의 몫을 주장할 수 있도록 돕는다. 더 나은 배트나(BATNA)는 더 많은 요구를 가능하게 한다. 어떤 회사와 입사 협상을 벌이는 경우, 여러 회사로부터 입사제의를 미리 받은 경우와 아무런 제의도 받지 못한 상황에서 진행되는 협상은 전혀 다른 양상을 보일 수밖에 없다. 전자의 경우 보다 강경한 협상이 가능하다. 분명한 배트나(BATNA)는 합의 오류를 범하거나 상대방의 제안에 의한 정박의 오류를 범하는 것을 예방해 준다. 많은 사람들은 협상과정 자체에 몰입하여 거절했어야만 하는 제안을 잘못 받아들이는 합의 오류를 범한다. 일단 자신의 배트나(BATNA)가 확인되면, 배트나(BATNA)를 개선하기 위한 적극적인 노력을 전개해야 한다.

둘째, 상대방의 배트나(BATNA)를 분석하고 평가해야 한다. 상대방으로부터 얻을 수 있는 가장 중요한 정보는 상대방의 배트나(BATNA)에 관한 정보이다. 협상이 결렬된다면 상대방이 취할 수 있는 대안들은 무엇이 있는가? 각 대안들이 상대방에게 얼마나 가치 있는 것으로 평가될까? 상대방이 어떤 제안을 수용한다면, 이것은 상대방 자신의 배트나(BATNA)보다 나은 제안이기 때문이다. 상대방의 배트나(BATNA)가 확인되면 합의가능영역(ZOPA)의 크기를 추정할 수 있다. 따라서 어떤 제안을 하면 상대방이 협상을 포기하고, 협상 테이블을 박차고 나가게 될 것인가를 예측할 수 있다. 만일 물건값을 흥정하는 경우, 손님의 배트나(BATNA)를 안다면 상인은 손님이 지불하고자 하는 최대치, 즉 손님의 유보치에 근접한 값을 제시할 수 있다. 상대방의 배트나(BATNA)에 대해 확실한 정보를 가지고 있다면, 상대방의 배트나(BATNA)보다 약간만 나은 제안을 함으로써 자신에게 유리한 합의를 이끌어 낼 수 있다.

셋째, 적절하게 양보를 해야 한다. 협상이 존재하는 이유는 자신의 결정과 상대방의 결정이 상호 의존적이기 때문이다. 한쪽이 모든 것을 차지하려 한다면 이미 협상은 불가능하다. 협상에서 가능한 자신의 몫을 차지하기 위해서는 적절하게 양보하는 기술을 지니고 있어야 한다. 적절한 양보의 조건을 살펴보면, 첫번째로 당사자간의 균등한 양보의 교환은 보다 평등한 협상 결과를 이끌어 낸다. 두 번째로 양보의 크기도 균등하게 해야 한다. 한쪽이 큰 폭의 양보를 하는데 또 다른 쪽은 소폭의 양보만을 한다면, 이것은 많이 양보한 쪽의 불만을 키우고 협상에 대해 부정적인 시각을 갖도록 만든다.

넷째, 객관적인 기준을 사용한다. 협상이 의지의 전쟁(battle of wills)으로 전환되는 것을 예방하기 위해서는 객관적인 기준에 근거하여 협상을 진행해야 한다. 특히 이해관계가 분명히 상충되는 경우, 이러한 차이를 해결하기 위한 객관적인 기준을 사용해야 한다. 객관적인 기준들로는 능률성 · 과학적 사실 · 전문가의 의견 등이 이용될 수 있다. 합리적인 기준에 근거한 결정만이 좋은 관계 속에서 상대방에 대한 이성적 설득(reasoned persuasion)을 가능하게 한다. 한 가지 손쉬운 방법은 상대방이 제시한 기준들을 검토하고 타당하다고 생각되면, 이를 수용하는 것이다. 이 경우 상대방을 설득하기는 훨씬 쉬워진다.

객관적인 기준이 수립되지 않으면 당사자들은 자신들에게 유리한 결과만을 얻으려고 하고, 그 결과 서로간의 대립이 격화되기 쉽다. 객관적인 기준을 정함에 있어 실질적인 기준(substantive criteria)을 찾기보다는 절차적인 기준(procedural criteria)을 정하는 것도 바람직하다. 예컨대 동생이 사과를 자르면, 형이 먼저 선택을 하는 것이 하나의 절차적 기준이다. 객관적 기준을 사용함에 있어서는 ① 각 의제는 객관적인 기준을 찾기 위한 공동의 노력 차원에서 다루어져야 하며, ② 당사자들은 마음을 열고, 논리적으로 설득하고, 논리에 승복해야 하며, ③ 당사자들은 절대로 압력 · 위협 · 뇌물에 굴복하지 말아야 한다.

3. 가치창조 단계

협상 과정에서 가장 어렵지만 반드시 필요한 것이 가치 창조다. 당사자들이 단순히 합의에 도달하는 것만으로는 가치가 창조되지 않는다. 가치 창조는 윈-윈 합의를 이끌어 내고, 더 나아가 파레토 최적의 합의를 만들어 내는 것이다. 윈-윈의 통합적 합의는 협상 과정에서 그냥 이루어지는 것이 아니라 체계적인 노력의 산물이다. 공동의 이익을 증대시키기 위한 가치창조의 전략들로는 ① 의제를 확장하기, ② 진단적인 질문하기, ③ 이해관계와 우선순위에 대한 정보를 교환하기, ④ 동등한 가치의 다양한 대안을 제시하기, ⑤ 합의 후 합의를 모색하기, ⑥ 차이를 이용한 상황의존적 합의를 모색하기 등이 있다.

첫째, 의제를 확장해야 한다. 많은 협상가들이 보통 가격이라는 하나의 의제에 대해 흥정하기 때문에 파이가 고정되어 있다는 인식을 버리지 못한다. 제1장 협상의 기초에서도 강조한 것처럼 의제의 수는 많을수록 바람직하다. 의제의 수가 많아지면 의제들의 상대적 중요성에 기초하여 의제간의 교환이 가능해진다. 자신에게 덜 중요한 의제들을 서로 양보함으로써 통합적 합의가 가능해진다.

둘째, 진단적 질문을 해야 한다. 진단적 질문은 어떤 측면에서 파이를 키울 수 있는가에 관한 정보를 이끌어 내는 것과 관련된다. 상대방이 왜 어떤 의제를 원하고, 어떤 제안을 거부하는지 물어 보는 것이다. 상대방이 제안을 거부하면 단순히 양보를 하기보다는 왜 거부를 하는가를 물어 보아야 한다. 이러한 질문을 통해 상대방의 선호와 이해관계를 보다 분명하게 확인할 수 있다. 이러한 질문은 또한 당사자간의 의사소통을 확대하고, 서로간의 신뢰를 증진시키는 역할도 한다.

셋째, 이해관계와 우선순위에 대한 정보를 공개한다. 자신에 대한 모든 정보를 감추고 협상을 진행하면서 통합적 합의가 이루어지기를 바라는 것은 어리석은 생각이다. 훌륭한 협상가는 적절하게 자신의 이해관계와 선호에 대한 정보를 노출함으로써 파이의 크기를 키우는 기술을 지니고 있다. 일단 당사자들의 이해관계가 확인되면, 이해관계 모두를 꺼내 놓고 논의를 해야 한다. 상대방에게 왜 자신의 이해관계가 고려되어야 하는가를 분명하게 설명해야 한다. 상대방 역시 자신의 이해관계가 고려되고 있다고 느끼면 스스로도 상대방의 이해관계를 고려하려고 노력하게 된다. 자신의 정보를 공개함에 있어서 협상가의 딜레마(negotiator's dilemma)에 빠지지 않도록 조심해야 한다.

넷째. 상호 이익이 되는 대안을 많이 개발한다. 특정 대안에 대한 성급한 결정, 유일한 해답을 찾기 위해 대안들을 제한하기, 파이의 크기는 정해져 있다는 가정, 문제의 해결책을 찾는 것은 상대방의 몫이라는 생각 등은 협상에서 창의적 대안들을 발견하는 데 방해가 되는 요인들이다. 이러한 장애요인들을 극복하고 창의적 대안들을 개발하기 위해서는 한 가지 해답을 찾기보다는 상호 이익이 되는 대안의 폭을 넓히며, 상대방이 결정하기 쉽도록 만들어야 한다. 창의적 대안의 개발을 위해 자연스런 분위기에서 만나 터놓고 의견을 교환하며, 공동의 이익을 증진하기 위한 대안들을 모색하는 브레인스토밍을 하는 것도 바람직하다.

다섯째, 현재의 합의를 개선할 가능성이 있는가를 검토해야 한다. 이것은 단순히 현재의 합의안을 재협상한다는 의미는 아니다. 합의 후 합의(post-settlement settlements)는 현재의 합의를 존중하면서도 상호 이익이 되는 개선 방안을 찾아보는 것이다(Thompson, 1998). 이 경우 현재의 합의안은 당사자들에게 새로운 유보치가 된다. 물론 당사자들이 합의 후 합의를 달성하지 못하는 경우, 이전의 합의안으로 안전하게 돌아갈 수 있기 때문에 합의 후 합의 전략은 양 당사자들로 하여금 두려움이 없이 적극적으로 자신들의 선호나 의견을 표출하게 만든다. 이 과정에서 양쪽의 결과 모두를 개선하거나, 또는 적어도 한쪽의 결과에 영향을 미치지 않으면서 또 다른 쪽의 결과를 개선하는 파레토 개선(Pareto improvement) 방안들이 모색될 수 있다.

여섯째, 차이를 이용한 상호 의존적 합의를 한다. 당사자들은 관심사와 선호도에 있어 차이가 있을 뿐만 아니라, 세상을 바라보는 시각에도 차이가 있다. Lax & Sebenius(1986)에 따르면 협상가들 개개인이 지닌 관심과 기대, 위험에 대한 태도, 시간에 대한 선호도, 능력의 차이 등이 이러한 차이들을 만들어 낸다. 중요한 점은 이러한 차이를 적절히 활용하면 통합적 합의를 이끌어 내는 데 기여할 수 있다는 점이다.

첫번째로 가치의 차이(differences in valuation)를 이용하는 것이다. 당사자들은 각 의제에 대한 선호의 강도에 있어 차이를 보인다. 예컨대 노사협상에 노조측은 임금을 가장 중요한 의제로 여기는 반면, 회사측은 연간 근로일수를 가장 중요한 의제로 여긴다면, 양측은 이러한 의제들을 교환함으로써 단순하게 각 의제별로 타협을 보는 경우에 비해 윈-윈 합의에 도달할 수 있다. 선호도의 차이를 이용하는 대표적인 교환 전략이 제시한 것이 통나무 굴리기(log-rolling)다.

두 번째로 기대의 차이(difference in expectation)를 이용하는 것이다. 동일한 의제에 대해서도 당사자들마다 미래의 가치에 대한 평가가 다를 수밖에 없다. 모든 협상은 불확실성 하에서 이루어지므로, 협상가들은 미래에 대한 예측이나 신념에서 큰 차이를 보인다. 당사자간에 불확실한 사건에 대한 기대에 차이가 나는 경우, 상황의존적 계약(contingent contract)을 맺는 것도 하나의 방법이다(Thompson, 1998). 예컨대 △△기업을 운영하는 회사측은 경기가 좋지 않아 내년도 매출액이 급감할 것으로 예상하는 반면, 노조는 반대로 경제가 좋아지고, 따라서 회사의 매출액이 증대될 것으로 예상한다. 이러한 기대 차이 속에서 노사 양측은 앞으로 1년 동안 임금인상률을 동결하는 대신 내년도 매출액이 급증하는 경우, 임금상승률을 경쟁업체의 3배로 하는 상황의존적 합의를 이룰 수 있다.

세 번째로 위험태도(difference in risk attitudes)의 차이를 이용하는 것이다. 당사자들은 미래사건의 발생가능성에 대해서는 동의하지만, 위험성향에 있어서는 차이를 드러낸다. 예컨대 두 명의 사업가가 합작하여 벤처기업을 창업하는 경우, 두 명 모두 성공확률이 보통이라는 점에는 동의한다. 다만, 경험이 많은 사업가는 위험 회피적(risk-averse)이지만, 젊은 사업가는 위험 지향적(risk-taking)이다. 이 경우에도 상황의존적 계약을 통하여 서로간의 위험지향성의 차이를 이용할 수 있다. 위험회피적인 사업가는 매달 일정한 급여를 받는 반면, 위험지향적 사업가는 사업의 성과에 따라 급여를 받기로 합의한다.

네 번째로 시간선호(difference in time preference)의 차이를 이용하는 것이다. 사람들은 사건의 발생시점에 따라 동일한 사건의 가치를 전혀 다르게 평가한다. 지금 당장 10만 원을 얻을 수 있는 경우와 한 달 후에 12만 원을 얻게 되는 경우 중 선택을 해야 한다면, 전자를 선택하는 사람이 있는 반면에 후자를 선택하는 사람도 있다. 이처럼 각자의 시간선호는 다를 수밖에 없다. 만일 한쪽이 상대방에 비해 참을성이 적은 사람이라면, 시간에 따라 이익을 최적으로 분할하는 방안이 고안될 수 있다(Thompson, 1998). 예컨대 벤처기업의 두 동업자 중 초기의 이익은 시간비용을 중시하는 쪽이 갖는 반면, 참을성이 있는 쪽은 장기간에 걸친 더 큰 이익을 갖도록 할 수 있다.

마지막으로 능력의 차이(difference in capability)를 이용하는 것이다. 사람들은 취향 · 확률평가 · 위험선호 등에서 차이를 보일 뿐만 아니라, 능력과 기술의 차이를 보인다. 상이한 자원, 자본 및 도움을 주는 사람들(support staff)을 보유한 두 명의 관리자들을 생각해 보자. 한 관리자는 강력한 계량적 · 통계적 기술을 보유하고 있으며, 컴퓨터 사용능력이 탁월하다. 반면 또 다른 관리자는 마케팅과 디자인 기술이 뛰어나다. 이 둘은 상호 협력하면서 신제품을 디자인하는 경우처럼 자신들의 서로 다른 기술과 전문성을 상호 이익이 되는 방식으로 결합할 수 있다(Thompson, 1998).

모의협상 과제

중고차거래 모의협상

이 시나리오는 단일 의제에 대한 협상과제를 보여 준다. 중고차의 매매가 바로 협상과제이다. 따라서 중고차의 가격만이 유일한 협상의제다. 한 사람은 중고차를 파는 사람(A)의 역할을 수행하고, 또 다른 한 사람은 중고차를 사려는 사람(B)의 역할을 수행한다.

판매자 역할을 수행할 사람과 구매자 역할을 수행할 사람을 선정하여 아래와 같이 서로 다른 역할 정보를 제공한다. 모의협상에 참여하는 당사자들은 각자 자신에 관한 정보를 숙지하고 협상 전략을 준비하도록 30분 정도 시간을 준 후 협상을 진행한다. 협상이 종료되고 나면, 각자 자신의 목표치 · 유보치 · 협상전략 등을 설명하고, 모의협상을 평가한다.

협상과제 : 중고차 거래

(판매자 역할용)

개　　요

당신(A)은 앞으로 2주 후에 외국으로 이민을 가게 되었다. 그래서 자신이 아끼던 중고차인 현대 아반테를 지역정보지 광고를 통해 팔려고 내놓았다. 광고 문구는 다음과 같았다.

> 2002년 원더카, 풀옵션, 상태최상, 80,000km 주행, 가격 : 750만 원
> 연락처 : 010-778-8949

일주일째 어떤 연락도 없어서 애태우던 당신은 회사원인 B로부터 차를 보

고 싶다는 연락을 받았다. 차를 시승해 본 B는 차가 마음에 들었고 당신(A)과 가격을 흥정해 보자고 하였다.

당신(A)에 관한 정보

1. 다음 주에 이민을 가야 하므로 오늘 안에 B에게 차를 팔아야만 한다. 그렇지 않으면 내일 급하게 이 지역의 유일한 중고차 매매상에게 최대 550만 원 정도에 팔 수밖에 없다.
2. 인터넷으로 검색해 본 결과 비슷한 옵션과 주행거리의 최상상태의 2002년 원더카 차량가격이 700-750만 원 정도이다.
3. 차량은 한번의 사고기록이 있으며, 이 때 운전석 앞 문짝을 교환하였다. 이것만으로도 50만 원 정도는 가격이 낮아질 수 있기 때문에 이것을 B에게 사실대로 말해야 할지 고민이다. 기타 차량의 다른 부분은 문제가 없다.
4. B는 당신이 다음 주에 이민을 가야 한다는 사실을 전혀 모른다.
5. 지역정보지에는 당신의 광고 이외에 다른 사람의 원더카 매매광고는 더 이상 없다.

협상과제

1. 이상의 역할정보를 토대로 당신은 판매자의 역할을 수행합니다. 성공적인 합의를 이루는 것이 당신의 최대 목표입니다.
2. 단, 협상은 2회까지 가능하며, 반드시 합의를 이루어야 합니다.

협상과제 1 : 중고차거래
(구매자 역할용)

개 요

이번 주말에 애인과 동해안에 드라이브를 가려고 생각하는 당신은 중고차량을 구입하려고 생각하던 중 지역정보지에서 다음과 같은 광고문구를 보았다.

> 2002년 원더카, 풀옵션, 상태최상, 80,000km 주행, 가격 : 750만 원
> 연락처 : 010-778-8949

당신은 즉시 A에게 연락을 취해 만났다. 차를 시승해 본 당신(B)은 차가 마음에 들었고, A와 가격을 흥정해 보자고 하였다.

당신(B)에 관한 정보

1. 미혼인 당신은 은행에 저축해 둔 1,000만 원이 있고, 이 돈은 언제든 찾아 쓸 수 있다.
2. 이번 주말에 애인과 동해안에 드라이브를 가려고 한다. 그런데 애인은 당신이 원더카를 가지고 있는 것으로 알고 있다. 오늘 안에 A로부터 중고 원더카를 사고 싶다.
3. 지역정보지에는 A의 광고 이외에 다른 사람의 원더카 매매광고는 더 이상 없다. 따라서 A의 원더카 외에는 개인간 거래를 통해 중고 원더카를 구입하기는 불가능하다.
4. 인터넷으로 검색해 본 결과 비슷한 옵션과 주행거리의 최상상태의 2002년 원더카 차량가격이 650-750만 원 정도이다.
5. 이 지역의 유일한 중고차 매매상에 가면 동일한 원더카를 600만 원까지도 구입이 가능하다. 그러나 그 중고차 매매상은 사고차량을 수리해서 파는 데 전문가며, 그 곳에서 차량을 구입한 사람은 나중에 고장 때문에 애를 먹는다는 소문을 들었다
6. 당신은 차의 전문가가 아니지만 A의 차량을 확인해 보니 사고가 있었던 것으로 의심이 간다. 운전석 앞 문짝의 색깔이 나머지 부분의 색깔과 약간 다른 것으로 보인다. 기타 차량의 다른 부분은 확실히 문제가 없어 보인다.

협상과제

1. 이상의 역할 정보를 토대로 당신은 구매자의 역할을 수행합니다. 성공적인 합의를 이루는 것이 당신의 최대 목표입니다.
2. 단, 협상은 2회까지 가능하며, 반드시 합의를 이루어야 합니다.

제 5 장 : 노사간 협상

해마다 봄철만 되면 '투쟁' 또는 '쟁취'란 머리띠를 매고 구호를 외치는 노동조합원들의 모습을 TV로 자주 접하게 된다. 이러한 장면을 볼 때마다 노사간 갈등은 왜 발생하고, 대립적 관계에서 벗어나 협력적 관계를 구축하여 모두 다 상생하는 해법은 없을까 하는 의문점을 갖는다. 오늘날 무한경쟁시대에 성숙하고 안정된 노사관계의 기반 없이는 기업들이 경쟁력을 갖추기 어렵다. 따라서 급변하는 경제환경변화에 대응하기 위해 기존의 노사간 협상에 관한 시각이 변해야 한다.

본 장에서는 노사간 협상을 알아보기 전에 노사관계에 대한 기초개념들, 예컨대 노사관계의 의의 및 이중성, 노사갈등의 이슈 등을 먼저 정리해 본다. 그리고 노사양측의 집단적 타협을 모색하려는 단체교섭(collective bargaining)에 대해 살펴보고, 단체교섭 때 유리한 협상조건을 이끌어 내기 위해 노사양측의 교섭력을 결정하는 주요한 요인들이 무엇인가를 알아본다. 한편 노사간 협상에 대한 이해의 폭을 넓히기 위해 가장 대표적인 단체교섭모형인 힉스(J. D. Hicks) 모형과 매브리(B. D. Mabry) 계약영역모형을 소개하기로 한다.

본 장의 마지막 부분은 노사간 공동번영을 위한 협력적 노사관계에 초점을 둔다. 실제 노동시장에서 개별 기업들은 각자 처해 있는 상황과 여건들이 상이하므로 개별적 차원에서 노사협상전략도 매우 다양하게 접근해야 한다. 여기서는 앞 장에서 살펴본 개별적 차원에서 협상전략을 다루기보다는 범국가적 차원에서 대립구도로부터 협력구도로 패러다임을 변화시키기 위한 노사관계에 관하여 살펴보기로 한다.

Ⅰ. 노사관계의 이해

1. 노사관계란?

우리가 흔히 사용하는 노사관계라는 용어는 '노동자와 사용자의 상호관계'를 의미하는 것으로, 산업활동에서 결합되는 노동자와 사용자 간에 발생하는 모든 현상들을 나타낸다.[1] 예를 들자면 임금 · 고용 및 해고 · 근무시간 · 직무배치 등과 같은 문제는 산업화과정에서 자연스레 대두되고, 때로는 노사간 이해관계가 상충되기도 한다.

노사관계의 개념은 자본주의가 성립되고 산업화가 진행되면서 단순히 노동자와 경영자의 양자관계에서만 국한하여 보기는 어렵다. 경제적 약자인 근로자들은 고용 및 근로조건의 유지 · 개선을 목적으로 노동조합(union)을 조직하게 되었고, 이러한 조직된 힘을 바탕으로 경영자와 집단적으로 대응한 파워를 갖게 되었다. 한편 산업화가 진행되면서 빈곤 및 실업 문제의 대두, 노조세력의 증대로 인한 노사간 충돌 등으로 정부의 역할이 강조되었다. 따라서 오늘날 노사관계는 단순히 노동자와 경영자 간의 관계를 넘어 노동자(노동조합) · 경영자, 그리고 정부라는 삼각관계로 파악해야 한다.

레스터(R. A. Lester, 1951)에 의하면 현대적 의미의 노사관계는 근로자조직과 산업경영자 간의 문제뿐만 아니라, 임금, 생산성, 고용보장, 경영자의 고용관행, 노동조합의 정책 및 노동문제에 대한 정부의 행동을 포함한 노동의 모든 영역을 포함한다고 정의하였다. 결국 오늘날의 노사관계는 노동자(노동조합) · 경영자, 그리고 이에 영향을 주는 정부 및 사회제도와의 포괄적인 관계를 의미한다.

2. 노사관계의 이중성

노사간에 갈등이 왜 발생하는가를 파악하려면, 우선 노사관계의 본질부터 이해해야 한다. 노사관계의 당사자를 사용자와 노동자 및 노동조합의 관계라

1) 노사관계는 노동자와 사용자의 관계를 줄인 것으로 영어로는 흔히 노동-경영관계(labor-management relations) 또는 산업관계(industrial relations)라고도 한다.

고 보면, 이들 양자의 관계에서 서로 상충되고 이율배반적인 현상이 있는데, 이를 노사관계의 이중성이라고 한다(이준범, 1991).

그 내용을 정리하면 다음과 같다.

첫째, 노사관계는 '종속관계와 대등관계'의 이중성을 갖는다. 생산과정에서 노동자는 종업원으로서 경영자의 지휘·명령을 따라야 하므로 종속관계이나, 노동력의 공급주체인 근로자는 노동조합을 통해 집단적인 근로조건의 결정과 운영에 대해 법적으로 경영자측과 대등한 입장에서 교섭을 할 수 있으므로 대등관계에 있다.

둘째, 노사관계는 '개별적 관계와 집단적 관계'라는 이중적 성격을 갖는다. 전자는 채용·배치·이동·승진·교육훈련·임금·인사고과 등 개별적 고용계약에 바탕을 둔 종업원 개인과 경영자와의 수직적 관계를 의미하고, 후자는 노조의 지위확립, 공동의 근조조건의 결정 등 단체협약을 통해 집단적 고용계약에 바탕을 둔 노동조합과 경영자와의 수평적 관계를 의미한다.

셋째, 노사관계는 본질적으로 '협력관계와 대립관계'의 이중성을 갖는다. 생산단계에서는 장래 배분될 기업의 성과를 증대시키기 위해 노사간에 협력적 관계를 가지지만, 배분단계에 이르면 자신의 몫을 증대시키기 위해 대립적 관계가 형성된다.

넷째, 노사관계는 '경제적 관계와 사회적 관계'의 의미를 동시에 지닌다. 기본적으로 노사관계는 양 당사자들이 경제적인 목적을 달성하기 위한 관계이나, 구성원들의 집단생활을 토대로 맺어진 사회적 관계 내지 인간적 관계이기도 하다.

이러한 노사관계의 이율배반적인 성격으로 종종 노사간 갈등의 원천이 된다. 진정한 노사관계를 위해서는 양 관계가 조화롭게 진행되는 것이 중요하며, 아울러 노사간 갈등을 해소시키는 합리적인 제도화의 모색도 필요하다.

3. 노사갈등의 이슈[2)]

만약 노사관계의 비전문가에게 노사갈등이 왜 발생하느냐를 물어 보면, 대부분 임금인상문제에서 비롯된다고 말하기 쉽다. 그러나 노사간 갈등은 분

2) 구체적인 내용은 최종태(1996) 참조.

배적 문제에만 국한되는 것은 아니다. 위에서 언급한 노사관계의 이중적 성격으로 노사간 갈등은 다양하게 야기될 수 있다.

과거 우리 나라의 경우 노사갈등의 이슈는 대부분 저임금과 노조의 권리인정에 초점을 두었다. 노동조합은 좀더 높은 임금을 받기 위해 사용자와 투쟁을 하였고, 노조의 조직 및 활동의 승인, 대등한 지위에서 노사간 단체교섭 인정 등의 노사의 권리분쟁이 주를 이루었다. 그러나 선진국에서는 임금과 노조의 권리인정 이외에 복지후생 · 교육훈련 · 고용안정 등 다른 요구조건들이 중요시되고 있다. 그러므로 노사갈등의 이슈는 국가나 시기 등에 따라 내용이 달라진다.

허츠버그(F. Herzberg)에 의하면 개발도상국은 임금이나 작업조건 등의 경제 · 물질적 이슈에 절대적인 비중을 두지만, 선진산업국에서는 경제 · 물질적 이슈 이외에 직무만족 · 직장생활의 만족 등 사회 · 정신적 이슈도 중요시 다룬다.[3] 또한 개발도상국은 단기적이고 직접적인 혜택에 비중을 두어 임금위

〈표 5-1〉 노사관계의 이슈

<table>
<tr><th>이 슈</th><th colspan="2">대 상</th><th>내 용</th></tr>
<tr><td rowspan="3">권력 · 권위적 이슈</td><td>노동조합</td><td>노동권확립을 통한 노조의 인정 및 지배권</td><td rowspan="3">노사정의 권한인정 및 확립 등의 이슈</td></tr>
<tr><td>사용자</td><td>경영권확립을 통한 경영의 보호 및 지배권</td></tr>
<tr><td>정 부</td><td>공공부문의 노사관계</td></tr>
<tr><td rowspan="2">경제 · 물질적 이슈</td><td>임금(보수)</td><td>임금 및 복지후생</td><td rowspan="2">종업원의 임금 및 고용상의 이슈</td></tr>
<tr><td>고용(신분)</td><td>고용안정 · 능력개발(직업 및 직장훈련) · 근로시간</td></tr>
<tr><td>사회 · 정신적 이슈</td><td>근로생활의 질</td><td>노동소외와 근로생활의 질</td><td>산업사회의 소외극복과 근로생활의 질 제고의 이슈</td></tr>
</table>

3) 오늘날 선진산업국에서는 '근로생활의 질' 혹은 '직장생활의 질'이란 소위 QWL(Quality

주에 이슈를 전개하는 반면에, 선진산업국은 장기적이고 간접적인 혜택, 예컨대 교육훈련 · 복리후생 및 고용안정 등을 주요 협상이슈로 삼고 있다. 따라서 노사관계를 이슈별로 구분하여 그에 대한 대상과 내용을 정리해 보면 〈표 5-1〉과 같다.

Ⅱ. 단체교섭과 교섭력

1. 단체교섭이란?

노동조합과 경영자가 협상을 하는 것은 사실상 이해관계에 얽혀 있는 갈등을 풀어 가기 위해서이다. 현실적으로 개개인의 근로자는 사용자와 대등관계를 유지하기 어렵기 때문에 노동조합(union)을 통하여 근로자 자신들의 권익을 집단적으로 옹호하고 신장하려 하고, 대부분의 나라에서는 근로자들의 권익을 옹호하고 신장할 수 있도록 단결권(노동조합의 조직권) · 단체교섭권 · 단체행동권을 허용한다.[4] 한편 사용자측은 경영권을 행사할 수 있다. 즉 소유경영자뿐만 아니라 경영권을 위임받은 전문경영자가 인사권 · 조직권 · 업무수행권 등과 같은 경영의 직무를 수행하기 위한 고유영역인 경영권을 행사할 수 있다.

일반적으로 단체교섭(collective bargaining)이란 노동조합과 사용자 또는 사용자단체가 자율적으로 근로자의 임금 · 근로시간, 그 밖의 근로조건에 관한 협약의 체결을 위하여 대표자를 통해 집단적 타협을 모색하고, 또 체결된 단체협약을 관리하는 절차와 행위이다.[5] 「노조법」 제30조에 의하면 "노동조합

of Working Life) 운동이 노사관계의 주요 이슈로 등장하는데, 이는 직무만족의 수준향상과 근로환경의 민주화를 통한 근로생활에 있어서 인간성회복의 운동이라고 할 수 있다.

4) 근로자의 인간다운 생활을 보장하기 위해 헌법에서 정한 노동3권은 단결권 · 단체교섭권 · 단체행동권이라 하며, 노동3법은 노동관계기본법인 노동조합법 · 노동쟁의조정법 · 근로기준법을 말한다.

5) 흔히 사용하는 '노사협의제'는 단체교섭과 그 성격이 다르다. 단체교섭은 노사간 이해가 상반되는 임금 및 근로조건 등에 관한 협상과정이고, 노사협의제는 생산성향상 · 복리후생 · 고충처리 등의 노사공동의 이해사항에 관한 협의과정을 말한다. 그러므로 대립적 관계를 형성하는 단체교섭과는 달리 노사협의제는 근로자의 복지증진과 기업발전이라는 노사의 공동목표와 이해공동사항을 해결하기 위해 협력적 관계를 취한다. 노사관계의 현대화와 민주화를 추진하기 위해서는 단체교섭과 노사협의제를 상호보완적으로 적절히 운영할 필요가 있다.

과 사용자 또는 사용자단체는 신의에 따라 성실히 교섭하고 단체협약을 체결하여야 하며, 정당한 이유 없이 교섭 또는 단체협약의 체결을 거부하거나 해태하여서는 아니 된다"고 규정되어 있다. 단체교섭의 결과로 체결되는 단체협약은 법적 효력이 있고, 노사간 이해관계를 조정해 주기 때문에 단체협약을 잘 맺기 위해 당사자들은 교섭전략이 필요하다.

2. 단체교섭의 대상

노사간 단체교섭의 대상은 무엇인가? 우리 나라의 경우는 단체교섭의 대상에 관한 구체적인 법규정이 없는 실정이다. 노동부홈페이지에 있는 「노동행정가이드 단체교섭」 부분에 의하면, 단체교섭은 노사간에 집단적인 거래의 하나로 볼 수 있기 때문에 그 대상은 사용자가 처분가능한 것이고, 근로자들에게 집단적으로 적용되는 것이어야 한다고 한다. 현실적으로 사용자측은 단체교섭 대상의 범위를 좁히고자 하는 반면, 노동조합측은 노조의 권리보장 · 경영 · 인사 · 제반 사항에 이르기까지 그 범위를 확대하려고 한다. 따라서 교섭대상선정에 있어 노사간 불일치가 있는 경우에 노사분쟁의 원인이 될 수 있다.[6]

하지만 노동부가 정한 단체협약의 핵심적인 내용을 살펴보면 기본적인 교섭대상을 파악할 수 있다.[7] 단체협약의 핵심적인 부분은 '근로조건 기타 근로자의 대우에 관하여 정한 부분'을 말하는데, 임금액, 임금지급방법, 근로시간, 휴일, 휴가, 상여금지급, 경조금지급 및 기타 후생에 관한 협정, 안전보건, 작업환경, 교육훈련, 복리후생, 재해보상의 종류 및 그 산정, 퇴직금누진제, 정

---

6) 미국의 경우 판례법상 단체교섭 대상사항을 의무적 교섭사항(mandatory subjects) · 임의적 교섭사항(permissive subjects) · 위법적 교섭사항(illegal subjects)으로 구분되어 논란의 소지가 없는 편이다. 첫째, 의무적 교섭대상은 임금과 근로시간이 주가 되며, 사용자가 정당한 사유 없이 교섭을 거부하면 부당노동행위가 되며, 그 대상사항에 대하여 단체교섭이 결렬되는 경우 노동쟁의대상과 쟁의행위의 대상이 될 수 있다. 둘째, 임의적 교섭대상은 노사당사자가 합의하여 단체협약을 체결하면 의무적 교섭대상과 동일하게 단체협약으로서의 효력이 인정이 되지만, 사용자가 노동조합의 그 대상에 대한 단체교섭요구에 그 교섭을 거부하더라도 부당노동행위가 성립되지 않는다. 또한 그 대상사항에 대하여 단체교섭이 결렬되더라도 노동조합은 노동쟁의조정신청과 쟁의행위를 할 수 없는 교섭대상을 말한다. 셋째, 금지적(위법적) 교섭대상이라 함은 그 대상에 대한 단체교섭이나 단체협약체결이 법적으로 금지되며, 그 대상을 규정하는 단체협약은 무효가 되는 단체교섭대상을 말한다.

7) 단체협약은 단체교섭의 결과 노사양측이 근로조건에 관한 사항에 대하여 서면으로 쌍방에서 날인한 것으로 우리 나라의 경우 2년을 초과할 수 없다.

년제에 관한 협정 등이 이에 속한다. 이외에도 근로조건과 직접적 관련이 있는 복무규율 · 징계 · 해고 등의 사항과 노조활동 및 기타 노사관계를 규정하는데 필요한 사항 등도 포함한다.

3. 교섭력이란?

노사가 단체교섭을 할 때 유리한 협상조건을 끌어 내기 위해서는 교섭력이 필요하다. 여기에서 교섭력(bargaining power)이란 '상대방이 자신의 제의에 대하여 합의할 수 있도록 영향을 미치는 능력'을 말한다. 일반적으로 교섭력에 영향을 미치는 요인에는 경제적 · 조직적 · 정치적 요인 등 다양하게 존재한다.

만약 단체교섭이 결렬되면 쟁의행위에 들어가는데, 대표적으로 사용되는 노조의 무기는 파업 · 태업[8] · 직장점거 · 준법투쟁 · 불매운동 등의 방법을 사용하고, 사용자는 조업단축이나 직장패쇄 등을 사용한다. 흔히 노사양측은 파업과 직장패쇄를 위협무기로 삼으며 단체교섭에 임할 수 있으나, 현실적으로 사용자의 직장패쇄는 최악의 상황이며, 파업만 발생해도 양측에 엄청난 소득상실이 발생한다. 그러므로 실제 노사간 교섭력은 노동시장에서 '파업으로 발생하는 비용'에 의해 좌우된다고 해도 과언이 아니다.

여기에서 노사양측의 교섭력을 결정하는 주요한 요인들을 분류해 보면, 다음과 같이 경제적 요인과 비경제적 요인으로 정리된다.[9]

〈표 5-2〉 단체교섭시 노사의 교섭력 결정요인

결정요인			작용메커니즘
경제적 요인	사용자	사용자의 재정능력	사용자의 재정적 능력이 클수록 파업에 의한 손실의 정도가 감소하므로 사용자의 교섭력이 강화

8) 태업은 근로자의 단결행위에 의해서 의식적으로 행해지며, 작업능률을 저하시키는 쟁의행위이다.

9) 자세한 내용은 김천수 · 정기종(2004) 참조.

<table>
<tr><td rowspan="4">경제적
요인</td><td rowspan="2">사용자</td><td>제품의
기대수요</td><td>제품의 시장점유률이 높을 경우 파업시 손실액 규모가 크므로 사용자의 교섭력이 약화되고, 제품수요의 가격탄력성이 비탄력적인 경우, 즉 가격상승이 제품수요 감소에 별로 영향을 주지 않는 경우 노조의 임금상승은 고용감소보다는 가격상승으로 흡수되기 쉬우므로 노조의 교섭력이 강화</td></tr>
<tr><td>공급능력</td><td>재고물량이 많을수록, 작업이전이 용이할수록,[a] 대체근로가 용이할수록[b] 제공공급을 계속 유지할 수 있으므로 사용자의 교섭력이 강화</td></tr>
<tr><td rowspan="2">노 조</td><td>최근의 수입수준과 파업기금 및 후생복리지원금</td><td>파업 전 시간 외 근로의 증가 등으로 많은 초과근무수당을 받았거나, 조합의 파업기금이 충분하거나, 실직에 대한 정부로부터의 후생복리지원금이 양호할수록 노조의 교섭력이 강화</td></tr>
<tr><td>대체취업
의 기회</td><td>파업근로자들이 외부의 대체취업기회가 용이할수록 노조의 교섭력은 강화</td></tr>
<tr><td rowspan="3">비경제적
요인</td><td colspan="2">노동조합의 조직</td><td>노조의 조직률이 높을수록, 설립된 지 오래될수록, 노조간부의 능력이 클수록 노조의 교섭력이 강화</td></tr>
<tr><td colspan="2">일반국민과 정부
의 시각</td><td>병원이나 대중교통 등에서 파업이 일어나면 일반공중의 시각이 대체적으로 노조에 비우호적이 되고, 치안당국의 노사분규에 강력히 대응하는 경우 노조의 교섭력은 약화</td></tr>
<tr><td colspan="2">경제 · 환경적 요인</td><td>물가상승이 임금상승의 요인으로 작용할 때, 실업률이 낮을 때, 호황기에 기업이윤율이 높아질 때 노조의 교섭력은 강화</td></tr>
</table>

a) 여기에서 작업이전이란 파업으로 중단된 일을 동일사업자의 다른 사업장으로의 이전을 의미한다.

b) 관련법에 의하면 쟁의행위로 중단된 업무수행을 위해 근로자의 대체 및 하청을 주는 것을 금하고 있고(노조법 제43조), 파견근로자를 사용할 수도 없다(파견법 제16조 제1항). 그러나 법조항의 해석상 우리 나라에서는 쟁의사업장의 파업불참 조합원이나 비조합원으로 대체근로는 허용된다.

Ⅲ. 노사협상에 대한 이론적 접근 : 단체교섭모형

그 동안 단체교섭과정의 분석을 통해 교섭결과뿐만 아니라, 노사분쟁의 가능성 및 분쟁의 기간이 어떻게 결정되는가를 설명하려는 교섭모형(bargaining models)이 꾸준히 발전해 왔다. 실제로 단체교섭과정이 다양하고 그 내용이 복잡하므로 현실성이 있는 모형을 개발하는 작업은 그리 쉽지 않다. 여기서는 단체교섭모형에서 가장 간단하고 대표적인 힉스(J.R. Hicks)의 파업모형과 매브리(B.D. Mabry)의 계약영역모형을 소개하고자 한다.[10)]

1. 파업모형

파업에 대한 분석틀은 영국의 경제학자인 힉스(J.R. Hicks)에 의해 처음으로 제시되었다. 그는 노사가 임금인상률에 대해서만 협상을 한다고 가정하고, 노사양측이 수락하는 임금인상률은 그 임금인상률에 도달하는 파업기간과 함수관계를 가진다고 보았다.

〈그림 5-1〉에서 OB와 OA는 각각 교섭결렬시점에서의 노조와 사용자의

〈그림 5-1〉 힉스의 파업모형과 예상파업기간

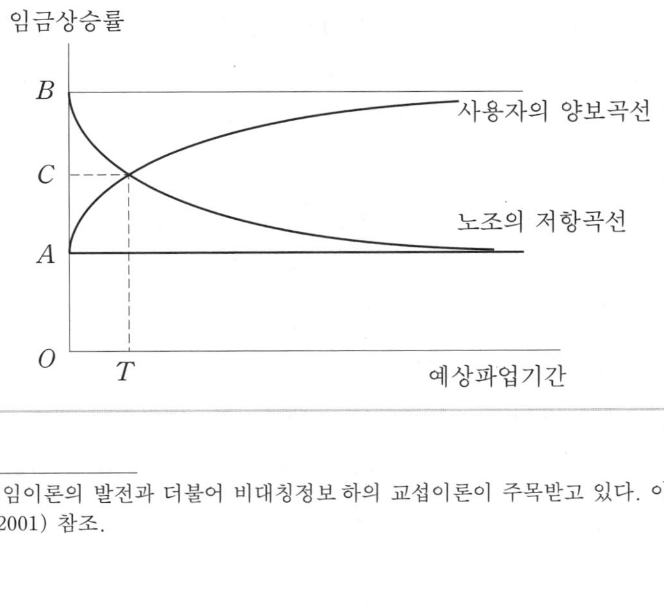

10) 최근에는 게임이론의 발전과 더불어 비대칭정보 하의 교섭이론이 주목받고 있다. 이에 대해서는 김태기(2001) 참조.

임금상승률을 나타낸 것이다. 일반적으로 사용자의 양보곡선(concession curve)은 우상향하고 노조의 저항곡선(resistance curve)은 우하향하는데, 이러한 형태를 띠는 이유는 파업의 예상기간이 길어지면 양측이 부담해야 할 예상손실이 커지게 되므로 자신들의 임금인상률을 수정해 가기 때문이다. 파업이 진행되면서 노조의 요구는 점차 줄어들고, 사용자의 양보는 늘어나 결국 임금인상률은 OC수준에서 타결되고 파업기간은 OT가 된다.

힉스의 단순파업모형에서 우리는 몇 가지 시사점을 얻을 수 있다.[11)]

첫째, 사용자의 양보곡선은 변화가 없는 경우에 노조의 저항곡선이 위로 이동한다면, 예상임금상승률은 상승되고 예상파업기간은 연장될 것이다. 이런 현상은 파업 전 노조의 임금상승요구가 높아지거나 저항곡선의 기울기가 완만해지는 경우 등에서 나타난다. 특히 후자의 경우는 노조가 파업이 진행되더라도 임금인상률을 낮출 의사가 없다는 의미로 파업으로 부담해야 할 비용이 낮을수록 노조의 저항이 강하게 나타난다. 예컨대 호경기로 실업률이 낮아 파업에 참가하는 노조원들이 쉽게 임시직을 구할 수 있거나 파업기간중 정부나 노동조합으로부터 실업수당을 받을 수 있다면, 파업이 진행되더라도 노조의 저항이 강해진다.

둘째, 앞의 경우와는 반대로 노조의 저항곡선은 변화가 없는 경우에 사용자의 양보곡선이 아래로 이동한다면, 예상임금상승률은 하락되고 예상파업기간은 연장될 것이다. 기업들도 파업이 진행되더라도 양보의 수위를 낮출 수 있다. 기업이윤이 적을수록, 자기회사의 상품수요의 가격탄력성이 낮을수록, 파업 전 재고를 많이 확보해 놓을수록 대체인력을 쉽게 확보할 수 있는 경우에 양보수위를 낮출 수 있으므로 기업이 인금상승률을 높이지 않을 가능성이 높다.

셋째, 마지막의 시사점은 파업이 어느 정도 유용성을 가진다는 것이다. 파업이 양측에 상당한 손실을 초래하는 경우, 당사자들은 장래의 파업을 피하는 데 도움이 되는 어떤 협정의정서를 맺을 수 있다. 즉 계약만료보다 훨씬 이전에 협상을 시작하거나, 계약과정에서 교섭사항을 제한할 수도 있고, 합의실패시 구속력이 있는 중재조항을 넣을 수도 있다. 실제 노동현장에서 파업비용이 클수록 파업발생의 건수와 기간이 줄어든다는 증거가 발견되었다.

11) 이 부분부터는 한홍순 · 김중렬(1996) 참조.

힉스의 파업모형은 저항곡선과 양보곡선을 이용하여 협상과정을 개념화하였지만, 두 곡선이 어떻게 도출되었는지, 파업 이전의 협상에 대한 설명을 하지 못한 점, 협상과정에서 불확실성을 간과한 점 등 이론적 한계를 지니고 있다.

보다 현실적인 파업의 원인은 무엇인가?

노사양측은 파업이 발생하면 엄청난 비용이 초래된다는 사실과 이런 파업비용을 미리 막을 수 있는 방안이 있다는 사실을 알면서도 현실적으로 왜 파업이 일어날까? 일부학자들은 노조가 협상에서 유리한 입장을 차지하고, 파업위협이 실현가능함을 보여 주기 위해 정기적으로 파업을 사용한다고 주장한다. 한편으로는 파업이 노동조합원의 결속력을 높이기 위한 유용한 도구가 될 수 있다고 한다.

그러나 보다 근본적인 이유는 노사양측이 상대방의 목표나 저항의도에 대한 정보가 완벽하지 못하기 때문에 파업이 발생한다. 예를 들어 사용자가 기업의 실제이윤에 대한 정보를 훨씬 잘 알고 있다면, 노조의 임금인상요구를 완화시키기 위해 실제이윤을 저평가할 수 있다. 상대적으로 정보에 약한 노조는 파업이라는 신호를 통해 실제이윤이 어느 정도인지를 파악할 수 있을 것이다. 이처럼 노사간 비대칭적 정보(asymmetric information)로 인하여 파업이 발생할 수 있다.

2. 계약영역모형

다음은 제대로 이론적 체계를 갖추지 못하였으나 단체교섭과정을 이해하는 데 상당히 도움이 되는 매브리(B. D. Mabry)의 계약영역모형에 대해 살펴보자. 이 모형은 노사양측이 상대방의 조건을 알지 못하는 상태에서 교섭을 진행하고, 교섭과정에서 상대방의 조건을 파악하면 자신이 유리하도록 조건을 바꿀 수 있다는 특징을 가지고 있다.

〈그림 5-2〉 교섭초기에서 양측 당사자의 가능한 입장

(a) 긍정적 계약영역($U_R<M_R$)

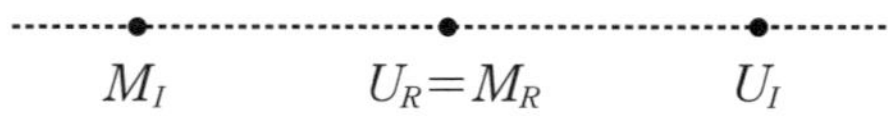

(b) 점의 계약영역($U_R=M_R$)

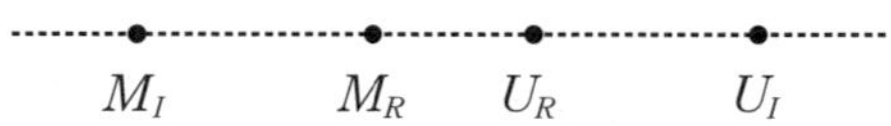

(c) 부정적 계약영역($U_R>M_R$)

구 분	의 미
U_I	노조의 형식적 제시요구조건
M_I	사용자의 형식적 제시요구조건
U_R	노조의 실질적 수락가능조건
M_R	사용자의 실질적 수락가능조건

〈그림 5-2〉에서는 노사양측이 형식적으로 제시한 요구조건과 실제적으로 수락가능한 조건을 표시하고 있고, 우측으로 갈수록 그 조건들이 높아진다. U_I와 M_I는 각기 노조와 사용자의 형식적 제시요구조건이고, 이 조건들은 교섭초기에 서로가 알 수 있다. 그러나 U_R과 M_R은 각기 노조와 사용자의 실제적 수락가능한 조건인데, 교섭초기에는 상대방이 전혀 알아채지 못한다.

(a)에서 사용자의 실제적 수락가능조건이 노조의 실제적 수락가능조건보다 높은 경우($M_R>U_R$)를 긍정적 계약영역(positive contract zone)에 해당하고, (b)처럼 사용자의 실제적 수락용의조건이 노조의 실제적 수락용의조건과 일치하는 경우($M_R=U_R$)를 점의 계약영역(point contract zone)에 해당한다. (a)와 (b)의 경우에는 양측의 진정한 요구를 알게 될 때까지 협상은 계속되지만 타

결의 가능성이 높다. 그러나 내부사정이나 상대측의 관계로 인하여 파업의 가능성도 존재한다. (c)에서는 사용자의 실제적 수락용의조건이 노조의 실제적 수락용의조건보다 낮은 경우($M_R \langle U_R$)인데, 부정적 계약영역(negative contract zone)에 해당하고 교섭이 상당히 경색되며 타결가능성은 낮아진다. 그렇지만 교섭과정에서 양측의 전략에 따라 조건들이 변화될 수 있으므로 부정적 계약영역에서 교섭이 바로 결렬되는 것은 아니다.

계약영역모형은 교섭과정에서 상대방의 진의, 즉 최종수락조건을 신속하게 파악하는 노력을 해야 하고, 교섭에서 유리한 위치를 가능할 수 있도록 면밀한 전략을 세워야 한다는 시사점을 던져 준다.

Ⅳ. 협력적 노사관계로의 패러다임전환[12)]

실제 노동시장에서 개별 기업들은 각자 처해 있는 상황과 여건들이 상이하므로 노사협상전략도 매우 다양하게 접근해야 한다. 개별적 협상전략은 제4장에서 이미 언급되었다. 여기서는 개별적 차원에서 노사협상전략을 다루기보다는 범국가적 차원에서 대립구도로부터 협력구도로 패러다임을 변화시키기 위한 노사관계에 관하여 살펴보기로 한다.

1. 경제적 여건변화

오늘날 세계화와 정보화 추세에 따라 경쟁이 격화되고, 국경의 의미가 퇴색되는 등 국내외경제적 여건이 크게 변화하고 있다. 따라서 급변하는 경제여건변화에 대응하기 위해서는 새로운 노사관계가 정립되어야 한다.[13)] 이제 기업 내 노사관계는 기술개발이나 투자확대 등과 버금가는 주요한 사항이 되었고, 성숙되고 안정된 노사관계의 기반 없이는 기업경영이 어렵다는 실정은 노

12) 이 부분은 배무기(1996) 제1장에서 제4장까지 참조.

13) 스위스의 국제경영개발원(IMD)이 발간하는 「세계경쟁력연감」 각 연도에 따르면, 우리 나라의 노사관계경쟁력이 OECD국가 중에서 최하위수준을 기록하고 있다. 이러한 원인으로는 잦은 파업으로 인한 생산차질 · 대립적 노사관계 · 노동시장의 경직성 등을 꼽고 있다. 노사관계경쟁력을 끌어올리기 위해서 노사관계의 개혁의 필요성이 제기되고 있다.

사양측이 공감대를 형성하고 있다.

과거 우리의 노사관계는 주로 분배적 측면을 강조하여 대립과 갈등의 연속이었다는 시각이 지배적이다. 그러나 근래에 들어와서 노사관계를 바라보는 시각이 점차 바뀌고 있는데, 기업들이 경쟁력강화 차원에서 생산조직 내지 생산시스템 안에서 노사관계를 바라보고 있다. 즉 '분배문제'에 국한되었던 노사관계의 편협된 시각에서 탈피하여 '고능률의 생산조직'(high performance work organization)을 창조하는 하나의 전략적 변수로 노사관계를 보는 것이다. 고능률의 작업시스템을 만드는 과정에서 기업의 경쟁력강화는 종업원들의 만족도의 극대화를 동시에 추구함으로써 종업원의 동기를 유발시키고 헌신적 자세로 만들어, 그러한 협력관계가 고능률작업조직을 끌어 가는 추진력이 된다는 것이다.

종래의 대립과 갈등 일변도의 노사관계로는 기업의 생존과 노동운동의 유지조차 어려울 정도로 상황이 급변하고 있다. 기업의 경쟁력을 강화시키고 종업원들의 직장만족도를 최대로 높이는 수준으로 노사가 노력하여 협력적 노사관계를 구축해야 하는데, 다음 항에서는 협력구도로의 패러다임전환을 위해 여러 가지 노사관계에 대한 이론적 설명을 먼저 제시하고자 한다.

2. 대립구도와 협력구도에 대한 이론적 접근

(1) 2원적 노사관계론

노사관계를 대립구도와 협력구도의 두 가지 관계가 병존하는 것으로 보아온 이론으로 일본의 후지바야시의 2원적 노사관계론이 있다. 먼저 생산과정에서 노사간 공통의 이익을 위해 생산효율을 증대시키기는 관계로서 협력과 친화의 제1차 관계가 존재한다. 이 관계는 노사가 상호협력하여 파이(pie)를 더 크게 하는 과정으로 이해할 수 있으며, 노사양측에 공통적으로 이익을 가져다 주므로 포지티브섬 게임(positive-sum game) 관계이다.

그러나 생산된 부의 배분을 둘러싸고 노사간의 상호이해가 대립될 수밖에 없는 제2차 관계도 존재한다. 이 관계는 어느 한쪽이 분배의 몫을 더 많이 차지하면, 다른 한쪽은 적게 배분되므로 제로섬 게임(zero-sum game) 관계이다. 이처럼 2원적 노사관계론에서는 노사관계의 본질이 협력과 대립이 공존하는 것으로 보고 있다.

(2) 3원론적 노사관계론

노사관계의 대립과 협력에 관련하여 코캔(T. A. Kochan) 등은 최근 미국에서 진전되어 온 노사관계의 발전경험을 토대로 보다 포괄적인 3원론적 노사관계론을 전개하고 있다.[14] 여기서 노사관계활동의 세 가지 수준은 ① 노사양측의 장기전략과 정책결정, ② 단체교섭 및 인사·노무전략, ③ 작업현장 및 개인·조직관계로 형성된다. 3원론적 이론은 이제까지 단체교섭에만 지나치게 강조해 온 시각에서 탈피하여 근본으로 돌아가 기업목표·종업원의 요구 등을 포괄적으로 반영한다.

〈표 5-3〉을 정리해 보면, 노사관계가 중간수준인 단체교섭 및 인사노무정책의 국면만 강조하게 되면 대립과 투쟁의 관계가 주가 된다. 그러나 노사관계의 3수준 하에서는 근로자의 참여와 협력을 전제로 하는 각종 전략들이 채택되고, 이것이 추진될 때 더욱 중요한 맨 위쪽인 장기전략과 정책결정의 수준과 맨 아래쪽인 작업현장의 수준이 형성되며, 여기서는 중간수준의 대립적 측면보다는 협력적인 측면이 훨씬 중요하게 된다. 따라서 이 이론은 노사관계가 반드시 대립관계가 아니며, 얼마든지 참여와 협력의 관계가 될 수 있음을

〈표 5-3〉 노사관계활동의 세 가지 수준

수 준	사용자	노동조합	정 부
장기전략과 정책결정	경영전략 투자전략 인적자원전략	정치적 전략 대표권전략 조직전략	거시경제 및 사회정책
단체교섭 및 인사노무정책	인사노무정책 협상전략	단체교섭전략	노동법 및 노동행정
작업현장 및 개인·조직관계	관리스타일 근로자참가 직무설계 및 작업조직	단체협약관리 근로자참가 직무설계 및 작업조직	근로기준 근로자참가 개인권리보장

14) 자세한 내용은 Kochan, Katz & Mckersie(1986) 참조.

나타내고, 각 국면에서 사용자 · 노동조합 · 정부의 활동영역을 제시하고 있다.

3원론에서 중간수준보다 맨 위쪽과 맨 아래쪽의 수준, 특히 맨 아래쪽인 작업현장에서의 노사관계가 중요하게 되기 위해서는 최고경영자의 노사관이 바뀌어야 한다. 즉 기업이 적극적으로 종업원의 참여를 조장하며, 광범위한 공동프로그램을 개발하고, 성과배분이나 이윤배분 등과 같은 동기부여형 제도를 과감히 도입해야 하며, 팀제작업 또는 문제해결위원회(노사발전위원회) 등 종업원들의 참여를 보장하는 여러 방안들을 솔선해서 도입해야 한다. 결국 코캔 등이 제시한 3원적 노사관계론은 기업의 선택에 따라 대부분 협력적이고 단체교섭을 할 때만 대립적 관계가 될 수 있음을 보여 주었다는 데 그 의의가 크다.

(3) Cooke의 이론

코캔 등의 3원론은 대립과 협력의 가능성을 보여 주었지만, 근래에 들어와 대립에서 협력으로 상당정도로 바뀌고 있는 미국의 노사관계개혁이 왜 일어나고 있는가에 대한 설명은 부족하다. 실제적으로 노사양측이 협력적 구도로 가기 위해서는 더 많은 이득을 얻을 수 있어야 한다. 쿠크(W.N. Cooke)[15]에 의하면 기업의 경쟁력이 상실된 상태에서 노사양측의 상대적 힘의 발휘는 기업의 생산성을 악화와 폐업을 촉진할 뿐이고, 경쟁력을 회생시키기 위해 대립적 노사관계를 극복하여 협력적 관계를 구축함으로써 생산성이 향상된다면, 협력구도에 소요되는 비용을 감안하더라도 노사양측이 이득을 볼 수 있다고 보았다.[16] 1970년 이후 미국기업들은 국제경쟁이 치열해지고 장기침체로 인한 기업경쟁력약화를 극복하기 위해 기업주도의 협력적 내지 참여적 노사관계의 구축을 모색하게 되었다. 그러면 협력구도를 통해 생산성이 향상되면, 노사양측이 이득이 되는 것을 그림으로 살펴보자.

〈그림 5-3〉에서 실선의 원은 대립적 구도에서 생산된 부가가치, 즉 파이의 크기이고, 배분은 AB직선과 같은 방식으로 한다고 하자. 그런데 협력적 구도로 전환시켜 근로자의 헌신적인 노력으로 파이가 실선보다 큰 점선의 원

15) 구체적인 내용은 W.N. Cooke(1990) 참조.

16) 실제로 협력적 구도를 구축하기 위하여 교육 및 훈련비용이나 작업조직변화 · 생산과정재설계 · 직무의 변경 등 소요비용이 든다.

〈그림 5-3〉 노사간 성과배분

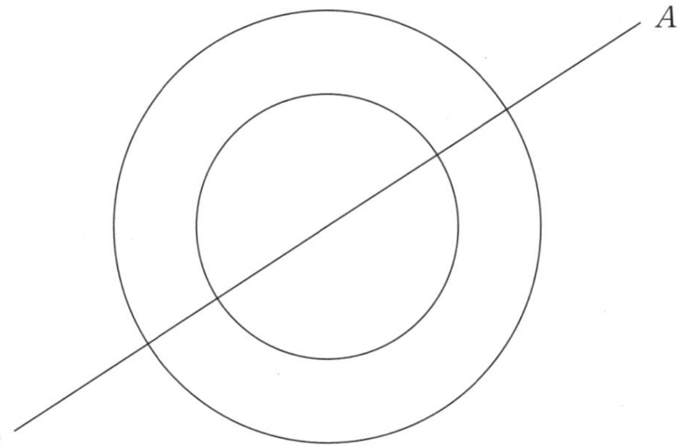

으로 된다면, 일단 그 비용을 무시할 때 같은 배분방식으로도 노사쌍방은 이득을 보게 된다. 여기서 경영주들은 근로자에게 좀더 유리하게 해 준다 해도 과거보다 더 많은 부가가치를 얻을 수 있다. 쿠크는 협력구도를 통해 생산성을 향상시키기 위해서 기업이 주도로 종업원의 욕구를 조사하여 종업원참여제도 · 노사간 문제해결위원회 · 팀제작업제도 · 이윤배분제도 등의 여러 가지 새로운 철학과 기법을 동원해야 한다고 한다.

전통적 단체교섭에 따른 분배방식은 파이는 일정한데, 노사양측이 얼마나 더 많이 가질 것인가에 대한 제로섬 게임(zero-sum game)의 투쟁이다. 그러나 파이의 크기는 기업 내 노사관계가 얼마나 대립적이고 협력적인가에 따라 변화할 수 있다. 노사관계가 더욱 대립적이고 반목적이게 되면 파이는 실선보다 오히려 더 작을 수도 있고, 참여와 협력을 통해 생산성이 향상되면 파이가 종전보다 클 수도 있다. 이처럼 파이의 크기가 변화하는 게임을 가변합게임(variable-sum game)이라고 부른다. 그런데 협력구도를 통해 생산성이 향상되고 파이가 더 커지게 되면, 이런 게임은 분명 영합게임이 아니라 종전보다 더 크게 나누는 포지티브섬 게임(positive-sum game)이 되고 노사양측은 이득이 된다.

3. 협력적 노사관계로의 패러다임변화 : 미국의 경험[17)]

앞에서는 협력적 노사관계구축의 이론적 배경에 대하여 살펴보았다. 근래에 들어와 기업내 노사관계를 단체교섭차원을 넘어 최고경영자가 많은 투자와 비용을 무릅쓰더라도 협력적 관계로 전환시키는 데 성공한 사례가 미국의 우량기업에서 꾸준히 발견된다. 1994년 5월 소위 던럽위원회(Commission on the Future of Worker-Management Relations)의 현상분석보고서에 따르면 종업원의 참여제도는 다양한 형태로 발전되어 왔으며, 근로자의 수를 기준으로 1/5 내지 1/3 수준으로 확대되었다고 보고하고 있다. 게다가 이러한 종업원참여 내지 노사공동프로그램의 확산은 최근 수년간 빠른 속도로 진행되고 있다고 한다. 따라서 미국의 경우 노사관계가 대립적 구도에서 협력적 구도로 패러다임의 변화가 일어나고 있다고 말할 수 있다.

이와 같은 노사관계의 패러다임의 변화는 노사 어느 일방의 의지나 요구 내지 필요에 의해 일어나지 않고, 쌍방이 스스로 살 길을 찾고 또한 그것이 과거의 방식보다 유리하다고 판단되기 때문에 실현된다는 점을 주목할 필요가 있다. 새로운 패러다임 하에서 경영자는 우선 종업원을 수탈과 착취의 대상으로 보지 않고 동반자(partner)관계로 생각해야 하고, 그들의 요구를 살피고 불평불만을 최대한 없애 주어야 하며, 동기유발을 할 수 있는 각종 유인책을 제공함으로써 생산성향상과 종업원의 직장만족도를 극대화할 수 있도록 유도해야 한다.

미국의 협력구도 성공기업의 공통요인

1980년 이후 미국의 기업에서는 인적자원관리(Human Resource Management : HRM)방법을 도입하여 기업내 노사관계를 전략적으로 개

17) 이 부분은 김수곤 외 3인(1995) 참조.

혁하고자 하는 움직임이 일어났다. 이러한 경영혁신전략을 모색한 배경으로는 급속한 경제발전과 국제경쟁력약화, 제품수명의 단축, 일본기업과의 생산성격차 확대 등을 고려할 수 있으나, 무엇보다도 과거와 같은 대립적인 노사관계로서는 기업생존이 불가능하다는 위기감이 크게 기여했다.

여러 초일류기업들이 채택하고 있는 경영혁신전략으로 살펴볼 수 있는 공통사항은 ① 최고경영자의 인식변화 및 노사관계에 대한 경영전략전환, ② 인간존중 내지 종업원에 대한 존중, ③ 고객존중과 고객제일주의, ④ 교육과 훈련중시, ⑤ 근로자의 참여증대, ⑥ 팀작업조직, ⑦ 품질향상, ⑧ 투철한 노사관확립, ⑨ 철저한 업적평가, ⑩ 지속적인 개선 등을 들 수 있다. 이처럼 협력구도로의 전환을 위해 다양한 경영혁신전략을 추진해야 하지만, 전환과정에서 가장 중요한 역할은 바로 최고경영자이다. 그러나 노조가 있는 경우 노조지도자들이 공동파트너로 함께 간여하여 혁신운동을 전개하지 않으면 실패하기 쉽고, 적극적으로 간여하고 지지해 주면 혁신과제의 지속성을 높인다는 사실을 명심해야 한다(T. A. Kochan & P. Osterman, 1994).

V. 노사협력의 사례

우리 나라에서도 21세기 환경변화에 능동적으로 대처하기 위해 노사관계가 대립적 구도에서 협력적 구도로 서서히 바뀌고 있다. 그러나 여전히 노사가 서로 파트너로 인정하지 않고 대립과 갈등이 심화되어 사업장이 폐쇄되는 사태가 발생하고 있다. 여기서는 노동부홈페이지에서 제공하는 노사협력의 실패사례와 성공사례를 소개하고자 한다. 먼저 노사협력의 실패사례를 살펴보면, 대부분 노사가 서로 불신하고 자신의 이익을 우선하는 대립과 갈등에서 비롯된다.

결국 노조는 투쟁조직이다, 또는 사용자는 어쩔 수 없다는 식의 노사간 서로에 대한 왜곡된 선입견을 버린다면, 서로의 존재를 인정하고 열린 마음으로 대화한다면, 작은 것도 숨김 없이 함께 공유한다면, 시시비비를 가리기에

〈표 5-4〉 노사협력의 실패사례들

H학원 : 대화는 싫어! 시간날 때 듣겠다	노사관계에 있어 대화란 중요하다. 사용자는 사용자의 입장에서, 근로자는 근로자의 입장에서 대화하다 보면 대화의 문은 닫히게 된다. 서로를 배려하고 이해하는 자세. 그것이야말로 노사관계를 풀 수 있는 최선의 해결책이다
D운수 : 양보는 싫어! 참는 것도 한도가 있지	기업이 이윤을 추구하는 것이 당연하듯 근로자가 일한 대가를 정당하게 받고자 하는 것 또한 그러하다. 때로는 이러한 차이가 강한 충돌로 이어진다. 한 치의 양보도 없는 싸움이 길어지면서 노사는 더 이상 서로를 인정하지 않는다
G공사 : 공유는 싫어! 알려서 좋을 것 없다	노사관계에 있어 정보의 공유는 중요하다. 내실 있는 정보의 공유야말로 노사간 상호 신뢰형성의 요건이 된다. 신뢰가 전제되지 않는 노사관계는 불신과 갈등으로 발전되기 마련이다. 따라서 정보의 공유야말로 협력적 노사관계를 위해 산소와도 같은 존재라 할 것이다
H운수 : 책임은 싫어! 먼저 내가 살고 볼 일이지	회사는 경영악화의 길을 걷는다. 그러나 책임질 사람은 아무도 없다. 서로가 책임지지 않고 시시비비만 가리려 하는 사이 회사는 회복할 수 없는 어려움에 봉착하게 된다. 서로가 책임지려 하는 자세, 어려운 경영난을 회복하려는 자세는 노사관계의 새로운 시작이다
H자동차운전학원 : 노조는 싫어! 노조만은 안 된다	서로에 대한 부정적 인식이 가득하기만 하다면, 노사관계는 풀리지 않는 수수께끼로 남는다. 서로가 무조건 거부하는 것으로 일관하는 상황은 호전되지 않기 때문이다. 거부보다는 찬성의 생각의 변화를 통해 문제를 긍정적으로 바라보는 시각이야말로 노사협력으로 나가는 시발점이다
K아파트 관리사무소 : 이해는 싫어! 그거야 회사 사정이지	회사를 운영하다 보면 경영난은 언제라도 겪을 수 있다. 그러나 어떠한 경영위기에도 단합된 노사의 힘 앞에는 그렇게 큰 문제가 되지 않는다. 노사관계에는 절대선도 절대악도 없다. 더 달라고 하는 것을 나무랄 수 없고, 덜 주겠다는 것도 탓할 수 없다. 상호이해에 기반한 타협만이 최선의 해결책이다
J출판인쇄 D공장 : 동반은 싫어! 함께 가면 망한다	노와 사는 함께 가는 동반자이다. 회사가 어려움을 겪을 때 노와 사는 어려움을 같이 나눠야 한다. 동반자가 아니고 서로를 견제의 대상으로 여긴다면 상황은 악화된다. 견제란 힘의 대결로 나가기 때문이다

B광학 : 전임은 싫어! 결코 인정할 수 없다	노조란 투쟁만 하는 조직은 아니다. 회사의 발전을 위해 함께 협력하는 조직이기도 하다. 노사가 서로 양보하면서 협력적 노사관계의 길을 모색한다면, 그 무엇으로도 회사를 무너뜨릴 수 없다

〈표 5-5〉 테마별 노사협력 성공사례

열린경영 확 대	공개 · 투명경영-동부제강(주), 노사협의회 활성화-보워터 한라제지(주), 도시락 미팅-(주)롯데삼강, 교육 · 훈련과 대화채널-(주)인성정보, 후레쉬보드 제도[a]-(주)LG기공, 대화채널 다양화-(주)심텍, 열린 토론 문화강화-포항제철
지식근로자 양 성	사원의 프로화-삼성비피화학(주), 지식경영체제 구축-LG기공(주), 사내전선대학-LG전선(주), 사원정예화-(주)세아 에삽, 금호MBA-금호엔지니어링, 신지식인제도-한솔포렘(주), 지도사원제도[b]-삼성에버랜드(주), 1인1자격 갖기 운동-신영기공(주), 인재사관학교-삼성전자(주)
작업장 혁 신	아웃소싱(Outsourcing)-희성금속, STOP 안전관리-LG MMA(주), 가치공학(VE) 실천-(주)세아 에삽, 생산부문 고성과조직-유한킴벌리(주), 현장조직체계 혁신-대우전자(주), 공정관리와 품질실명제-동부제강(주), 오라(ORA) 21 운동-한국제지(주)
성과보상의 확 대	혁신적 보상시스템-한국얀센, 이익분배제-한국휴렛팩커드, 인센티브를 통한 성과보상-삼성비피화학(주), 근로자제안 보상확대-고려제강, 직무발명제-일양약품(주), 생산성향상 격려금제도-필코전자(주), 성과포상금제도-(주)신성, 기술훈장제도-삼성코닝(주), 신이윤분배제(BOSS)[c]-코오롱
고용안정	고용유지를 위한 비용절감-대우자동차(주), 고용유지훈련과 유급휴직-D상용차(주), 근로시간단축-우진유압기계(주), 업종전환과 인력재배치-효성섬유(주), 휴업-C실업(주)

a) 후레쉬보드(Fresh Board) 제도는 대리급 이하 젊은 사원들이 직접 경영진에게 경영사항에 대한 건의를 할 수 있도록 대화채널을 구축한 제도를 의미

b) 지도사원제도는 부서단위로 지도사원을 선정하여 신입인력의 조기전력화와 핵심인력의 발굴 및 육성에 활용하는 제도(Park Mentor제도)

c) 근로자들의 사기향상과 스스로 책임지는 기업가형 근로자양성을 목적으로 하는 신이윤배분제도는 근로자(팀)가 회사와 반기별로 목표달성계약을 체결하고 목표초과시 초과액의 일정비율을 분배하는 계약관계로 기존의 각종 인센티브 · 포상제도가 주종적인 관계에 치우친 반면, BOSS(Business Owner-Ship System) 회사와 근로자 간 평등한 계약관계를 특징으로 한 팀단위 성과급지급방식.

앞서 서로에게 책임 있는 자세를 보인다면, 서로에 대한 믿음을 버리지 않는 신뢰를 구축한다면, 나의 주장에 앞서 상대방을 먼저 이해하려 한다면, 한 발자국 양보하며 서로의 주장에 귀를 기울인다면, 노사는 한 배를 탄 운명공동체라는 사실을 인식한다면, 결코 사업장의 문을 닫게 하지 않을 것이다. 다음은 근로자의 적극적인 참여와 노사간의 유기적인 협력을 통해 노사문화의 새로운 패러다임을 실천한 성공사례들을 테마별로 소개해 본다.

1. 올바른 노사파트너십

세계화 · 정보화 시대에 기업의 발전을 이루기 위해서는 창조적이고 진취적인 근로자를 양성해야 하고, 그들이 보람과 열정을 작업장에서 가지고 일할 수 있는 여건을 마련해야 한다. 과거처럼 노사가 서로 불신하고 자신의 이익을 우선으로 하는 대립적 노사관계는 더 이상 무한경쟁시대에 살아 남을 수 없다. 따라서 노사가 서로 존중하는 가운데 상대를 동반자로 인식하고, 공동의 목표를 달성하기 위해 함께 최선의 노력을 하는 노사파트너십(labor-management partnership)이야말로 기업발전과 근로조건향상을 위한 핵심전략이라고 할 수 있다. 노동부는 '올바른 노사파트너십'을 구축하기 위해 경영정보의 공유, 근로자참여를 통한 혁신, 생산적 교섭, 인적자원개발, 성과연동형 보상체계, 노사협의회를 통한 신뢰성 등의 6가지 기본사항을 제시하고 있다.

먼저 경영정보공유는 근로자들이 기업의 비전, 주식시장관련 정보, 생산 및 시장관련 정보뿐만 아니라, 기업의 성장 · 발전과 관련된 정보 등 회사의 경영상태에 관한 정보를 알려 주는 것을 의미한다. 경영정보를 공유하면 노사간 신뢰가 형성되어 노사관계의 안정에 크게 기여하며, 주인의식을 갖게 하여 책임의식이 고취되며, 경영의 투명성으로 경영합리화도 크게 기여할 수 있게 된다.

사업장에서 근로자참여는 근로자 또는 노동조합이 기업 내 의사결정에 참가하여 영향력을 행사하는 것을 의미하는데, 이는 근로자가 기업정보에 쉽게 접근할 수 있어야 하므로 열린 경영이 바탕이 되어야 하고, 근로자참여를 증진시키기 위해 교육 및 훈련이 뒷받침되며, 아울러 성과에 대한 공정한 배분 시스템이 마련되어야 한다. 근로자참여는 업무의 효율성제고, 근로자의 역량

강화, 커뮤니케이션활성화로 노사관계개선, 기업투명성제고 등의 효과를 가져다 준다.

노사관계의 안정과 기업의 경쟁력향상을 위해 '생산적 교섭'을 해야 한다. 생산적 교섭이란 노사간 단체교섭이 신속하고도 평화적으로 이루어져야 하고, 나아가 분배적 측면만이 아니라 노사공동의 이익창출방안에 대한 협상도 함께 하는 교섭을 의미한다. 이를 위해서 사용자측은 전향적인 자세, 경영정보공개, 중간관리자중심의 노사관계관리 등이 필요하며, 노동조합측은 합리적 노동운동과 노조간부의 전문성강화 등을 필요로 한다.

다음으로 21세기 기업의 생존 및 성장의 필수조건은 인적자원개발이다. 세계화와 지식사회화가 급진전되면서 경쟁우위를 확보하기 위해 핵심역량을 갖추고, 근로자는 빠른 변화에 대응하기 위해 끊임없는 능력개발에 힘쓰도록 요구받고 있다. 따라서 최고경영자는 지적자산의 중요성을 인식하고, 기업의 학습조직화에 대한 과감한 투자를 해야 하고, 근로자 또는 노조는 기업의 인재개발노력에 적극 참여해야 한다.

또한 성과연동형 보상체계는 근로자의 능력이나 근로자 개인 또는 집단의 성과에 연동하여 보상의 상당부분을 결정하는 것을 말한다. 임금관리의 공정성을 기하고, 목표달성에 대한 동기를 부여함으로써 근로자의 만족도를 높이고, 지속적인 성과향상을 도모할 수 있다.

끝으로 기업경쟁력과 근로자만족을 위해 노사간 평화적 대화의 장으로 노사협의회가 잘 운영되어야 한다. 여기서는 근로자의 삶의 질 향상과 회사발전을 동시에 이룰 수 있는 안건에 대해 활발한 협의가 이루어져야 하는데, 예컨대 근로자복지증진 · 성과배분 · 생산성향상 · 불량률감소 · 원가절감 · 판매량증대 등이 고려대상이다.

교섭단계별 노사의 역할

Step 1 : 교섭준비

- 교섭항목 : 근로조건 관련사항 등 의무교섭대상 이외에도 생산성향상 · 비용절감 등의 실현방법, 부가적 이익의 분배방법 등의 사안들도 교섭항목으로 채택
- 관련자료수집 : 공신력 있고 객관적으로 신뢰할 수 있는 자료를 수집
- 요구안작성 : 기업의 경영사정, 동종업체 및 동일지역의 수준, 상급단체의 지침, 조합원의 요구내용 등을 종합적으로 고려하여 합리적인 교섭안 마련

Step 2 : 예비교섭

- 교섭의 원활한 진행을 위해 의시진행과정, 회의록녹취 및 작성방법 등 교섭과 관련된 규칙을 사전에 마련(교섭의 개최일시 및 기간설정, 미합의사항의 처리방법결정, 교섭진행에 관한 규칙결정, 교섭위원수 결정, 교섭장소결정, 교섭항목의 교환)

Step 3 : 본 교섭

- 예비교섭에서 교환된 상대측의 요구안과 정보를 분석하고 대응안을 설득력 있게 준비한 후 본교섭을 제시
  - 상견례 : 제안된 항목에 관한 배경설명과 이해증진을 위한 질의교환을 통해 교섭분위기 조성
  - 실무교섭 : 공신력 있고 객관적으로 신뢰할 수 있는 자료제시
  - 대표교섭 : 각각의 요구안별로 설명하고 상대측은 의견과 대안을 제시

  〈tip〉 기본적인 원칙들만 타결한 뒤 세부적인 사항과 구체적인 이행방법은 노사협의회를 활용하거나 별도의 대화창구를 개설하여 진행하면 교섭기간을 단축할 수 있다.

Step 4 : 교섭타결

- 교섭을 통해 노사합의가 이루어지면 교섭은 종결되며, 노사 양대표가 단체협약서를 서면으로 작성하여 서명 · 날인한다.

〈tip〉 단체협약서의 문구와 내용은 향후 단체협약내용의 해석분쟁을 예방하기 위해 간단하고 명료하게 표현한다.

모의협상 과제

* 다음과 같이 올해의 임금가이드라인이 주어졌다고 하자. 즉

임금인상률(2%)=물가상승률(4%)+경제성장률(2%)−노동시장의 공급여력(3%)−자동호봉인상분(1%)

현재 경기가 좋지 않아 올해 경제성장률이 2% 정도로 예측되고, 노동시장에 노동공급여력이 충분한 상태이다. 각 기업들은 임금인상률 2% 기준에서 자신의 성장률 및 기업규모에 따라 0%-4% 정도 자율적으로 인상할 수 있다.

1. 노조측 8% 인상주장

근　　거 : ① 4인 가족기준 도시근로자 생계비 6% 인상(민주노총추계), ② 작년 상여금미지급분 임금의 2%에 해당

협상카드 : 현재 사업장근로여건이 좋지 않아 ① 통근버스(2% 임금인상효과), ② 기숙사증축(4% 임금인상효과), ③ 점심보조(1% 임금인상효과) 등이 시급하다고 판단되어 이에 대한 임금인상양보가 가능

2. 사용자측 임금동결

근　　거 : ① 임금가이드라인 기준, ② 내년 기업성장률이 마이너스(−) 가능성(임금인상보다는 회사살리기에 총력), ③ 주 5일 근무제로 실제 2% 임금인상효과

협상카드 : ① 1% 임금인상에 생산직 100명씩 감원계획, ② 통근버스 · 기숙사증축 · 점심보조는 경기호전시 고려, ③ 진정한 성과배분제 실시로 생산성향상 및 기업이윤증대

3. 모의임금협상시 고려사항

* 3그룹 정도로 나누고, 각 그룹은 사용자측 5명 정도와 노조측 5명 정도

로 구성한다.
* 위에서 제시한 '교섭단계별 노사의 역할'을 참조하여 임금협상을 하되 약 1시간씩 5회 정도 실시한다(매회 협상 후 30분 정도 휴식 및 전략회의).
* 협상시 임금인상률에만 초점을 두면 협상타결이 힘들어지므로 근로여건 개선, 진정한 성과배분제 기타 노사관계에 유익한 제도도입 등을 고려하면 협상이 수월해진다.
* 타결 후 각 그룹에서 약 10분 정도 협상과정을 설명해 본다.

제 6 장 국제통상협상

국제통상협상 또는 간략히 통상협상이란 국제무역의 자유로운 흐름에 영향을 미치는 불공정행위, 특히 정부주도의 불공정행위로 인해 발생하는 국가간 갈등을 해소하기 위한 국제협상이다. 따라서 앞서 다루어진 일반적인 협상이론들은 통상협상이라는 특수한 형태의 갈등을 조명하기 위해서도 유용하게 적용될 수 있다. 통상협상에 관한 한 협상주체는 궁극적으로 시장개방과 시장보호라는 두 가지 상반된 입장 가운데 한 가지 대안을 선택한다고도 볼 수 있으므로, 선택에 따른 기회비용을 견주어 보아 기회비용이 적은 것을 취하면 된다고 쉽게 답할 수도 있다. 문제는 국내·외에 걸친 다양한 이해당사자가 참여하는 게임인 통상협상에서 그러한 선택의 과정은 지극히 복잡하고도 어렵다는 것이다.

따라서 통상협상과정에서 이루어지는 선택은 국가간 경제적 득실을 넘어서, 그러한 득실이 내부적인 이해당사자간에 실제로 어떻게 배분될지도 동시에 고려하여야 한다는 점에서 통상협상에서의 선택은 순수한 경제학적 선택이기보다는 정치경제학적 선택일 수밖에 없다. 즉 통상협상의 담당자들은 협상상대국의 이해당사자는 물론이고, 다양한 국내이해당사자 모두를 협상상대방으로 간주하는 협상전략을 수립해야 하며, 이들과의 복잡하고도 어려운 다면적 게임을 치룰 준비가 되어 있어야 한다. 그러한 게임을 통해 국가적으로 승자와 패자가 공존하지만 전반적으로 득이 되는 결과를, 동시에 유사하게 승자와 패자가 공존하는 상대국정부가 동의하는 결과를 만들어 내야만 하는 것이 통상협상담당자들의 고민이자 부담이다.

그런데 통상협상업무에 관심을 갖거나, 통상협상업무를 처음으로 맡는 사람들이 그러한 고민과 부담을 실감하기에는 통상협상의 실체는 상당부분 가려져 있다. 통상협상의 업무성격상 '협상테이블'(negotiating table)[1]을 경험할 수 있는 기회가 제한되기 때문이다. 결과적으로 통상협상 노하우에 대한 배움과 전수의 기회도 적을 수밖에 없다. 블랙박스 안에 무엇이 들어 있는지를 말하지 않고, 그것이 중요하고 어렵다고 말하는 것은 설득력이 없다. 그러한 부담을 실감하자면 통상협상이 무엇인지, 왜 하는지, 무엇을 준비해야 하는지 등 통상협상의 실무적 측면에 대한 이해가 선행되어야 한다. 이러한 배경에서 본 장은 통상협상의 성격 · 절차 · 유형은 물론이고, 통상협상에 효과적으로 대처하기 위해 필요한 기초지식을 간략하게나마 제시한다.

Ⅰ. 통상협상의 추진동기 및 성격

통상협상의 구성요소를 세부적으로 살펴보기에 앞서 국제현장에서 전개되는 통상협상의 성격을 살펴보도록 하자. 통상협상의 성격은 협상의 주제뿐만 아니라, 협상의 수준(level) 및 형식(formality)의 측면에서 매우 다양하기 때문에 최적의 협상전략이 정의되기 위해서는 제일 먼저 해당 통상협상의 성격이 무엇인지를 파악해야 한다. 이와 관련하여 유념해야 할 것은 기본적으로 정부간 진행되는 통상협상의 문제가 대부분 민간차원의 국제무역과 관련된 갈등으로부터 기인한다는 사실이다.

1. 상향식 통상협상

엄밀히 말해, 국제무역은 본래 민간차원의 문제이다. 따라서 국제무역과 관련된 각국 정부 본연의 임무는 상호이익을 창출하는 국제무역이 원활하게 이루어질 수 있는 공동의 틀(framework)을 마련하고, 국제무역의 공정한 흐름이 담보되지 않을 경우에 한해 예외적으로 필요한 조치를 통해 국제무역의 흐름을 바로잡아 주는 것이다. 하지만 각국 정부의 현실적인 최우선목표는 자

1) 실무협상의 현장을 일반적으로 '협상테이블'이라고 지칭한다.

국 기업의 이익을 대변하고 보호하는 것일 수밖에 없기 때문에 정부간 통상협상은 원활하고도 공정한 국제무역의 환경조성이라는 초국가적 목적을 추구하기보다는 대개 자국 기업들로부터 그들의 이익을 보호해 달라고 하는 요청에 의해 발동되며, 그러한 이해의 상충을 전략적으로 조정 · 타협하는 채널로 활용되고 있다. 이렇게 자국 민간의 이익을 대변 · 해결하기 위해 민간의 요청에 의해 발동되는 통상협상의 유형을 '상향식(bottom-up) 통상협상'이라고 지칭한다.

예컨대 우리나라의 특정업체가 자사가 제조한 상품을 어떤 외국시장에서 큰 문제 없이 수출하여 왔는데, 갑자기 해당 외국의 한 업체에서 우리나라 업체로부터의 사전동의 없이 동 상품의 지적재산권을 무단으로 침해하여 유사상품을 제조 · 판매한다면, 우리나라 해당업체는 손실을 감수해야 할 뿐만 아니라 경우에 따라서는 존립기반 자체에도 위협을 받을 것이다. 이러한 문제가 발생할 경우, 물론 우리나라 해당업체는 외국의 지적재산권 침해업체에 대해 협상 · 분쟁 등 양국 민간당사자차원의 조정과정을 거치게 될 것이다. 그러나 민간당사자차원에서의 합의가 여의치 못할 경우, 우리나라 해당업체는 우리 정부에 협조를 요청할 수 있고, 국내업체 보호의무를 부담하는 우리 정부는 해당 외국시장의 공정한 감시자역할을 담당하는 외국정부를 상대로 정부 차원의 통상협상을 추진하게 된다.

2. 하향식 통상협상

정부간 진행되는 통상협상이 반드시 민간기업간 이해의 충돌로부터 비롯되는 것만은 아니다. 오히려 정부간 통상협상은 상향식(bottom-up)보다는 하향식(top-down)으로 제기되는 것이 좀더 일반적이라고 해도 과언이 아니다. 민간의 경제활동에 크든 작든 영향을 주는 특정국의 경제정책은 민간의 경제활동과 국제무역에도 직 · 간접적인 영향을 미치게 되므로 정부간에는 국제무역과 관련된 경제정책의 조화를 도모하기 위한 협상이 필요하게 된다. 물론 모든 경제정책이 문제가 되어야 할 이유는 없지만, 무역상대국의 경제정책이 자국의 희생을 수반할 것이라고 판단되는 경우에는 통상협상이라는 선제적 대응이 불가피하다. 다시 말해 '하향식(top-down) 통상협상'은 일국 정부의 경제정책이 외국 이해당사자의 이익에 미치는 부정적인 영향을 사전에 방지하고자 추진하는 정부간 협상을 지칭한다.

이를테면 대부분의 정부는 국내시장형성의 초기단계에서는 소위 '유치산업보호론'(infant industry argument)[2]의 관점에서 최소한 일시적으로라도 국내시장을 보호하는 방향으로 통상정책을 구사하곤 한다. 이러한 보호무역정책은 '무역의 이득'(gains from trade)에 대한 부분적 · 일시적 포기를 전제로 한다. 다시 말해 보호무역정책을 추진하는 당사국은 국내적으로 분명한 경제적 대가를 지불해야 한다는 것이다. 하지만 그 대가를 감내해야 하는 당사자는 비단 국내의 민간경제주체에만 국한된 것이 아니라, 보호대상시장에 대해 이해관계를 갖는 외국의 민간경제주체들까지를 포함한다. 해당시장에 제품을 수출하는 또는 그러한 의도를 갖는 외국업체로서는 보호무역정책이 없었을 경우에 비해 수출감소 또는 불능상태에 빠질 수 있기 때문이다. 특정국정부의 경제정책이 정부간 통상협상의 대상으로 부각될 이유는 바로 여기에 있다.

〈표 6-1〉 통상협상의 성격별 특징

구 분	상향식 통상협상	하향식 통상협상
발생동기	타국 민간당사자의 불합리한 행위에 의한 자국 민간당사자의 상업적 이익침해	타국정부의 경제정책에 의한 자국 민간당사자의 상업적 이익침해 또는 침해가능성
일차적 문제제기주체	민간당사자	정 부
주요 목적	자국 민간당사자의 상업적 이익에 대한 사후적 · 교정적 보호	자국 민간당사자의 상업적 이익에 대한 사전적 · 예방적 보호
침해사례	외국기업의 모조품판매 등에 의한 국내기업의 지적재산권 침해	외국정부의 자국기업보조금 지급 등에 의한 공정무역환경 훼손

2) 유치산업보호론의 이론적 배경 등 세부내용은 H. G. Johnson, "International Trade," in J. N. Bhagwati(eds.), *Optimal Trade Intervention in the Presence of Domestic Distortions*(Cambridge, M.A. : The MIT Press, 1987), pp.254-257을 참고할 것.

3. 통상협상의 이중성 : 내부협상 vs. 외부협상

한 가지 유념해야 할 사항은 정부간 협상의 구도와 이해당사자 문제가 그리 간단하지 않다는 것이다. 각국 정부의 이면에는 정부간 협상의 결과에 대해 영향력을 행사하려는 수많은 국내의 민간 또는 공공 이해당사자가 존재하며, 해당정부와 그러한 국내이해당사자 간의 내부협상(internal negotiations)은 정부간 협상인 외부협상(external negotiations)과 병행하여 진행되는 것이 보통이다.

내부협상은 대개 통상현안에 대해 이해관계를 갖는 개별 기업 · 산업계협회 · 정부기관 및 위원회 · 비정부기구(Non-Governmental Organization : NGO) 내부에서부터 초보적인 협상을 시작하고, 여론이 형성되어 가면서 동질적인 입장을 갖는 연합체(coalition)간 협상으로 변모하게 된다. 이러한 연합그룹의 구성원은 업계 · 학계 · 정치권 · 민간대표 등에 이르기까지 다양하며, 통상현안 여하에 따라서는 이들이 국경을 초월한 연합체를 결성함으로써 관련국 정부에 적지 않은 영향력을 행사하는 국제적 이익집단으로 변모하기도 한다. 핵실험반대 및 자연보호운동을 목적으로 캐나다에서 결성된 국제적 환경보호 단체인 '그린피스'(Green Peace)를 예로 들 수 있다.

일반적으로 민간 이해당사자들은 자신의 목적을 위한 것이든, 연합체의 대표자자격으로 활동하는 것이든 통상협상의 의사결정과정에서 중요한 역할을 하는 다양한 정부기관 또는 정치인들과 내부협상을 하게 되고, 궁극적으로 민간입장을 수렴한 정부기관 또는 정치인들 간의 또 다른 내부협상을 통해 국가차원의 협상입장(negotiating position)을 수립하게 된다. 이러한 내부협상의 과정은 대개 정부간 협상에 비해 좀더 어렵고, 더 많은 시간이 걸리는 것으로 알려져 있다. 왜냐하면 민간 이해당사자의 입장에 영향을 주는 동기와 이해관계는 비교적 구체적이어서 분석의 어려움이 상대적으로 적지만, 사회 전체의 다양한 동기와 이해관계를 총체적으로 분명하게 정리해 내는 것은 고도의 정치적 판단을 요하기 때문이다.

Ⅱ. 통상협상의 사안별 유형

1. 전반적 무역장벽에 관한 포괄협상

특정 경제정책 또는 무역정책이 유발하는 경제적 문제를 중점적으로 다루는 정부간 통상협상은 주로 관련된 민간 이해당사자들의 집중적인 주목을 받는다. 하지만 특정 민간이해당사자들에 국한되지 않고, 사회 전반의 일반대중이 관심을 갖는 정부간 통상협상도 한다. 대체로 복수의 품목 · 업종 · 정책현안 등을 광범위하게 다루는 포괄협상(comprehensive negotiations)[3]이 그러한 사례에 해당된다. 예컨대 당사국간 무역 및 투자와 관련한 무역장벽을 포괄적으로 제거 또는 완화하기 위해 추진되는 양자간 자유무역협상(bilateral free trade negotiations)과 WTO 차원에서 주기적으로 추진되는 다자간 무역협상(multilateral trade negotiations)은 대표적인 포괄협상이다.

포괄협상의 목표는 크게 보아 두 가지로 요약된다. 첫째 관세 및 비관세장벽 등 다양한 형태의 실질적인 무역장벽을 완화 또는 제거(negotiations on specific commitments)하는 것이며, 둘째 당사국간 국제무역에 관한 일반적 규범(negotiations on general principles and rules)을 만들어 내는 것이다. 후자는 이미 만들어져 있는 규범을 확대 · 보완하는 작업과 함께 새로운 규범을 제정하는 작업 모두를 포함한다. 포괄협상은 각 당사국 모두가 제시된 협정내용에 동의하지 않고는 협상타결이 이루어질 수 없다는 점에서 기본적으로 윈-윈(win-win) 협상[4] 구도 하에서 출발하게 된다. 따라서 협상은 회원국공동의 이익이 무엇인지를 확인하는 작업에서부터 출발한다.

그러나 포괄협상의 본원적 윈-윈 양상에도 불구하고 엄밀한 의미에서 협상타결을 위한 국별 양허(commitments)의 부담은 현실적으로 균등할 수 없다. 이는 협상의 최종단계로 이행하면 할수록 좀더 분명하고 첨예해진다. 다시 말해 포괄협상은 그 본원적 성격에도 불구하고 크든 작든 국별 윈-루즈(win-

3) 협상의제의 범위가 특정분야에만 국한되지 않는 GATT 체제 하의 라운드(Round), WTO 체제 하의 DDA 협상, NAFTA 협상, 최근 유행처럼 확산되는 FTA 협상 등이 이에 해당된다.
4) 포지티브섬(positive-sum) 협상이라고도 지칭한다.

lose) 협상[5]의 양상으로 귀결될 수밖에 없다는 것이다. 이러한 맥락에서 포괄협상의 성공적 타결을 위해서는 윈-루즈라는 현실적 한계에도 불구하고 공동의 이익증진이라는 협상의 당초목표와 거리감을 최대한 줄일 수 있는 협상결과를 확보하는 것이 관건이다.

한-EU FTA는 '윈-윈게임'이다

〔해외기고〕 글린 포드 EU의원(영국 노동당 국회의원)

이 글은 EU의회 글린 포드의원이 국정홍보처 해외홍보원이 발행하는 정책홍보 영문 월간지 「*Korea Policy Review*」 7월호에 기고한 글입니다. 유럽의회 영국남서부 대표인 필자는 영국노동당 국회의원, EU의회 한반도문제대표단과 국제무역위원회 소속으로 활동중입니다.〈편집자〉

유럽연합(EU)이 마침내 아시아를 진지하게 상대하기 시작했다. EU는 도하개발아젠다의 성공적 결과도출에 무역우선순위를 두고, 아세안 · 인도, 그리고 한국과의 삼각자유무역협정(FTA)을 실시한다고 올 4월에 발표했다. 김현종 통상교섭본부장과 피터 만델슨 EU통상담당집행위원의 5월 회동 이후 한국은 첫상대였다. 브뤼셀에서 올 여름에 개최예정인 2차 협상과 모든 상황을 고려하면 한-EU FTA는 올해 말에 타결될 수도 있다.

1. 한국이 FTA를 통해 얻는 것

그렇다면 이 협상으로 한국이 얻는 것은 무엇인가? 최근에 타결된 한미 FTA협상은 언뜻 보면 어려움이 예상된다. 작년에는 노동계와 농업계가 한미 FTA협상에 대한 대규모 반대시위를 벌였다. 허세욱 민주노총조합원은 협상이 진행되던 서울 하얏트호텔 앞에서 분신이라는 극단적인 시위를 감행했다.

그럼에도 불구하고 FTA를 고집하는 까닭은 무엇인가? 양국은 FTA

5) 제로섬(zero-sum) 협상이라고도 지칭한다.

정식서명이 이뤄지는 동안 미 의회의 비준을 얻기 힘든 험난한 앞길에 부딪혔다. 미 공화당은 자국농업협회의 반대로비활동을 지지하며, 민주당은 미국자동차업계의 우려를 표명하고 있다. 문제는 한-EU FTA가 한미 FTA의 재연협상으로 보여진다는 점이다. 한-EU FTA협상개최 후 민주노총 허영구부회장과 한국낙농육우협회 이승후회장은 이미 스트라스버그에서 유럽의회의원을 상대로 반대로비를 펼쳤다.

2. EU, 미국보다 훨씬 더 큰 교역잠재력

그러나 유럽뿐만 아니라 한국은 FTA를 통해 많은 것을 얻을 수 있다. EU는 미국보다 크고 더 부유하며, 교역잠재력도 훨씬 거대하다. 전략적 관점에서 볼 때 아시아내 EU의 상업적 영향력은 미국과 중국의 지배력을 견제하며 균형을 맞출 수 있다. 더 중요한 점은 EU의 사회모델이 미국과 첨예하게 다르다는 점이며, 이는 어떤 FTA도 지속가능한 발전과 핵심노동기준이 있는 사회조항을 갖춰야 한다는 EU의 취지를 강조하고 있다. 또 다른 옵션은 이와 동일한 협약이 있는 동반자관계와 협력합의에 대한 협상이다.

한국정부가 국제노동기구의 합당한 노동조항을 승인하지 않은 상태에서 EU와의 FTA협상은 실제로 한국노조를 위한 여건을 개선시킬 수 있다. 일부 한-EU FTA반대자들도 유감보다 분노가 앞선 반대를 표명하며, EU사회모델의 장점을 인정해야만 했다. 그러나 한미 FTA에는 이 내용이 없는 점이 더 눈에 띈다. EU는 한국에서 중국 다음으로 두 번째로 큰 교역상대국이며, 한국의 최대투자국이다. 반면 EU는 현대자동차의 새 슬로베니아 자동차공장에 대한 6억 파운드 상당의 투자를 알고 있다.

마찬가지로 농업부문협상에서 발생하는 논란도 줄어들 수 있다. 농민들의 폭력시위와 한-아세안 FTA 협상실패의 주 원인인 쌀 문제는 이 협상에서 다뤄지지 않을 것이다. 한국농민은 유럽낙농제품과 돼지고기제품과의 경쟁에 대해 우려하고 있다. 그러나 협상반대 목소리는 훨씬 작을 것이다.

3. 개성공단, 한-EU FTA에 포함될 수 있어

한미 FTA에 없는 또 다른 주요정치적 문제는 개성공단에서 이뤄지는 남북한 경제협력으로 미국은 이 문제에 관한 협상을 거부했다. EU는 미국의 우려를 그대로 공유하지 않을 것이며, 개성공단은 한-EU FTA에 포함될 수도 있다. 남측기업과 한-일본회사가 중국과의 경쟁을 위해 북한의 저렴하고 숙련된 노동력을 이용해서 후라이팬 · 신발 · 옷 · 시계 및 여러 제품을 생산하고 있다.

현재 13,000명의 북한노동자가 고용된 개성공단은 3단계 조성공사가 마무리되는 2012년에 50만 명을 더 고용할 예정이며, 한국 국내총생산의 5%에 달하는 경제효과를 가져올 수 있다. 그러나 이 지역은 아직 많은 장애에 부딪히고 있다. 그 중 가장 중대한 문제는 북한에 대한 미국의 경제재제조치이다. 이 조치로 인해 많은 외국기업이 컴퓨터를 비롯한 각종 첨단기술장비를 이 지역에 들여 놓기를 꺼리고 있다. EU는 바로 이 정치적 · 경제적 특성을 인정하면서 이 공단에 진출할 수 있다. 이 방법은 남북한을 보다 더 가깝게 만들 것이다. 이 방법은 EU의 북한포용정책과 정권교체보다는 북한정권이 변화하도록 영향을 주고자 하는 EU의 희망과도 일치하며 잘 부합한다.

4. EU 회원국의 확실한 정치적 지지

한미 FTA와 비교할 때 한-EU FTA협상의 마지막 장점은 EU가 성공적인 이행을 확신하는 EU 회원국의 확실한 정치적 지지를 받고 있다는 점이다.

따라서 결론적으로 한-EU FTA를 통해 양측은 생활수준향상과 사회안전면에서 정치 · 경제적으로 많은 것을 얻을 수 있다. 이 양측 사이에 있는 것은 심각한 관세 및 무관세 장벽이다. 이 협상은 세부사항을 다루는 과정에서 대단히 힘들어질 것이다. 그러나 성공적인 협상결과를 통해 양측은 더 큰 목표를 이룰 수 있다.

〔국정브리핑, 2007년 7월 5일〕

2. 특정적 무역제한조치에 관한 양자협상

정부간 통상협상의 또 다른 형태는 교역상대국정부가 시행하는 또는 시행할 예정인 무역제한적인 조치(measures)[6] 를 제거 또는 완화시킬 목적으로 추

6) 여기에서 '조치'(measures)란 '정부의 조치'(government measures)를 말한다. 일반적으

진되는 양자협상(bilateral negotiations)이다. 이러한 양자협상은 사전적으로 그러한 조치의 제거 또는 완화에 성공하거나 실패하는 윈-루즈(win-lose) 협상으로 규정될 수밖에 없으므로, 협상타결을 위해서는 윈-루즈라는 사전적 양상을 윈-윈의 구도로 변화시키기 위한 고도의 전략과 협상기술이 필요하게 된다. 다시 말해 어느 국가가 직면한 특수한 경제상황을 타개하기 위해 시행 또는 제안한 조치가 교역상대국의 이해당사자들에게 부정적인 결과를 주어 야기된 통상마찰의 원만한 해소를 위해서는 양국 이해당사자들 가운데 어느 일방이 승리하는 식의 문제해소방법은 양자협상을 매우 어렵고도 소모적인 국면으로 몰아 갈 수 있다는 것이다. 물론 모든 양자협상에서 원만한 해법이 찾아질 수 있는 것은 아니지만, 성공적인 협상타결을 위해서 가장 먼저 선행되어야 할 사항은 윈-윈 게임의 여지가 있는지를 심도 있게 분석하는 것이다.

Ⅲ. 통상협상의 일반적 추진단계

1. 정보수집단계

통상협상은 출발부터 종결까지 다양한 단계를 거치게 되며, 단계별로 바람직한 협상전략을 요구하게 된다. 어떤 단계이든 협상의 첫단계는 비공식적 정보수집(informal information gathering) 단계이다. 이러한 정보수집의 필요성은 비단 민간당사자에만 국한된 문제가 아니라, 정부관료들에게도 해당된다. 민간당사자는 현안과 관련된 상대국의 법 · 규정 등 규제제도에 대한 정보가 상대적으로 취약할 것이며, 상대적으로 정부관료의 경우에는 상대국의 규제제도정보의 좀더 용이한 획득이 가능할 것이다. 하지만 그러한 규제제도의 적용대상이 되는 생산 · 판매 · 영업 등 실제 시장현황 파악이라는 관점에서는

로 통상협정(trade agreements)은 민간의 경제활동을 협정적용의 대상으로 하지 않는다. 오히려 민간의 경제활동에 긍정적이든, 부정적이든 영향을 주어 공정한 경쟁여건(level playing field)을 변화시키는 중요한 원인을 정부의 행위로 보아 정부의 조치만을 그 적용대상으로 한다. 그러한 정부의 조치에는 정부가 주도하여 도입하는 법률(law) · 규정(regulation) · 규칙(rule) · 절차(procedure) · 결정(decision) · 행정행위(administrative action) 등이 포함된다.

민간당사자가 좀더 많은 정보를 소유할 것이므로, 효과적인 정보수집을 위해서 민간당사자와 정부관료의 협조체계는 중요하다.

2. 포지티브섬 협상단계

일단 실무차원에서 현안이 무엇인지 파악되는 경우, 협상은 현안해결(problem-solving) 단계로 이행하게 된다. 이러한 단계에서는 누가 옳고 그른지에 대한 가치판단의 문제는 일단 뒤로 미루고 협상당사자가 취할 수 있는 입장변화의 여지를 촉구함으로써 특정정부정책의 목표도 원래 취지에 근접하게 유지하면서, 동시에 관련된 민간당사자의 상업적 이해관계도 동시에 만족시킬 수 있는 원만한 해결방안을 모색하게 된다. 우리는 이러한 협상의 양상을 포지티브섬(positive-sum) 협상 또는 윈-윈 협상이라고 지칭한다. 이러한 윈-윈 협상이 성공적으로 타결되는 경우, 민간당사자는 자신의 상업적 이익을 얻을 수 있고, 정부는 본래 정책의 기조를 유지할 수 있게 된다. 일반적으로 특정 정부정책이 야기한 통상문제에 대한 최선의 해결방안은 본래 정책목표를 훼손시키지 않는 범위 내에서 자유무역의 흐름에 부담을 덜 주는 대안을 찾아내는 것이다. 즉 자국에는 차선책일 수 있지만, 양국 모두에는 최선책이 되는 방안을 모색하는 것이 문제해결의 열쇠이다.

3. 제로섬 협상단계

만일 현안해결단계에서 협상타결에 실패하는 경우에는 협상은 좀더 공식적인 제로섬(zero-sum) 또는 윈-루즈 협상단계로 넘어가게 된다. 다시 말해 현안해결단계를 넘어서면 쌍방이 어느 정도 만족할 수 있는 원만한 타협안의 도출이 불가하기 때문에 현안해결을 위해서는 일방이 얻으면 타방은 잃게 되는 타협안만이 가능하게 된다는 것이다. 이 단계에서 일방 협상당사자는 자기 목적달성을 위해 타방 협상당사자에 대해 법률적인 압력은 물론 정치적인 압력도 높이게 된다. 하지만 "나는 얻고, 너는 잃는다"는 제로섬 게임의 성격상 협상의 타결은 매우 어려울 수밖에 없으므로, 이 단계에서 유능한 협상가라면 제로섬 게임의 협상을 진행하는 가운데 동시에 이전단계인 현안해결단계로의 회귀, 즉 제로섬 게임보다는 윈-윈 게임의 잠재적 이득을 지속적으로 강조함으로써 타방의 타협을 유인하는 전술을 구사하게 된다.

4. 분쟁해결단계

제로섬 게임단계에서 타협안모색에 실패한 통상협상은 마지막 단계인 분쟁해결절차(dispute settlement process) 국면으로 이행한다. 이러한 배경에서 대부분의 통상협정(agreements on trade)은 원만히 해결되지 않는 통상마찰을 재판으로 처리하기 위해 필요한 분쟁해결절차에 관한 규정을 담는다. 분쟁해결절차의 초기단계와 할 수 있는 협의과정에서 활용되는 주선(good offices) · 중개(mediation) · 조정(conciliation)도 분쟁쌍방의 입장표명에 기초한 제 3 자의 조율이라는 점에서 크게 보아 협상의 연장으로 이해하여도 큰 무리는 없다.

Ⅳ. 통상협상의 유형별 특징

1. 현안해결을 위한 양자협상

일국 정부의 특정조치를 둘러싸고 이해당사국간 진행되는 협상을 '현안해결(problem-solving)을 위한 양자협상'이라고 지칭한다. 특정조치에 대한 정부간 초보적인 협의를 통해 그러한 조치가 특별히 문제되지 않는다고 판명될 수도 있다. 하지만 정부간 초보적인 협의의 결과 그러한 조치가 실제로 자유무역의 흐름을 자국에게 유리한 방향으로 가져 가기 위한 인위적 무역장벽으로 판단될 수 있다. 또는 의도된 무역장벽이 아님에도 불구하고, 결과적으로 자유무역의 흐름에 부정적인 영향을 준다고 판단됨으로써 자유무역의 흐름을 왜곡하는 효과를 줄이거나 제거할 수 있는 다른 대안적 조치의 모색으로 이어질 수 있다.

이러한 현안해결을 위한 양자협상은 대체로 다음의 단계를 거친다.

(1) 1 단계

초보적인 정보공유단계로서 일국 정부의 특정조치가 통상문제를 야기하는지, 그러한 통상문제가 실제로 중요한지, 통상문제를 야기하는 특정조치의 구체적 내용이 무엇인지, 특정조치가 달성하고자 하는 정책목표가 무엇인지, 특정조치가 야기하는 통상문제가 민간 이해당사자들의 이익을 침해하는지 등을 주로 확인하게 된다.

(2) 2단계

현안해결단계로서 협상담당자들은 특정조치가 추구하는 정책목표를 훼손시키지 않으면서도 통상마찰의 여지를 줄이거나 제거할 수 있는 윈-윈의 해결방안이 있는지를 결정하게 된다. 이상적인 해결방안은 정책목표를 유지하면서도 무역의 흐름을 덜 왜곡할 수 있는 대안적 조치를 찾아 내는 것으로서, 이러한 양자협상의 단계를 연성접근(soft approach) 단계라고 한다.

(3) 3단계

더 이상 윈-윈 방식에 의한 원만한 문제해결이 어렵기 때문에 압박(채찍)과 회유(당근)를 동원하게 되는 경성접근(hard approach) 단계이다. 이러한 단계에서 협상담당자들은 타협에 의한 긍정적 결과와 비타협에 의한 부정적 결과를 가시화하고, 그러한 상황이 도래할 경우의 득실을 평가하면서 자신의 입장을 결정하게 된다. 예컨대 현안타결시 기존의 다른 통상현안도 패키지타결이 가능한 반면(당근), 타협하지 않을 경우 다른 통상현안이나 양국의 우호적 관계에도 매우 부정적인 영향을 줄 것이라고 입장을 표명하는 것(채찍)이 경성접근단계에서 구사되는 가장 전형적인 협상전술이다.

(4) 4단계

분쟁해결절차에로의 회부를 통해 패널의 중재 또는 판결을 통해 문제를 해결하는 단계이다. 경험적으로 본다면 분쟁해결절차에로의 회부 자체만으로 협상의 최종단계에 도달했다고 판단하는 것은 성급하다. 왜냐하면 분쟁해결절차에로의 회부는 3단계인 경성접근의 일환으로서 협상력을 제고시키기 위한 수단으로 자주 활용되기 때문이다. 분쟁해결절차에 제소한 경우에도 상당수의 통상분쟁은 판결과 그에 따른 보복조치로까지는 이어지지 않고, 그 이전에 양보와 타협을 통해 문제가 해결되는 것을 볼 수 있다.

2. 무역장벽의 상호감축을 위한 양자협상

현안해결을 위한 양자협상과 대조적으로 당사국간 '무역장벽(trade barriers)의 상호감축을 위한 양자협상'은 다양한 제품과 산업을 다루게 되는 것이 보통이다. 더욱이 현안해결을 위한 양자협상이 제품수출 또는 해외투자기업의 문제제기에 의해 시작되는 데 반해, 무역장벽의 상호감축을 위한 양자협상은 보통 관련국 정부주도하에 추진된다. 그러므로 협상당사국 정부 모두는 출발점에서부터 무역장벽의 상호감축을 통한 이해득실을 계산해 보게 된다. 양자간 자유무역협상이나 WTO 다자협상 과정에서 병행되는 개별 회원국간의 양허협상(negotiations on specific commitments)[7]이 그 전형적인 예라고 볼 수 있다.

이러한 양자협상은 전반적으로 윈-윈 협상구도하에서 수행되지만, 불가피하게 일부 경제주체는 이득을 취하게 되는 반면 다른 일부 경제주체는 손실을 감수하게 된다. 예컨대 특정제품에 대한 관세 및 비관세 장벽 완화는 수출업체나 국내소비자에게는 어떤 형태로든 이득을 가져다 줄 가능성이 높아지겠지만, 반대로 동종제품을 생산하는 국내경쟁업체에게는 손실을 가져다 줄 가능성이 높아진다. 이러한 경우 협상담당자는 이득을 최대화하면서 동시에 손실을 최소화하는 해법을 찾아 내야 하는 쉽지 않은 역할을 부담하게 된다.

정리한다면 무역장벽의 완화를 목표로 하는 협상은 한편으로 패자에 대한 경제적 보상 측면과 국가적 차원에서 승자를 통한 국익제고 측면을 모두 고려해야 한다. 이러한 맥락에서 협상담당자에게는 회유와 협박 또는 당근과 채찍을 적절히 구사할 수 있어야 하며, 특히 패자(losers)의 동의를 구하는 문제보다 더 중요한 문제가 없다고 보아도 과언이 아니다. 일반적인 회유카드는 패자의 손실에 대한 부분적인 보전을 전제로 패자에게 불리한 무역장벽의 완화정

7) 일반적으로 WTO 체제를 다자협상체제라고 지칭한다. 그런데 실무적으로 다자협상에 의한 무역자유화의 진전은 개별 회원국간의 양자협상이 지탱한다고 보아도 과언이 아니다. 무역자유화에 대한 최종결정이 다자간 합의에 의한다는 점에서 다자협상이란 말이 틀린 것은 아니다. 그런데 무역자유화의 과정, 특히 시장개방의 구체적 내용을 결정하는 양허협상의 과정은 개별 회원국간 양자협상의 결과를 다자간 회의를 통해 주기적으로 정리하는 방식으로 진전된다. 여기에서 양허협상이란 각 회원국의 시장개방계획(offer of specific commitments)에 관한 회원국간 협상을 말한다.

도를 축소해 보겠다는 것이고, 협박카드는 패자가 적극적으로 협상진전을 봉쇄하려는 경우에는 협상타결 이후 패자의 손실을 보전하지 않겠다는 것이다.

결과적으로 승자와 패자가 공존하는 무역장벽 상호감축을 위한 협상은 국내적으로나 국제적으로 쉽지 않은 절충의 과정을 수반하게 되며, 이러한 과정에서 승자와 패자는 각각 제로섬 게임의 관점에서 협상결과를 해석하게 된다. 하지만 성공적인 협상을 이끌어 내야 하는 협상담당자로서는 승자와 패자 각각의 득실보다는 그러한 득실의 합리적 분배를 통해 국가 전체적인 관점 하에서 윈-윈할 수 있는, 승자와 패자가 만족할 수 있는 바람직한 협상결과가 무엇인지를 고민해야 한다.

3. 무역규범에 관한 다자협상

국제무역과 관련된 조치 또는 시장개방의 개선 등을 목적으로 하는 양자협상과 달리 참여국 수와 협상내용측면에서 별도로 구분해 볼 수 있는 통상협상의 또 다른 형태가 '무역규범(trade rules)에 관한 다자협상'이다. 무역규범제정의 근본적 동기는 개별 회원국의 이기적 행위를 방지함으로써 회원국 모두의 후생을 증진시키는 것이다. 다시 말해 모든 회원국이 공통의 규범을 준수하게 함으로써 단기적으로는 개별 회원국에는 도움이 되더라도 중장기적으로는 여타 회원국의 유사행위를 조장하여 모든 회원국에게 해가 되는 '근린궁핍화정책'(beggar-thy-neighbor policies)[8]을 자제하도록 유도하는 것이다. 이러한 다자협상은 그 속성상 규범채택과정에서 모든 회원국의 동의를 전제로 하기 때문에 기본적으로 윈-윈 접근을 취할 수밖에 없다.

무역규범제정을 위한 다자협상의 대표적인 예로는 GATT 체제 또는 WTO 체제 하에서 추진되어 온 다자협상 라운드(Round)를 들 수 있다. 그 이외에도 NAFTA · EU · MERCOSUR · FTAA(Free Trade Agreement of the Americas) 등과 같은 지역무역협정 체결을 위해 회원국들이 수행한 협상도 해당된다. APEC이나 OECD와 같은 무역관련 국제기구가 추진하는 다자협상도 유사한 형태라고 볼 수 있지만, 이들의 경우 협상결과가 회원국 정부

8) 교역상대국의 희생을 대가로 일국이 자국에게 유리한 방향으로 구사하는 무역정책을 지칭한다. 좀더 자세한 내용은 H. G. Johnson, "Optimum Tariffs and Retaliation," *The Review of Economic Studies* 21, 1953, pp. 142-153을 참고할 것.

에 대해 '법적 구속력을 발휘하는 의무'(binding obligations)이기보다는 '자발적인 최선의 노력의무'(voluntary best effort commitments) 또는 권고(recommendations) 수준에 그친다는 점에서 상기 다른 협상과는 그 효력측면에서 분명한 차이가 있다.

무역규범에 관한 다자협상은 대체로 다음의 단계를 거친다.

(1) 1 단계

첫번째는 현안발굴의 단계로서 단일 또는 소수 회원국이 규범제정(rule-making)이나 공동행위(common action)의 형식으로 해결할 현안을 확인한다. 현안을 제기한 회원국이 규범제정이라는 자국의 목표를 달성하기 위해서는 공식 · 비공식적인 채널을 동원하여 구두나 문건의 형식으로 여타 회원국을 현안분석과 규범제정을 위한 다자협상에 동참하도록 유도하는 것이 무엇보다 중요하다. 다시 말해 참여회원국 숫자는 그 자체로 규범제정에 관한 다자협상의 성공 또는 실패를 가늠할 수 있는 척도로 보아도 좋다.

(2) 2 단계

다음은 현안분석의 단계이다. 협상담당자들은 규범제정과 관련한 문제의 성격을 분석하고, 가능한 해소방안에 골몰하게 된다. 따라서 이 단계에서의 세부 협상목표는 가급적 많은 회원국들이 문제를 최대한 분명하게 이해하고, 동 문제 해결의 필요성과 구체적 해결방안을 함께 고민하고, 그 결과를 체계적으로 공유할 수 있도록 하는 것이다. WTO 체제 내의 협상과정에서는 프렌즈 미팅(friends meeting) · 코커스(caucus) 등 다양하게 지칭되는 연구반들(study groups)이 이러한 역할을 담당한다고도 볼 수 있다.

(3) 3 단계

회원국들이 협상의 조건과 범위를 조율하는 협상 틀(negotiations framework) 마련의 단계이다. WTO 체제 하에서는 주로 작업반(working groups)이나 공식적인 상설위원회(standing committees)가 이러한 역할을 담당한다. 구체적으로 작업반이나 상설위원회에서는 주로 해결해야 할 현안의 목록, 현안의 세부 구성항목, 현안해결을 위한 방식 및 절차, 협상시한 및 회의일정 등을

정하게 된다.[9)]

(4) 4단계

본격협상의 단계로서 회원국들은 협정에 포함되어야 할 실제 조문(provisions)의 문구작성에 대해 협의하게 된다. 이러한 협상은 보통 회원국들의 협상제안서(negotiating proposals) 제출로 시작된다. 제출되는 협상제안서가 많을 경우, 작업반이나 상설위원회의 의장은 사무국(Secretariat)으로 하여금 개별 제안서의 내용 및 특징을 종합적으로 정리한 통합문건(integrated document)을 회원국들에게 배포하도록 요청한다. 다른 한편으로 회원국들은 초기의 개별 제안서에 대한 회원국간 논의결과를 반영하거나, 개별 제안서들에 대한 자체 분석결과에 기초하여 좀더 개선된 수정제안서나 2차 제안서를 제출함으로써 궁극적 실현목표인 규범제정에 점차 수렴해 간다.

한-반덤핑 프렌즈그룹, DDA규범협상 국면전환 촉구

한국을 포함한 반덤핑협상 프렌즈 그룹은 11일 제네바에서 고위대표 회동을 통해 반덤핑협상이 빠른 시일내에 국면전환을 필요로 한다는 데 의견을 같이했다. 반덤핑협상 그룹에 참여하고 있는 15개국 고위관리들은 이 날 회동에서 반덤핑협상이 중요함을 강조하고, 향후 세계무역기구(WTO) 비공식각료회의 등을 통해 반덤핑협상에 대한 정치적 관심제고를 촉구키로 했다. 회동을 주재한 L외교통상부 DDA(도하개발어젠다) 협상대사는 12월 홍콩에서 열리는 WTO 공식각료회의까지 반덤핑분야에서도 모댈리티(세부원칙) 수준의 성과가 확보돼야 한다는 게 프렌즈 그룹의 일치된 생각이라고 밝혔다.

프렌즈 그룹은 공동성명을 통해 ▲ 과도한 반덤핑조치를 가급적 억제하고, ▲반덤핑조치의 상설화를 차단하며, ▲ 절차의 투명성을 제고할 것을 촉구하는 등 6개 협상목표를 제시했다. 6개 협상목표에는 이 밖에

9) 이러한 요소들을 담은 합의내용을 흔히 '협상양식(negotiating modality)'이라고 지칭한다.

▲반덩핑조사와 대응에 따른 과도한 비용은 줄여야 하며, ▲초기단계에서 불필요한 조사는 종결돼야 하며, ▲덤핑 및 피해판정과 관련된 규칙은 다듬어지고 명확히 해야 한다는 내용도 포함돼 있다. L대사는 회의를 마친 뒤 가진 기자회견에서 반덤핑분야를 포괄하고 있는 DDA규범협상에서 일정한 진전이 있기는 했지만, 앞으로는 구체적인 협정문개정안을 놓고 협상해야 한다는 단계에 들어가야 한다고 강조했다. 이 날 회동에는 반덤핑협상 프렌즈그룹에 속한 브라질과 칠레 · 대만 · 코스타리카 · 홍콩 · 이스라엘 · 일본 · 멕시코 · 노르웨이 · 싱가포르 · 스위스 · 태국 · 터키 등의 통상담당 고위관계자들이 참석했다.

〔연합뉴스 2005년 2월 12일 기사〕

Ⅴ. 통상협상의 주요 점검사항

1. 이해당사자

통상협상의 이해당사자는 자신의 이해(interests)가 협상결과에 따라 변화될 수 있는 모든 개인 · 기관 · 단체 등을 총칭한다. 따라서 이해당사자별로 통상현안이 협상테이블에서 어떤 방향으로 수렴되어 가는가에 따라 협상결과에 의해 긍정적 또는 부정적인 영향을 받을 수도 있고, 경우에 따라서는 영향을 받지 않을 수도 있다. 다시 말해 통상협상의 이해당사자를 정의하는 기준은 사후적인 가능성보다는 사전적인 가능성의 관점에서 판단되어야 한다.

통상협상은 국제무역을 수행하는 과정에서 발생하는 현상이기 때문에 이해당사자들은 사안별로 국적 · 인종 · 종교 · 문화 등의 관점에서는 다양한 배경을 가질 수 있다. 그럼에도 불구하고 이들은 협상결과에 대해 이해관계를 갖는 정부 · 업계 · NGO 기타 단체를 대표한다는 점에서는 다르지 않다. 하지만 직접 통상협상을 추진하게 되는 주체, 즉 협상담당자는 각국 정부를 대표하는 관료이다. 통상협상의 대표기능은 보통 외무 · 산업 또는 경제분야를 담당하는 부처에서 담당하게 된다. 예컨대 우리나라의 경우에는 현재 외교통상부내의 통상교섭본부가, 미국의 경우에는 미국무역대표부(The Office of the US Trade Representative : USTR)가 통상협상 대표기능을 전담한다.

정부간 통상협상에 관련된 이해당사자는 편의상 크게 네 가지 그룹으로 구분해 볼 수 있다. 국내 민간 이해당사자 그룹, 국내정부, 협상상대국의 민간 이해당사자 그룹, 협상상대국의 정부 등이다. 예를 들어 우루과이라운드(UR) 농산물시장개방협상 당시 우리 나라의 국내 이해당사자 그룹과 그룹별 입장을 참고로 제시한다면 〈표 6-2〉와 같다. 협상상대국 가운데 미국의 경우 민간 이해당사자 그룹에는 수출농산물 생산업자 및 가공업자 · 수입경쟁농산물 생산업자 · 식료품가공업자 · 농산물관련 NGO 등이 포함되고, 정부에는 행정부 · USTR · 농무성 · 재무성 · 국고국 · 외무성 · 의회 등이 포함된다.

〈표 6-2〉 농산물시장개방 이해당사자 그룹과 입장[10)]

이해당사자	기관 또는 이익단체	개방에 대한 입장
농산물생산자	협동조합	반 대
	농민협회	
	농민운동단체	
농산물유통업자	협동조합	반 대
사회정의 · 복지	시민 · 종교단체 · 재야운동권	반 대
관련행정부처	농림수산부	반 대
농산물소비자	미조직	지 지
농산물수입자관련 행정부처	미조직	지 지
공산품 · 서비스업 생산자	경제기획원	지 지
	상공부	조건부지지
	외무부	조건부지지
	경제단체	조건부지지

10) 자료 : 모종린 · 최병일 편, 한국의 통상협상, 도서출판 오름, 2004, 58면.

통상협상의 이해당사자를 분석함에 있어 중요한 요소는 입장의 동조화가 가능한 파트너를 파악하는 것이다. 왜냐하면 유사한 또는 동일한 이해관계를 갖는 **동조자그룹**(like-minded group)의 규모를 확대하는 것은 협상과정에서 더 강력한 영향력 행사를 가능하게 함으로써 그룹의 구성원 자신들에게 협상결과를 좀더 유리한 방향으로 이끌어 갈 수 있기 때문이다. 이를테면 우루과이라운드 농산물협상의 경우, 전반적으로 찬성론 동조자 그룹에 비해 반대론 동조자 그룹의 조직화정도가 우월했다는 점이 '쌀 관세화의 10년 유예'라는 성과를 부분적으로 설명한다고 볼 수 있다.

2. 협상권한

통상협상과정에서 일방의 협상권한(negotiating authority)은 구속력 있는 또는 시행가능한 양허(commitments)를 타방에게 공식적으로 제시할 수 있는 의사결정권을 의미한다. 따라서 제한된 협상권한을 갖는 협상담당자는 스스로 구속력 있는 양허를 결정할 수 있는 권한을 완전하게 갖는다고 볼 수 없다. 협상권한은 정부의 고위급인사에 의해 결정되기 때문에 협상담당자는 통상협상에 참여하기 이전에 내부적으로 고위급인사와의 접촉을 통해 협상권한의 범위 · 조건 및 내용을 결정하여야 한다. 보통 '훈령'(mandate)이라는 명칭으로 부여되는 협상권한은 통상협상이 시작되기 전에 협상담당자(수석대표 또는 정부대표)와 협상참여자들에게 통보되며, 협상담당자 및 협상참여자들은 훈령의 범위 내에서 협상을 추진하여야 한다. 다만, 훈령이라는 문서로 정해지는 협상권한은 구체적 내용까지를 담는 것이 아니기 때문에 넓은 의미에서의 협상권한은 상부에서 공식 · 비공식적으로 협상담당자에게 전달한 의사결정권이라고 보아야 할 것이다.

그러므로 노련한 협상담당자는 협상의 불필요한 지연을 지양하기 위해 자신에게 부여된 협상권한의 범위가 어디까지인지를 분명하게 숙지하는 것이 필요하다. 그렇게 함으로써 협상과정에서 의사결정이 필요한 세부적인 내용을 일일이 고위급인사에게 보고하고 동의를 구하기보다는 자신의 권한범위 내에서 합리적으로 유연성을 발휘하여 의사결정절차를 간소화하여야 한다. 한편 타방으로부터의 예상치 못한 요구사항이나 협상의 타결 자체 등 자신의 협상권한을 넘어서는 사안에 대한 입장표명에 대해서는 자신의 제한된 협상권한, 다시 말해 '훈령 없음'(no mandate)을 이유로 공식적인 의견표명을 유보할 수 있어야 한다.

통상협상의 추진과정에서 자신의 협상권한을 숙지하는 것만큼이나 중요한 것이 상대방의 협상권한을 가늠하는 것이다. 일단 타방의 협상권한이 제한되어 있다는 사실을 파악하였다면, 협상테이블에서 무리하게 타방을 압박하기보다는 타방이 자신의 본국 고위급 및 관계자에게 전달하여 고려해 볼 수 있도록 제안사항을 던져 보는 것도 협상진전에 도움이 된다. 그렇다면 어떻게 타방의 협상권한을 분석해 낼 수 있을까? 이를 위해서 정해진 답은 없다. 물론 구체적 사안에 대한 입장을 어렴풋하게 유추하는 것은 가능할 수 있지만, 실무협상의 경우에는 예외 없이 협상대표에게 주어진 협상권한이 제한적이라고 보아도 좋다. 협상권한에 대해서는 공식 협상테이블이나 비공식 회동을 통해 타방의 협상담당자와 협상참여자들이 보여 주는 입장을 면밀히 분석함으로써 진실에 근접해 갈 수밖에 없다. 또한 과거 타방과의 협상에서 드러난 타방의 협상관행, 과거의 유사협정의 내용 등도 타방의 협상권한을 파악하는 데 도움을 준다.

한 가지 분명한 것은 협상권한의 세부내용이 아닌 협상권한 자체가 제한되어 있다는 사실을 쌍방 모두 인지하는 것이 통상협상의 성공적 타결에 걸림돌이 된다고는 볼 수 없다. 오히려 통상협상의 성공적 타결에 도움이 된다고 보는 것이 옳다. 왜냐하면 협상담당자의 제약조건에 대한 인식을 통해 실현가능한 협상추진방향 설정에 도움이 되기 때문이다. 하지만 일방의 협상담당자가 부여받은 협상권한을 지나치게 의식하며 경직적인 태도로 협상테이블에 임하는 것은 타방으로 하여금 실무협상의 필요성 자체에 대해 회의적 관점을 형성하게 함으로써 협상진전에 도움이 되지 않는다.

3. 의사소통 문제

통상협상은 기본적으로 문화적 배경이 다른 국가간의 협상이기 때문에 협상당사국간의 문화적 차이는 그 정도를 불문하고 협상 과정 및 결과에 적지 않은 영향을 미친다. 특히 유념해야 할 부분이 언어문제이다. 통상협상과정에서 의사소통의 직접적 수단인 언어를 어떻게 선정하는가의 문제는 협상의 성공 또는 실패를 판가름지울 수 있는 중요한 문제이다. 통상협상의 주요 변수로서 언어를 굳이 언급하는 이유는 사람별로 선택된 언어의 구사력에서 차이를 보이기 때문이다. 협상담당자가 협상테이블에서 사용하는 언어가 모국어가 아닐 경우에는 사실에 대한 판단오류의 가능성이 그만큼 높아진다.

하지만 통역사를 고용하여 이종언어를 매개하는 경우에도 판단오류의 가능성을 배제할 수는 없다. 왜냐하면 언어의 문화적 차이로 인해 글자 그대로의 통역이 발언자가 전달하고자 하는 진정한 의미와 어감을 반영하기에 역부족일 수도 있으며, 통상현안에 따라서는 통역사가 적절히 감당하기 어려운 기술적 내용이 많아 오역도 발생하기 때문이다. 그러므로 통역사를 활용한다고 해서 상대방이 나의 말을 내가 의도한 대로 이해했다고 단정하는 것은 금물이다.

아무튼 협상담당자의 입장에서는 언어의 장벽으로 인해 정확한 의사소통이 장애를 받는 것은 효율적인 협상수행이라는 관점에서 매우 심각한 문제이다. 이에 대한 바람직한 대응은 무엇인가? 중장기적으로 보아 최선의 방법은 물론 협상담당자 스스로 전달하고자 하는 의도를 정확하게 표현할 수 있도록 영어 등 공용어 구사능력을 제고하는 것이다. 상당한 수준의 공용어 구사능력은 통상협상의 진전속도와 정확한 입장전달 측면에서 그 유용성을 아무리 강조해도 지나치지 않다.

그러나 통상협상의 현장에는 영어 등 공용어 구사능력이 원어민에 견주어 부족하지 않은 협상담당자들만 있는 것은 아니다. 예컨대 영어 구사능력이 부족하다고 느끼는 협상담당자가 취해야 하는 태도는 무엇일까? 협상담당자가 스스로 판단하기에 사안의 경중에 비추어 영어 구사능력이 조금이라도 문제될 수 있으리라 판단할 경우에는 반드시 통역사를 대동하는 것이 답이다. 통상협상이란 언어장애로 인한 공백까지도 전략적으로 활용함으로써 국익을 쟁취하는 비정한 싸움장이기 때문이다. 만일 당신이 영어에 자신이 없다면, 얄팍한 공명심에 사로잡히기보다는 일순간의 창피함을 무릅쓰고라도 영어통역사를 고용해야 돌이킬 수 없는 실수에서 조금이라도 자유로울 수 있음을 명심해야 할 것이다.

그럼에도 불구하고 원어민에 가까운 영어 구사능력에 골몰할 필요는 없다. 통상협상의 시작 이전에 상대방의 의사표현을 이해하고, 자기 의사표현에 손색이 없는 영어 구사능력을 갖추고 있다면 부족함이 없다고 보아도 좋다. 통상협상은 언어문제이기 이전에 경제현상 · 통상문제 기타 분야별 전문지식에 대한 이해를 전제로 한다. 제 아무리 모국어로 논쟁을 한다고 해도 내가 잘 알지 못하는 사안에 대해 논쟁을 벌이기는 어렵다. 그러므로 통상협상의 현장에서 요구되는 영어 구사능력은 해당업무에 대한 실질적인 전문성에 따라 일정 정도 가변적이라고 보아야 할 것이다.

정리하자면 통상협상이 필요로 하는 영어 구사능력은 해당업무에 대한 이해도와 양(+)의 상관관계를 갖는다. 이는 영어를 아주 잘 하는 사람들은 해당업무에 대한 전문성을 높이기 위해, 해당업무에 대한 전문성이 높은 사람들은 혹여 부족한 영어 구사능력을 제고하기 위해 매진하는 것이 개인적으로나 국가적으로 협상력을 제고하는 길이라는 점을 시사한다. 알맹이 없는 화려한 영어능력은 빈 선물박스와도 같다. 통상협상의 협상상대는 대체로 당신의 부러진 영어(broken English) 속에서도 빛나는 알맹이가 숨겨져 있는지에 관심이 있지, 굳이 알맹이 없는 유창한 영어를 듣기 위해 나온 사람들이 아님을 명심해야 할 것이다.

4. 이해당사자들의 관심사확인

통상협상에 참여하는 협상담당자의 역할에서 빠질 수 없는 부분은 자신과 모든 이해당사자들이 추구하는 관심사가 무엇인지 찾아 내고 이해하는 것이다. 이해당사자 각각의 관심사가 협상에 대한 각자의 구체적 입장(position)으로 시현되기 때문이다. 그렇다면 이해당사자들의 관심사란 무엇인가? 이는 상업적 이익(commercial interests), 국가정책목표(national policy objectives), 공익적 · 규제적 주권(public or regulatory sovereignty) 등 다양할 수 있지만, 협상담당자가 자국의 이해당사자들의 동의를 얻기 위해서는 그들의 관심사를 협상결과에 반영하도록 노력해야 한다.

통상마찰에 대한 성공적인 해법을 제시하기 위해서는 자국 이해당사자들의 관심사뿐만 아니라, 상대국 이해당사자들의 관심사를 파악하는 것도 필요하다. 유능한 협상담당자일수록 협상계획단계는 물론이고, 협상테이블에서조차도 자국의 입장을 일방적으로 주장하기보다는 우선 상대국 이해당사자들의 진정한 관심사가 무엇인지를 경청하고자 한다. 그렇게 하는 것이 통상마찰에 대한 가능한 해법의 선택폭을 넓혀 원만한 협상결과, 소위 윈-윈 해법을 도출하는 데 도움이 되기 때문이다. 다양한 현안과 수많은 이해당사자들이 관련되는 통상협상을 대상으로 이해당사자들의 관심사를 일목요연하게 정리하는 것은 매우 어려운 문제인 만큼 다음과 같은 두 가지 간단한 가상적(hypothetical) 사례를 통해 성공적 협상타결을 위해 이해당사자들의 관심사를 파악하는 것이 얼마나 중요한 변수인지를 음미해 보기로 하자.

(1) 호박쟁탈전

A · B 두 사람이 호박 하나를 놓고 싸움을 하고 있으며, 반 토막을 내어 배분하는 것에 대해서는 두 사람 모두 반대하는 상황을 상정하자. 이 경우 호박 하나를 놓고 나누어 갖는 것이 가능한 문제해결방안이 될 수 없기 때문에 일견 문제해결방안은 없는 것처럼 보인다. 그런데 두 사람이 싸움을 그치고 서로의 관심사를 파악해 본다면, 문제해결이 가능함을 발견할 수 있다. 예컨대 A의 진정한 관심사는 호박 속 내용물로 호박죽을 쑤어 먹는 것이고, B의 관심사는 호박 껍질을 조각하여 작품을 만드는 것일 수 있다. A와 B 가운데 적어도 한 사람이 좀더 유능한 협상담당자의 소질을 갖고 있다면, 극단적 싸움보다는 협상을 통해 상대방의 진정한 관심사가 무엇인지를 찾아 낼 수 있을 것이다. 호박쟁탈전의 경우 협상을 통해 관심사 파악이 가능하다면, A는 호박의 내용물을 갖고, B는 호박의 껍질을 갖는 윈-윈 해법이 문제해결을 위한 답일 것이다.

(2) 관세분쟁

포도에 대한 갑작스런 B국의 수입관세 부과 조치로 인해 수출국 A와 수입국 B 간에 통상마찰이 발생하였다고 하자. 이 경우 외견상 드러난 A국의 관심사는 자신의 수출물량을 줄이는 B국의 수입관세를 없애라는 것이고, B국의 관심사는 국내 포도농가 보호를 위해 그러한 수입관세를 유지하는 것이다. 그런데 두 국가의 진정한 관심사는 외견상 드러난 것과는 다음과 같은 점에서 다소 차이가 있다. 구체적으로 수출국 A는 B국의 포도 비수확기에만 수출을 자유로이 하고자 하는 것으로 족하고, 수입국 B는 자국의 포도 수확기에만 A의 포도가 국내시장에 쇄도하는 것을 막자는 것이라고 한다. 이 경우 양국의 관세분쟁에 대한 협상타결해법은 경제학적으로 후생손실을 야기한다고 하는 수입관세를 폐지하는 대신, A국은 B국의 포도 비수확기에만 자유로이 수출하고, B국의 포도 수확기에는 수출을 자율적으로 자제하는 것이다.

그렇다면 통상협상과정에서 이해당사자의 관심사를 체계적으로 파악하기 위한 방법은 없을까? 통상협상과정에서 가장 흔하게 활용되는 도구는 '관심사 확인표'(interest identification table or chart)로서 효과적인 협상전략 수립을 위해 유용하게 활용될 수 있다. 관심사 확인표의 주요 구성요소로는 이해당사자(party) · 관심사(interests) · 옵션(options) · BATNA(Best Alternative To a Negotiated Agreement) · 객관적 기준(objective criteria) 등을 들 수 있다. 가장 단순한 형태의 관심사 확인표는 협상담당자 자신과 상대국 협상담당자만을 이해당사자로 설정하는 것이지만, 주요 이해당사자가 복잡하게 얽혀 있는 양자협상이나 이해당사국 자체가 다수인 다자협상 또는 복수국간 협상의 경우에는 협상의 구조와 성격에 따라 좀더 많은 이해당사자가 고려되어야 한다.

여기에서 BATNA는 글자 그대로는 협상 이외의 대안들 가운데 가장 좋은 대안을 의미하지만, 쉽게 말해 '협상이탈'(The Walk-away Alternative to a Negotiated Agreement)을 의미하는 것으로 보아도 크게 틀림이 없다. 이하에서 좀더 자세히 다루어지겠지만, 협상담당자의 중요한 역할 가운데 하나는 문제해결해법으로서 협상참여와 협상이탈로부터의 손익을 각각 분석해 내는 것이다. 만일 협상이탈, 즉 BATNA를 선택함으로써 문제를 더 용이하게 해결할 수 있다고 판단한다면, 협상과정에서 이를 가시화함으로써 협상상대국으로부터 좀더 많은 양보를 얻어 내는 데 활용할 수 있다.

예컨대 피고용인이 고용주와 벌이게 되는 임금이나 고용조건에 대한 협상을 생각해 보자. 피고용인은 임금이나 고용조건 개선을 주장할 것이며, 고용주는 임금이나 고용조건 개선 주장에 찬성할 수도 있고 반대할 수도 있다. 물론 피고용인의 업무수행능력이 탁월하다면, 고용주는 최대한 피고용인의 요구를 들어 줄 개연성이 높다. 더 나아가 피고용인이 좀더 나은 조건의 새로운 일자리 제안을 고용주에게 제시하면서 협상에 임한다면, 피고용인의 협상력은

〈표 6-3〉 관심사 확인표 및 고려사항 예시

이해 당사자	외국 주무부서 및 정부기관	국내 행정부서 및 정부기관	관련 국내 · 외 민간회사 및 업계	국내 · 외 비정부 이익단체(NGO)
관심사	–	–	–	–
옵 션	–	–	–	–
BATNA	–	–	–	–
객관적 기준	–	–	–	–

항목별 고려사항 예시	
관심사	• 통상현안과 관련한 각 이해당사자의 이해관계가 무엇인가? • 각 이해당사자의 요구사항이 무엇인가? • 협상타결에 따른 득실이 무엇인가?
옵 션	• 통상현안해결과 관련한 각 협상참여국의 입장이 무엇인가? • 단순한 비공식협의로 충분한가? 아니면 공식협상을 추진해야 하나? • 일정한 조건충족시까지 공식협상을 거절해야 하나? 아니면 바로 응해야 하나?
BATNA	• BATNA는 협상타결실패시 활용가능한 최후의 대안이지, 최선의 협상결과는 아님에 주의 • 대개 BATNA는 협상력강화를 위한 레버리지이므로 철저히 대외비로 유지되어야 함
객관적 기준	• 협상현안 검토 및 해결과정에서 활용가능한 국내 · 외의 통상규범 • 참고 또는 선례로 활용가능한 공식 · 비공식 문서 또는 분쟁사례 • 협상참여국은 각기 동일한 객관적 기준을 공유하나, 해석은 전략적으로 달리 한다는 사실에 유의

높아질 것임에 분명하다. 고용주가 피고용인의 주장에 응하지 않으려 한다면, 피고용인은 새로운 일자리 제안을 받아들이고 이직할 것이라는 가시적 압력을 행사할 수 있을 것이기 때문이다. 이 경우 새로운 일자리 제안이 피고용인의 BATNA인 셈이다.

관심사 확인표는 고려할 수 있는 이해당사자별로 그들의 관심사를 최대한 반영하는 것이 중요하기 때문에 협상전략을 수립하는 과정에서 통상협상팀내부 구성원별로 역할을 분담함으로써 팀원의 일부에게는 자국 협상팀원의 역할을, 다른 일부에게는 협상상대국 협상팀원의 역할을 지정하고 가상협상을 연습해 보는 방법도 유용하다. 가상협상연습이 협상상대국의 관심사를 파악함에 있어 유용하기는 하지만, 실제 협상보다 더 나은 정보획득의 기회는 없다. 실제 협상과정에서는 가상협상연습을 통해 예상한 협상상대국의 관심사와 협상상대국의 진정한 관심사의 괴리를 확인함으로써 지속적으로 관심사 확인표를 수정 · 보완하는 것이 필요하다.

5. 현안정리 및 홍보

현안정리란 협상현안 및 이해당사자의 포지션에 대한 충분한 분석 및 이해를 의미한다. 하지만 현안정리란 한 순간 완성되는 것이 아니다. 협상담당자는 새로이 수집되는 정보를 통해 주기적으로 현안정리의 수준을 제고해야 한다. 예컨대 계획된 정부조치의 정책적 측면에 대한 새로운 사실을 인지하게 되는 경우 기존에 유지해 온 판단이나 입장에 오류가 있어 수정해야 할 유인도 발생할 수 있으며, 동조세력에 대한 정의를 새로이 해야 할 필요성이 생길 수도 있기 때문이다.

한미 FTA 논의할 것과 말아야 할 것

최근 결정된 한미 자유무역협정(FTA)의 공식명칭인 '코러스(KORUS) FTA'는 상징적으로나 실용적으로 인상적이다. 두 나라 이름을 조합한 코러스가 조화(chorus)라는 뜻도 경쟁적인 협상보다는 우호적인 협력을 연상하게 한다.

하지만 한미 FTA협상에 즈음한 국내현실을 보면 이름만큼 부드러울지 공연한 걱정이 앞선다. 이미 불협화음이 확인된 스크린쿼터나 농업

분야를 제외하면, 사안의 무게에 비해서 한미 FTA에 대한 사회적 분위기가 너무 차분하기 때문이다. 물론 적극적인 반대여론이 없다는 신호일 수 있지만, 반대여론이 잠정적 침묵의 형태로 가장(假裝)된 것일 수도 있다. 만일 그렇다면 한미 FTA의 지휘자는 더 늦기 전에 화음이든, 불협화음이든 구성원의 연주를 독려해야 한다.

미국에서는 통상협상문제 제기부터 협상전략 수립까지 민간 이해당사자들의 의견이 주된 역할을 하는 상향식이다. 반면 통상협상에 대한 우리의 의사결정시스템은 하향식에 가까워 실용성이 떨어진다는 지적이 많다. 하지만 이것이 반드시 정부의 탓만은 아니다. 만일 한미 FTA와 관련한 의사결정방식이 하향식으로 비친다면, 이는 상향식 의사결정시스템의 부재 때문이 아니라 오히려 국내 이해당사자들의 현안에 대한 이해부족이 원인일 수 있다.

일반적인 통상협상에서도 그렇듯이 모든 변수를 다 고려하기에는 한미 FTA를 위해 주어진 시간은 매우 짧다. 하지만 급할수록 돌아가라고 하듯이 반드시 짚고 넘어가야 할 일을 늦추면 한미 FTA는 코러스가 아닌 카오스(chaos : 혼돈)일 수 있다.

현재 가장 시급한 일은 한미 FTA의 내용과 득실에 대한 공론의 기회를 충분히 갖는 것이다. 그래야만 국내 이해당사자들은 스스로의 견해를 좀더 솔직하게 표출할 수 있을 것이며, 상향식 의사결정시스템도 자연스레 작동하게 될 것이다. 협상초기에 국내의 불협화음을 애써 외면하면, 나중에는 개의 꼬리가 개의 몸통을 흔들 수 있다.

그렇다고 시기적으로 적절하지 않은 논쟁을 거듭해야 할 이유는 없다. 협상력의 분산이 우려되기 때문이다. 이를테면 한미 FTA의 정량적 파급효과 추정과 같은 작업은 분명 필요한 것이긴 하지만, 협정추진선언 이전에 끝냈어야 할 부분이다.

한미 FTA 협상이 이미 출범한 상황에서 중요한 과제는 우리 경제주체들이 국익에 부합하는 시장구도 및 규제체계를 모색하는 것이다. 특히 내수중심의 성장과 전통적 거래방식에 익숙한 서비스산업에서는 한미 FTA를 계기로 거대 미국시장 진출에도 관심을 가져야 하지만, 국내시장에서는 '경쟁의 차원'을 달리할 각오를 해야 한다. 한미 FTA의 결과로 현실 및 가상공간의 상업적 국경이 사라지면, 국내기업은 오프라인에 이어 온라인상에서도 서비스경쟁력 1위인 미국기업의 거센 도전에 직면할 것이기 때문이다.

정부가 온라인 국제거래에 대한 규제방향 및 협상전략을 체계적으로 준비하지 못하면, 굳이 '규제주권'의 문제를 논하지 않더라도 시장의 불확실성과 혼란에 대한 책임에서 자유로울 수 없을 것이다.

'구슬이 서 말이라도 꿰어야 보배'라 했다. 꿰고자 하는 자가 한미 FTA를 보배라고 확신한다면, 이제 할 일은 좋은 구슬을 찾는 것이다. 국내 경제주체들의 가감 없는 의견표출과 협조보다 더 좋은 구슬은 없다. 스스로 구슬을 토해 낼 수 있는 의견수렴 시스템이 잘 작동해 준다면 KORUS를 위한 첫번째 고비는 넘은 것으로 보아도 좋다.

〔이한영 중앙대 교수, 경제학, 동아일보 2006년 5월 1일 시론〕

일단 현안정리를 위한 모든 필요한 분석작업이 완료되었다고 판단된 이후에는 효과적인 정책수행을 위해 국내·외를 대상으로 대중적 지지획득차원의 정책홍보에도 치중해야 한다. 이는 일반적으로 지지세력결집을 위한 전략의 일환으로 해석할 수 있으며, 대언론홍보는 특히 중요하다. 한 가지 유념해야 할 사항은 홍보대상의 범위가 반드시 국내 이해당사자에 국한되지 않는다는 것이다. 필요하다면 협상상대국 등 해외의 이해당사자도 포함되어야 한다. 특히 협상상대국내의 동조적 이해당사자는 협상상대방에게 직접적인 영향력을 행사할 수 있기 때문에 아국(我國)의 협상력제고에 결정적인 도움을 줄 수 있다.

Ⅵ. 통상현안에 대한 접근방식

1. 통상현안 분석방법

통상협상은 통상마찰이 있다고 하여 반드시 추진되는 것은 아니다. 통상마찰이 통상협상을 통해서 효과적으로 해소될 수 있고, 통상협상을 통한 해결이 다른 대안들에 비해 더 생산적이라고 판단되는 경우에 한해 추진된다. 따라서 공식적인 통상협상 추진에 앞서 통상현안이 무엇인지, 그러한 통상현안이 통상협상이란 방식을 통해 상호유익한 방향으로 해결될 수 있는 것인지에 대한 검토와 더불어 통상마찰의 발생과정과 기본성격에 대한 철저한 분석이 선행되어야 한다. 통상마찰의 본질을 아래와 같이 구분하여 파악해 보는 것은 협상상대방의 입장이 무엇인지를 좀더 분명하게 가늠하고, 통상협상과정에서 고려될 수 있는 가능한 해결방안을 찾는 데 유용하다.

(1) 통상마찰의 배경

흔히 통상문제와 관련하여 국가간 분쟁이 발생하는 경우, 넓은 의미에서 과거의 무역관행은 물론 당사국간 현재의 무역관계를 구성하는 관세 · 쿼터 · 덤핑 · 시장접근(market access) 및 내국민대우(national treatment) 제한 · 국내규제(domestic regulation) 등을 모두 포괄하여 살펴보아야 한다. 특히 무역관행과 관련하여 통상마찰을 발생시킨 변화요인과 그러한 변화요인의 전략적 배경에 주목하여야 한다. 더 나아가 단순히 경제적 관점에서의 제도변화뿐만 아니라, 그러한 제도변화의 근저에 존재하는 정치적 · 관료주의적 역학관계(dynamics) 등 정치적 동인들에 대한 고려도 필요하다.

(2) 통상문제의 세부 구성요인

통상문제를 세부 구성요인별로 구분해 정리함으로써 즉시 해결할 수 있는 사안들과 그렇지 않은 사안들을 구분하여 보는 것도 바람직하다. 또한 즉시 해결이 곤란한 사안들을 나열해 보는 것은 통상문제의 다양한 측면에 대한 이해를 가능하게 함으로써 그에 상응하는 복수의 해결방안을 찾아보는 데 도움을 준다. 이러한 과정을 통해 통상문제를 부분적으로라도 해결할 경우, 협상당사자들은 그러한 신뢰구축에 기초하여 나머지 당면한 현안해결을 도모할 수 있을 것이다. 예컨대 유전자변형(Genetically Modified Organisms : GMOs) 상품무역과 관련한 통상문제가 발생하였다면, 세부 구성요인들을 음식용 식품 대 사료용 식품, 가공식품 대 천연식품, 유전자변형내용물 $x\%$ 이상의 식품 대 그 이하 식품, 라벨(label) 부착식품 대 비부착식품, 식품당국의 시험인증식품 대 비인증식품 등으로 구분하여 접근하는 것은 현안을 좀더 체계적으로 이해하는 데 도움이 될 것이다.

(3) 세부 구성요인들의 우선순위

통상문제를 세부 구성요소별로 구분하여 정리한 연후에는 그러한 세부 구성요소들의 우선순위(priority)를 결정해야 한다. 즉 중요하고 시급한 선결과제와 여유를 갖고 해결할 수 있는 후결과제가 무엇인지를 정해야 한다는 것이다. 통상협상에서는 결정적 계기(momentum)를 놓치지 않는 것이 특히 중요하다는 점에서 투입할 수 있는 시간과 자원의 배분도 통시적(通時的)으로 달리할 수밖에 없다. 다시 말해 이는 우선순위가 높은 세부현안에 대해서는 좀더 많은 시간과 자원을 우선적으로 투입하는 것, 선택하여 자원투입을 집중하는 것이 궁극적으로 성공적인 협상타결을 가져올 수 있는 관건임을 의미한다.

2. 통상협상 추진의 당위성

일반적인 비즈니스거래와 관련한 협상(흥정)의 과제는 비교적 분명하다. 이를테면 구매자와 판매자는 상품의 가격 · 상품사양 및 품질 · 배달시기 · 품질보증 등 중요한 조건들에 대해 협상할 수 있다. 동시에 해당구매자나 판매자는 상품거래의 조건들에 대한 협상이 만족스러운 진전을 보이지 않을 경우에는 흥정을 그만두고 다른 거래상대방을 찾는 대안을 항시 유지할 수 있다. 통상협상에서도 협상당사자들은 다른 대안과 비교하여 협상을 추진함으로써 얻어지는 것들과 잃는 것들이 무엇인지를 면밀히 비교분석해야 한다.

만일 다른 대안이 더 나은 성과를 보일 것으로 본다면, 굳이 통상협상 추진에 수반되는 시간과 자원을 낭비할 필요가 없다. 하지만 통상협상의 성과가 다른 대안의 성과에 비해 긍정적이라고 판단된다면, 통상협상을 마다하는 것은 합리적이지 않다. 앞에서도 언급하였지만 이는 BATNA에 관한 것으로서 경제학적 관점에서 통상협상을 선택할 경우와 다른 대안을 선택할 경우의 비용과 편익을 비교분석한다는 것을 시사한다. 물론 BATNA를 결정함에 있어서는 정치적 · 경제적 · 정책적 관점에서 고도의 전략적 비용은 물론이고, 협상기간 · 인건비 · 활동비 등 실제 투입비용이 고려될 수 있다.

흔히 통상마찰이 빚어지는 경우, 문제해결을 위해 통상협상을 선택하게 되는 주된 요인은 크게 보아 비용부담도 적지 않고 결과의 불확실성도 높은 분쟁해결절차에 의존하지 않을 수 있다는 점 또는 통상마찰의 격화로 인해 야기될 수 있는 무역보복이나 제재를 피할 수 있다는 점 등을 들 수 있다. 이외에도 통상협상을 통해 문제해결을 시도하는 것은 당사국간 원만한 무역관계의 유지, 해당사안 이외의 다른 분야 무역에 대한 부정적 영향차단, 해당정부조치에 대한 풍부한 정보수집, 해당정부조치와 직접적으로 연관되지 않은 양허획득의 가능성, 정부조치의 이행을 지연하기 위한 시간끌기 등의 관점에서도 긍정적이라고 평가할 수 있다.

3. 통상협상 목표의 설정 및 공유

통상협상의 현안과 당위성에 대한 분석과 함께 통상협상의 목표를 구체화할 수 있는 협상담당자의 능력은 협상타결전망을 높이는 데 도움이 된다. 통상협상에서 일방이 추구하는 모든 목표를 달성하는 것은 물론 어려운 일이지만, 그렇다 하더라도 통상협상과정에서 추구해야 할 협상목표와 이를 달성하기 위한 협상전략을 가급적 구체화하는 작업은 무엇보다 중요하다. 협상목표 자체가 불투명하거나, 협상담당자가 협상목표를 충분히 숙지하지 못한 경우에는 효과적인 협상전략을 수립하기는 어려울 것이다. 이러한 맥락에서 나와 상대방의 협상목표를 각각 수립 · 예측해 보는 것은 통상협상의 국면을 유리한 방향으로 이끌어 가기 위한 중요한 전제조건이다.

(1) 나의 협상목표

통상문제를 세부 구성요인별로 구분하여 파악하는 것이 통상문제 해결에 유익한 것처럼 협상목표를 세부 구성요인별로 구분하여 체계화하는 것은 통상협상의 성과제고에 필수적이다. 왜냐하면 통상협상이 진행됨에 따라 협상상대방의 입장은 일방의 협상목표 전체에 대한 긍정 또는 부정의 형식으로 제시되기보다는 협상목표의 다양한 구성요인 각각에 대한 긍정 또는 부정의 형식으로 제시되는 경우가 대부분이기 때문이다. 따라서 상위 협상목표를 세분화하는 것은 좀더 유연한 협상입장(negotiating position)을 가능하게 한다. 예컨대 포도의 국내 시장보호라는 협상목표만을 고집하는 경우 협상은 진전되기 어려우나, 포도수확기에 국한한 국내시장보호로 협상목표를 좀더 구체화하는 경우 협상타결의 가능성을 높일 수 있는 좋은 예가 될 것이다.

그렇다면 협상목표의 세부 구성요인들에 대해서는 항시 대외적으로 비밀유지입장을 고수해야 하는가? 이는 반드시 그렇지 않다. 협상타결 및 일방의 협상목표 달성에 도움이 될 수 있다면, 필요에 따라 협상목표를 협상상대방과 공유하는 것이 전략적으로도 합리적인 선택이 될 수 있다. 실무적 차원에서 협상목표에 대한 공유가능성을 열어 두는 것이 바람직한 측면도 있다는 것이다. 통상협상이 돌파구를 찾지 못하고 난항을 거듭하게 되는 경우, 협상테이블의 상대방은 흔히 "도대체 당신들이 뭘 바라는 것입니까?"라고 묻는다. 이러한 경우 상호유익한 타협의 방향을 잡아 가기 위해서는 지나치게 비밀유지라는 고정관념에 집착하기보다는 우리 측의 세부 협상목표 가운데 공유가 가능하다고 판단하는 부분에 대해서는 밝히는 전향적 태도가 국면타개에 도움을 주는 경우도 적지 않다. 이는 비밀누설이라기보다는 공공연한 비밀, 즉 협상상대방이 자연스럽게 알고 있거나 자체분석을 통해 어렵지 않게 예상가능한 우리의 협상목표 일부를 확인시켜 주는 차원으로 이해될 수 있다. 그러나 이는 자신의 최후저항선(bottom line)이나 협상카드를 노출시키는 정도의 협상목표공개를 의미하는 것이 결코 아니어야 한다.

(2) 상대방의 협상목표

나의 협상목표를 구체적으로 나열해 보는 것만큼이나 상대방의 협상목표를 가늠하고 확인하는 것은 중요하다. 특히 다수의 국가들이 참여하는 다자협상의 진전을 위해서는 협상목표의 공유가 중요하기 때문에 본격적인 양허협상에 돌입하기 전에 회원국간 협상제안서(negotiating proposal)를 교환함으로써 회원국들 각각이 바라보는 다양한 협상목표를 제시하고 논의하는 기회를 갖는 것이 보통이다. 이를 통해 각 회원국은 상대국이 추구하는 협상목표를 이해함으로써 협상과정에서 협상상대방이 중시하는 사항들을 반영한 제안을 할 수 있게 되며, 궁극적으로 협상당사국 상호간 이해와 신뢰를 기초로 협상타결의 가능성을 제고하게 된다. 유념해야 할 점은 나의 입장에서 사소해 보이는 상대방의 협상목표라 할지라도 세심한 주의와 유연한 태도를 보여야 한다는 사실이다. 이는 대체로 선진국-개도국간 통상협상에서 종종 얻어지는 교훈이다.

예컨대 개도국의 의향을 반영하여 '라운드'(Round)라는 명칭을 과감히 벗어버리고, '아젠다'(Agenda)라는 명칭을 채택한 것이 WTO체제 하의 첫번째 포괄협상인 DDA(Doha Development Agenda) 출범에 도움이 되었다는 사실은 전형적인 예이다. 또한 미국과 남미제국 간 항공협상도 적절한 사례에 해당된다. 과거 미국과 남미 간의 항공기항로(air routes)와 착륙권(landing rights)에 관한 협상에서 남미 협상담당자들은 항공기 파일럿과 관제사들에 대한 기술지원이 필요하다는 점을 누차 강조하였음에도 불구하고, 미국의 협상담당자는 이미 기술지원의사를 밝힌 바 있기 때문에 합의문에서 이를 재차 확인하는 것은 공연한 시간낭비일 뿐이라는 입장을 고수함으로써 협상결렬에 이른 바 있다. 만일 미국이 남미에 대한 구두상의 기술지원의사를 재확인하는 내용을 일부라도 협정문에 담으려는 성의를 보였다면, 결과는 얼마든지 달라질 수 있었을 것이다.

(3) 모두발언의 의미

양자협상이든, 다자협상이든 매 협상회의의 시작은 협상참여국들의 '모두발언(opening statement)'[11]을 통해 이루어진다. 모두발언은 본격적인 의제논의에 앞서 이루어지는 것이니만큼 알맹이가 부족한 형식적 · 외교적 발언의 일환으로 치부될 수도 있지만, 실제로는 협상의 주요 현안과 이해관계를 가늠하고 협상타결을 위한 틀과 변수들을 개략적으로 제시하는 기회라고 인식되어야 한다. 다시 말해 모두발언 자체가 바로 협상참여국들의 협상전략이나 최후저항선을 보여 주지는 않을 수 있지만, 각 협상참여국들이 스스로의 주요 관심사와 협상에 응하는 개괄적 입장을 드러내는 기회이다.

여기서 협상담당자가 각별히 유의해야 할 사항은 상대방에 대한 존중과 스스로에 대한 인내심을 유지하는 것이다. 동일사안에 대한 협상회의를 거듭하는 동안 참여자들은 상대방이 반복적으로 제시하는 유사한 시각과 입장에 지겨운 나머지 주의를 기울이지 않는 경우가 적지 않다. 하지만 협상참여국들 각각이 매 협상회의 시작단계에서 모두발언을 통해 제시하는 입장은 그 하나하나가 협상의 새로운 출발점이 될 수도 있다는 자세로 무언가 새로운 변화가 있는지를 주의깊게 관찰하여야 한다. 이전의 입장과 달라진 부분이 없는지,

11) 자세한 내용은 "협상테이블 참석을 위한 기초상식"을 참고할 것.

혹시 이전에 잘못 이해한 부분이 없는지, 새로운 제안이 포함되어 있는지를 경청해야 한다. 그렇기 때문에 유능한 협상담당자가 되기 위한 기본덕목 가운데 하나가 인내심이라고들 한다.

Ⅶ. 통상협상 타결해법에 대한 접근

1. 복수의 해법을 개발하라

효과적 통상협상을 수행하기 위해 가장 기본적인 과제는 협상당사국들의 관심사를 충족시킬 수 있는 복수의 해법을 찾아 내는 것이다. 뒤집어 보면 협상담당자에게 있어 가장 결정적인 약점이 될 수 있는 부분이 다른 문제해결방안이 있는지에 대해서는 주의를 기울이지 않고, 오로지 단일한 해법이나 입장만을 고집하는 것이다. 왜냐하면 단일한 해법은 결국 협상을 교착상태(impasse or stalemate)에 이르게 할 가능성이 매우 높기 때문이다. 물론 통상협상이 진행되는 과정에서 단일한 해법이나 입장을 고집하는 것이 한 동안 협상력 증진에 기여하는 측면이 없는 것은 아니지만, 명심해야 할 점은 그로 인해 협상이 실패하였을 경우에 초래되는 비용이 적지 않다는 사실이다. 협상실패시의 비용이 막대함에도 불구하고, 단일입장만을 고수하는 것은 무모함 이상도 이하도 아니다.

2. 아국과 상대국의 BATNA를 확인하라

협상상대국의 관심사를 만족시킬 수 있는 복수의 대안들 가운데 하나가 협상테이블에서의 이탈을 전제하는 BATNA이다. 이것이 다른 대안들과 차별화되는 점은 협상시스템 밖에서 선택가능한 대안이라는 것이다. 협상준비 및 협상전략 개발단계에서 협상담당자는 협상 이외의 대안인 자국의 BATNA와 협상을 통한 현안타결해법이 갖는 장점들을 비교해야만 한다. 명심해야 할 사실은 상황전개 여하에 따라 BATNA가 얼마든지 동태적으로 변화할 수 있다는 점이다. 유사하게 협상담당자는 상대국의 BATNA가 무엇인지도 집어 보아야 한다. “상대국의 BATNA가 무엇인가, 그것이 강한 것인가 아니면 약한 것인가, 강한 것이라면 상대국의 협상이탈을 저지할 수 있는 방안은 무엇인가, BATNA를 변화시킬 수 있는가" 등이 주요 고민거리가 될 것이다. 협상이탈 저지를 위해서는 협상과정에서 증거 · 객관적 기준 등 필요한 정보를 축적 · 제시함으로써 상대방으로 하여금 자신의 BATNA가 신뢰성 · 확실성 · 매력성 등 측면에서 협상을 통한 현안타결에 비해 우월하지 못하다는 판단을 하도록 전략적으로 유도해야 한다.

3. 객관적 기준을 활용하라

실무협상의 해법을 찾기 위해 생각해 보아야 할 또 다른 중요한 요소가 객관적 기준(objective criteria)이다. 이는 협상상대국들이 제시한 대안이나 해법 각각의 당위성 및 합법성을 부여하기 위해 활용하는 일련의 외생적 · 독립적 정보 및 규범의 집합이다. 예컨대 철강제품에 대한 반덤핑(anti-dumping) 분쟁의 경우, 해당 제품의 판매가격수준이 반경쟁적인지 아닌지를 정확히 판단하기 위해 필요한 해당 제품의 생산원가 · 품질등급 · 시장가격 등에 대한 자료가 객관적 기준에 포함될 것이다. 실용적 관점에서 볼 때, 내 주장이나 제안을 뒷받침하기 위해 사용될 수 있는 신빙성 있는 자료가 모두 객관적 기준이 된다고 보아도 틀림이 없다. 유념해야 할 사실은 객관적 기준에서의 '객관성'(objectivity) 여부에 대한 판단은 협상상대국간 주관적이며 상대적일 수 있다는 것이다. 경험적으로 볼 때, 실제 통상협상과정에서 아방(我方)이나 타방(他方)이 사용하는 기준에 대한 논란은 그리 많지 않다. 그러한 기준 하에서 통상현안을 바라보는 시각이나 해석의 객관성에 대한 논란이 대부분이다. 이는 주장의 객관성유지를 위해서는 기준의 객관성유지가 기본전제임을 의미하는 한편, 객관적 기준을 사용하더라도 통상협상의 전략차원에서 현안을 재단하는 방식은 객관적이기 어렵다는 사실을 시사한다. 예컨대 통상마찰이 발생하는 경우, 해당 통상문제와 직결된 협정조문들이 무엇인지(기준)에 대한 논란보다는 그러한 조문들에 근거하여 해당 통상문제를 어떻게 해석하는지에 대한 논란이 주종을 이룬다는 것이다.

Ⅷ. 통상협상의 추진절차

통상협상이라 하면 흔히 협상테이블에서의 협상만을 떠올리기 쉽다. 하지

〈그림 6-1〉 통상협상의 추진절차

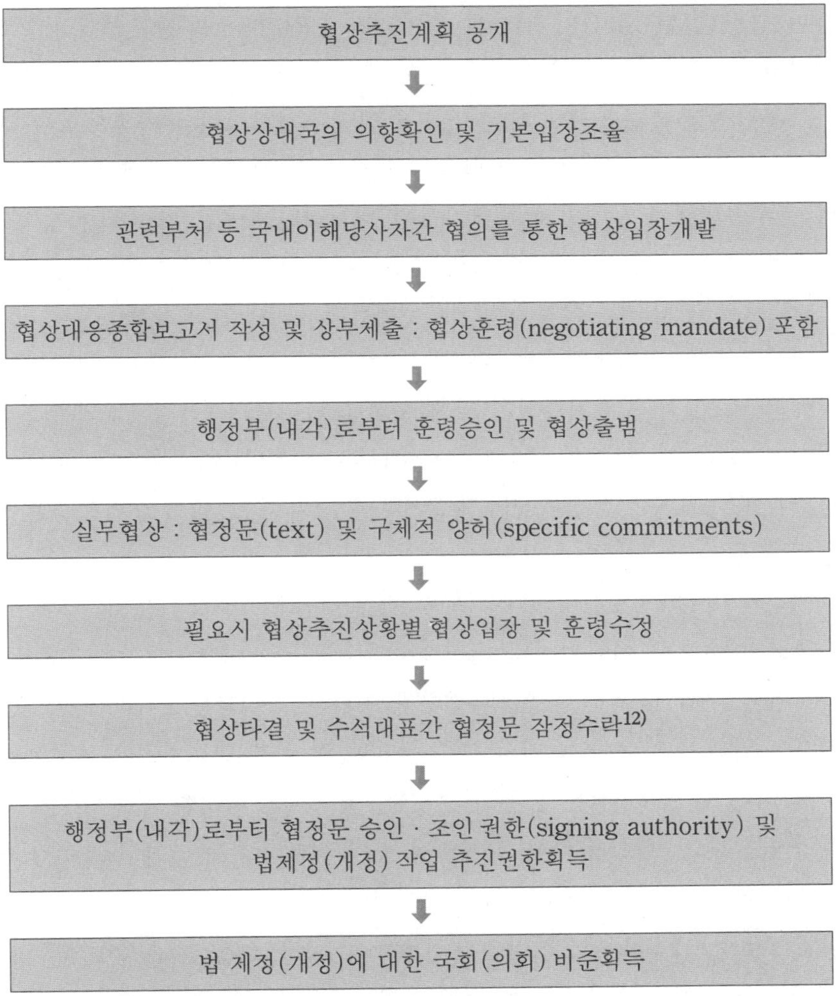

12) 실무협상이 성공적으로 타결되면, 수석대표들은 자국정부의 최종승인을 조건으로 협정문에 假서명(initializing)하는 절차를 밟게 된다. 협상전문용어로 이러한 협상결과에 대한 잠정수락행위를 'Ad Referendum'이라 지칭한다.

만 일반적으로 실무협상을 전후하여 수반되어야 할 절차는 중요도 측면에서 실무협상보다 못하지 않다. 빙산의 일각 아래에 엄청나게 큰 얼음덩이가 있듯, 바다 위 항공모함 주변에 많은 함정과 잠수함들이 함께 하듯, TV에 공개되는 정상회담의 이면에 가려진 수차례의 실무협의가 있듯 실무협상의 전후에도 잘 알져지지 않은 그렇지만 중요한 절차들이 수반된다. 물론 협상의 유형과 규모에 따라 일부 단계가 생략될 수도 있지만, 수많은 국내·외 이해당사자들이 관련된 통상협상이 원만히 추진되기 위해서는 절차가 복잡하고 시간이 걸리더라도 가급적 〈그림 6-1〉과 같은 단계를 거치는 것이 바람직하다.

통상협상 추진을 위해서는 반드시 해당 통상협상이 국가적으로 어떠한 득실을 발생시키는지, 그러한 득실을 협상전략에 어떻게 반영해야 할지, 득실에 따른 후속대책이 무엇인지를 평가하는 체계적인 과정이 수반되어야 한다. 소위 '통상협상 영향분석'(Environmental Assessment of Trade Negotiations : EA)[13]으로 지칭되는 작업을 말한다. 예컨대 한미 FTA 협상추진과 관련하여 당위성 논란이 끊임없이 제기된 바 있는데, 이러한 현실은 아직까지 우리 나라에서 EA 절차가 체계화되어 있지 못함을 의미한다. 선진국들에서조차도 과거에는 사후적인 의미의 EA를 주로 시행하여 왔다. 즉 EA는 사후적으로 협상결과에 기초하여 통상협상의 파급효과를 평가하고, 대책을 마련하는 방식에 주로 국한되어 있었다는 것이다.

하지만 미국·EU·캐나다 등의 경우, 이제는 협상추진 이전, 협상과정, 협상타결 이후에 이르기까지 통상협상의 전과정을 통해 협상추진방식·협상추진전략 수립 및 수정·협상후속대책 수립과 직결되는 EA 절차를 중시하는 것으로 알려져 있다. 데이터의 부족 등 현실적 한계를 수반하는 EA 결과를 모두 신뢰할 수 있는 것은 물론 아니지만, 실용적인 협상의 목표와 우선순위를 설정하는 데는 매우 유익한 절차임에 분명하다. EA는 크게 EA 추진 준비작업(Preparing to undertake EA)·초기 EA 작업(Initial EA Phase)·EA 초안작업(Draft EA Phase)·협상추진(Negotiations Phase)·EA 최종안작업(Final EA Phase)·협상 후속대책 및 시행(Follow-up & Monitoring) 등 6단계로 구

13) 이하 간략히 'EA'라 지칭한다.

〈그림 6-2〉 통상협상 영향분석(EA) 추진절차 개관[14]

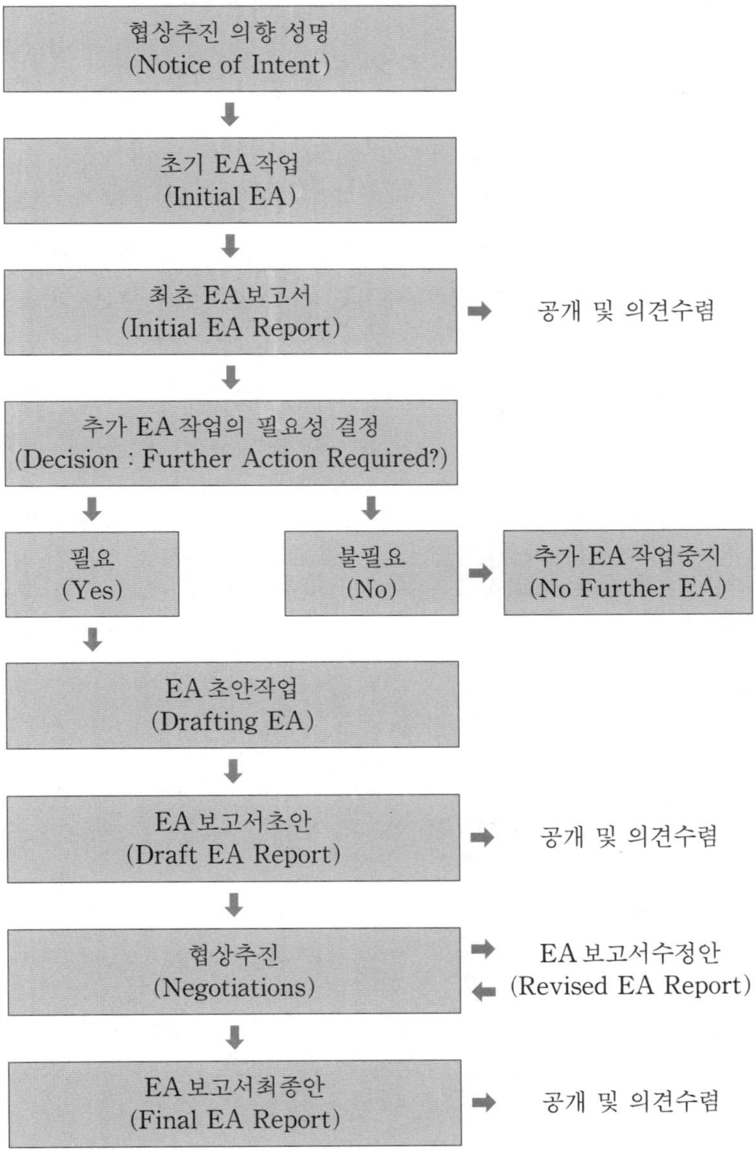

14) 자세한 내용은 Foreign Affairs, Canada, "Handbook for Conducting Environmental Assessments of Trade Negotiations," March 2006, p. 9를 참고할 것.

분된다. 이 가운데 최초 EA보고서 · EA보고서 초안 및 최종안은 공청회 · 설명회 등을 통해 공개되도록 하여 국내 이해당사자들의 의견이 반영될 수 있는 기회를 제공하여야 한다. EA의 주요 절차 및 결과물은 다음과 같다.

1. 협상추진 의향 성명

우선 정부는 통상협상추진 이전 적절한 시점에서 '협상추진 의향 성명(Notice of Intent)'을 국민들에게 발표하여야 한다. 통상적으로 협상추진 의향은 통상협상 추진 여부를 타진하기 위해 예정된 협상상대국과 사전협의를 진행하는 과정에서, 또는 통상협상추진 성명발표 시기와 연계하여 공표하는 것이 보통인데, 국내적 마찰을 줄이기 위해서는 그 시기를 적절히 조절하는 것이 필요하다.

2. 최초 EA보고서

최초 EA보고서(initial EA report)는 초기 EA작업의 결과를 정리한 것으로서 최소한 통상협상의 본격추진 이전에 공개되어야 한다. 동 보고서는 통상협상으로부터 발생가능한 현안들을 발굴하고, 우선순위에 따라 협상과정에서 주로 관심을 가져야 할 현안들의 범위와 개략적인 시장자유화방향 설정에 일차적인 목적을 두어야 한다. 가능하다면 현안들에 대한 구체적 분석결과나 통상협상의 정량적 파급효과까지를 상세히 담아도 좋지만, 반드시 그럴 필요는 없다.

3. EA보고서초안

EA보고서초안(draft EA report)은 최초 EA보고서의 수정 · 보완이 필요하다고 판단하는 경우, 이를 구체화함으로써 주요 현안들의 세부내용이 무엇인지를 밝히고, 통상협상이 가져올 정량적 파급효과에 대한 심층분석결과를 다루게 된다. EA보고서초안은 협상 목표 및 전략을 설정하는 데 활용되는 일종의 시장자유화 녹서(Green Paper)로서 EA추진과정에서 가장 심혈을 기울여 작성해야 할 부분에 해당된다.

4. EA보고서최종안

EA 보고서최종안(final EA report)은 협상타결을 통해 얻어진 결과를 설명하는 문건으로서 EA 보고서초안이 협상과정에서 적절하게 반영되었는지, 초안과 최종안 간 차이점의 발생원인이 무엇인지 등을 설명한다. 그리고 협상결과에 대한 후속대책방향도 제시한다. 이러한 맥락에서 EA 보고서최종안을 통상협상 및 시장자유화 백서(White Paper)로 이해하여도 큰 무리가 없다.

EA 절차는 위원회조직을 별도로 두어 추진하는 것이 미국 · EU · 캐나다 등의 관행이지만, 국별로는 통상협상을 주도하는 부처가 수행할 수도 있다. 통상협상 자체가 EA와 불가분의 관계이므로 단일부처가 EA를 수행할 수 있지만, 이는 업무부담을 고려하여 결정해야 할 문제이다. EA를 위해 투입되어야 할 자원규모는 통상협상의 중요도와 규모에 의존한다. 상대적으로 중요도가 낮고 규모가 작은 통상협상의 경우에는 최초 EA보고서작업으로부터 협상타결 이후 EA 보고서최종안으로 바로 이행할 수도 있다. 또한 협상추진과정에서 새로운 고려요인이 발생한다면, EA 보고서수정안을 작성하여 협상에 반영할 수 있도록 해야 한다.

Ⅸ. 통상협상 준비를 위한 주의사항

1. 정보의 양과 질은 곧 협상력이다

지피지기(知彼知己)면 백전백승(百戰百勝)이라 했다. 실무 통상협상을 위해 필요한 정보를 수집하고 분석하는 작업은 나와 상대방을 알기 위해 너무나 당연히 거쳐야 할 과정이다. 협상담당자는 협상팀 자체의 노력을 통해서, 또는 유관부서나 기관 · 연구소 · 민간업계 · 인터넷 · 신문기사 · 통상전문가집단 등 다양한 소스(sources)로부터 통상현안 이해와 협상전략 수립에 도움이 되는 가능한 정보와 자료를 확보해 체계적으로 정리해 두어야 한다. 그러한 과정에서 특히 도표(chart)를 활용하여 현안들을 일목요연하게 정리해 둔다면, 협상과정에서 유용하게 활용될 것이다.

2. 협상대응을 위한 관계자 풀을 유지하라

협상담당자는 항시 통상현안별로 관련자 리스트를 유지 · 관리하는 것이 중요하다. 통상문제에 신속히 대처하는 능력은 시간과의 싸움이기도 하다. 언제, 어떻게 발생할지 모르는 통상업무를 다루면서 과거 공식 · 비공식적으로 접촉한 국내 · 외 인사의 명함을 꾸준히 잘 보관하는 것은 특정사안 발생시 대응팀 구성 및 자문의견 청취에 도움이 될 것이다.

3. 협상대표와 대표단 구성원의 역할을 분명히 하라

이는 형식적으로 보면 협상테이블에서 발언의 창구를 단일화하기 위한 것이지만, 실질적으로는 현안에 대해 표출되는 입장(voice)을 동조화하기 위한 것이다. 협상능력 약화의 주요 원인으로서 자주 지적되는 부분이 불분명한 협상 대표기능이다. 동일한 협상팀 내에서 자기 역할을 벗어난 발언을 하거나, 단일사안에 대해 서로 다른 견해가 제시되거나, 협상대표의 허락 없이 돌출발언이 튀어 나오는 것은 작게는 외교관례상 상대방에 대한 결례이면서 동시에 상대방의 판단에 혼선을 초래하는 요인이다. 좀더 심각하게는 그러한 가운데 아국의 기본입장 · 협상전략 등 협상팀 내부입장에 대한 정보가 노출될 가능성이 높아지는 것은 물론이고, 아국의 협상팀에 대한 신뢰를 떨어뜨릴 수 있다.

4. 협상은 온라인 접촉에서 이미 시작된다

협상은 협상테이블에서만 이루어지지 않는다. 거의 예외 없이 협상테이블에 나서기 이전에 전화 · 이메일 · 팩스 등 통신수단을 통해 협상회의를 위한 형식적 · 실질적 논의가 이루어진다고 보아야 한다. 다름 아닌 '협상 이전 협상'(pre-negotiation negotiations)으로서 주요 논의대상에는 협상개최 일시 · 장소, 참여자정보, 협상의제설정(agenda setting), 협상회의와 관련된 비공식문서 등 기초정보(background information)의 교환, 협상회의 운영규칙(대외비여부 · 언론보도 · 회의기록 · 통역사용 등) 등이 포함된다. 실제 협상 이전의 협상의제 또는 기초정보의 교환은 실질적인 협상의 연장선으로 이해할 수 있으므로, 그러한 과정을 통해 상대방이 이번 협상에서 무엇을 기대하는지, 어떻게 나올지를 가늠하도록 해야 한다.

5. 협상회의장 준비상황도 점검하라

협상의 효율성 제고를 위해서는 협상이 진행되는 구체적 장소와 필요한 설비에 대한 점검도 필요하다. 물론 자국이 협상회의 개최국이면 더욱 세심한 점검이 필수적이다. 이러한 점검사항에는 본회의장 정리(자리 배치 · 환기 · 냉방 등), 개별접촉(면담)을 위한 회의실 · 전화 · 팩스 · 컴퓨터 등 통신수단, 화이트보드, 플립 차트(flip chart), OHP, 빔 프로젝터 및 노트북 컴퓨터 연결, 경호문제 등이 포함된다.

X. 협상테이블 참석을 위한 기초상식

1. 인사 및 대표단 소개

양자협상의 경우 회의개시 전 협상상대국 협상팀원들과 조우하게 될 것이고, 필요한 경우 상호간 명함을 교환하게 될 것이다. 이를 잘 보관하여야 한다. 양자협상회의는 협상대표 상호간 가벼운 인사와 함께 협상대표 자신과 협상테이블에 자리한 팀원들을 소개하는 것으로 시작되는 것이 보통이다. 팀원들에 대한 소개는 협상대표가 일괄적으로 할 수도 있지만, 팀원들 개개인이 순차적으로 하여도 좋다. 혹시 시간계획 등 회의일정과 관련하여 특별히 제기하고자 하는 사항이 있다면, 간략하게 인사말 후미에 언급할 수 있다. 상대국 팀원들에 대한 소개시에는 받아 둔 명함을 활용하여 성명 · 직위 · 자리 위치 등을 쉽게 확인할 수 있도록 준비해 두어야 할 것이다.

2. 절차적 사항 점검

매우 중요한 협상이나 고위급협상에서는 비밀유지 및 언론보도와 관련된 사항들을 재확인하고, 협상과 관련하여 합의된 의정서(protocol) 또는 규정을 검토한다. 필요하다면 적용가능한 법 · 규정 및 제도가 있는지 확인하는 것도 도움이 될 것이다. 일반적인 실무 양자협상의 경우 절차적 사항에 대한 점검은 생략되는 것이 보통이다.

3. 모두(冒頭) 발언

본격적인 공식협상은 그것이 양자협상이든, 작업반회의이든, 다자협상이든 그 형식을 가리지 않고 협상대표의 첫발언(first intervention)으로 시작되는 것이 보통이다. 흔히 이를 모두발언(opening statement)이라 지칭한다. 모두발언은 통상 협상준비과정에서 미리 작성해 두는 것이 일반적이지만, 훈령(mandate)의 범위내에서 협상대표가 유연하게 수정할 수 있다. 그리고 준비된 발언문을 읽어 나가도 좋지만,[15] 논점만 간략히 기록한 메모지를 참고하면서 필요한 사항들을 언급하는 것도 효과적이다.

모두발언은 주로 다음과 같은 요소들로 구성된다.

① 주최측의 회의준비를 위한 노고에 대한 감사
② 협상상대국의 현안해결을 위한 관심과 노력에 대한 감사
③ 협상에 대한 자국의 기대 및 희망사항 제시[16]
④ 자국의 주요 관심사 및 협상현안 적시
⑤ 협상의 제약변수와 목표설정
⑥ 이해하는 한도내에서 협상상대국의 관심사 언급
⑦ 필요한 경우 협상상대국이 갖고 있는 인식 및 입장의 문제점 지적

4. 상대발언의 세심한 청취

협상담당자가 갖추어야 할 아무리 강조해도 지나치지 않은 태도는 상대방의 발언을 면밀하게 청취하는 것이다. 청취라고 한다면 그저 일방이 타방의 발언을 접수하는 일방향적 행위정도로도 치부할 수 있지만, 협상에서의 청취는 효과적인 상호 의사소통을 위한 전제로서 양방향적 행위의 일면(一面)이라고 보아야 한다. 왜냐하면 상대방의 발언이 바로 나의 발언의 기초가 되고, 그러한 과정에서 협상을 통한 절충이 이루어지기 때문이다. 그렇기 때문에 유능

15) 협상실무자들간에는 흔히 '미리 요리된 연설'(pre-cooked statement)이라 부른다.
16) 필요하다면 협상대표는 협상 이외의 대안, 소위 BATNA의 가능성을 암묵적으로 시사할 수 있다.

한 협상담당자들은 효과적 청취를 위한 그들 나름대로의 경험을 활용한다.

만일 청취한 내용에 대한 확신이 서지 않는다면, 회의 흐름에 방해가 되지 않는 한도내에서 상대방 발언에 대한 나의 이해가 정확한지를 적극적으로 되물어 확인해야 한다. 예를 들어 "당신 발언을 내가 정확히 이해했다고 생각합니까?"(If I understand you correctly, are you saying that ~.)라는 질문을 던져 보는 것이다. 흔히 영어를 모국어로 하지 않는 국가들과의 협상에서 영미권국가의 협상담당자들이 사석에서 던지는 얘기 가운데는 상대방이 "Yes, Yes"하여 그런 줄 알고 넘어가면, 결국 아무 것도 얘기된 것이 없음을 발견한다는 것이다. 협상테이블은 개인의 언어능력시험의 기회가 아니기 때문에 한 순간의 창피함을 무릅쓰고서라도 사실 또는 진실에 대한 겸허하고도 정확한 접근이 요구되는 자리이다.

5. 회의내용의 철저한 기록

협상담당자, 특히 대표단에 참여하는 실무진에게 부여된 매우 중요한 임무는 매 협상회의 이후에 수반되어야 할 협상결과보고서 작성이다. 소위 '전문 또는 전보'를 말한다. 전문을 잘 작성하기 위해서는 협상테이블에서의 상대방 발언의 핵심을 놓치지 않고 기록해 두는 것이 필수적이다. 저자의 협상참여경험에 비추어 볼 때, 효과적 기록을 위해 철저한 협상준비보다 더 좋은 방법은 없다. 언어능력은 차후의 문제라는 점을 강조하는 것이다. 굳이 협상이라는 특별한 상황을 설정하지 않더라도 일반적인 대화나 회의에서 전문분야가 아닌 경우에는 논의내용을 이해하기 어려운 것과도 같은 이치이다.

효과적인 기록과 관련하여 협상대표가 유념해야 할 사안을 두 가지 정도만 집고 넘어가자. 우선 협상대표는 우리 측의 발언창구이다. 스스로 상대방 발언의 핵심을 이해하고, 그에 기초하여 협상팀의 대응을 통제하면서 우리 측 발언의 창구역할도 수행해야 한다. 즉 협상대표에게 설정된 역할은 크고도 중요하다. 따라서 효과적인 기록이라는 역할은 팀원들에게 맡겨 두고, 협상대표는 상대방의 발언요지 가운데 중요한 것들만 그 때 그 때 기록해 두는 것이 바람직하다. 그 다음으로 협상대표는 전문과는 별도로 협상회의의 처음부터 끝까지를 회의록의 형식으로 정리하여 보관해 두는 것이 필요하다. 전문이 협상회의의 요약본이라면, 회의록은 협상회의의 본문에 해당한다. 요약본의 행간을 이해하고 다음 협상회의를 철저하게 대비하고자 한다면, 회의록 정리는 필수적이다.

6. 질문의 양면성

상대방 발언의 세심한 청취와 함께 협상회의에서 빠지지 말아야 할 것이 배운다는 자세이다. 그러기 위해서는 질문의 방식을 동원해야 하며, 질문의 요점을 분명하게 전달해야 한다. 정보획득이나 확인차원에서 질문을 던지는 행위는 우리 측의 정보DB를 풍부히 하면서도 상대방에게는 그들의 관심사를 이해하기 위한 우리 측의 긍정적인 자세로 비춰지는 등 일거양득의 효과를 갖는다.

이러한 목적에서 전형적으로 활용되는 질문의 구체적 사례는 다음과 같다.

1) 어떻게 귀측이 그러한 입장을 갖게 되었나?(How did you arrive at that position?)

2) 귀측제안의 배경이 무엇인가? 그 배경을 이해하여야 우리 측 상급자들에게 보고하는 데 도움이 될 것 같다(What is your proposal based upon? If we understand the basis of the proposal, we will be better equipped to share it with our superiors).

3) 귀측으로 하여금 그러한 결론을 내리게 한 근거(자료)가 무엇인가? (자료의) 사본을 얻을 수 있는가?(What information did you rely upon to reach that conclusion? Would you share a copy with us?)

4) 좀더 자세히 설명해 주기 바란다(Please elaborate …).

7. 침묵의 전략적 유용성

협상과정에서 종종 활용되는 기술이 전략적인 침묵 또는 무반응이다. 협상도 일반적인 대화의 특수한 형태라고 본다면, 침묵이나 무반응은 의도적으로 상호간 불편한 상황을 만들어 내는 행위이다. 일반적인 대화과정을 가만히 살펴보면, 대화의 흐름이 끊겨 조용해지면 분위기가 왠지 거북해진다. 이 경우 누군가가 그러한 '어정쩡한 분위기를 깨는'(ice-breaking) 말을 하게 마련이다. 만일 대화의 상대방이 나에게 무언가를 설명했음에도 불구하고 기대되는 나의 반응이 전혀 없으면, 분위기를 깨는 말은 대체로 이해했는지를 되묻는 것이거나 부연설명하는 것일 가능성이 높다. 협상회의에서의 침묵도 바로 이 점을 적극적으로 활용하기 위함이다. 상대방이 자발적으로 무언가를 설명하든, 우리 측 질문에 대한 답변을 하든 그에 대해 우리 측 협상대표가 의아한 표정을 지으며 침묵의 시간을 갖는다면, 십중팔구 상대방은 보충설명하거나 추가적인 정보를 제공하게 될 가능성이 높다. 반면 상대방의 제안이나 양허에 대한 침묵은 그러한 제안이나 양허에 대한 불만으로도 비추어질 수 있다. 반대의사를 명시적으로 표명하는 것에 비해 더 효과적으로 반대의사 또는 "감추고 있는 더 좋은 제안이나 양허를 보이라"는 의사를 전달하는 방식이 될 수 있다는 것이다. 물론 전략적인 침묵의 효과는 상황에 따라 가변적이므로 활용여부와 시점을 잘 선택해야 할 것이다.

8. '개별 문서에 기초한 협상'의 유용성

NATO(No Action Talking Only)란 말만 앞서고 실제로 시행되는 것이 없음을 비판하는 말이다. 통상협상에서도 대화가 중요한 것이 아니라, 새로운 규범이든 새로운 양허이든 대화를 통한 결과물의 도출이 중요한 것이다. 이러한 맥락에서 일반적인 다자통상협상에서는 비교적 초기에 협상현안별로 그 내용 및 정리방향을 문서[17]로 기록하여 회원국들에게 제시하고, 회원국들의 찬반의견을 수렴하여 세부협상현안에 대한 최종적 합의를 도출하는 방식을 활용한다. 복수의 협상현안이 게재된 통상협상이라면, 이러한 방식으로 협상현안별 합의된 문서들을 종합함으로써 하나의 협정문을 만들어 내게 된다. 제한된 시한과 자원투입을 제약조건으로 하는 통상협상의 효과적 진전을 위해서는 불완전해도 정리된 문서를 근거로 논의를 진행하는 것이 좋다는 것이다. 이러한 협상방식을 '개별문서에 기초한 협상'(single text negotiations)이라고 한다.

물론 협상회의의 출발점이 되는 문서의 초안을 누가, 어떻게 작성하는가의 문제는 비록 초안이라 해도 이해관계가 상반되는 회원국들에게는 중요한

17) '문안'이라고 해도 좋다. 예컨대 최종적으로 기술표준에 관한 조문을 만들고자 한다면, 그러한 조문의 초안이 해당된다.

문제일 것이다. 그러므로 협상현안으로부터 직접적인 이해관계가 없는 제3자가 세부 협상현안 합의에 필요한 초안작성의 적임자라고 볼 수 있으며, WTO 다자통상협상 과정에서는 사무국이 그러한 역할을 담당하는 경우가 많다. 하지만 일반적으로 양자협상의 경우에는 그 성격상 제3자 개입이 적절하지 않으므로 일방이 먼저 작성하여 타방에게 제시하는 식으로 개별 문서에 기초한 협상이 시작된다. 그러므로 협상현안과 관련하여 일방이 어떤 문서의 초안을 협상테이블에 올린다는 것은 구두형식이든 문서형식이든 타방의 피드백(feed-back)을 기대한다는 것을 의미하며, 궁극적으로 쌍방의 의견이 원만히 조율된 문서를 통해 협상현안들을 하나 하나 접어 가면서 협상타결의 분위기를 높이게 된다.

양자협상과 관련하여 한 가지 강조해야 할 사항은 항시 수동적으로 상대방의 문서제시를 기다리지는 말라는 것이다. 우리 측이 제시한 문서를 기초로 수정해 나갈 수 있다면, 협상의 주도권을 유지하면서 동시에 우리 측 관심사가 조금이라도 더 반영된 합의도출의 가능성을 높이기 때문이다.

일반적으로 협상회의에서 개별 문서에 담겨질 수 있는 내용은 매우 다양할 수 있겠으나, 그 중 예시적 사례는 다음과 같다.

① 협상의제 제안
② 협상시한 등 협상회의의 절차적 규칙 제안
③ 협정의 핵심요소 제안
④ 협정의 조문 제안
⑤ 협정위반에 대한 지침 제안
⑥ 분쟁해결절차에 대한 제안
⑦ 협정이행지침에 대한 제안

9. 정회(停會) 제안

일반적인 '정회'(let's go to the balcony)는 회의의 생산성 제고를 위해 반드시 필요한 휴식의 의미로 받아들일 수 있다. 협상회의 도중에도 적당한 시점에서의 정회는 일반적이다. 하루 일정의 양자협상에서는 오전 회의나 오후 회의 도중에 짧은 커피 브레이크를 갖기도 하고, 오찬을 위해 한두 시간정도의 정회를 갖는다. 하지만 협상회의에서는 종종 전략적 차원에서 정회를 제안하기도 한다. 협상전략적인 차원에서 활용되는 정회는 협상력 증진을 위해 필요한 매우 중요한 도구임에도 불구하고, 일반적으로는 그 유용성이 과소평가되는 부분이기도 하다.

협상회의과정은 일반적으로 순탄하지 않다. 특히 상대방으로부터 예상하지 못한 질문이나 공격을 받을 경우, 당황하기 십상이다. 답변이 준비되지 않아서 일 수도 있고, 답변은 가능하지만 훈령에 부합하는지 고민스러울 수도 있다. 이러한 경우 현명한 협상대표라면 정회를 통해 시간을 벌고자 할 것이다. 협상전략적 관점에서 정회는 특히 불리한 협상국면의 맥을 끊기 위해 활용된다. 만일 협상상대방이 강압적으로 회의분위기를 고조시키거나 또는 협상회의 진행속도나 논의방식에 대해 우려를 갖는 경우, 협상대표는 정회를 요청할 수 있다. 이 경우 정회제안은 그 자체로 상대방에게 회의진행에 대한 우리측의 불만을 표시하는 것이기도 하지만, 협상회의 국면전환이나 내부협의 기회확보차원에서 바람직하다.

10. 무례한 언행 및 최후통첩에 대한 대응

협상회의는 정부간 공식적인 만남이기 때문에 대체로 상호간 외교적 관행을 준수하는 가운데 진행되는 것이 보통이지만, 상당한 협의에도 불구하고 타협이 용이하지 않은 경우에 상대국 협상대표는 의도적으로 또는 지극히 개인적 특이성으로 인해 우리 측에 불쾌감을 주는 무례한 언행(dirty tricks) · 협박성발언 · 최후통첩(ultimatum) 등을 서슴지 않고 하는 경우도 종종 볼 수 있다.

(1) 무례한 언행에 대한 현장대응

상대방이 무례한 언행을 보이는 경우, 우리 측 협상대표는 우리 측이 그러한 언행을 "좋게 보지 않는다"(do not appreciate)는 점을 분명하게 적극적으로 지적하여야 한다. 이를 테면 "그러한 불쾌한 언행은 상호신뢰 하에 추진되어 온 본 협상에 결코 도움이 되지 않으니 자제하라"라고 전달하는 것도 좋은 방법이다. 물론 상대방의 반응은 우리 측의 태도가 근본적인 문제라는 등 이유를 들며 사과하지 않을 가능성도 있겠지만, 우리 측의 적극적인 지적 이후에는 부분적으로라도 상대방 언행에 변화가 있음을 확인하게 될 가능성이 높다.

(2) 상대국 협상대표의 상급자 접촉

상대방의 무례한 언행이 지나치게 도를 넘어선다고 판단되는 경우, 그러한 언행이 표출되는 협상에는 참여할 의향이 없음을 분명히 하고 협상테이블을 떠나는 좀더 극단적인 행동이 필요할 수 있다. 이 경우 상대국 협상대표의 상급자를 접촉하여 무례한 언행을 한 협상대표의 교체를 요구하거나 유사한 상황의 재발방지를 주문할 수도 있다.

(3) 돌발적인 최후통첩에 대한 역대응

넓은 의미에서 무례한 언행에는 '**최후통첩성 제안**'(take-it-or leave-it offer)도 포함될 수 있다. 협상의 막바지에 보통 확인되는 이러한 제안을 반드시 이례적인 것으로 볼 필요는 없다. 그러나 전반적인 협상 흐름에 비추어 볼 때, 굳이 그렇지 않고도 논의를 진전시킬 수 있는 데도 불구하고 최후통첩성 제안을 하는 경우는 달리 보아야 한다. 물론 문화적인 상이성으로 인해 최후통첩성 제안을 바라보는 시각의 차이는 있을 수 있지만, 관점을 협상으로 국한하는 경우 그러한 제안은 협상하지 말자는 것과 큰 차이가 없다.

예컨대 물건구매를 흥정하려는 구매자에게 판매자가 초기부터 가격을 정하고, 사든지 말든지 알아서 하라는 식으로 말하는 것은 흥정하지 않겠다는 것을 의미한다. 그러나 판매자가 진심으로 그런 완고한 태도를 갖고 있는지는 또 다른 문제이다. 그러한 판매자주변에 경쟁관계에 있는 제3의 판매자가 없어, 즉 구매자가 다른 구매처를 찾을 수 없어 배짱을 부릴 수도 있다. 하지만 구매자가 어수룩해 보여 기실 떠 보는 전략일 수도 있다. 현명한 구매자라면, 자신의 행동을 결정하기 전에 최소한 주변상황을 살펴보기 위해서라도 한번쯤 생각하는 여유를 가질 것이다. 만일 주변여건도 그리 판매자에게 유리한 것도 아닌데, 판매자가 그러한 행동을 취하는 것은 구매자인 나를 흥정의 대상으로 보지 않음을 의미한다.

통상협상에서 최후통첩성 제안도 유사하게 바라볼 수 있다. 지리한 협상 끝 막바지에 이르러 상대방으로부터 그러한 제안이 나온다면, 그에 대해 특별한 감정을 가질 이유는 별로 없다. 하지만 협상초기부터 그러한 제안이 나오는 경우에는 협상하지 말자는 것과 다르지 않다. 협상담당자라면 협상초기의 최후통첩성 제안이 문제해결에 도움이 되지도 않거니와 상대방에게 무례한 행위임을 알고 있다. 그러므로 만일 협상초기 상대방으로부터 최후통첩성 제안을 접수하는 경우에는 설령 훈령범위내에서 최후통첩성 제안의 내용이 수용가능한 것이라 할지라도 직접적으로 가부를 언급하거나 감정적으로 맞대응(tit-for-tat)하는 것은 바람직하지 않다.

오히려 훈령 자체가 없다면, '훈령 없음'(no mandate)을 이유로 들어 직접적인 대응을 회피하는 것이 답이다. 그렇지만 훈령범위내에서 수용이 가능한 경우라 하더라도 "왜 이렇게 최후통첩이 빨리 나왔는가?"에 대해서 심사숙고할 시간여유를 찾아야 한다. 그러므로 이 경우에는 느닷없는 최후통첩의 부적절함을 지적하면서 정회를 통해 협상의 맥을 끊는 것이 적절하다. 상대방에 대한 김빼기이자 국면전환을 위한 것이다. 협상테이블에 다시 돌아오면, 상대방에게 느닷없이 최후통첩을 하게 된 배경을 질문하라. 이는 최후통첩에 대한 저의를 파악함으로써 좀더 현명한 결정에 근접하기 위한 노력이며, 상대방의 무리한 제안에도 끈기 있게 협상을 계속하고자 하는 성의를 보여 주었다는 명분을 세우기 위함이다.

11. 협상대표(단)의 평판관리

협상과정에서 또는 협상이 마무리된 다음 특히 협상대표에 대한 상대방의 평가가 자연스럽게 뒤따르게 된다. 협상대표에 대한 부정적인 평가는 어지간한 경우가 아니면 계속 그 개인에 대한 트레이트 마크형태로 굳어져서 해당 협상대표에게는 두고 두고 애로요인으로 작용할 수 있다. 협상에 임하는 자세·버릇·사고방식 등 협상대표의 평판에 영향을 주는 요인은 다양하다. 이 가운데 특히 협상을 통해 합의된 양허사항이 제대로 이행되도록 하는 내부조율능력은 협상대표의 평판(reputation)을 형성함에 있어 무엇보다 중요한 고려사항이다.

다른 한편으로 사적 만남을 통해 지극히 개인적 차원에서 평소 유대감을 형성하기 위한 노력이 원만한 업무관계 형성에 기여한다는 점을 강조하고 싶다. 협상회의도 사람과 사람이 만나 이루어지는 것이니만큼 사적인 차원에서 함께 식사를 한다거나 기타 호의를 보여 주는 행동이 결국은 협상테이블에서의 성과를 제고시키는 데 크든 작든 도움이 된다. 협상이 아무리 치열하다 하더라도 사적으로 상대방에게 친근감을 보여 준다면, 협상대표는 상대방의 신뢰를 기초로 어려운 협상도 좀더 쉽게 이끌게 될 것이다.

"'낙타'가…" FTA 협상단, 별명보면 성격나와?

묵묵히 일하는 ○○○ 서기관은 '낙타'. "검투사가 원더보이에게 최종 지시를 내렸다. 낙타가 방금 보고서작성에 착수했다." 6월 30일 한미 자유무역협정(FTA) 서명식으로 482일간의 협상임무를 마친 한국측 협상팀은 협상기간중 이런 별명으로 사람들을 부르곤 했다.

협상단의 야전사령관인 김종훈 수석대표의 별명은 '검투사'였다. 웬디 커틀러대표가 "전생에 어떤 일을 했기에 통상협상처럼 힘든 걸 해야 하나"고 하자 "정답을 알려 줄까. 우리는 전생에 (로마) 검투사였다"라고 한 말이 알려지면서 붙은 별명이다. 그는 패러글라이딩이며, 카이트보딩(바다·강에서 연을 매단 보드를 타는 것) 같은 이색스포츠의 마니아다. 해가 긴 여름이면 평일에도 퇴근 후 한강에서 카이트보딩을 한다. 얼마 전엔 1,300cc 대형 오토바이를 구입, 주말을 이용해 오토바이를 탄다. 하지만 이런 김 대표도 "지난 달부터 체력이 고갈돼 외교통상부 의무실에서 링거를 맞는다"고 할 정도로 협상과정이 힘들었다고 한다.

협상실무를 총괄한 ○○○ 한미 FTA 총괄팀장에게는 협상파트너였던 미국무역대표부(USTR)가 '원더보이'(wonder boy : 놀라운 사람)라는 별명을 붙였다. USTR 고위관계자는 지난 해 초 김현종 통상교섭본부장에게 "원더보이를 협상에 내보낼 생각이냐"고 했다고 한다. ○○○ 과장이 2001년부터 3년간 주미한국대사관에서 근무하면서 USTR과의 협상에서 놀라운 능력을 발휘했다는 칭찬이었다. 김본부장은 귀국 즉시 다른 업무를 맡고 있던 김과장을 한미 FTA 총괄팀장 자리로 발령냈고, 협상과정에서 "역시 김과장을 선택하길 잘 했다"는 말을 했다고 한다.

검토보고서작성 등을 도맡다시피 한 ○○○ 서기관은 "저 친구는 낙타 같아. 죽기 직전까지 묵묵히 걷는 낙타 말이야"라는 김현종 본부장의 칭찬을 들은 다음 날부터 '낙타'로 불린다. 협상단관계자는 "별로 폼은 안 나는데, 힘든 일은 대부분 낙타가 했다고 보면 된다"고 말했다.

〔조선일보 2007년 7월 2일 기사〕

모의협상 과제

A. 통상문제 발생의 배경

A국의 경우 정부소유의 국영통신사업자가 상당정도(예컨대 80%)의 통신서비스시장을 차지하고 있으며, 소수의(예컨대 2개) 순수민간통신사업자는 전체 통신서비스시장의 일부에서만 국영통신사업자와 경쟁하고 있다. 또한 A국의 통신장비산업은 극히 유치한 단계여서 아직 통신서비스제공을 위해 반드시 필요한 교환기를 자체적으로 생산할 능력이 없다. 따라서 A국은 오랫동안 국내교환기수요를 B국의 통신장비 제조업체들로부터의 수입에 의해 충당하여 왔다. 이제 A국 정부는 만성적인 교환기수입이 무역수지악화의 주요한 원인이라고 판단함으로써 교환기를 자체생산하여 국내수요를 충당하고자 하는 정책을 천명하였다. 이에 따라 B국의 통신장비 제조업체들은 조만간 A국으로의 교환기수출이 급격히 축소될 것을 우려한 나머지 자국정부로 하여금 A국의 정책추진을 중단하도록 종용하였고, B국 정부는 통상협상의 추진을 포함하여 문제해결방안에 골몰하게 된다.

B. 기존의 통상규범

A국과 B국은 모두 이미 발효중인 WTO정부조달협정(Government Procurement Agreement : GPA) 가입국으로서, 동 협정의 비차별대우(non-discriminatory treatment) 의무는 A국 정부가 국영통신사업자의 구매와 관련하여 자국 생산 제품이나 제3국 생산 제품을 B국 생산 제품에 비해 인위적으로 우대하지 못하도록 규정하고 있다. 다만, 교환기는 동 협정 적용대상에서 제외되어 있다는 점이다. 다시 말해 적어도 WTO차원에서는 B국 정부가 A국 정부의 교환기 자체조달정책을 효과적으로 저지할 방안이 없다는 것이다. 그런데 B국은 A국의 최대수출시장이자 A국의 정치군사적인 후원국이기 때문에, B국은 A국에 대해 적지 않은 정치경제적 압력을 행사할 수 있다. 또한 B국은 이러한 자신의 입지를 근거로 자체 통상법을 통해 자국업체들이 A국 시장에서 불이익을 당할 경우, 일방적 보복조치를 취할 수 있도록 하고 있다. 한

편 A국의 경우 정부내에서 교환기 자체생산 의지가 상당히 고조됨으로써 B국 압력이 쉽사리 먹혀 들어갈 가능성은 거의 없어 보인다. 다만, 우려스러운 것은 B국의 일방적 보복조치이다. A국이 취할 수 있는 한 가지 방법은 B국의 일방적 보복조치의 불합리성을 빌미로 WTO에 제소하는 것인데, 3년 정도 소요되는 재판결과가 나오기까지 B국의 보복조치를 감내해야 한다.

C. 모의통상협상의 주요 고려사항

1. A국과 B국에게 BATNA가 존재하는지, 만일 존재한다면 무엇인가?
2. A국과 B국은 통상협상 추진에 합의하는 것이 바람직한가?
3. 통상협상을 추진하는 경우, A국과 B국의 효과적인 협상전략은 무엇인가?
4. 통상협상이 타결되는 경우 타결의 시나리오를 설정해 보고, 각 시나리오별 A국과 B국의 예상되는 득실이 무엇인지 판단해 보자.

참고문헌

〈국내문헌〉

김수곤 외 3인, 신노사관계와 경쟁력, 한국경제연구원, 1995, 77-79면.

김태기, "노사협상이론의 새로운 영역과 적용 : 공공부문을 중심으로," 한국노동경제학회, 2001.

김천수 · 정기종, 노사협상의 전략과 쟁점, (주)중앙경제, 2004, 91-96면.

대통령자문 지속가능발전위원회 편, 공공갈등관리의 이론과 기법, 논형출판, 2005.

모종린 · 최병일 편, 한국의 통상협상, 도서출판 오름, 2004.

배무기, 한국노사관계의 개혁, 경문사, 1996.

심준섭, "협상실험을 통한 다중이슈(multi-issue) 협상의 학습," 현대사회와 행정 16(3), 2006, 249-276면.

이달곤, 협상론, 법문사, 2002.

이준범, 현대노사관계론, 박영사, 1991, 107-108면.

이한영, "한국의 통신조달협상 : 평가 및 시사점," 대외경제연구 제8권 제2호, 2004, 357-395면.

차재호, "협상의 심리학 : 전반적 개관," 한국심리학회지 : 사회문제 2(1), 1993, 133-153면.

최종태, 현대노사관계론, 경문사, 1996, 541-545면.

한홍순 · 김중렬 역, R. G. Ehrenberg and R. S. Smith, 노동경제학(원제 : *Modern Labor Eonomics : Theory and Public Policy*, 6th ed.), 교보문고, 1996, 544-548면.

〈외국문헌〉

Abelson, R. P., "The Psychological Status of the Script Concept," *American Psychologist* 36, 1981, pp. 715-729.

Allison, G., *Essence of Decision : Explaining the Cuban Missile Crisis* (New York : Longman, 1999).

Axelrod, R., *The Evolution of Cooperation*(New York : Basic Books, 1984).

Baron, A., "Psychological Approaches to the Study of Negotiation," in

R. J. Corsini(ed.), *Encyclopedia of Psychology*, 2nd ed.(New York : J. Wiley & Sons, 1994).

Barry, B., & Friedman, R. A., "Bargainer Characteristics in Distributive and Integrative Negotiation," *Journal of Personal Social Psychology* 74, 1998, pp. 345-359.

Bar-Tal, D., & Geva, N., "A Cognitive Basis of International Conflicts," in W. G. Austin, & S. Worchel(eds.), *Psychology of Intergroup Relations*, Nelson-Hall series in Psychology(Chicago : Nelson-Hall Publishers, 1986).

Bazerman, M. H., *Judgment in Managerial Decision Making*(New York : Wiley, 1986).

Bazerman, M. H., & Neale, M. A., "Heuristics in Negotiation : Limitations to Effective Dispute Resolution," in M. H. Bazerman, & R. J. Lewicki(eds.), *Negotiating in Organizations*(Beverly Hills : SAGE, 1983), pp. 51-67.

Bazerman, M., & Lewicki, R., *Negotiating in Organizations*(Beverly Hills : Sage, 1983).

Bazerman, M. H., Gibbons, R., Thompson, L. L., & Valley, K. L., "Can Negotiators Outperform Game Theory?" in J. J. Halpern, & R. N. Stern(eds.), *Debating Rationality : Nonrational Aspects of Organizational Decision Making*(Ithaca, New York : ILR Press, 1998).

Bazerman, M. H., Curhan, J. R., Moore, D. A., & Valley, K. L., "Negotiation," *Annual Review of Psychology* 51, 2000, pp. 279-314.

Blake, R. R., & Mouton, J. S., *The Managerial Grid : Key Orientations for Achieving Production Through People*(Houston, Tex. : Gulf Pub. Co., 1964).

Brett, J. A., Adair, W., Lempereur, A., Okmura, T., & Shikhirev, P., "Culture and Joint Gains in Negotiation," *Negotiation Journal of Japan*, 1998.

Brett, J. M., & Okumura, T., "Inter-and Intracultural Negotiation : U. S. and Japanese Negotiators," *The Academy of Management Journal* 41(5), 1998, pp. 495-510.

Brewer, M., & Kramer, R., "Choice Behavior in Social Dilemmas : Effects of Social Identity, Group Size, and Decision Framing," *Journal of Personality and Social Psychology* 50, 1986, pp. 543-549.

Carnevale, P. J., "Negotiation," in V. S. Ramachandran(ed.), *Encyclopedia of Human Behavior*(San Diego, C. A. : Academic Press, 1994).

Carnevale, P. J., & D. G. Pruitt, "Negotiation & Mediation," *Annual Review of Psychology* 43, 1992, pp. 531-582.

Cialdini, R. B., *Influence : The Psychology of Persuasion*(Rev. ed.) (New York : Morrow, 1993).

Cohen, R., *Negotiating Across Cultures : International Communication in an Interdependent World*(Rev. ed.) (Washington, D.C. : United States Institute of Peace Press, 1997).

Cohen, H., *You Can Negotiate Anything*, Bantam Books, 1982.

Cooke, W. N., *Labor-Management Cooperation : New Partnership or Going in Circles?*(Kalamazoo, M.I. : Upjohn Institute for Employment Research,1990).

Coser, L., *The Functions of Social Conflict*(New York : Free Press, 1967).

Deutch, M., *The Resolution of Conflict*(New Haven : Yale University Press, 1973).

Deutsch, M., "Interdependence and Psychological Orientation," in V. J. Derlega, & J. Grzelak(eds.), *Cooperation and Helping Behavior : Theories and Research*(New York : Academic Press, 1982), p.xvii, p. 452.

Deutsch, M., Bunker, B. B., & Rubin, J. Z., *Conflict, Cooperation, and Justice : Essays Inspired by the Work of Morton Deutsch*(1st ed.) (San Francisco : Jossey-Bass Publishers, 1995).

Druchman, D., & Zechmeister, K., "Conflict of Interest and Value Dissensus : Propositions on the Sociology of Conflict," *Human Relations* 26, 1973, pp. 449-466.

Fisher, R., & Ury, W., *Getting to Yes : Negotiating Agreement Without Giving In*(Boston : Houghton Mifflin, 1983).

Fisher, R., Ury, W., & Patton, B., *Getting to Yes, Negotiating Agreement Without Giving In*, 2nd ed.(New York : Penguin Books, 1991).

Foreign Affairs, Canada, "Handbook for Conducting Environmental Assessments of Trade Negotiations," 2006.

Friedman, R., "The Culture of Mediation : Private Understanding in the Context of Public Conflict," in D. Kolb, & J. Bartunek(eds.), *Hidden Conflict : Uncovering Behind-the-Scenes Disputes*(Beverly Hills : Sage, 1992), pp. 143-164.

Galinsky, A., & Mussweiler, T., "First Offers as Anchors : The Role of Perspective Taking and Negotiator Focus," *Journal of Personality and Social Psychology* 81(4), 2001, pp. 657-669.

Hammond, K., & Grassia, J., "The Cognitive Side of Comflict : From Theory to Resolution of Policy Disputes," in S. Oskamp(ed.), *Applied Social Psychology Annual*, Vol. 6(Beverly Hills, C. A. : Sage Publications, 1985), pp. 233-254.

Hastie, R., "Scehmatic Prinicples in Human Memory," in E. T. Higgins, C. P. Heiman, & M. P. Zanna(eds.), *Social Cognition : The Ontario Symposium*(Hillsdale, N. J. : Erlbaum, 1981).

Hilty, J., & Carnevale, P. J., "Black-hat/White-hat Strategy in Bilateral Negotiation," *Organizational Behavior and Human Decision Processes* 55(3), 1993, pp. 444-469.

Hofstede, G. H., *Culture's Consequences : Comparing Values, Behaviors, Institutions, and Organizations Across Nations*, 2nd ed.(Thousand Oaks, Calif. : Sage Publications, 2001).

Ikle, Fred C., *How Nations Negotiate*(New York : Harper & Row Publishers, 1987).

Johnson, H. G., "International Trade," in J. N. Bhagwati(eds.), *Optimal Trade Intervention in the Presence of Domestic Distortions* (Cambridge, M. A. : The MIT Press, 1987).

Johnson, H. G., "Optimum Tariffs and Retaliation," *The Review of Economic Studies* 21, 1953.

Kahneman, D., and Tversky, A., "Prospect Theory : An Analysis of Decision Under Risk," *Econometrica* 47, 1979, pp. 263-291.

Kelley, H. H., "Interpersonal Accommodation," *American Psychologist* 23, 1968, pp. 399-410.

Kelley, H. H., & Schenitzki, D. P., "Bargaining," in C. G. McClintock (ed.), *Experimental Social Psychology*(New York : Holt, 1972), pp. 298-337.

Kochan, Katz, & Mckersie, *The Transformation of American Industrial Relations*, Basic Books Inc., 1986, pp. 15-20.

Kochan, T. A., & P. Osterman, *The Mutual Gains Enterprise*, Harvard Business Press, 1994, p. 105.

Kramer, R., "The Effects of Resource Scarcity on Group Conflict and Cooperation," in E. Lawler, & B. Markovsky(eds.), *Advances in Group Processes*(Hillsdale, N. J. : JAI Press, 1990).

Kramer, R. M., "Intergroup Relations and Organizational Dilemmas—The Role of Categorization Processes," *Research in Organizational Behavior* 13, 1991, pp. 191-228.

Lax, D., & Sebenius, J., *Manager as Negotiator*(New York : Free Press, 1986).

Lester, R. A., *Labor and Industrial Relations*(Macmillan, New York : 1951), p. 3.

Leung, K., "Negotiation and Reward Allocations Across Cultures," in P. C. Early, & M. Erez(eds.), *New Perspectives on International Industrial/Organizational Psychology*(San Francisco : Jossey-Bass, 1998).

Lewicki, R. J., Saunders, D. M., & Minton, J. W., *Negotiation : Readings, Exercises, and Cases*, 5th ed.(Boston : Irwin/McGraw-Hill, 2007).

Lewicki, R. J., Barry, B., Saunders, D. M., Minton, J. W., *Essentials of Negotiation*, 4th ed.(Boston, Mass. : McGraw-Hill/Irwin, 2004).

Lewis, S. A., & Fry, W. R., "Effects of Visual Access and Orientation on the Discovery of Integrative Bargaining Alternatives," *organizational Behavior and Human Performance* 20, 1977, pp. 75-92.

Little, Daniel, *Varieties of Social Explanation : An Introduction to the*

Philosophy of Social Science(Boulder : Westview Press, 1991).

Mack, R.W., & Snyder, R.C., "The Analysis of Social Conflict : Towards an Overview and Synthesis," *Journal of Conflict Resolution* 1(2), 1957, pp. 212-248.

Morrow, James D., *Game Theory for Political Scientists*(Princeton : Princeton University Press, 1994).

Nash, J.F., "Equilibrium Points in N-person Games," *Proc. Natl. Acad. Sci.* 36, 1950, pp. 48-49.

Neale, M.A., & Bazerman, M.H., *Cognition and Rationality in Negotiation*(New York : Free Press, 1991).

Neale, M.A., & Bazerman, M.H., "The Effect of Framing and Negotiator Overconfidence on Bargaining Behavior and Outcomes," *Academy of Management Journal* 28, 1985, pp. 34-49.

Nicolson, H.G., *Diplomacy*(London : T. Butterworth, 1939).

Pinkley, R., "Dimensions of Conflict Frame," *Journal of Applied Psychology* 75, 1990, pp. 117-126.

Pruitt, D.G., "Strategic Choice in Negotiation," in J.W. Breslin, & J.Z. Rubin(eds.), *Negotiation Theory and Practice*(Cambridge, M.A. : Program on Negotiation at Harvard Law School, 1999), pp. 27-46.

Pruitt, D.G., "Achieving Integrative Agreements," in M.H. Bazerman, & R.J. Lewicki(eds.), *Negotiations in Organizations*(Beverly Hills, C.A. : Sage, 1983).

Pruitt, D., & Rubin, J., *Social Conflict : Escalation, Stalemate, and Settlement*(New York : Random House, 1986).

Putnam, L.L., "Reframing Integrative and Distributive Bargaining : A Process Perspective," in B.H. Sheppard, M.H. Bazerman, and R.J. Lewicki(eds.), *Research on Negotiation in Organizations*, Vol. 2 (Greenwich, C.T. : JAI Press, 1990), pp. 3-30.

Putnam, Robert, D., "Diplomacy and Domestic Politics : The Logic of Two-Level Games," *International Organization* 42, Summer 1988, pp. 427-460.

Raiffa, H., *The Art and Science of Negotiation*(Cambridge, Mass. :

Belknap Press of Harvard University Press, 1982).

Robbins, S., *Decide and Conquer : Maker Winning Decisions and Take Control of Your Life*, Pearson Education Inc., 2004.

Roth, A.E.(ed.), *Game Theoretic Models of Bargaining*(Cambridge : Cambridge University Press, 1985).

Rubin, J.Z., & B.R. Brown, *The Social Psychology of Bargaining and Negotiation*(New York : Academic Press, 1975).

Schellenberg, J.A., *The Science of Conflict*(New York : Oxford University Press, 1982).

Schelling, T.C., *The Strategy of Conflict*, Rev. ed.(Cambridge : Harvard University Press, 1980).

Schmidt, S.M., & Kochan, T.A., "Conflict : Toward Conceptual Clarity," *Administrative Science Quarterly* 17, 1972, pp.359-370.

Sebenius, J., *Essentials of Negotiation*, N2-894-012, 11/18/93, Harvard University Case, 1993.

Shapiro, R.M., Jankowsk, M.A., & Dale, J., *The Power of Nice : How to Negotiate so Everyone Wins-Especially You*, John Wiley & Sons, 1998.

Simon, H.A., *Models of Man : Social and Rational : Mathematical Essays on Rational Human Behavior in Society Setting*(New York : Wiley, 1957).

Snyder, G.H., & P. Diesing, *Conflict Among Nations*(Princeton, N.J. : Princeton Univ. Press, 1977).

Stephen, R., *Ethnic Conflict and International Relations*(Aldenshot : Dartmouth Pub., 1990).

Thompson, L.L.(ed.), *Negotiation Theory and Research*(New York : Psychology Press, 2006).

Thompson, L., *The Mind and Heart of the Negotiator*(Upper Saddle River, N.J. : Prentice Hall, 1998).

Thompson, L.L., & Hastie, R., "Social Perception in Negotiation," *Organizational Behavior and Human Decision Process* 47, 1990, pp.98-123.

Thompson, L.L., & Leonardelli, G.J., "Why Negotiation is the Most Popular Business School Course," *IVEY Business Journal Online*, July/August 2004.

Triandis, H.C., *Individualism and Collectivism*(Boulder : Westview Press, 1995).

Tripp, M.T., & Sondak, H., "An Evaluation of Dependent Variables in Experimental Negotiation Studies : Impasse Rates and Pareto Efficiency," *Organizational Behavior and Human Decision Processes* 51, 1992, pp.273-295.

Tversky, A., & Kahneman, D., "Availability : A Heuristic for Judging Frequency and Probability," *Cognitive Psychology* 5, 1973, pp.207-232.

Tversky, A., & Kahneman, D., "Judgment Under Uncertainty : Heuristics and Biases," *Science* 185, 1974, pp.1124-1131.

Tversky, A., & Kahneman, D., "Prospect Theory : An Analysis of Decision Under Risk," *Econometrica*, 1979.

Tversky, A., & D. Kahneman, "Casual Schemas in Judgments Under Uncertainty," *Progress in Social Psychology*(M. Fishbein. Hillsdale, N.J. : Lawerence Erlbaum Associates 1, 1980), pp.49-72.

Yarn, D.H., *The Dictionary of Conflict Resolution*(San Francisco : Jossey-Bass Publishers, 1991).

Von Neumann, J., & Morgenstern, O., *Theory of Games and Economic Behavior*(Princeton : Princeton University Press, 1944).

van de Vliert, E., "Positive Effects of Conflict : A Field Assessment," *International Journal of Conflict Management* 1, 1990, pp.69-80.

Watkins, M., "Negotiating in a Complex World," *Negotiation Journal* 15(3), 1999, pp.245-270.

Weiss, S.E., "International Negotiations : Bricks, Mortar, and Prospects," in B.J. Punnett, & O. Shenkar(eds.), *Handbook for International Management Research*, 2nd ed.(Ann Arbor : University of Michigan Press, 1996), p.viii, p.548.

Young, O.R., *Bargaining : Formal Theories of Negotiation*(Urbana :

University of Illinois Press, 1975).
Zartman, I. W., & Berman, M. R., *The Practical Negotiator*(New Haven : Yale University Press, 1982).

인명색인

〈B〉
Baron 3
Barry 150
Bazerman 2, 101, 112, 113, 118, 149
Bercovitch 34, 39
Boulware 96
Brett 131
Brewer 118

〈C〉
Carnevale 2, 95, 97, 99, 100, 114, 118
Chugh 44
Cialdini 125
Cohen 2
Cooke 210
Cooksey 156
Coser 32
Curhan 133

〈D〉
Dale 42
Deutch 32, 46, 120
Druckham 36

〈F〉
Fisher 3, 7, 42, 101
French 46
Friedman 150
Fry 100

〈G〉
Galinsky 148
Gevba 122
Grassia 122

〈H〉
Hammond 122, 155
Hastie 100
Herzberg 198
Hicks 195
Hilty 97, 100
Hobbes 62

〈J〉
Jankowsk 42

〈K〉
Kahneman 40, 112, 115
Kelley 104
Kochan 33, 209
Kramer 6, 19, 118
Kwak 133

〈L〉
Lax 23, 188
Lester 196
Leung 132, 133
Lewis 100

〈M〉
Mabry 195
Mack 33
Mckersie 123, 173
Morgenstern 39
Mussweiler 148

〈N〉
Nash 42
Neale 2, 101, 112, 113, 118
Neuman 39
Nicolson 48

〈O〉
Okumura 131

〈P〉
Patton 7
Pinkley 120
Pruitt 2, 33, 38, 95, 99, 100, 101, 103, 107, 114, 118

〈R〉
Raiffa 15, 17, 18, 40, 96
Roth 42
Rubin 33, 38, 95, 103

〈S〉
Schelling 39, 102
Schenitzki 104
Schmidt 33
Sebenius 2, 23, 188
Shapiro 42
Simon 89
Snyder 33
Stephen 33
Stewart 155

〈T〉
Thompson 6, 12, 29, 33, 35, 40, 297, 100, 125, 127, 147, 190
Tinsley 133
Tversky 40, 112, 115

〈U〉
Ury 3, 7, 42, 101

〈W〉
Walton 15, 122, 173

〈Y〉
Yarn 15

〈Z〉
Zechmeister 36

사항색인

〈ㄱ〉
가변합 게임 211
가산모형 161
가치주장하기 174, 181
가치창조하기 174, 181
갈등 32
——관리 유형 39
—— 관리자 24
—— 나무 모형 35
——의 개념 32
——의 객관적 접근 34
——의 구조 35
——의 본질 34
——의 주관적 접근 34
——의 해결 38
강경파 전사 48
개시안 96
개심한 죄인 99
개인적 성향 92
거절 후 후퇴 전략 125
게임이론 42, 55, 89
결정분석 89, 111
결정환경 156
경성접근 235
경성협상 153, 178
경영권 199
경쟁적 성향 92
경제 · 물질적 이슈 198
계약영역모형 205
고용계약 197
고정된 파이인식 120, 174
공공성명 전략 19
공동성과 172
공동의 문제해결 101
공동행위 238
공동효용공간 142, 163
공익적 · 규제적 주권 245
공평하게 반가르기 146
과도한 확신 113
과정분석 48
관세 및 무역에 관한 일반협정 77, 237
관세분쟁 246
관심사 확인표 247
관심점 9
교섭
——대상 200
——력 201
——력 결정요인 201
——모형 203
——준비 218
——타결 219
교차교환 105, 120, 181
교착게임 64
교착상태 257
구조분석 45
국가정책목표 245
국내규제 252
군비경쟁 62
굳건한 유연성 107

권력 46
권력 격차 130
권력 · 권위적 이슈 198
귀인 121
규범제정 238
규칙 조종자 13
균형상태 55, 56
그린피스 227
그만두고 가버리기 14
근로
——시간 198
——자 참여 216
——조건 218
근린궁핍화정책 237
긍정적 계약영역 206
기대 90, 91
——이론 115

〈ㄴ〉
내국민대우 제한 252
내부협상 227
냉전 63, 79
노동조합 196
노사
——간 갈등 195
——간 비대칭적 정보 205
——간 성과배분 211
——간 협상 195
——공동프로그램 212
——관계 196
——관계의 이중성 196
——분쟁 200
——파트너쉽 216
——협력 성공사례 215
——협력의 사례 213
——협력 실패사례 214
——협의회 216
노조의 저항 곡선 203
녹서 262
눈에는 눈 100

〈ㄷ〉
다속성효용기법 112, 161
다의적 132
다자간 무역협상 228
다자적 갈등 15, 35
다중의제 154
단결권 199
단계별 접근 108
단순화 전략 44, 114, 119
단일의제 136
단체교섭 199
——권 199
——모형 203
단체행동권 199
단체협약 200
답보 14
당사자 5
대결 94, 100, 101
대리인 5
대면적 의사소통 13
대안 6
대안적 분쟁해결 14
대응전략 95
대표 5
대표성 휴리스틱스 113
던럽위원회 212
돌이킬 수 없는 몰입 103

동기 90
——부여형 제도 210
——성향 91
——적 성향 92
동시적 처리 167
동의갈등 36
동조자그룹 242

〈ㄹ〉

렌즈모델 155, 157

〈ㅁ〉

마지노선 137
말거래 105
면전의 문 125
명명 100
명시적 홍정 12
모두발언 114, 256, 266
목표점 8
몫 56
무반응 94
무역의 이득 226
무역장벽 236
무한 반복되는 게임 70
묵시적 홍정 12
문에다 발 집어넣기 126
문제해결 9, 101, 106
문화간 협상 133
문화적 차이 129
미국무역대표부 241
미래의 그림자 71
미리 요리된 연설 266
민감도분석 163

〈ㅂ〉

반 가르기 146
반덤핑 258
반발적 평가절하 121
배신 59
배트나 7, 137, 140, 247, 253, 257
백서 263
보상 57
부정적 계약영역 207
북대서양 조약기구 77
분배
——적 공정성 170
——적 기술 4
——적 협상 135, 174
분쟁해결절차 234
불변원칙 117
불일치 98
브레인스토밍 107
빙산이론 20

〈ㅅ〉

사건도식 122
사회가치성향 91
사회규범 122
사회적 맥락 122
사회적 비합리성 61
사회적 증거 126
사회적 판단이론 155
3원적 노사관계론 209
상대방에 대한 초점 184
상설위원회 238
상업적 이익 245
상향식 통상협상 225
상호신뢰 107

상호의존성 12
상호주의 99
상호확정파괴 79
상황의존적 계약 181, 189
생산적 교섭 217
선순환 구조 26
설득적 주장 101
성과연동형 보상체계 216
수인게임(囚人게임) 46, 59
수인의 딜레마 47
순수갈등 175
승자의 저주 154
신속한 순차화 108
신이윤배분제도 215
심리적 저항 128

〈ㅇ〉
아젠다 256
악순환 구조 26
안보 딜레마 63, 80
양립불가능성 오류 121
양면게임 73
양보 10, 94, 108
——곡선 204
——의 방식 96
——의 비율 48
양자간 자유무역협상 228
양자적 갈등 15, 35
양자협상 232
양허 228, 242
어림짐작 89, 112
역심리 128
역제의 140
연성접근 235
연성협상 153, 178
연합형성 15
영역차단 108
온건파 상점지기 48
외부협상 227
외생적 갈등관리 39
우둔함 57
우루과이라운드 241
원칙협상 178
위험 추구적 117
위험 회피적 117, 189
위협 101
윈-루즈 협상 228
윈셋 75
윈-윈 협상 228
유보가 138
유보점 9, 136, 138
유전자변형 252
유치산업보호론 226
유혹 57
응분 96
의사소통 130
의제 6
——교환 168
——차단 108
——혼합 155, 181
2×2 매트릭스 56
이원적 노사관계 208
이용가능성 113
이중관심모형 49
이타적 성향 92
이해관계 7
이해당사자 5
이해득실 17

이해의 갈등 36
인식적 동기 91
인적자원관리 212
인적차단 108
인지과학 40
인지적 단순화 89
인지적 도식 89, 112, 120
인지적 도식에 의한 정보처리 112, 119
인지적 배선짜기 119
인지적 부조화 126
인지적 지름길 119
인지적 휴리스틱스 44
일심동체 16, 136
일원적 132
일치 98
1회 종식 게임 70
임계치 26
입장 7
——고수 101, 103
——협상 7, 101, 179
——홍정 176

〈ㅈ〉
자기초점 183
자기향상 90
자연상태 62
잠재적 결과 116
쟁의행위 201
저항곡선 204
전략 56
——무기 감축협정 80
——무기 제한협정 80
——방위구상 80
——분석 46
절차적 공정성 174
점수체계 182
점의 계약영역 206
접근-접근 갈등 36
접근-회피 갈등 36
정박 114, 147
정보 불균형 148
정보처리절차 90
정신모형 112
정신적 표상 112, 119
정체성동기 91
정회 270
제로섬 120
제로섬 게임 120
제 3자 개입 13
제한된 의제협상 168
제한된 지각 44
제한된 합리성 112
조업단축 201
조정 39, 114, 234
——자 13
조직권 199
조직화 원칙 156, 158
종업원 참여 211
좋은 합의 179
주 협상가 5
준거점 115
준법투쟁 201
중재 39
——자 13
지도사원제도 215
직관 89, 112
직무만족 201
직장점거 201

직장폐쇄 201
집단규범 19
집단적 타협 195
집단주의-개인주의 130

〈ㅊ〉
차선의 타협 164
처벌 57
첫제의 11, 147
체면유지 91
촉진자 13
최대공동이익 172
최초 EA 보고서 262
최후저항선 255
최후통첩 271
——성 제안 272
치킨게임 47, 67

〈ㅋ〉
코커스 238
쿠바 미사일 위기 69
큐 이용타당도 156

〈ㅌ〉
타락한 성인 100
타협영역 9
태업 201
통나무 굴리기 105
통상협상 223
——현안 분석방법 251
——협상 영향분석 260
——협상 이중성 227
——협상 일반적 추진단계 232
통제력 147
통합분석 49
통합적 기술 5
통합적 합의 175
통합적 협상 135, 176
통합지수 172
퇴거 10
퇴직금누진제 200
틀구성 효과 117

〈ㅍ〉
파국 14
파레토 법칙
파레토 능률 173
파레토 우위 172
파레토 최적 152
파레토 최적선 164
파업모형 203
파이 키우기 104
판단분석 89
패배-패배 합의 121, 154
패키지 협상 167
포괄적 보상 104
포괄협상 228
포지티브섬 게임 208
포착 99
표적협상가 5
표준운영절차 120
프렌즈 미팅 238
피로스의 승리 102

〈ㅎ〉
하향식 225
학습 100
한·일외교분쟁 81

함수관계 157, 160
합리적 선택이론 56
합리적 행위자 56
합의가능공간 163
합의가능영역 9, 136, 139, 140, 154, 163
합의오류 153
행태분석 48
행태적 의사결정론 89
허위갈등 121
현안해결 234
협력 59, 108
——적 노사관계 195
——적 성향 92
협상 2, 54
——가의 딜레마 23
——결과 14, 96
——과정 11
——권한 242
——범위 8
——분석 89
——양식 239
——의 구분 15
——의제설정 264
——이전협상 264
——이탈 247
——입장 227, 254
——잉여 136, 141
——전략 10
——전통 19
——제안서 239, 255
——추진의향 성명 262
——춤 11, 96, 140
——테이블 5, 9, 21
——틀 238
협정의정서 265
형식적 제시요구조건 206
호박쟁탈전 246
혼합동기 3, 179
——적 협상 22
환류 4
회피-회피 갈등 36
효용함수 161
효율적 경계선 163, 164
후레쉬보드 제도 215
훈령 242
휴리스틱스와 바이어스 89, 112
흥정
——영역 9, 10, 139
——오만 153
희소자원 갈등 36

공저자약력

심준섭
중앙대 행정학과 졸업
미국 State University of New York(SUNY) at Albany 행정학박사
전공과목 : 갈등관리와 협상론, 의사결정론
주요 경력 : 정부혁신지방분권위원회 전문위원, 경실련 갈등해소센터 이사 역임
현 중앙대 행정학과 교수

허 식
중앙대 경제학과 졸업
미국 University of Kansas 경제학박사
전공과목 : 노동경제, 노사관계
주요 경력 : 중앙대 학생지원처장, 경실련 노동위원회 위원장 역임
현 중앙대 경제학과 교수

이한영
서울대 국제경제학과 졸업
미국 Duke University 경제학박사
전공과목 : 국제무역 및 통상전략
주요 경력 : 정보통신정책연구원 연구위원, 한 · 미 FTA 자문위원 역임
현 중앙대 경제학과 교수

손병권
서울대 외교학과 졸업
미국 University of Michigan–Ann Arbor 정치학박사
전공과목 : 미국정치, 의회선거정당정치
주요 경력 : 미국정치연구회 회장, 한국정당학회 연구이사 역임
현 중앙대 국제관계학과 교수

협상의 이해

2008년 8월 30일 초판발행
2015년 8월 20일 중판발행

공저자 심준섭 · 허 식 · 이한영 · 손병권
발행인 안 종 만
발행처 (주) 박영사
서울특별시 종로구 새문안로3길 36, 1601
전화 (733) 6771 FAX (736) 4818
등록 1959. 3. 11. 제300-1959-1호(倫)

www.pybook.co.kr e-mail: pys@pybook.co.kr

정 가 18,000원 ISBN 978-89-7189-570-2